卫生高等职业教育校院合作“双元”教材

供医药卫生类专业用

病理学与病理生理学

主　编　杨淑臻

副主编　任艳艳　徐珊珊　许婷婷　李　平

编　委（按姓名汉语拼音排序）

冯金栋　李　平　刘　玮　任艳艳

史金胜　王岳磊　徐珊珊　许婷婷

杨淑臻　于　冉　赵著梅　宗佩君

编委单位　潍坊护理职业学院

潍坊市益都中心医院

北京大学医学出版社

BINGLIXUE YU BINGLISHENGLIXUE

图书在版编目（CIP）数据

病理学与病理生理学 / 杨淑臻主编 .—北京：北京大学医学出版社，2020.12（2025.1 重印）

ISBN 978-7-5659-2331-9

Ⅰ.①病… Ⅱ.①杨… Ⅲ.①病理学 – 高等职业教育 – 教材 ②病理生理学 – 高等职业教育 – 教材 Ⅳ.① R36

中国版本图书馆 CIP 数据核字（2020）第 232614 号

病理学与病理生理学

主　　编：杨淑臻
出版发行：北京大学医学出版社
地　　址：（100191）北京市海淀区学院路 38 号　北京大学医学部院内
电　　话：发行部 010-82802230；图书邮购 010-82802495
网　　址：http://www.pumpress.com.cn
E-mail：booksale@bjmu.edu.cn
印　　刷：北京金康利印刷有限公司
经　　销：新华书店
责任编辑：韩忠刚　毛淑静　**责任校对**：靳新强　**责任印制**：李　啸
开　　本：850 mm×1168 mm　1/16　**印张**：13.25　**字数**：378 千字
版　　次：2020 年 12 月第 1 版　2025 年 1 月第 3 次印刷
书　　号：ISBN 978-7-5659-2331-9
定　　价：60.00 元

卫生高等职业教育校院合作
“双元”教材评审委员会

前　言

为进一步落实《国务院关于加快发展现代职业教育的决定》，根据教学和社会需要，我院联合潍坊市及周边地区三级甲等以上医院有丰富教学经验和临床实践经验的医护专家，更新教学内容，推进教材建设，共同启动了高职医护专业系列教材的编写工作。

《病理学与病理生理学》教材编写秉承“三基五性”的基本原则，编写内容更贴近师生（好教好学）、贴近临床（符合工作岗位需求）、贴近执业资格考试。全书共18章，每章的教学目标分为知识目标、能力目标、素质目标三个方面，体现了“德能并重，以人为本”的人才培养理念；教材内容选取依据各专业岗位需求，整合序化为基本病理生理过程（细胞、组织的适应、损伤与修复，炎症，肿瘤，水、电解质代谢紊乱，发热，缺氧，酸碱平衡紊乱等）和各系统常见疾病（循环系统常见疾病、呼吸系统常见疾病、消化系统常见疾病、泌尿系统常见疾病、生殖系统及乳腺常见疾病、常见传染病）两大模块，既为学习者继续学习和深造打下了医学基础，又培养了临床思维及批判性思维能力；常见病、多发病皆有来自临床的典型案例，为教学增加了趣味，培养了学生运用知识解决问题的能力；每章节的课后小结以课堂重、难点内容为主，方便教师授课总结和指导学生复习，可以即时检测学生学习效果，激发学生学习兴趣，有利于学生综合能力的提高。

教材编写过程中，得到编者和各参编者所在单位的大力支持，使教材的编写工作得以顺利进行，在此表示诚挚的谢意。

由于时间和编写能力有限，本教材的内容及编排难免存在疏漏和不妥之处，殷切期望使用本教材的广大师生和同行给予指正，以便改进完善。

杨淑臻

目 录

绪　论

学习目标

1. 掌握病理学与病理生理学的概念、研究方法。
2. 熟悉病理学与病理生理学的研究内容及其在医学中的地位。
3. 学会应用活体组织检查和细胞学检查等方法进行疾病认知和判断。
4. 培养关爱生命、关注健康与疾病的意识，培养严谨认真的学习和科学研究态度。

一、概述

病理学（pathology）与病理生理学（pathophysiology）是用自然科学的方法研究疾病的病因、发病机制、病理变化和转归的医学基础学科。其任务是以辩证唯物主义观点，运用各种研究方法探讨疾病的本质和发生、发展的规律，从而为疾病的防治提供科学的理论和实验依据。

1. 病理学与病理生理学的研究内容　病理学与病理生理学由病理学和病理生理学组成，它们研究的内容和方法侧重点不同，前者主要从形态学角度、后者主要从功能及代谢角度阐明疾病发生、发展的规律。但任何疾病在发展过程中，都会出现不同程度的形态结构、功能和代谢的变化，三者互相联系、互相影响。因此，病理学和病理生理学研究的内容是不可分割的，研究的方法也是互补的。本教材把病理学与病理生理学的内容融为一体，例如，介绍局部血液循环障碍后，接着介绍休克、弥散性血管内凝血（DIC），有利于全面认识血液循环障碍过程中的病理变化。

2. 病理学与病理生理学在医学中的地位和作用　病理学与病理生理学和医学其他学科有密切的内在联系。学习病理学与病理生理学必须以解剖学、组织胚胎学、生理学、生物化学、微生物学、免疫学和寄生虫学等为基础，才能深入准确地分析疾病的病因和发生、发展规律，探讨疾病的本质。同时病理学与病理生理学又是学习临床医学的基础，为临床正确认识疾病提供理论和实验依据。因此，病理学与病理生理学是基础医学和临床医学之间的桥梁学科，起着承前启后的作用。病理学与病理生理学和临床实践有密切联系，在临床医疗工作中，经常要运用病理学的研究方法，对疾病做出病理诊断或对疾病进行观察和研究，同时临床上还存在大量病理生理学问题需要解决。因此，病理学与病理生理学不仅是理论性很强的学科，也是实践性很强的学科，同时是医学生的必修课程。

二、研究方法及临床应用

1. 活体组织检查（biopsy）　简称活检，是从活体上用局部切取、钳取、搔刮或穿刺针吸等方法获取病变组织进行病理组织检查的方法。活检是目前临床病理学研究最常用的方法，特别是对肿瘤性质的鉴别和一些疑难病例的诊断具有重要意义。其意义在于：①及时准确地对疾病做出诊断。由于组织取材新鲜，基本保持病变原状，利于及时准确地做出病理诊断。在手术过程中做冷冻切片有助于快速诊断，为临床选择治疗方案提供依据。②在疾病过程中定期活检可了解病变发展情况和判断疗效。③利于采用一些新的研究方法，如免疫组织化学、电镜观察、组织和细胞培养等，对疾病进行更深入的研究。

2. 尸体剖检（autopsy） 简称尸检，是对死者的遗体进行病理解剖检验。尸检是病理学的基本研究方法之一。其意义在于：①查明死因，确定诊断，协助临床总结在诊断和治疗过程中的经验和教训，提高诊治水平。②及时发现和确诊某些传染病、流行病、地方病和新发生的疾病，为防疫部门采取防治措施提供依据。③积累多种疾病的人体病理资料，利于疾病的深入研究和防治，同时，也为病理学教学收集大量疾病的病理标本。因此，尸检在临床、科研及教学工作中具有重要意义。

3. 细胞学检查 是通过采集病变部位的细胞，涂片染色后进行病理诊断。细胞可以是口腔、食管及生殖道等病变部位脱落的细胞，也可以是混悬于各种液体（如胸腔积液、腹水、尿、痰等）中的细胞，还可以是在病变部位（如前列腺、肝、肾、甲状腺等）穿刺抽取的细胞。此法简便易行，给患者造成的痛苦少，广泛应用于健康普查和肿瘤筛查，但要确定恶性细胞时必须进一步复查，并做活检证实。

4. 动物实验 是在动物体内复制人类疾病模型，动态观察疾病的功能、代谢变化。动物实验可以人工控制条件和多次重复，并能进行动态观察、实验性治疗及探索疗效，可获得在人体无法取得的研究材料，因此动物实验已成为病理学和病理生理学的重要研究方法。但动物与人存在本质的区别，故不能将动物实验结果盲目应用于人类。

5. 组织和细胞培养 是将某种组织或单细胞用适宜的培养基在体外培养，研究在各种病因作用下组织、细胞病变的发生和发展。近年来通过体外培养建立了不少人体和动物肿瘤细胞系或细胞株，这对研究肿瘤细胞的生物学特征和进行分子水平的研究起到重要作用。

三、学习方法

病理学与病理生理学是一门理论性和实践性都很强的学科，学习病理学与病理生理学必须坚持辩证唯物主义的世界观和方法论，用对立统一的观点去观察和分析疾病中的各种变化，探讨其发生规律及各种病变之间的辩证关系。为此，在学习过程中必须注意以下几点。

1. 用运动、发展的观点认识疾病 任何疾病从发生到最后结局都是一个动态的演变过程。疾病在发展的不同阶段，可有不同的表现。在病理大体标本和组织切片上所见到的病变，只是疾病的某一阶段，并非它的全貌。对观察到的各种病理变化必须以运动的、发展的观点，联系其过去与未来的发展趋势，了解疾病发生、发展的规律，掌握疾病不同时期的病理变化，才能较全面地认识疾病。

2. 正确认识形态、功能与代谢的辩证关系 疾病过程中机体形态、功能与代谢的变化是互相联系、互相影响的。代谢变化往往是功能和形态变化的基础，而形态变化必然影响代谢与功能。例如，长期患高血压的患者，由于外周血管阻力增加，使左心室负荷加重，从而使心肌纤维合成代谢增强（代谢变化），导致心肌纤维肥大（形态变化），肥大了的心肌纤维总的收缩力有所增强（功能变化）。可见，疾病过程中机体形态、功能与代谢变化互相联系，互相影响，互为因果。

3. 正确认识局部与整体的辩证关系 机体是一个相互联系的有机整体，局部的病变可影响整体，而全身的功能状态也可影响局部病变的发生与发展。如肺结核患者，虽然病变主要在肺，但常有疲乏、发热、食欲缺乏等全身表现；另一方面，肺的结核病变也受全身状态的影响，当机体抵抗力增强时，肺的病变可以局限甚至痊愈，抵抗力降低时，原有的陈旧性病变又可复发或恶化。因此，局部与整体互相联系，不可分割。

4. 要树立新的医学观 患者不是单纯的生物体，而是社会化的人，心理社会因素对人的健康和疾病影响很大。如紧张的工作和不良的人际关系、焦虑和悲伤的情绪反应、自然灾害和生活事件的突然打击等，均可导致机体功能、代谢及形态的变化，高血压、冠状动脉粥样硬化性心脏病（简称冠心病）、溃疡病、神经症及某些肿瘤的发生和发展均与心理社会因素密切相关；反之，生理上的疾病也会影响人的心理和社会活动。因此，学习病理学与病理生理学要树立新的医学观，以生物 - 心理 - 社会医学模式来认识疾病的发生和发展。

四、发展简史

病理学与病理生理学的发展与其他自然科学的发展及人类认识能力有密切关系。古希腊名医希波克拉底（Hippocrates，约公元前 460—前 370 年）提出液体病理学说，该学说认为人体疾病的发生是由人体内 4 种体液（当时认为这 4 种体液是血液、黏液、黄胆汁和黑胆汁）失调所致。直到 18 世纪中叶，意大利临床医学家莫尔加尼（Morgagni，1682—1771 年）根据尸检积累的材料，发现了疾病和器官的关系，创立了器官病理学，奠定了科学的近代病理学基础。然而由于其研究手段仅限于肉眼水平，对器官病变性质的认识仍是肤浅的。到了 19 世纪中叶，随着光学显微镜问世，德国病理学家魏尔啸（Virchow，1821—1902 年）借助光学显微镜观察到疾病时细胞及组织学变化，认为细胞的形态及功能改变是一切疾病的基础，创立了细胞病理学，对病理学乃至整个医学科学的发展做出了划时代的贡献。至今虽然有更精密的光学显微镜甚至电子显微镜，但是观察疾病时机体细胞及组织的变化仍是当前研究及诊断疾病的基本方法。

近半个多世纪以来，由于电子显微镜与生物组织超薄切片技术的应用，使病理形态学研究能深入到亚细胞水平来了解组织和细胞的超微结构病变，并可与功能和代谢变化联系起来，不仅加深了对疾病的认识，而且还可用于临床进行病理诊断。特别是近 20 多年来，由于现代免疫学和分子生物学等边缘学科的飞速发展及免疫组织化学、流式细胞术、图像分析技术和分子生物学等新技术的发展和应用，极大地推动了病理学与病理生理学的发展。目前病理学与病理生理学不仅在细胞、亚细胞水平上研究疾病，而且已深入到在分子水平上研究疾病，大大加深了对疾病本质的认识。

绪论小结

本章是关于病理学与病理生理学的基本概念、地位和研究方法的一个总体介绍。病理学与病理生理学是研究人体疾病发生、发展规律的科学，即研究疾病的病因、发病机制、患病机体的形态结构和功能、代谢的变化，以及这些变化与临床的联系，为防治疾病提供科学的理论和实验依据。

病理学与病理生理学和医学其他学科有密切的内在联系，是基础医学和临床医学之间的桥梁学科，起着承前启后的作用。病理学和临床实践也有密切联系，在临床医疗工作中，经常要运用病理学的研究方法，对疾病做出病理诊断或对疾病进行观察和研究，同时，临床上还存在大量病理生理学问题需要解决。因此，病理学与病理生理学不仅是理论性很强的学科，也是实践性很强的学科。

（任艳艳　杨淑臻）

第一章　疾病概论

学习目标

1. 掌握健康、疾病的概念及疾病的经过与转归。
2. 熟悉疾病的病因及疾病发生、发展的一般规律。
3. 了解脑死亡的概念和临床意义。
4. 学会用疾病的病因、经过与转归过程对周围人进行健康宣教。
5. 培养关爱生命、关注健康与疾病的意识，培养严谨认真的学习和科学研究态度。

第一节　疾病的相关概念

一、健康

人们常认为不生病就是健康（health）。世界卫生组织（WHO）提出，健康不仅是没有疾病，而且是躯体上、精神上和社会适应上达到的一种完好状态。

躯体上的完好状态主要包括躯体结构、功能与代谢的正常。精神上的完好状态是指人的情绪、心理、学习、记忆和思维等处于正常状态，表现为精神饱满、乐观向上、愉快地工作和学习，能从容应对紧急事件，处理复杂问题。社会适应上的完好状态是指人的行为与社会道德规范相吻合，人际关系良好。

二、亚健康

亚健康（sub-health）是指介于健康与疾病之间的一种状态。亚健康的主要表现形式有：①躯体性亚健康状态。主要表现为疲乏无力，精神不振、食欲不佳、工作效率低等。②心理性亚健康状态。主要表现为烦躁、易怒、焦虑、睡眠欠佳等，严重时伴有胃痛、心悸等表现。③人际交往性亚健康状态。主要表现为与社会成员的关系不稳定，心理距离变大，产生被社会抛弃和遗忘的孤独感。长期忽视亚健康状态的存在，可使其向疾病方向发展。

三、疾病

疾病（disease）是指在一定病因和条件的作用下，机体自稳调节系统发生紊乱而导致的异常生命活动过程。在疾病发生、发展的过程中，机体会出现一系列功能、代谢和形态结构的变化，表现为症状、体征和社会行为的异常。

第二节　病　因　学

病因是指引起疾病必不可少的、决定该疾病特异性的因素。没有原因的疾病是不存在的。

病因的种类繁多，主要分为七大类。

一、生物学因素

生物学因素是最常见的病因，主要包括病原微生物（细菌、病毒、真菌、立克次体等）和医学寄生虫，主要引起各种感染性疾病，如小叶性肺炎、急性肾盂肾炎等。其致病性取决于病原体入侵的数量、毒性、侵袭力及机体本身的防御和抵抗能力强弱等。

二、理化因素

理化因素主要包括温度、机械力、电流、气压、电离辐射、强酸、强碱及毒物等。理化因素的致病性取决于其作用强度、作用部位及持续时间。

三、营养因素

各种营养素（糖、脂肪、蛋白质、维生素、无机盐等）、某些微量元素（氟、硒、锌、碘等）及纤维素等的摄入不足或过多，都可引起疾病。如糖、脂肪、蛋白质等摄入不足，可致营养不良，而摄取过量则可导致肥胖或高脂血症等；维生素 D 缺乏可致佝偻病和软骨病；维生素 A 缺乏可导致夜盲症；维生素 C 缺乏可致维生素 C 缺乏症（俗称坏血病）。

四、遗传因素

遗传因素引起疾病主要表现在两个方面。①遗传物质的改变：因染色体或基因畸变或变异引起疾病，如唐氏综合征、色盲、血友病等；②遗传易感性：指遗传因素决定的个体患病风险，即个体由于遗传获得易患某种疾病，如糖尿病、高血压及精神分裂症等的倾向。

五、先天因素

先天因素是指损害正在发育的胚胎和胎儿的有害因素，并非遗传物质的改变。

由先天因素引起的疾病称为先天性疾病。有的先天性疾病是可以遗传的，如唐氏综合征；但有的先天性疾病并不遗传，如先天性心脏病。

六、免疫因素

机体免疫反应过强、免疫缺陷或产生自身免疫反应等免疫异常，均可导致细胞、组织损伤和功能障碍而致病。如机体对异种血清蛋白（破伤风抗毒素等）、青霉素过敏可致过敏性休克；人类免疫缺陷病毒（HIV）感染可导致获得性免疫缺陷综合征（AIDS）；当机体对自身抗原发生免疫反应时，可导致自身免疫性疾病，如系统性红斑狼疮、类风湿性关节炎等。

七、社会心理因素

长期的精神过度紧张、不良的人际关系、恐惧、愤怒、焦虑及悲伤等重大生活事件和自然灾害的突然打击等，不但可引起机体发生精神障碍性疾病，如抑郁症等，还可以通过精神、心理作用导致机体功能、代谢紊乱及组织、器官的形态与结构变化，从而引起原发性高血压、冠心病和消化性溃疡等。

第三节 发 病 学

发病学研究疾病发生、发展过程中的一般规律和共同机制。

一、损伤与抗损伤

损伤与抗损伤贯穿于疾病的始终，二者相互联系又相互斗争，是生物体的重要特征，也是生物体维持生存的必要条件。

如创伤可引起组织破坏、血管破裂、失血、组织缺氧等变化均属损伤性变化；而动脉血压下降和疼痛引起的反射性交感神经兴奋及由此而引起的血管收缩，可减少出血，在一定时间内有助于动脉血压的维持并有利于心、脑的供血，同时发生的心率加快、心肌收缩力加强可以增加心排血量等均属抗损伤反应；但长时间血管收缩，会加重组织的缺血、缺氧，从而加重组织损伤，此时的抗损伤反应则变成了损伤反应。

正确识别损伤与抗损伤反应在疾病防治中十分重要，要尽可能支持与保护抗损伤反应，积极消除和减轻损伤性变化，当抗损伤反应向损伤反应转变时，应设法消除或减轻这种变化。

二、因果交替转换

因果交替是指在疾病发生、发展过程中，原因和结果的相互转化、互为因果。原始病因作用于机体产生某种结果，这种结果又可作为新的病因引起新的后果，如此，原因与结果交替不已，形成一个链式的疾病发生、发展过程，常常促进疾病进展和恶化，导致恶性循环，例如大出血时的恶性循环（图 1-1）。

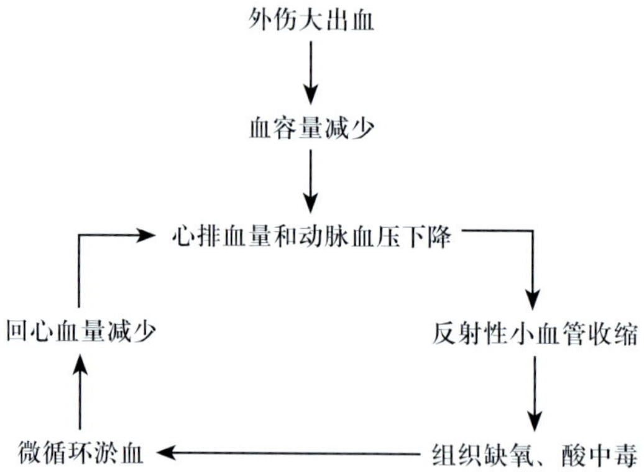

图 1-1 大出血时的恶性循环

作为医务工作者，正确认识疾病过程中的因果转化规律，积极采取有效措施，以及早打断或预防某一环节上的因果转化和恶性循环，可以使疾病向有利于康复的方向发展。

三、局部与整体

疾病可分局部疾病和全身疾病，但这仅是相对的。全身各部分在神经、体液调控下保持着密切联系，可以认为，任何疾病基本上都是整体疾病，而各组织、器官的病理变化均是全身疾病的局部表现。局部病变可影响整体，整体功能状态也会影响到局部病变的经过。例如，局部疖肿引起该部位的炎症反应，严重时可通过神经 - 体液途径影响全身，出现白细胞升高、发热等全身表现；局部疖肿有时又是糖尿病的表现，这是糖尿病患者全身代谢障碍引起抵抗力低下的缘故。尽管局部与整体关系密切，但每一疾病过程中，局部与整体的关系都有其特征，且不断发生变化。在具体疾病的某一时期，对于究竟是全身性还是局部性占主导地位，应进行具体分析，针对主导方向采取积极措施，才能有利于疾病康复。

第四节 疾病的经过与转归

疾病都有一个发生、发展的过程。一般可将疾病的经过分为四期，这在急性传染病中表现较明显。

一、潜伏期

潜伏期是指从病因侵入机体到出现最初临床症状的一段时间。疾病潜伏期长短不同，与病因的特异性、疾病的种类及机体本身特征有关，传染病一般都有明显的潜伏期，而创伤、烧伤等疾病无潜伏期。正确认识与确定潜伏期，对一些疾病及早进行隔离、预防和治疗很有意义。

二、前驱期

前驱期是从潜伏期之后到开始出现明显临床症状之前的一段时间。这一段时间所表现的症状多为非特异性症状，即不是该病所特有的能用于鉴别诊断的症状，如不适、乏力、食欲缺乏、低热等。及早发现这些症状，有利于疾病的早期诊断与治疗。

三、症状明显期

症状明显期是疾病出现特征性临床表现的时期，是疾病的高峰和典型时期。此期所出现的特征性临床症状与体征常为该病的诊断依据。此期的长短，取决于疾病的特异性与个体的反应性。

四、转归期

疾病的转归即疾病的结局，有康复与死亡两种形式。这取决于疾病过程中损伤与抗损伤反应的力量对比及是否及时采取有效的治疗。

（一）康复

康复（rehabilitation）可分为完全康复和不完全康复。

1. 完全康复 又称痊愈，是指疾病所致的损伤完全消失，机体的自稳调节与功能、代谢恢复正常。完全康复是疾病常见的也是最好的结局，有些疾病康复后的机体可获得对该疾病特异性的免疫力。

2. 不完全康复 是指疾病所致的损伤得到控制，主要症状消失，经代偿后功能、代谢可恢复正常，但基本病理变化尚未完全消失，有时可能留下后遗症。

（二）死亡

死亡（death）是生命活动不可逆转的终结，可分为生理性死亡和病理性死亡两种。生理性死亡是由于机体各器官的自然老化所致，又称衰老死亡。绝大多数死亡属于病理性死亡。

长期以来，人们习惯于把呼吸、心搏的永久性停止作为死亡标志。传统观念认为，死亡是一个过程，经历三个阶段。

1. 濒死期 又称临终状态。此期中枢神经系统抑制，机体各系统功能发生严重障碍。

2. 临床死亡期 此期呼吸、心搏和反射活动均消失，但组织仍然进行着微弱的代谢。

3. 生物学死亡期 是死亡的不可逆阶段，中枢神经系统及其他系统的代谢和功能相继停止，并逐渐出现尸冷、尸僵、尸斑，最后尸体腐败。

随着复苏技术的普及与提高、器官移植的开展及社会发展的需要，现已提出脑死亡的概念。所谓脑死亡，是指全脑（包括大脑和脑干）功能的不可逆性的永久消失。如果仅大脑皮质功能丧失，脑干功能尚存，有自主呼吸、心搏和脑神经反射，则为“植物状态”，不能称为脑死亡。必须将脑死亡与“植物状态”区别开来（表 1-1），一旦出现脑死亡，就意味着机体作为一个整体的功能永久性停止，而不能复活。脑死亡患者，各器官组织不一定同时发生死亡，但不可避免地先后死亡。脑死亡成了近年来判断死亡的一个重要标志。

表 1-1 脑死亡与植物状态的鉴别

项目	脑死亡	植物状态
定义	全脑功能丧失	脑的认知功能丧失
有无自主呼吸	无	有
意识状态	丧失	有睡眠 - 醒觉周期，但无意识
脑神经反射	无	有
恢复可能性	无	有

判断脑死亡应符合以下标准：①呼吸停止，进行 15 分钟人工呼吸后仍无自主呼吸；②不可逆昏迷与大脑无反应性，对外界刺激毫无反应，但此时脊髓反射仍存在；③瞳孔散大或固定，脑神经反射消失（如瞳孔对光反射、角膜反射、咳嗽反射、吞咽反射等均消失）；④脑电波消失，脑电图呈零电位；⑤脑血液循环完全停止（经脑血管造影确定）。在没有人工呼吸机、脑电图与脑血管造影的条件下，一般根据呼吸、心搏的永久停止来诊断脑死亡，因为脑干是呼吸、心搏的中枢，呼吸、心搏永久性停止反映了脑干功能的丧失。此外，呼吸、心搏的停止，可导致全脑功能永久性消失。

采用脑死亡概念有利于临床上较精确地判断死亡时间，确定终止复苏的界限，可以停止不必要的无效抢救，减少人力、物力的消耗；同时，也为需要器官移植的患者提供了良好的器官移植材料和合法依据，符合社会伦理和社会发展的需要。

本章小结

健康与疾病是生命过程中矛盾的对立与统一。世界卫生组织提出：健康不仅是没有疾病，而且是躯体上、精神上及社会适应上的完好状态。疾病是机体在一定病因和条件的作用下，机体自稳调节系统发生紊乱而导致的异常生命活动过程。疾病过程中，机体有一系列功能、代谢和形态结构的变化，并表现为症状、体征和社会行为的异常。

从健康到疾病是一个从量变到质变的过程，两者之间可存在亚健康状态，可表现为躯体性亚健康状态、心理性亚健康状态和人际交往性亚健康状态。长期忽视亚健康状态的存在，可使其向疾病方向发展。

任何疾病都有病因，病因是指引起疾病必不可少的、决定疾病特异性的因素。病因包括生物学因素、理化因素、营养因素、遗传因素、先天因素、免疫因素、社会心理因素等。

在疾病发展过程中，内稳态失衡是先决条件；损伤与抗损伤反应的力量对比常影响疾病的发展方向；因果转化是疾病发展的重要形式，在疾病过程的因果转化中，某几种变化互为因果，周而复始，形成循环，而每一循环都使病情进一步恶化，称为恶性循环；任何疾病的局部病变都可影响整体，整体功能状态也会影响到局部病变的经过。

一般可将疾病的经过分为四期：①潜伏期；②前驱期；③症状明显期；④转归期。疾病的转归有康复与死亡两种形式。

死亡是生命活动不可逆转的终结。传统观念认为，死亡是一个过程，经历濒死期、临床死亡期、生物学死亡期三个阶段。脑死亡是指全脑（包括大脑和脑干）功能的不可逆性的永久消失。如果仅大脑皮质功能丧失，脑干功能尚存，有自主呼吸、心搏和脑神经反射，则为“植物状态”。

（徐珊珊）

第二章　细胞、组织的适应、损伤与修复

学习目标

1. 掌握萎缩、肥大、增生、化生、变性、玻璃样变性、坏死、坏疽、机化、再生、肉芽组织等概念。

2. 掌握细胞水肿、脂肪变性、坏死的基本病理变化；掌握坏死的类型、各型坏死的病变特点及结局。

3. 熟悉肉芽组织的形态特点和功能；比较细胞坏死与细胞凋亡、一期愈合与二期愈合的不同。

4. 了解凋亡的概念，各种细胞的再生能力、创伤愈合与骨折愈合的过程及影响创伤愈合的因素。

正常机体的细胞、组织对体内、外环境变化等的刺激，可通过自身的调节机制做出形态、功能和代谢的反应性调节和适应。细胞、组织在受到内、外环境有害刺激因子的作用时，可能引起形态、功能和代谢的损伤性变化。轻度损伤多数是可逆性的，消除刺激作用后，可逆性损伤的细胞和组织一般可恢复正常；当细胞和组织受到严重的损伤时为不可逆性，可导致细胞和组织的死亡。刺激因子引起的是组织和细胞的适应、可逆性损伤还是细胞死亡，不仅取决于有害刺激因子的强度和性质，而且还取决于受累组织和细胞的种类、营养及血液供应等情况。细胞和组织的适应性变化与损伤性变化是疾病发生、发展过程中的基础性病理变化。

第一节　适　　应

适应（adaptation）是指细胞、组织和器官对机体内、外环境中各种有害因子的刺激产生的非损伤性的应答反应。适应涉及细胞数目、体积及分化方向的改变，在形态学上一般表现为萎缩、肥大、增生和化生。

一、萎缩

萎缩（atrophy）是指已发育正常的细胞、组织或器官的体积缩小。萎缩通常由实质细胞体积缩小造成，可伴有细胞数量减少。萎缩时细胞合成代谢降低，功能下降。组织、器官的未曾发育或发育不全造成的体积缩小，不属于萎缩范畴。

（一）类型及原因

萎缩分为生理性萎缩和病理性萎缩两种。

1. 生理性萎缩　是指某些细胞、组织和器官发育到一定阶段时逐渐萎缩，如青春期后胸腺的萎缩，更年期后卵巢、子宫、睾丸的萎缩等。

2. 病理性萎缩　是指病理状态下出现的萎缩，按发生原因可分为以下类型。

（1）营养不良性萎缩：多因蛋白质摄入不足、消耗过多或血液供应不足等引起，分为全身营养不良性萎缩和局部营养不良性萎缩。①全身营养不良性萎缩：多由长期营养不良或结核病、恶性肿瘤等慢性消耗性疾病引起；②局部营养不良性萎缩：常由局部慢性缺血所致，如脑

动脉粥样硬化导致的脑缺血性萎缩（图 2-1）。

（2）压迫性萎缩：因组织、器官长期受压所引起。如尿路梗阻时，因尿液长期潴留导致肾盂积水，积水压迫肾实质造成肾实质萎缩（图 2-2）；脑积水使脑实质受压而萎缩。

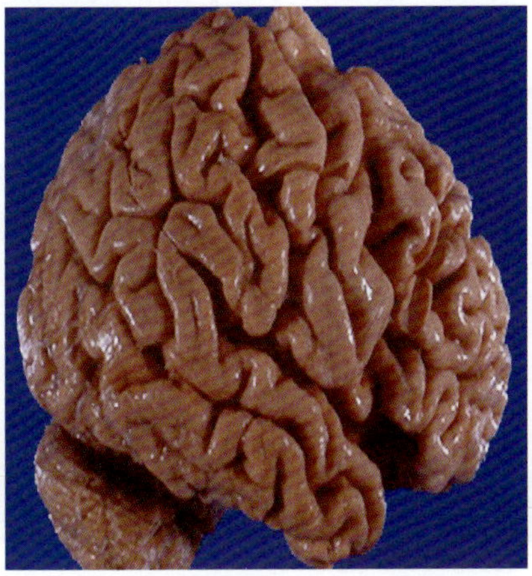

图 2-1　脑缺血性萎缩
脑回变窄，脑沟变深

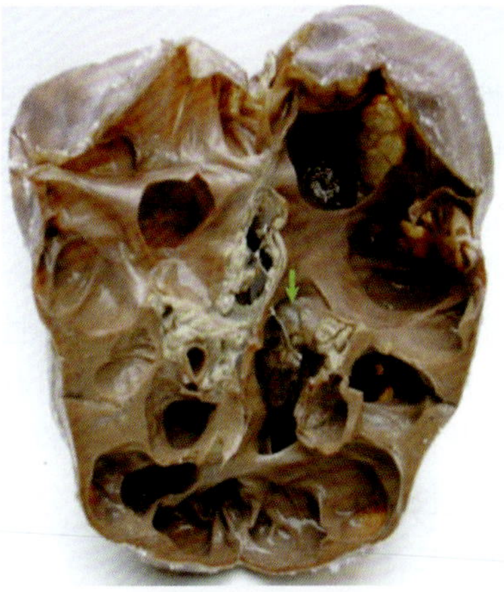

图 2-2　肾压迫性萎缩
肾盂积水，肾体积增大，肾实质受压迫而变薄

（3）失用性萎缩：因组织、器官长期工作负荷减少，功能和代谢低下所致。如久病卧床出现的下肢肌肉萎缩；骨折后长期石膏夹板固定的肢体因不运动而功能停止导致的肌肉萎缩。随着肢体重新正常活动，萎缩的骨骼肌细胞会恢复正常大小和功能。

（4）去神经性萎缩：因运动神经元或轴突损害，所支配的效应器受刺激减少所致。如脊髓灰质炎时，因脊髓前角运动神经元变性坏死导致神经对肌肉的运动调节丧失，从而引起所支配的相应的肌肉萎缩。

（5）内分泌性萎缩：因内分泌器官功能低下，相应靶器官缺乏激素刺激引起。如下丘脑-腺垂体缺血坏死等，可引起促肾上腺皮质激素释放减少，导致肾上腺皮质萎缩。

（二）病理变化

肉眼观：萎缩的器官体积缩小，重量减轻，被膜增厚、皱缩，质地坚韧，色泽变深。脑萎缩时，除上述变化，可见脑回变窄，脑沟变宽。

镜下观：实质细胞体积缩小，常伴有数量减少，某些实质细胞胞质内可见脂褐素颗粒（为细胞内未被彻底消化的细胞器残体）沉着，如萎缩的心肌细胞。

（三）影响及结局

萎缩的细胞、组织和器官的功能和代谢能力下降，如脑萎缩致记忆力减退，肌肉萎缩致收缩力下降等。去除原因后，轻度的萎缩可恢复常态，但如若病变继续进展，发生持续性萎缩，细胞最终可死亡（凋亡）。

二、肥大

肥大（hypertrophy）是指细胞、组织、器官体积的增大。肥大通常是因实质细胞的体积增大所致，常伴有实质细胞数目的增多。

（一）类型及原因

从性质上，肥大可分为生理性肥大和病理性肥大。从原因上，肥大可分为代偿性肥大和内分泌性肥大。因器官、组织的功能负荷过重所致的肥大，称为代偿性肥大或功能性肥大；因内分泌激素过多作用于效应器所致的肥大，称为内分泌性肥大或激素性肥大。生理性肥大和病理性肥大两类均可出现代偿性肥大和内分泌性肥大。

1. 生理性肥大 是指生理应激高兴奋状态下，因组织、器官功能和代谢增强发生的肥大。①生理性代偿性肥大：因生理功能需求旺盛、负荷增加导致，如举重运动员上肢骨骼肌的增粗肥大。②生理性内分泌性肥大：因生理需求激素增多导致，如妊娠时的子宫肥大、哺乳期的乳腺肥大。

2. 病理性肥大 是指病理状态下引起组织、器官功能和代谢增强发生的肥大。①病理性代偿性肥大：因疾病引起负荷增加导致，如高血压引起的左心室心肌肥大（图 2-3），一侧肾摘除后对侧肾的肥大。②病理性内分泌性肥大：因疾病引起激素分泌增多导致。如甲状腺功能亢进时，甲状腺激素分泌增多引起的甲状腺肥大；垂体生长激素腺瘤，生长激素分泌增多引起的肢端肥大。

图 2-3　左心室代偿性肥大

（二）病理变化

肉眼观：组织、器官体积增大。镜下观：实质细胞体积增大，常伴有数量增多，细胞核肥大、深染。

（三）影响及结局

肥大的细胞功能和代谢增强，具有代偿意义。但细胞肥大产生的功能代偿作用是有限度的，当超过组织、器官的代偿限度时，则发生失代偿，如长期高血压引起的左心室肥大，晚期出现心力衰竭。

三、增生

增生（hyperplasia）是指组织或器官内实质细胞的数目增多，常伴有组织或器官的体积增大和功能活跃。引起细胞、组织和器官肥大与增生的原因往往十分类同，故两者常相伴存在。

（一）类型及原因

从性质上，增生分为生理性增生和病理性增生。从原因上，增生分为代偿性增生和内分泌性增生。因器官、组织的功能负荷过重所致的增生，称为代偿性增生或功能性增生；因内分泌激素过多作用于效应器所致的增生，称为内分泌性增生或激素性增生。生理性增生和病理性增生两类均可出现代偿性增生和内分泌性增生。

1. 生理性增生 是指为适应生理需要，组织、器官功能和代谢增强发生的增生。①生理性代偿性增生：如部分肝切除后残存肝细胞的增生；高海拔地区空气氧含量低，机体骨髓红细胞前体细胞和外周血红细胞代偿性增多。②生理性内分泌性增生：如正常女性青春期和哺乳期的乳腺增生；月经周期中子宫内膜腺体的增生。

2. 病理性增生 是指病理状态下引起组织、器官功能和代谢增强发生的增生。①病理性代偿性增生：如组织损伤，细胞再生的修复性增生；一侧肾摘除后对侧肾肥大、肾小管上皮细胞增生。②病理性内分泌性增生：如缺碘时的甲状腺增生；雌激素绝对或相对增多时，引起的子宫内膜增生过长，导致功能性子宫内膜出血。

（二）病理变化

肉眼观：增生的器官弥漫性增大或在组织、器官中形成单发或多发性增生结节。镜下观：实质细胞数量增多，细胞和细胞核的形态多正常或稍增大。

（三）影响及结局

增生是各种原因引起的细胞有丝分裂活动增强的结果，通常在原因消除后可恢复正常，代偿性增生对机体有重要的功能代偿和修复意义。但如若细胞过度增生失去控制，则可能演变为肿瘤性增生。

四、化生

化生（metaplasia）是指一种分化成熟的细胞类型被另一种分化成熟的细胞类型所取代的过程。这种转化过程是由具有分裂增殖和多向分化能力的幼稚未分化细胞、储备细胞向另一方向分化而成。化生通常发生在同源性细胞之间。

（一）类型

1. 上皮组织的化生

（1）鳞状上皮的化生：被覆上皮组织的化生以鳞状上皮化生（简称鳞化）最为常见（图2-4）。如慢性支气管炎或支气管扩张症时，支气管的假复层纤毛柱状上皮转化为复层鳞状上皮（图2-5）；

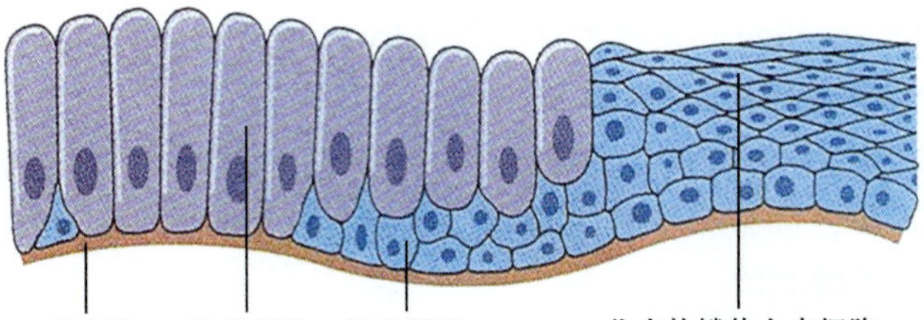

图2-4　柱状上皮化生为鳞状上皮示意图

（2）柱状上皮的化生：腺上皮组织的化生也较常见。慢性萎缩性胃炎时，部分胃黏膜上皮转化为含有帕内特细胞或杯状细胞的肠型黏膜上皮，称肠上皮化生（图2-6）；胃窦胃体部腺体由幽门腺所取代，称为假幽门腺化生。

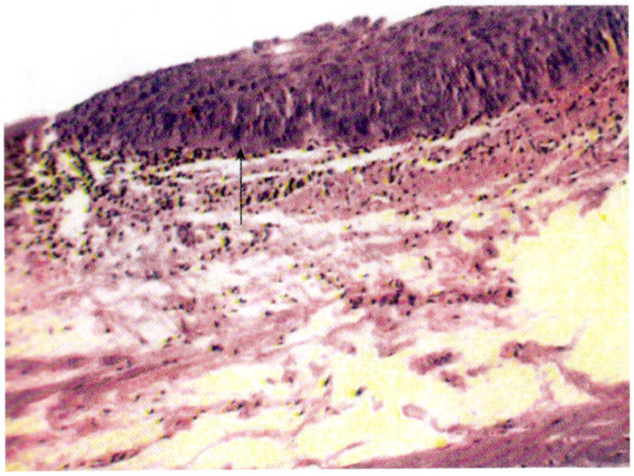

图2-5　支气管鳞状上皮化生

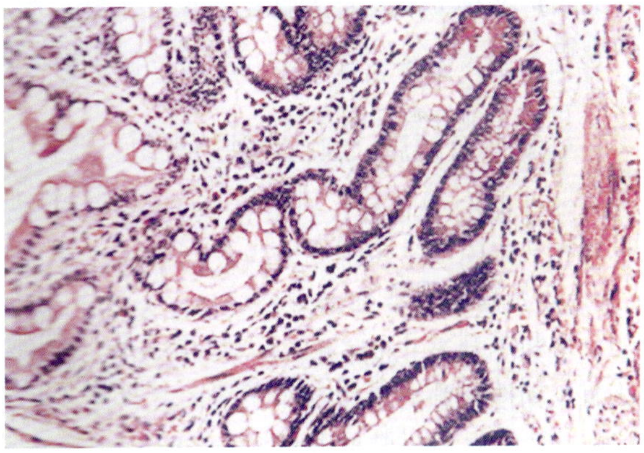

图2-6　肠上皮化生

2. 间叶组织的化生　间叶组织可化生为骨、软骨、脂肪等组织。间叶组织中幼稚的成纤维细胞在损伤后可转变为成骨细胞或成软骨细胞，称为骨或软骨化生。这类化生多见于骨化性肌炎等受损软组织，也见于某些肿瘤的间质。

（二）化生的意义

化生的生物学意义有利有弊。化生虽是局部组织对不利环境的一种适应反应，但化生组织往往丧失原组织的结构和功能。如慢性支气管炎时，支气管黏膜上皮化生后虽能增强局部适应能力，但因纤毛缺失，丧失了黏膜自净的能力。有的化生可以恶变，值得注意。

第二节　损　　伤

机体细胞、组织遭受不能耐受的刺激因素作用时，发生损伤性改变。轻度损伤表现为各种变性，原因消除后可恢复正常，又称为可逆性损伤；重度损伤表现为坏死，为不可逆性改变，又称为不可逆性损伤。

一、可逆性损伤——变性

可逆性损伤（reversible injury）又称为变性（degeneration），是指细胞或细胞间质受损伤后，由于代谢障碍，在细胞内或细胞间质出现异常物质或正常物质异常蓄积。常见的变性有以下几种。

（一）细胞水肿

细胞水肿（cellular swelling）又称水样变性（hydropic degeneration），是指细胞内水和钠离子过多积聚，常是细胞损伤中最早出现的变化。常见于肝、肾、心等器官的实质细胞。

1. 原因及机制　当机体发生感染、缺氧、中毒、高热等时，细胞内线粒体受损伤，腺苷三磷酸（ATP）生成减少，细胞膜钠钾 ATP 酶（钠钾泵）功能障碍，或细胞膜直接受损，导致细胞内水、钠离子增多而潴留。

2. 病理变化　肉眼观：病变组织、器官肿胀，体积增大，包膜紧张，边缘变钝，切面隆起，切缘外翻，颜色变淡，混浊、无光泽。镜下观：根据水肿程度分为轻、中、重度水肿。①轻度水肿：细胞体积增大，胞质内见大量粉染细小颗粒，又称为颗粒样变性；②中度水肿：细胞体积明显增大，胞质疏松、淡染，呈空网状，半透明，又称为疏松样变性；③重度水肿：胞质清亮，细胞肿大变圆，胞质几乎完全透明，如气球样，又称为气球样变性（图 2-7）。

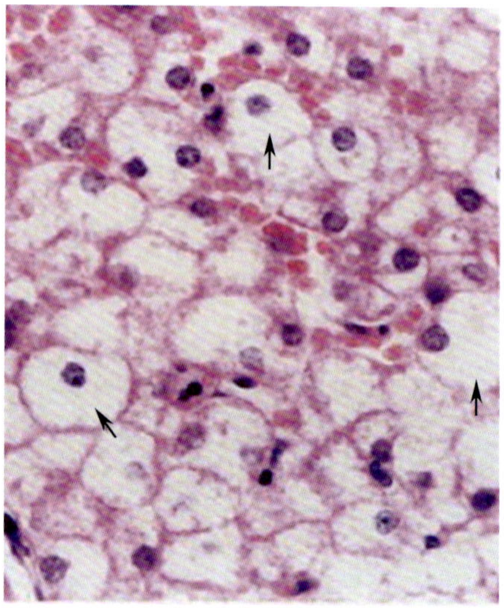

图 2-7　气球样变性

3. 影响及结局　细胞水肿的组织、器官功能和代谢降低。原因消除后，可恢复正常。但若致细胞水肿因素持续作用，可发展为坏死。

（二）脂肪变性

脂肪变性（fatty change）是指非脂肪细胞内出现甘油三酯的蓄积。常见于耗氧多、代谢旺盛的心、肝、肾等实质器官，以肝最为常见。

1. 原因及机制　因长期贫血、严重感染、酗酒、缺氧、中毒、营养不良、糖尿病及肥胖等，引起脂肪在体内的运输、利用和转化的任何环节发生异常均可导致脂肪变性。

2. 病理变化　肉眼观：病变组织、器官肿大，包膜紧张，颜色淡黄，质地变软，切面触之有油腻感。显著弥漫的肝脂肪变性称为脂肪肝。心肌脂肪变性时，常在左心室内膜下和乳头肌处出现平行的黄色条纹，和正常的暗红色心肌相间，状若虎皮斑纹，称为虎斑心。镜下观：①石蜡切片苏木精 - 伊红染色（HE 染色），可见细胞体积增大，胞质内出现大小不等的空泡，有的可充满整个细胞并将细胞核挤到一侧（图 2-8）。②快速冷冻切片特殊脂肪染色，可使脂质呈现特殊颜色，如苏丹Ⅲ染色将脂滴染成橘红色，锇酸染色将脂滴染成黑色。

3. 影响及结局　轻、中度脂肪变性在原因消除后，可恢复正常。严重的脂肪变性引起组织、器官功能障碍，进而发生细胞坏死。如长期重度弥漫性肝脂肪变性，肝细胞逐渐坏死，继发纤维化，最后可发展为肝硬化。

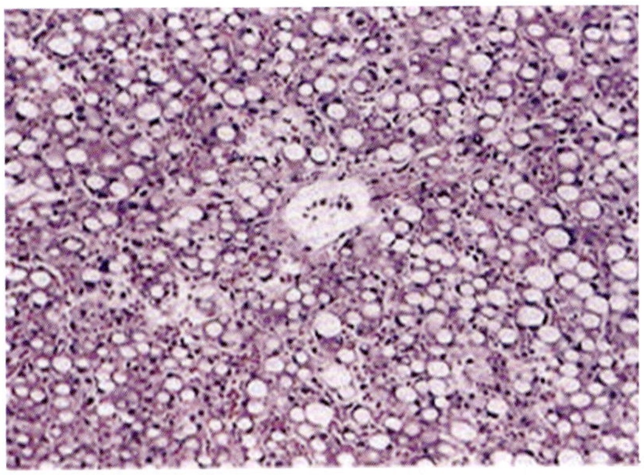

图 2-8　肝脂肪变性

（三）玻璃样变性

玻璃样变性（hyalinization）是指细胞内、外出现嗜伊红染色、均匀半透明无结构的玻璃样物质，又称透明变性。常见玻璃样变性有三种。

1. 细、小动脉壁玻璃样变性　多见于高血压时，全身细、小动脉壁（尤其是肾、脑、脾及视网膜的细动脉壁）出现玻璃样物质沉积，引起血管壁增厚、变硬，管腔狭窄。这是由于细、小动脉持续痉挛，使内膜通透性增大，管腔内血浆蛋白渗入内膜并沉积于血管壁，使细、小动脉壁失去原有的结构，而被红染、均质状的玻璃样物质所替代（图 2-9）。

2. 纤维结缔组织玻璃样变性　多见于瘢痕组织和动脉粥样硬化的纤维斑块。病变组织质地致密坚韧，弹性消失，呈灰白色，均质半透明。镜下见病变部位的纤维细胞和血管明显减少，胶原纤维增粗、彼此融合，形成均质红染的梁状、索状或片状结构（图 2-10）。

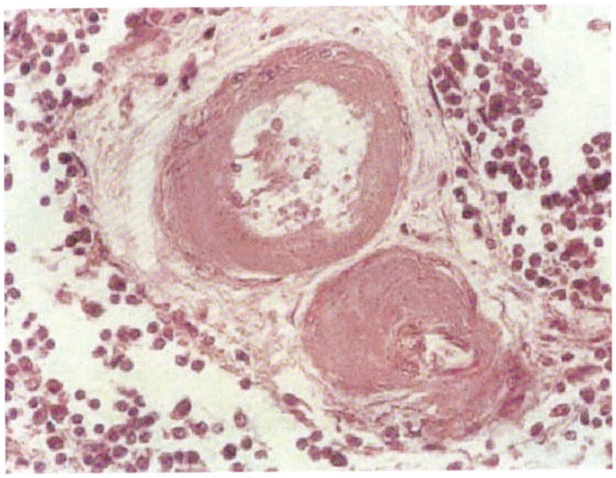

图 2-9　细动脉壁玻璃样变性

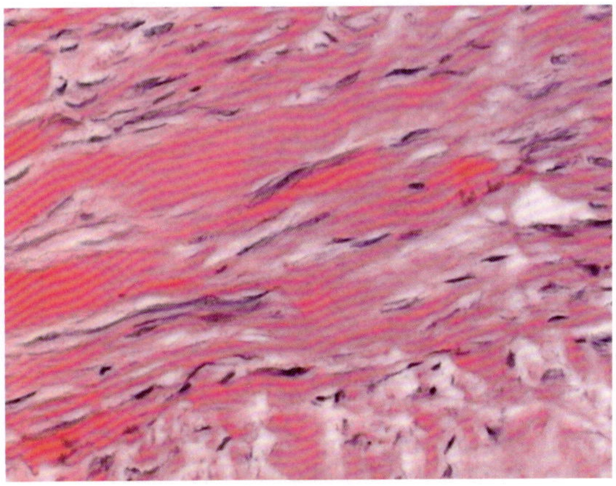

图 2-10　纤维结缔组织玻璃样变性
胶原纤维增粗、融合、均质红染

3. 细胞内玻璃样变性　指各种原因引起细胞内异常的蛋白质蓄积，形成均质红染的圆形物质。这种情况常见于肾小球肾炎或其他疾病而伴有明显蛋白尿时。此时肾近曲小管上皮细胞胞质内可出现许多大小不等的圆形红染小滴，这是血浆蛋白经肾小球滤出而又被肾小管上皮细胞吞饮，并在胞质内融合成玻璃样小滴的结果。

（四）病理性钙化

病理性钙化（pathologic calcification）是指固态钙盐沉积于骨和牙齿以外的组织中。钙盐的主要成分是磷酸钙和碳酸钙及少量铁、镁或其他矿物质。

1. 类型　①营养不良性钙化：指钙盐沉积在坏死组织或异物中，此时体内钙、磷代谢正常。此类型可见于结核坏死灶、脂肪坏死灶、动脉粥样硬化斑块、血栓和坏死的寄生虫虫体等之中。②转移性钙化：指由于全身钙磷代谢失调，血钙、血磷增高而致钙盐沉积于正常组织内。此类型主要见于甲状旁腺功能亢进、维生素 D 摄入过多、肾衰竭及某些骨肿瘤，常发生在血管、肾及肺的间质组织。

2. 病理变化 肉眼观：病变组织中可见灰白色细小颗粒状或团块状坚硬的物质，触之有沙砾感或硬石感。病理性钙化的另一种形式是形成由碳酸钙和胆固醇等构成的结石，常见于胆囊、肾盂、膀胱、输尿管和胰腺等部位。大片病理性钙化可导致组织和器官变形、硬化及功能障碍。镜下观：钙化物呈蓝黑色、不规则的颗粒或团块状。

二、不可逆性损伤——细胞死亡

当各种刺激因子造成组织、细胞严重损伤时，可导致不可逆性损伤（irreversible injury），即细胞死亡（cell death）。细胞死亡表现为坏死和凋亡。

（一）坏死

活体内局部组织、细胞的死亡称为坏死（necrosis）。细胞坏死后，代谢停止，功能丧失，并出现由自身溶酶体酶消化（自溶）或由渗出的中性粒细胞释放的溶酶体酶消化（异溶）引起的一系列不可逆性的病理变化。

1. 原因 坏死多因局部血流急剧减少，或生物、理化因素的强烈作用引起局部组织细胞严重损伤所致；或由严重变性发展而来。

2. 病理变化 坏死的早期，肉眼与镜下观察都不易发现坏死的形态变化，只有细胞死亡数小时后，光学显微镜下才能观察到，主要表现如下。

（1）细胞核的改变：是细胞坏死的主要形态学标志，其表现如图 2-11 所示。①核固缩（karyopyknosis），即细胞核由于脱水而染色质浓缩，体积缩小，核膜皱缩，嗜碱性增强；②核碎裂（karyorrhexis），即核染色质崩解形成小片，核膜破裂，染色质小片分散在胞质中；③核溶解（karyolysis），即在 DNA 酶和蛋白酶的作用下，染色质中的 DNA 和核蛋白被分解，核染色变淡，逐渐溶解消失。

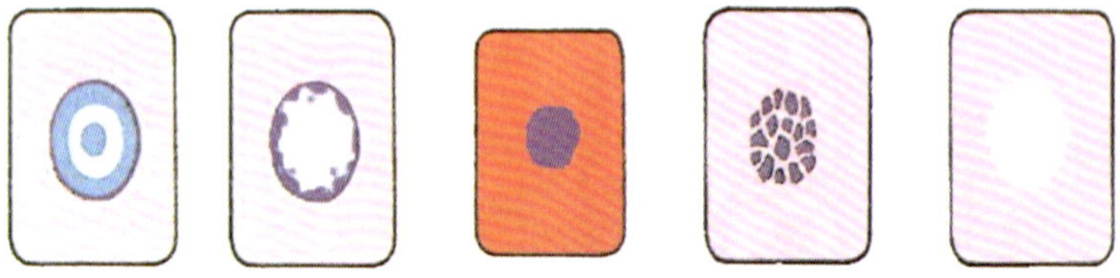

图 2-11 细胞坏死的细胞核变化示意图

（2）细胞质的改变：因胞质内嗜碱性核糖体减少或解体，胞质对嗜碱性染料的亲和力下降而与嗜酸性染料的结合力增强，胞质呈强嗜酸性而红染。

（3）间质的改变：间质细胞对于损伤的耐受性大于实质细胞，因此间质细胞出现损伤的变化一般出现较晚，后期由于酶的作用，基质逐渐解聚，间质胶原纤维肿胀、崩解、液化，最终死亡细胞和崩解的间质融合成一片无结构、红染的颗粒状物或液状物。

坏死的形态变化虽然属于坏死后的自溶变化，但与机体死亡后的组织自溶不同。活体局部组织坏死能引发机体的急性炎症反应，表现为坏死组织周围明显的炎症细胞浸润；机体死亡后的组织自溶其周围无炎症细胞浸润。

临床上将失去生活能力的组织，称为失活组织（devitalized tissue）。肉眼观：失活组织无光泽，比较混浊，颜色苍白；失去正常弹性，刺激后回缩不良；无正常血液供应，摸不到血管搏动，在清创术中切除失活组织时，没有新鲜血液自血管流出；失去正常感觉和运动功能（如肠停止蠕动）等。在治疗中必须清除失活组织，损伤部位方能痊愈。

3. 坏死的类型

（1）凝固性坏死（coagulation necrosis）：坏死细胞的蛋白质凝固，为灰白或灰黄色，干燥、质脆，还保持细胞轮廓残影，与健康组织分界明显，好发于心、肝、脾、肾等器官（图2-12）。

干酪样坏死（caseous necrosis）是凝固性坏死的一种特殊类型，表现为坏死很彻底，常见于结核病灶。肉眼观：坏死组织呈淡黄色，形似奶酪，故名干酪样坏死。镜下观：组织的原有结构消失，只见一片红染、无细胞结构的颗粒状物质（图2-13）。

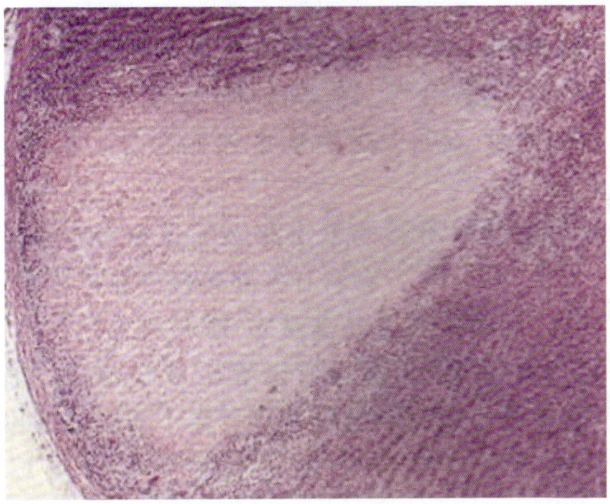

图2-12　肾凝固性坏死
肾梗死：坏死灶为楔形，灰黄色，边界清楚

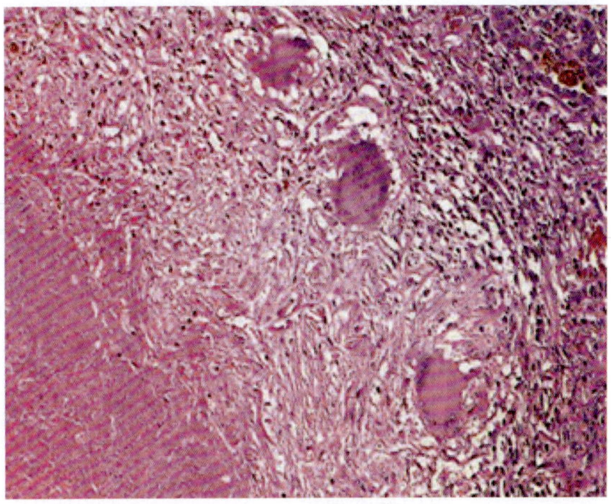

图2-13　干酪样坏死
坏死组织呈均质红染、无细胞结构的颗粒状物质

（2）液化性坏死（liquefaction necrosis）：是指坏死组织因水解酶的分解而成液态的坏死形式，常发生于蛋白质较少、磷脂和水分多（如脑）或蛋白酶多（如胰腺）的组织，如脑组织坏死（又称脑软化，图2-14）、坏死性胰腺炎、化脓性炎所形成的脓液。

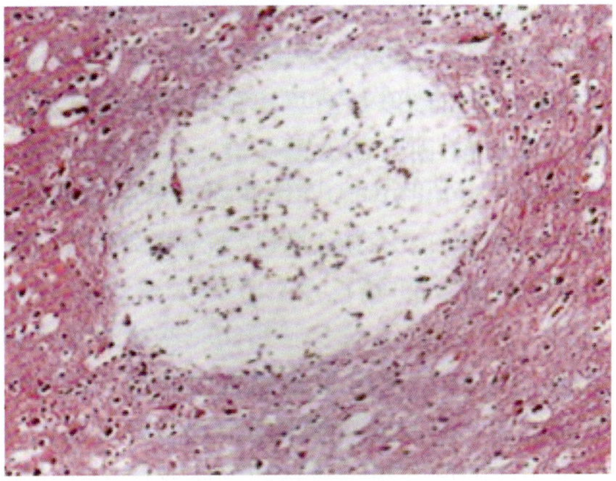

图2-14　脑组织液化性坏死
脑组织溶解坏死，呈筛状软化灶

（3）纤维蛋白样坏死（fibrinoid necrosis）：是结缔组织和小血管壁常见的坏死形式。病变部位呈细丝状、颗粒状或块状无结构的物质，呈强嗜酸性，与纤维蛋白染色性质相似，故名纤维蛋白样坏死。纤维蛋白样坏死常见于某些变态反应性疾病，如风湿病、全身性红斑狼疮、恶性高血压等。

（4）坏疽（gangrene）：指局部组织大块坏死并继发腐败菌感染。坏死组织被腐败菌分解后产生硫化氢，后者可与血红蛋白（Hb）分解的铁结合成硫化铁而呈黑色。坏疽分为干性、湿性和气性三种类型。①干性坏疽：多见于肢体末端，或水分易蒸发的体表组织坏死。坏死组织干燥，腐败菌感染多较轻，边界清楚（图2-15）。②湿性坏疽：多见于与外界相通但水分不易蒸发的内脏器官，如肠管、胆囊、子宫、肺等，也可继发于动脉阻塞同时有静脉淤血的体表组织。坏死组织水分较多，腐败菌感染严重。③气性坏疽：见于严重的深达肌肉的开放性创伤继发厌氧菌感染时，细胞坏死分解产生大量气体，坏死处呈蜂窝状（图2-16）。有些气性坏疽可伴发全身严重中毒症状。三者之间的区别见表2-1。

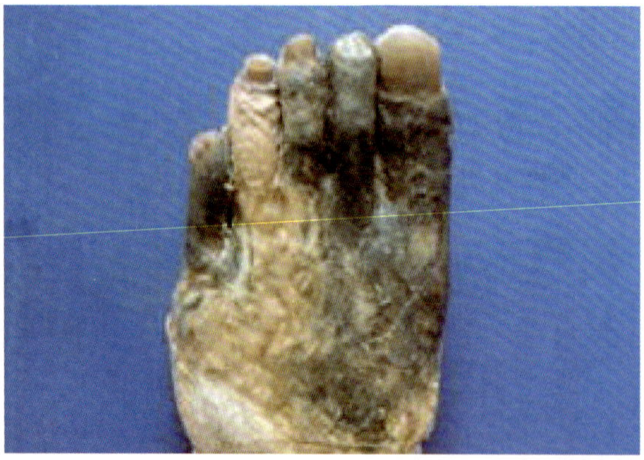

图 2-15　足干性坏疽
坏死组织干燥，呈黑色，与周围组织分界清楚

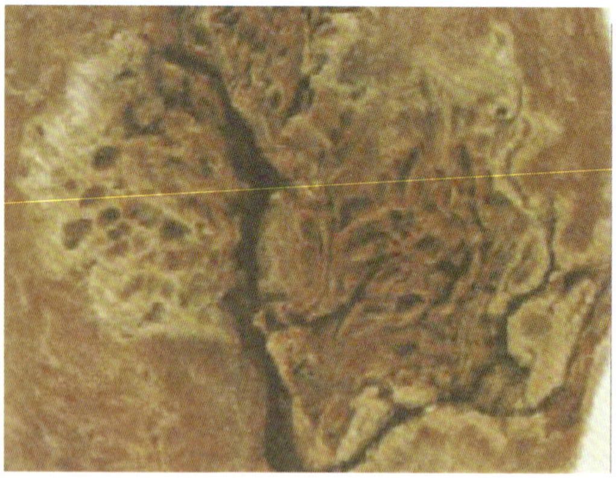

图 2-16　气性坏疽
坏死组织呈蜂窝状，含大量气泡

表 2-1　坏疽类型及区别

项目	干性坏疽	湿性坏疽	气性坏疽
形成原因	动脉阻塞、静脉回流通畅	动、静脉同时阻塞	深部肌肉损伤合并厌氧菌的感染
好发部位	四肢末端	与外界相通的内脏器官，如肺、肠管、子宫、阑尾、胆囊等	深部肌肉、开放性创伤
病变特点	干、黑、硬、皱，与周围组织界限清楚	湿软、肿胀、黑色或污秽绿色，与周围组织界限不清	明显肿胀、污秽、暗棕色，按压有捻发感，切面呈蜂窝状
影响结局	感染较轻，进展较缓慢	感染严重，全身中毒症状较重，预后较差	严重的全身中毒症状，病变发展迅速

4. 坏死的结局

（1）溶解吸收：坏死范围较小，坏死物质被蛋白水解酶溶解液化，由淋巴管或血管吸收，碎片由巨噬细胞吞噬消化。

（2）分离排出：坏死灶较大难以吸收时，其周围出现炎症反应，中性粒细胞将病灶处的坏死组织分解、吞噬、吸收，并通过多种途径排出。发生在皮肤、黏膜上皮细胞的坏死、脱落，引起表浅的缺损，称为糜烂。若坏死发生在皮肤、黏膜，坏死物排出后形成缺损超过上皮全层，称为溃疡。肾、肺等实质器官的坏死物液化后，可通过自然管道排出，残留的空腔称为空洞。溃疡与空洞可由组织再生修复。

（3）机化：坏死组织不能被吸收与排出时，则由附近的健康组织新生毛细血管和成纤维细胞形成的肉芽组织将坏死物质取代，这一过程称为机化（organization）。

（4）包裹、钙化：坏死灶较大，不能完全机化，则由周围增生的纤维组织将其包绕，称为包裹。若有钙盐沉积于坏死组织，则称为钙化。

（二）凋亡

凋亡（apoptosis）是活体内局部组织中单个细胞程序性细胞死亡（programmed cell death，PCD），属生理性细胞死亡，但在病理状态下如氧化应激、钙稳态失衡、线粒体损伤等也可诱导细胞凋亡。

凋亡通常表现为单个细胞或小团细胞的死亡，凋亡的细胞出现固缩，核染色质凝聚、边集，胞质形成芽状突起并脱落形成许多凋亡小体（apoptosis body），这是凋亡细胞特征性的形态学改变，凋亡小体迅即在局部被巨噬细胞等吞噬消化。整个凋亡过程由于质膜完整，没有细胞内容物外漏，故细胞凋亡不会引起局部的炎症反应。

第三节　损伤的修复

修复（repair）是指细胞和组织受到损伤，机体对所形成缺损进行修补恢复的过程，修复后可完全或部分恢复原组织的结构和功能。

一、再生性修复

机体的细胞和组织损伤后，由邻近的同种细胞增生填补的过程称为再生（regeneration）。

（一）类型

1. 生理性再生　指生理过程中老化、凋亡和耗损的细胞由同种细胞分裂增生来补充，以保持原有的结构和功能的再生。如表皮角化层经常脱落，由表皮基底细胞增生、分化给予补充；月经期子宫内膜脱落后被新生的内膜代替等。

2. 病理性再生　指组织、细胞损伤后发生的再生，可分为完全性再生和不完全性再生。若损伤较轻、组织再生能力较强，可恢复原有组织的结构和功能，称完全性再生。若损伤严重、范围大、组织再生能力弱，除再生外，还有纤维性修复参与，以后形成瘢痕，称为不完全性再生。

（二）各种细胞的再生能力

按再生能力强弱将细胞分为三类。

1. 不稳定细胞（labile cells）　又称持续分裂细胞（continuously dividing cell）。这类细胞再生能力最强，在生理状态下不断进行分裂、增生，以替换衰老死亡的细胞，细胞损伤后也有很强的再生能力。如全身的上皮细胞、淋巴造血细胞等。

2. 稳定细胞（stable cells）　又称静止细胞（quiescent cell），这类细胞在生理状态下增生不明显，但有强大的潜在的再生能力。在组织受到损伤后，此类细胞表现出较强的再生能力。如肝、胰、内分泌腺等腺上皮细胞、成纤维细胞、血管内皮细胞、骨细胞和原始间叶细胞等。平滑肌细胞虽属稳定细胞，但再生能力弱。

3. 永久性细胞（permanent cells）　又称非分裂细胞（nondividing cell）。这类细胞有神经细胞、心肌细胞及骨骼肌细胞。出生后，神经细胞不能分裂增生，一旦遭受破坏则成为永久性缺失，只能由神经胶质细胞增生补充。但这不包括神经纤维，在神经细胞存活的前提下，受损的神经纤维有着活跃的再生能力。心肌细胞与骨骼肌细胞只有微弱的再生能力，对损伤后修复几乎没有作用，靠瘢痕修复。

（三）常见组织的再生过程

1. 上皮组织的再生　皮肤、黏膜的被覆上皮损伤后，由创缘或基底部残存的基底细胞分裂增生，向缺损中心覆盖，恢复组织结构。腺上皮损伤后，由残留的上皮细胞分裂、补充。

2. 纤维组织的再生　纤维组织局部损伤后，由成纤维细胞分裂增生，此类细胞增生能力很强，停止分裂后演变为纤维细胞，并产生胶原纤维。

3. 血管的再生　毛细血管常常以出芽的方式完成再生的过程，即毛细血管损伤处边缘血管内皮细胞分裂增生，形成实心的细胞条索，在血流冲击下逐渐形成血管腔，继而互相吻合形成毛细血管网（图 2-17）。大血管断裂后要通过手术吻合，内皮细胞再生覆盖断裂处，断裂处肌层不能再生，通过结缔组织再生进行连接，即瘢痕修复。

4. 神经组织的再生　神经细胞破坏后不能再生，由再生能力强的神经胶质细胞修复形成胶质瘢痕。而神经纤维断裂后，如果与其相连的神经细胞仍然存活，可完全再生：先是断裂远端髓鞘与轴突崩解吸收；然后，两端的神经膜细胞增生，将两端连接形成髓鞘；近端轴突逐

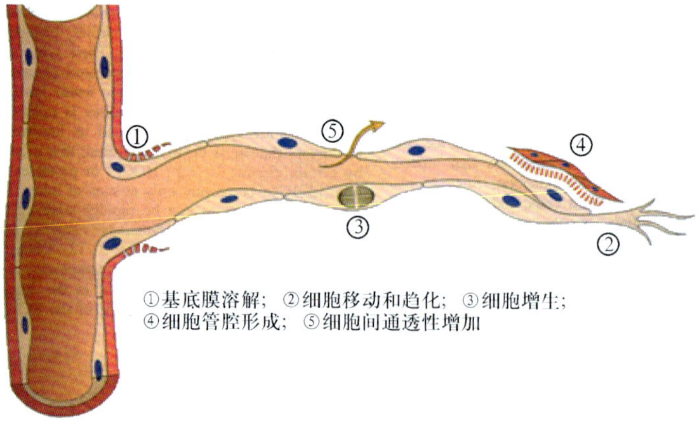

图 2-17　血管形成示意图

渐向远端髓鞘内生长直达末梢。若两断端相距太远（超过 2.5 cm）或截肢后失去远端，则近端长出的轴突不能达到远端，与增生的结缔组织混杂，卷曲成团，形成创伤性神经瘤（traumatic neuroma），引起顽固性疼痛。因此，临床上施行神经吻合术或截肢时应做适当处理。

二、纤维性修复

纤维性修复是指机体的细胞和组织损伤后，先经过肉芽组织填补组织缺损，后经过纤维化转化为瘢痕组织的过程。

（一）肉芽组织

肉芽组织（granulation tissue）由新生的毛细血管及增生的成纤维细胞构成，并伴有炎症细胞浸润。

1. 肉芽组织的形态特点　肉眼观：肉芽组织呈鲜红色、颗粒状、柔软湿润，因形似鲜嫩的肉芽而得名。镜下观：肉芽组织由大量毛细血管、成纤维细胞和炎症细胞组成（图 2-18）。①大量新生的毛细血管平行排列，与表面垂直，并在近表面处互相吻合成弓状突起；②增生的成纤维细胞散在分布于毛细血管网络之间，很少有胶原纤维形成；③多少不等的炎症细胞浸润于肉芽组织之中，如感染性损伤以中性粒细胞为主，非感染性损伤则以单核细胞、淋巴细胞等为主。肉芽组织早期无神经纤维，故无痛觉。

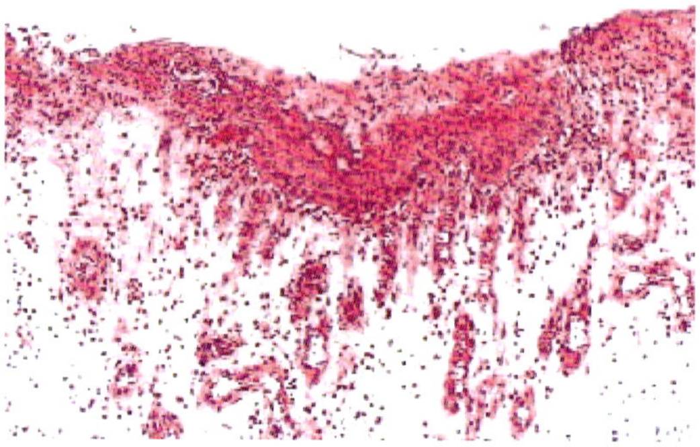

图 2-18　肉芽组织

2. 肉芽组织对机体的影响　肉芽组织在修复过程中有如下功能。

（1）抗感染及保护创面。

（2）机化或包裹坏死组织、血凝块、血栓及其他异物。

（3）填补创伤的缺损。

（二）瘢痕组织

瘢痕（scar）组织是指肉芽组织经改建成熟形成的纤维结缔组织。

1. 瘢痕组织的形态特点　肉眼观：颜色苍白或灰白色半透明状，质硬韧，缺乏弹性。镜下观：由大量平行或交错分布的胶原纤维束组成，纤维束呈均质状红染即玻璃样变性，纤维细胞很稀少，核细长而深染，小血管稀少。

2. 瘢痕组织对机体的影响

（1）有利影响：①瘢痕组织能把损伤的创口或其他缺损长期填补并连接，使器官保持完整性；②瘢痕组织含大量胶原纤维，与肉芽组织相比较有较强的抗拉力，因而这种填补和连接相当牢固，可使组织、器官保持其坚固性。但当胶原形成不足或承受力大而持久时，瘢痕组织因缺乏弹性而容易膨出，在腹壁形成腹壁疝，在心室壁形成室壁瘤。

（2）不利影响：①瘢痕收缩，可引起关节挛缩或活动受限；②瘢痕性粘连，特别是各器官间或器官与体腔壁之间发生纤维（瘢痕）性粘连，常影响器官功能；③瘢痕组织过度增生，会形成突出于皮肤表面并向周围不规则扩延的瘢痕疙瘩（keloid）。

三、创伤愈合

创伤愈合（wound healing）是指机体遭受创伤后进行再生修复的过程，包括了各种组织的再生、肉芽组织增生、瘢痕形成等病理变化，表现出各种修复过程的协同作用。

（一）皮肤和软组织的创伤愈合

1. 一期愈合　见于组织破坏少、创缘整齐、无感染、经粘合或缝合后创口对合严密、无异物的伤口。其表皮在1~2天内将伤口覆盖，肉芽组织于2~3天从伤口边缘长出，逐渐填满伤口，5~6天形成胶原纤维。这类伤口愈合快，瘢痕少，临床上称为一期愈合（图2-19）。如无菌性手术切口，愈合后只形成少量瘢痕组织，几乎不影响功能。

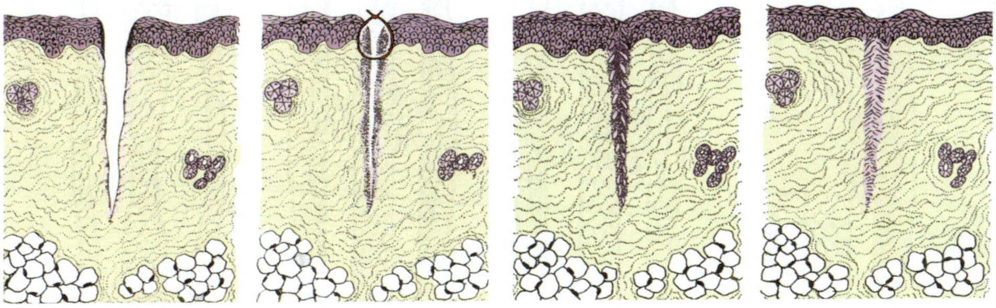

创缘整齐、组织破坏少　经缝合、创口对合严密、炎症反应轻　表皮再生、少量肉芽组织从伤口边缘长出　愈合后少量瘢痕形成

图2-19　一期愈合示意图

2. 二期愈合　见于组织创伤范围大，坏死组织较多，创缘不整齐，无法整齐对合，伴有感染的伤口。如伤口炎症反应明显，必须控制感染，清除坏死组织后才能愈合。如创面过大，上皮组织难以覆盖，则要植皮。此类伤口愈合较慢，瘢痕较多，临床上称为二期愈合（图2-20）。

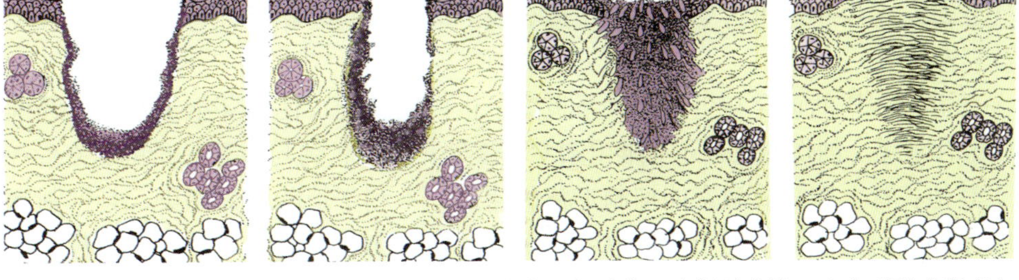

创口大、创缘不整齐、组织破坏多　伤口收缩、炎症反应重　肉芽组织从伤口底部及边缘将伤口填平，然后表皮再生　愈合后形成瘢痕大

图2-20　二期愈合示意图

3. 痂下愈合 见于较浅表并有少量出血或血浆渗出的皮肤创伤（如皮肤表浅的擦伤）。创口表面的血液、渗出物及坏死物质干燥后形成黑褐色硬痂覆盖于创面上，创伤在痂下进行愈合，表皮再生完成后，痂皮自行脱落，称为痂下愈合。痂皮对创口具有一定保护作用，其愈合时间较无痂者长。若痂下渗出物较多，尤其是伴有细菌感染时，痂皮可影响渗出物排出，则对愈合不利。

（二）骨折愈合

骨折（bone fracture）一般分为外伤性骨折和病理性骨折。经过良好复位的单纯外伤性骨折，几个月内即可恢复正常结构和功能。愈合过程可分为以下四个阶段。

1. 血肿形成 骨折时常有局部大量出血，形成血肿，数小时后血肿发生凝固，可起暂时粘合骨折断端的作用。

2. 纤维性骨痂形成 骨折后 2~3 天，血肿由肉芽组织取代并机化，继而形成纤维性骨痂，使断端连接起来，但不牢固。此期需 2~3 周。

3. 骨性骨痂形成 在上述纤维性骨痂基础上，形成骨样组织，经钙盐沉着形成骨性骨痂。此期，新生骨小梁排列紊乱，达不到正常功能要求。此期需 4~8 周。

4. 骨痂改建 骨性骨痂经过进一步改建形成板层骨。改建是在破骨细胞的骨质吸收及成骨细胞新骨质形成的协调作用下完成的。最终使骨折两端恢复原来结构与功能，形成骨髓腔。此期需几个月或更长时间（图 2-21）。

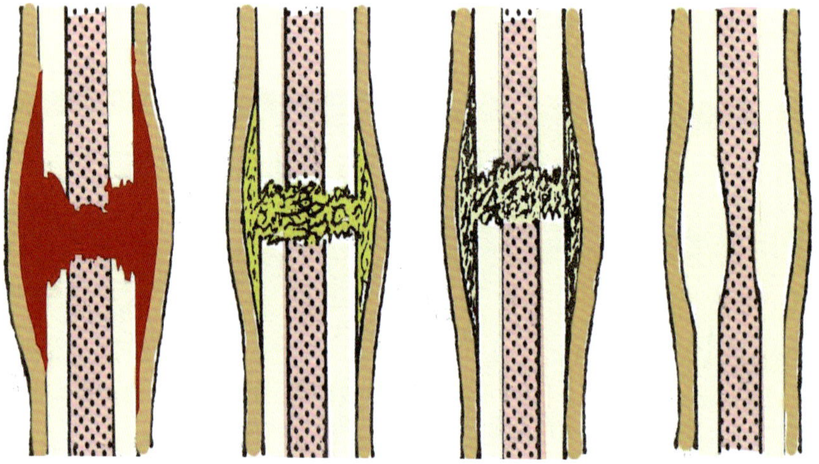

图 2-21 骨折愈合示意图

（三）影响创伤愈合的因素

创伤的愈合除与损伤程度及组织再生能力有关外，还与机体全身因素及局部因素有关。

1. 全身因素

（1）年龄：青少年组织再生能力强，愈合快。老年人与之相反，与血液供应减少及生理功能日益衰退有关。

（2）营养：创伤的愈合与蛋白质关系极大。蛋白质缺乏可使肉芽组织及胶原纤维形成不足，伤口愈合延缓。创伤的愈合还与维生素 C、微量元素锌、钙与磷等营养物质关系密切。

（3）其他：肾上腺皮质激素能抑制炎症的渗出，不利于清除伤口感染，且抑制肉芽组织增生及胶原纤维的合成，不利于伤口愈合，因此，伤口愈合期间，尽量不使用肾上腺皮质激素。某些全身性疾病（如糖尿病、免疫缺陷病）也影响伤口愈合。

2. 局部因素

（1）局部血液循环：良好的血液循环可促使坏死物质吸收及感染的控制，还可保证组织再生的营养物质。临床上的热敷、理疗等治疗方法均对血液循环有改善作用。

（2）感染与异物：感染可引起组织坏死，使伤口愈合延缓，异物存留也可引起伤口感染，影响伤口愈合。所以，要消除感染与异物，创伤才能愈合。

（3）神经支配：局部神经受损，其所支配区域组织再生能力降低，如麻风病引起的溃疡不易愈合，就是神经受损的缘故。

此外，骨折的愈合除受上述因素影响外，还应强调骨折断端的复位、固定、功能锻炼等方面的影响因素。骨折断端及时正确的复位、牢固的固定、早日进行功能锻炼等是促使骨折愈合的重要因素。

本章小结

细胞和组织在轻微的有害因素持久作用下，体内环境可发生改变，通过调整其代谢、功能和形态结构的过程称为适应。适应在形态上的改变表现为肥大、增生、萎缩、化生等。

细胞和组织受到较严重有害刺激因子的作用，可出现可逆性损伤（变性）甚至不可逆性损伤（细胞死亡）。细胞可逆性损伤是指细胞或组织因受损伤而发生代谢障碍，导致细胞或细胞间质出现一些异常物质或正常物质数量显著增多。常见的可逆性损伤有：①细胞水肿；②脂肪变性；③玻璃样变性；④病理性钙化。可逆性损伤的组织、细胞功能下降，原因消除后其功能可恢复正常。

当各种刺激因子造成组织、细胞严重损伤时，可导致不可逆性损伤，即细胞死亡。细胞死亡表现为坏死和凋亡。活体内局部组织、细胞的病理性死亡称为坏死。坏死的类型包括：①凝固性坏死；②液化性坏死；③纤维蛋白样坏死；④坏疽，即组织坏死后继发了腐败菌感染。坏疽分为干性、湿性和气性三种类型。凋亡是活体内由基因调控的主动而有序的细胞死亡，凋亡小体是凋亡细胞特征性的形态学改变。

细胞和组织受到损伤后，机体进行吸收清除，并由周围同种细胞的再生或纤维结缔组织的增生进行修补恢复的过程，称为修复，修复主要包括再生和纤维性修复两种形式。再生是由损伤周围的同种细胞分裂增殖来修复。纤维性修复是指先经过肉芽组织填补组织缺损，后经过纤维化转化为瘢痕组织的过程。

创伤愈合是指机体遭受创伤后进行再生修复的过程。一期愈合见于组织破坏少、创缘整齐、无感染、经粘合或缝合后创口对合严密、无异物的伤口；二期愈合见于组织创伤范围大，坏死组织较多，创缘不整齐，无法整齐对合，伴有感染的伤口；痂下愈合见于较浅表并有少量出血或血浆渗出的皮肤创伤。

（徐珊珊）

第三章 炎 症

学习目标

1. 掌握炎症、变质、渗出、增生、炎症细胞浸润、假膜性炎、脓肿、蜂窝织炎、炎性息肉、炎性假瘤、肉芽肿性炎的概念、基本病理变化、局部表现，急性炎症过程中的白细胞反应，急性炎症的病理学类型。

2. 熟悉炎症的全身反应及其意义，急性炎症过程中的血管反应，急性炎症的结局，慢性炎症的概念、原因及类型，一般慢性炎症的病理变化特点。

3. 了解炎症的原因、分类，炎症介质在炎症过程中的作用，肉芽肿性炎的机制及原因、病理变化特点。

4. 学会运用炎症的病理知识解析炎症的临床表现及相关实验室检查结果。

5. 具有正确认识炎症性疾病的意识及科学处理炎症性疾病问题的认知能力。

炎症（inflammation）是指具有血管系统的活体组织对各种致炎因子造成的损伤所发生的以防御反应为主的病理过程。炎症的基本病理变化表现为变质、渗出和增生。其局部表现为红、肿、热、痛和功能障碍；全身反应有发热、外周血白细胞数目改变等。炎症性疾病是临床上最常见的疾病，常见的有感冒、肺炎、肝炎、阑尾炎等。

炎症所表现的是损伤与抗损伤的过程。各种致炎因子引起机体组织和细胞发生损伤，表现为变质。机体通过渗出与增生体现了防御和修复过程，总体上表现为机体防御为主的反应，对机体是有利的。

第一节 炎症的原因

凡能引起组织和细胞损伤而引起炎症的因素称为致炎因子。分为以下几类。

1. 生物性因素 是引起炎症最常见的因素，如细菌、病毒、立克次体、支原体、原虫、真菌、螺旋体和寄生虫等。由生物性因素引起的炎症又称为感染。病原菌侵入体内可以在局部组织细胞中繁殖、蔓延和产生内、外毒素直接引起损伤，此外，某些具有抗原性的病原体可诱发免疫反应而导致炎症。

2. 物理性因素 如温度、机械性损伤、紫外线和辐射性因素等。

3. 化学性因素 包括外源性和内源性化学物质。前者如强酸、强碱和强氧化剂等；后者为组织的分解产物或代谢过程中产生的代谢产物如尿酸、尿素等。

4. 免疫性因素 当机体免疫反应状态异常时，可引起变态反应，造成组织损伤，如变应性鼻炎、肾小球肾炎。

5. 坏死组织 各种损伤因素引起的组织坏死是潜在的致炎因子。如因缺血引起的新鲜梗死灶周边出现的充血、出血带及炎症细胞浸润都是炎症的局部反应。

6. 异物 通过各种途径进入机体的异物，如各种金属、尘埃颗粒及手术缝线等，可引起不同程度的炎症反应。

医疗工作中除克服致炎因子造成的组织损伤和过度的炎症反应外，还要结合患者身体特点防治炎症，后者对护理工作尤其重要。

第二节 炎症的基本病理变化

炎症的基本病理变化包括局部组织的变质、渗出和增生，其中以血管反应为中心的渗出性变化是炎症的特征性改变。通常急性炎症或炎症早期，以变质和渗出为主，而慢性炎症及炎症修复期，则以增生为主。一般认为，变质属于损伤性变化，渗出为抗损伤过程，而增生属于修复过程。

一、变质

炎症局部组织和细胞发生变性和坏死称为变质（alteration）。可发生在实质细胞，也可发生在间质细胞。实质细胞常出现的变质性变化包括细胞水肿、脂肪变性、凝固性坏死和液化性坏死等。间质细胞常出现的变质性变化包括黏液样变性和纤维蛋白样坏死等。变质主要由致炎因子的直接作用导致，也可由局部血液循环障碍和炎症反应产物的间接作用引起。变质反应的程度不但取决于致病因子的性质和强度，还取决于机体的反应情况。

二、渗出

炎症局部组织血管内的液体、蛋白质和白细胞通过血管壁进入组织间隙、体腔、体表和黏膜表面的过程称为渗出（exudation）。以血管反应为中心的渗出性变化，在局部发挥着重要的防御作用。急性炎症的渗出主要包括以下基本过程。

（一）血流动力学改变

血流动力学改变是指血流量和血管口径的变化。当致炎因子引起急性炎症时，血流动力学变化依次如下（图 3-1）。

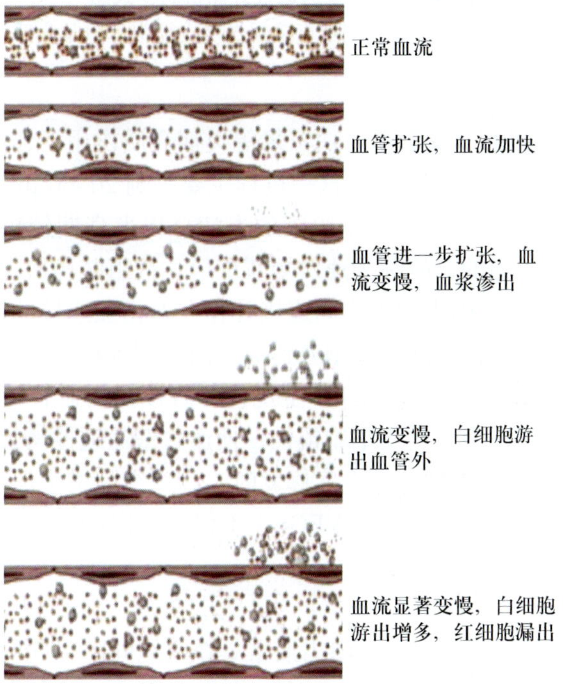

图 3-1 炎症时血流动力学改变模式图

1. 细动脉短暂痉挛 在致炎因子的作用之后，通过神经反射和炎症介质的作用，细动脉首先发生短暂的痉挛，持续数秒。

2. 动脉扩张和血流加速 在细动脉短暂痉挛后，细动脉和毛细血管扩张，血流加速，血流量增多，形成动脉性充血，即炎性充血，可持续数分钟或数小时不等，是导致局部组织发红和发热的原因。血管扩张早期是由神经轴突反射引起的，随后是由炎症介质作用所致。

3. 血流速度减慢和静脉扩张 在血管扩张的基础上，炎症介质持续作用使血管壁通透性增高，导致血浆渗出，血液浓缩，血液黏稠度增加，血流速度减慢，发生淤血。

（二）血管壁通透性增高

炎症反应时，血管壁通透性增高是局部液体渗出的重要原因，其通透性增高的机制如下（图 3-2）。

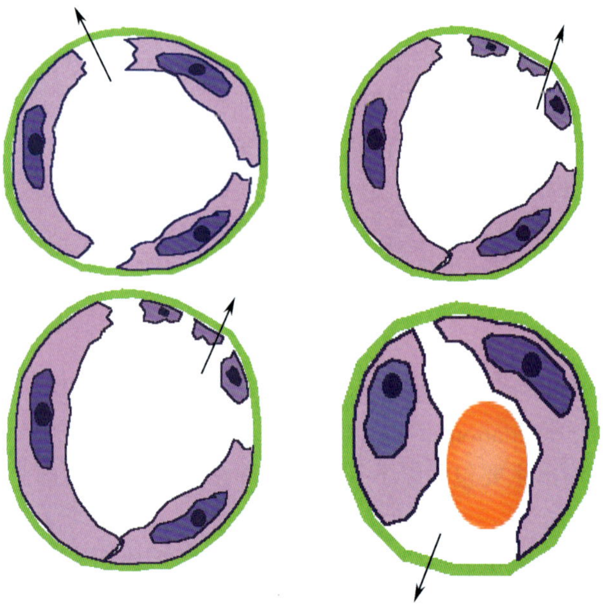

图 3-2 血管壁通透性升高机制模式图

左上图示内皮细胞收缩，累及细静脉；右上图示直接损伤内皮细胞，累及全部微循环；左下图示白细胞介导的内皮损伤，主要累及细静脉和毛细血管；右下图示新生毛细血管通透性高，主要累及毛细血管

1. 内皮细胞收缩 在组胺、缓激肽、白三烯等炎症介质作用下，内皮细胞迅速发生收缩，在内皮细胞之间出现 0.5~1.0 μm 的缝隙。这一过程主要影响 20~60 μm 大小口径的静脉，一般不影响细动脉和毛细血管。引起内皮细胞收缩的炎症介质半衰期较短，仅为 15~30 分钟，而且引起的内皮细胞收缩是可逆的，故称为速发短暂反应。抗组胺药可抑制此反应。

2. 穿胞作用增强 在接近内皮细胞之间连接处存在着相互连接的由囊泡所构成的囊泡体，形成穿胞通道。富含蛋白质的液体通过穿胞通道穿过内皮细胞称为穿胞作用（transcytosis）。

3. 内皮细胞损伤 化脓性细菌感染和严重烧伤可直接损伤血管的内皮细胞；白细胞激活后释放蛋白水解酶等物质也可引起内皮细胞损伤，使血管壁通透性增加。

4. 新生毛细血管壁的高通透性 在炎症修复时，内皮细胞增生形成大量新生的毛细血管，其内皮细胞连接不健全；血管生长因子（VEGF）不仅促进内皮细胞增生，而且使血管通透性增加。因而新生的毛细血管具有高通透性。

（三）液体渗出

渗出的液体称为渗出液（exudate）。渗出液聚集在组织间隙引起的组织水肿称为炎性水肿（inflammatory edema）；渗出液聚集于体腔，则称为炎性积液。引起炎性水肿的因素包括：血管扩张、血流加速及血流缓慢，大量血液淤积在静脉与毛细血管内而引起流体静压升高和血浆超滤；富含蛋白质的液体外渗到血管外，使血浆胶体渗透压下降，而组织内胶体渗透压升高；其他各种因素所引起的血管通透性增加。

1. 渗出液的成分　渗出液的成分与血管壁通透性改变的程度有关，轻者仅以盐类晶体及小分子白蛋白（清蛋白）渗出为主，重者则有纤维蛋白原、球蛋白等大分子蛋白质渗出。漏出液的产生是血浆超滤的结果，并无血管通透性明显增加。渗出液与漏出液有明显的不同（表3-1）。

表3-1　渗出液与漏出液的区别

项目	渗出液	漏出液
原因	炎症	非炎性
外观	浑浊	澄清
有核细胞数	$>1000\times10^6$/L	$<300\times10^6$/L
蛋白质含量	30 g/L 以上	30 g/L 以下
相对密度	>1.018	<1.018
凝固性	能自凝	不自凝
Rivalta 试验	阳性	阴性

2. 渗出液的作用

（1）防御作用：渗出液可以稀释炎症区内的毒素及有害物质，减轻毒素对局部的损伤作用；渗出液可为局部浸润的白细胞带来氧和营养物质，并运走代谢产物；渗出液中含有抗体、补体及溶菌酶等物质，可消灭病原体；渗出液中的纤维蛋白交织成网，可阻止细菌和毒素的扩散，有利于白细胞发挥吞噬作用。

（2）不利影响：大量渗出液可压迫局部组织、器官，加重局部血液循环障碍，影响其功能。如严重的喉头水肿可造成窒息；渗出液中纤维蛋白过多，又不能完全被吸收时，可发生机化、粘连，对机体造成不利的影响，如肺肉质变、胸膜粘连和心包粘连等。

（四）白细胞渗出及其作用

白细胞渗出是指在急性炎症过程中，白细胞通过血管壁游出到血管外的过程。炎症反应中最重要的特征是白细胞的渗出，将白细胞运输到炎症区域。白细胞的渗出是一个主动游出的过程，渗出到血管外的白细胞称为炎症细胞（inflammatory cell），渗出的炎症细胞在炎症灶聚集的现象称为炎症细胞浸润（inflammatory cell infiltration）。白细胞的渗出过程是极其复杂的连续过程，主要包括边集、附壁、游出、趋化作用和吞噬作用等环节。

1. 边集与附壁　在生理情况下，流动的血液分轴流和边流。轴流是血液中的有形成分，边流则为血浆成分。炎症时，因血管扩张、血管壁通透性增高和血流缓慢，使白细胞从轴流进入边流而靠近血管壁，并沿着血管壁向前缓慢滚动，称为白细胞边集（leukocytic margination）。白细胞依赖于黏附分子相互识别的相互作用而黏附于血管壁上，称为白细胞附壁（leukocytic selection）。

2. 白细胞游出与趋化作用　白细胞游出是在内皮细胞连接处，白细胞胞质突起形成伪足，整个白细胞以阿米巴样运动的方式穿过内皮细胞的缝隙（图3-3）。中性粒细胞、嗜酸性粒细胞、嗜碱性粒细胞、单核细胞和各种淋巴细胞均以此种方式游出血管外。各种白细胞游出的能力有较大的差异，中性粒细胞与单核细胞游出能力最强，淋巴细胞游出能力最弱。

趋化作用（chemotaxis）是指游出的白细胞受某些化学刺激物的影响做定向移动的过程。能够吸引白细胞做定向移动的化学刺激物称为趋化因子。趋化因子可分为外源性和内源性两类，外源性趋化因子指细菌等，内源性趋化因子包括补体成分（特别是C5a）、白三烯（LT）和细胞因子如白介素（IL）、肿瘤坏死因子（TNF）等。

趋化因子具有特异性，某些趋化因子只吸引中性粒细胞，而另一些趋化因子则吸引单核细

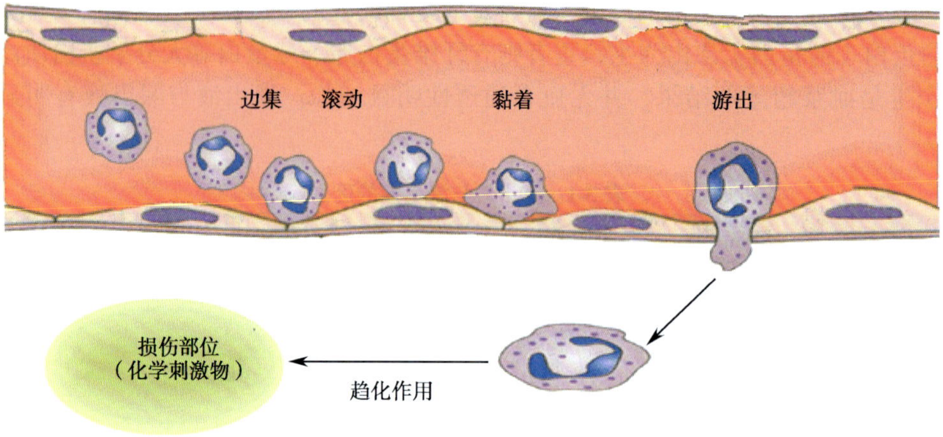

图 3-3　白细胞游出和聚集过程模式图

胞或嗜酸性粒细胞。不同的炎症细胞对趋化因子的反应性不同，粒细胞和单核细胞对趋化因子的反应较明显，而淋巴细胞对趋化因子的反应则较弱。

3. 吞噬作用　吞噬作用（phagocytosis）是指白细胞游出并到达炎症病灶，吞噬病原体和组织碎片的过程，是炎症防御反应极其重要的环节。具有较强吞噬能力的白细胞主要有中性粒细胞和巨噬细胞。

中性粒细胞吞噬能力较强，细胞质内含有嗜天青颗粒和特异性颗粒。嗜天青颗粒中含有酸性水解酶、髓过氧化物酶（MPO）、溶菌酶、中性蛋白酶、磷脂酶和阳离子蛋白。特异性颗粒中含溶菌酶、磷脂酶、碱性磷酸酶及乳铁蛋白等。

进入炎症病灶的巨噬细胞来自血液中的单核细胞，其溶酶体内含有酸性磷酸酶和过氧化物酶。当巨噬细胞受到外界刺激时则被激活，表现为细胞体积增大，细胞表面的皱襞增多，线粒体和溶酶体增多，其功能也增强。

吞噬过程包括识别与黏着、吞入、杀伤和降解三个连续的过程（图 3-4）。

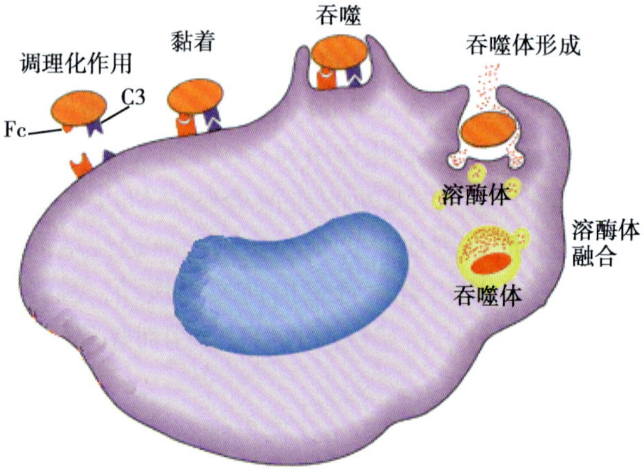

图 3-4　白细胞吞噬作用示意图

（1）识别与黏着（recognition and attachment）：通过调理素识别并黏着被吞噬物。调理素（opsonin）是存在于血清中的一类能增强吞噬细胞吞噬活性的蛋白质。这些蛋白质包括免疫球蛋白 IgG 的 Fc 段、补体 C3b 等，它们分别可被白细胞的特异性免疫球蛋白 Fc 受体（FcγR）、补体受体（CR1、CR2、CR3）识别，之后附着于吞噬细胞表面。

（2）吞入（engulfment）：吞噬细胞附着于调理化的颗粒状物体后，便伸出伪足或细胞膜凹陷，将异物或病原体包绕形成吞噬体，吞噬体与溶酶体融合形成吞噬溶酶体。

（3）杀伤和降解（killing and degradation）：进入吞噬溶酶体的病原体主要被具有活性的氧代谢产物杀伤和降解。所形成的 H_2O_2-MPO- 卤素是中性粒细胞最有效的杀菌系统。死亡的病原体可被溶酶体水解酶所降解。

如果被吞噬的病原体具有较强的耐受力，不能被杀伤和降解时，可在吞噬细胞内繁殖，并随吞噬细胞移动，造成病原体在患者体内的播散。

4. 免疫作用　参与免疫过程的细胞主要有巨噬细胞、淋巴细胞（包括 T 和 B 淋巴细胞）。巨噬细胞吞噬处理抗原并将抗原信息传递给免疫活性细胞，致敏的淋巴细胞分别产生淋巴因子或抗体，参与细胞免疫或体液免疫，发挥杀伤病原体的作用。

5. 组织损伤作用　渗出的白细胞在化学趋化、被激活和发挥吞噬作用的同时，不仅向吞噬溶酶体内释放产物，而且还将产物释放至细胞外间质中。如中性粒细胞释放的产物主要有溶酶体酶、活性氧自由基、前列腺素（PG）和白三烯等，它们可导致血管内皮细胞和组织的损伤，加重致炎因子的损伤作用。

6. 炎症细胞的种类和功能

（1）中性粒细胞（neutrophil）：又称小吞噬细胞，胞质内含有丰富的中性颗粒，核呈分叶状（2~5 叶），具有活跃的运动能力和较强的吞噬能力。此类细胞常见于急性炎症、炎症的早期或化脓性炎症。

（2）巨噬细胞（macrophage）：又称大吞噬细胞，细胞大，胞质丰富，含有丰富的溶酶体，具有趋化作用和较强的吞噬能力。巨噬细胞可摄取和处理抗原，参与特异性免疫反应，也可见于急性炎症的晚期、慢性炎症和非化脓性炎症。巨噬细胞可因被吞噬物质的不同而发生形态学的变化，可演化为上皮样细胞、风湿细胞、伤寒细胞，在遇到较大或难以吞噬的物质时，可转化为多核巨细胞，如朗汉斯巨细胞、异物巨细胞。

（3）嗜酸性粒细胞（eosinophil）：细胞质内含有许多粗大的圆形嗜酸性颗粒，内含有多种酶。其运动能力较弱，有一定的吞噬能力，能吞噬抗原抗体复合物。此类细胞常见于寄生虫感染或变态反应性疾病。

（4）淋巴细胞（lymphocyte）和浆细胞（plasma cell）：淋巴细胞体积最小，核圆形，胞质少，分为 B 和 T 淋巴细胞两类，有较弱的游走能力而无趋化作用，无吞噬能力。浆细胞具有产生抗体的功能。淋巴细胞和浆细胞常见于慢性炎症，淋巴细胞还见于病毒感染。

（5）嗜碱性粒细胞（eosinophilic）和肥大细胞（mast cell）：这两种细胞在形态和功能上相似，细胞内均含有嗜碱性、易染性颗粒，其内均含有肝素和组胺。肥大细胞的胞质内还含有 5- 羟色胺（5-HT）。此类细胞多见于变态反应性炎症。

（五）炎症介质在炎症过程中的作用

某些致炎因子可直接损伤血管内皮细胞引起局部组织血管的通透性增高，但多数致炎因子不能直接引起局部血管的变化，许多急性炎症反应则主要是通过一系列化学活性物质的介导来实现的。这些参与或（和）引起炎症反应的化学活性物质称为化学介质或炎症介质（inflammatory mediator）。常见炎症介质及其主要作用归纳于表 3-2。

表 3-2　常见炎症介质及其作用

作用	炎症介质的种类
扩张血管	组胺、5-HT、缓激肽、PGE_2、PGE_1、PGD_2、PGI_2、NO
血管通透性升高	组胺、5-HT、缓激肽、C3a、C5a、LT、血小板活化因子、活性氧代谢产物、P 物质
趋化作用	C5a、LTB_4、细菌产物、阳离子蛋白、细胞因子（IL-8 和 TNF 等）
发热	细胞因子（IL-1、IL-6 和 TNF 等）、PG
疼痛	PGE_2、缓激肽
组织损伤	氧自由基、溶酶体酶、NO

三、增生

炎性增生（inflammatory proliferation）是指炎症病灶的巨噬细胞、血管内皮细胞和成纤维细胞等间质成分的增生，有时也可见上皮细胞和腺体等实质细胞的增生。增生反应通常在急性炎症后期或慢性炎症时较为明显，但少数疾病在炎症初期即有明显增生。如伤寒初期有大量巨噬细胞的增生，急性肾小球肾炎可见肾小球毛细血管内皮细胞和系膜细胞明显肿胀与增生。增生也是一种重要的防御反应，能促使炎症局限化，并使受损组织得以修复。但过度的纤维组织增生对机体会产生不利影响，如心肌炎和慢性病毒性肝炎时，心肌细胞和肝细胞的损伤、破坏和间质纤维组织过度增生，可引起心肌硬化和肝硬化。

综上所述，炎症的三种基本病变贯穿于炎症的整个过程之中，各有其特点，但它们之间相互依存，相互制约，共同形成复杂的炎症反应过程。

第三节　炎症的局部表现和全身反应

一、炎症的局部表现

1. 红　炎症局部发红是由于在炎症早期动脉性充血，局部血液中氧合血红蛋白（HbO_2）增多，使组织呈鲜红色（充血）；炎症后期静脉性充血，局部血液内脱氧血红蛋白增多，使局部组织呈暗红色（淤血）。

2. 肿　急性炎症时由于充血、炎性水肿和炎症细胞浸润而使局部组织明显肿胀；慢性炎症时，由于组织细胞和浸润的炎症细胞增生，可引起肿胀。

3. 热　炎症局部由于动脉性充血，使局部血流量增多，营养物质增多，组织代谢增强，产热增多，导致局部温度升高。

4. 痛　炎症常引起局部疼痛，其主要原因有：①炎症区内局部组织分解代谢增强，如氢、钾等离子的浓度增高，刺激神经末梢引起疼痛；②炎症介质有致痛作用；③炎症渗出引起组织肿胀，张力增加，压迫或牵拉神经末梢引起疼痛。

5. 功能障碍　炎症时引起炎症区内的实质细胞变性、坏死和代谢障碍，炎性渗出物的压迫或阻塞及局部组织的肿胀、疼痛，均可引起局部组织或器官的功能障碍。

二、炎症的全身反应

1. 发热　致热原作用于下丘脑的体温调节中枢，使调定点上移而引起发热。主要的致热原有白介素 -1（IL-1）、白介素 -6（IL-6）和肿瘤坏死因子（TNF）。一定程度的发热，可增强单核巨噬细胞系统的功能，促进抗体的形成，并能增强肝的解毒功能，所以炎症时的发热是机体重要的防御反应；但高热或长期发热，可使机体营养物质消耗增加、代谢功能紊乱，出现严重的并发症。如果患者的炎症病变严重，体温并没有升高，提示机体反应性差，抵抗力弱，是预后不良的征兆。

2. 外周血白细胞数量变化　急性炎症特别是化脓性感染时，血中白细胞总数常增多，可达（15~20）$\times10^9$/L。严重者可高达（40~100）$\times10^9$/L，称为类白血病反应。白细胞增多可加强炎症反应过程，具有防御意义。外周血白细胞反应的类型与炎症性质、病原体种类、感染程度有关。大多数细菌感染引起中性粒细胞增多，感染严重时出现幼稚的中性粒细胞，即“核左移”；慢性炎症和病毒感染时淋巴细胞增多；寄生虫感染和某些变态反应性疾病，嗜酸性粒细胞增多。但有些疾病如伤寒、流行性感冒等则出现白细胞减少。因此，临床上通过检查白细胞总数和分类对诊断疾病有一定的帮助。

3. 单核巨噬细胞系统增生　表现为肝、脾、骨髓的巨噬细胞增生，吞噬能力增强；脾及淋巴结等处的T、B淋巴细胞增生，能释放淋巴因子和形成抗体。

案例分析 3-1

患儿，男，8岁，3天前出现精神萎靡，食欲减退，昨早起床后感觉右上肢内侧疼痛并出现红肿，伴有低热。当晚患部疼痛加剧，红肿明显，患肢不敢活动，并有发热、头痛和头晕，今日上午来院就诊。

局部检查：右上肢内侧有3 cm×4 cm红肿区，略隆起，触之有波动感，体表发热，压痛明显，活动受限，同侧腋窝淋巴结肿大，有触痛。

体温39.5℃，白细胞计数23×10^9/L，分类：中性粒细胞占90%并有核左移（其中杆状核白细胞占4%）和中毒颗粒，淋巴细胞占10%。

诊断：右上肢脓肿。

入院后手术切开，排出黄色黏稠脓液10 ml并给予抗菌药治疗，痊愈出院。

思考：

1. 本例诊断依据是什么？为什么会出现红、肿、热、痛和功能障碍等临床表现？

2. 本例为局部脓肿，但有发热、白细胞计数升高及远处淋巴结肿大等全身反应，说明在疾病过程中存在什么样的辩证关系？

第四节　炎症的类型

一、炎症的临床类型

1. 超急性炎症（peracute inflammation）　起病急，呈暴发性经过，病程持续数小时至数天，炎症反应剧烈。短期内可引起组织和器官的严重损害，甚至可导致机体死亡。临床上多见于变态反应性损害，如青霉素药物过敏反应和器官移植超急性排斥反应等。

2. 急性炎症（acute inflammation）　起病较急，病程较短，症状明显，病程多为几天到一个月不等。其病变常以变质、渗出为主，增生不明显。如急性阑尾炎、急性腹膜炎等均属于此类炎症。

3. 亚急性炎症（subacute inflammation）　其病程介于急性与慢性炎症之间。病变特征是坏死与增生均较明显，如亚急性重型病毒性肝炎、亚急性细菌性心内膜炎等属于这类炎症。

4. 慢性炎症（chronic inflammation）　起病缓慢，病程可长达数月甚至持续数年。多由急性炎症转化而来，或因致炎因子长期刺激而呈慢性经过。临床症状多不明显。炎症局部病变常以增生为主，渗出性病变轻微。炎症病灶浸润的炎症细胞以淋巴细胞和浆细胞为主。当机体抵抗力下降时，慢性炎症也可转变为急性炎症，如慢性阑尾炎或慢性胆囊炎的急性发作等。

二、炎症的病理类型

任何炎症都表现为变质、渗出和增生性病变，由于致炎因子、机体的免疫状态、炎症发生的部位及炎症的阶段不同，往往以某种病变为主，据此可把炎症分为如下类型。

（一）变质性炎

变质性炎（alterative inflammation）是以局部组织和细胞变性、坏死为主，而渗出和增生性改变较轻微的炎症。变质性炎一般呈急性经过，常见于心、肝、肾、脑等实质器官。如急性重型肝炎，表现为肝细胞广泛坏死，出现严重的肝功能障碍；流行性乙型脑炎，表现为神经细胞变性、坏死及脑软化灶形成，引起严重的中枢神经系统功能障碍；白喉外毒素引起的中毒性心肌炎，表现为心肌细胞变性、坏死，引起严重的心功能障碍。

（二）渗出性炎

渗出性炎（exudative inflammation）是最常见的炎症，炎症局部以渗出为主，变质和增生相对较轻，炎症灶内有大量渗出物形成。根据渗出物主要成分不同，渗出性炎可分为浆液性炎、纤维蛋白性炎、化脓性炎和出血性炎。

1. 浆液性炎（serous inflammation） 以浆液渗出为特征，渗出物主要是血清，含有3%~5%的蛋白质，主要为白蛋白，同时含有少量的纤维蛋白、中性粒细胞和脱落的上皮细胞。浆液性炎发生的部位有黏膜、浆膜、滑膜、疏松结缔组织和皮肤。引起浆液性炎的因素很多，如高温、强酸、强碱、蛇毒及细菌毒素等。如烫伤时可在表皮内和表皮下形成水疱（图3-5），结核性胸膜炎时可在胸腔内形成积液，关节的浆液性炎可引起关节腔的积液。浆液性炎病变一般较轻，易于消退。浆液渗出过多对机体也有不利影响，甚至导致严重后果。如喉头的浆液性炎可致喉头水肿并引起窒息；胸膜腔、心包腔的大量浆液渗出可影响心、肺功能。

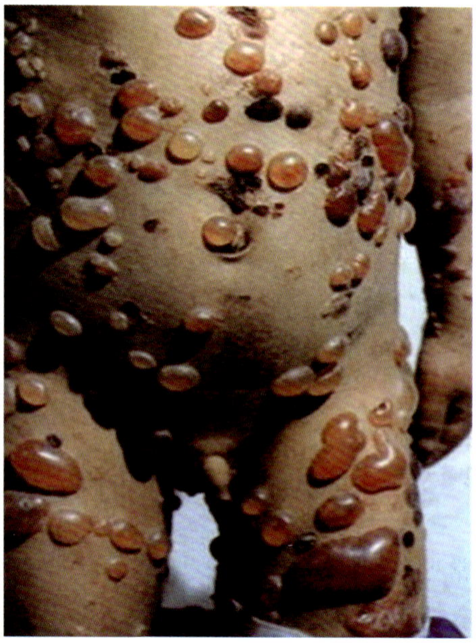

图3-5 浆液性炎（烫伤）

2. 纤维蛋白性炎（fibrinous inflammation） 以纤维蛋白原渗出为主，继而形成纤维蛋白，即纤维素。在HE切片中，纤维蛋白呈红染、相互交织的网状、条状或颗粒状，常混有中性粒细胞和坏死细胞碎片。纤维蛋白原大量渗出，说明血管壁损伤严重，通透性明显增加，多由某些细菌毒素（如白喉棒状杆菌、志贺菌和肺炎链球菌的毒素）或各种内源性和外源性毒物（如尿毒症产生的尿素和汞）引起。纤维蛋白性炎易发生于黏膜、浆膜和肺组织。发生于黏膜的纤维蛋白性渗出性炎，渗出的纤维蛋白、中性粒细胞和坏死的黏膜上皮混合组成灰白色膜状物（假膜），故又称为假膜性炎。气管白喉时在支气管内形成的假膜容易脱落而引起窒息（图3-6）。细菌性痢疾在结肠黏膜表面形成的假膜脱落后，可留下表浅的溃疡。心包的纤维蛋白性炎，由于心脏不断搏动，致使渗出至心外膜上的纤维蛋白形成无数的绒毛状物，覆盖于心脏表面，称为绒毛心（图3-7）。大叶性肺炎时，在肺泡腔内除有大量渗出的纤维蛋白外，还可见大量中性粒细胞。渗出的纤维蛋白量比较少的时候可被中性粒细胞释放的蛋白水解酶溶解吸收；渗出的纤维蛋白量过多时，不能完全被溶解吸收而发生机化、粘连，影响器官的功能，如纤维蛋白性胸膜炎时可造成胸腔粘连，纤维蛋白性心包炎时可造成心包的粘连。

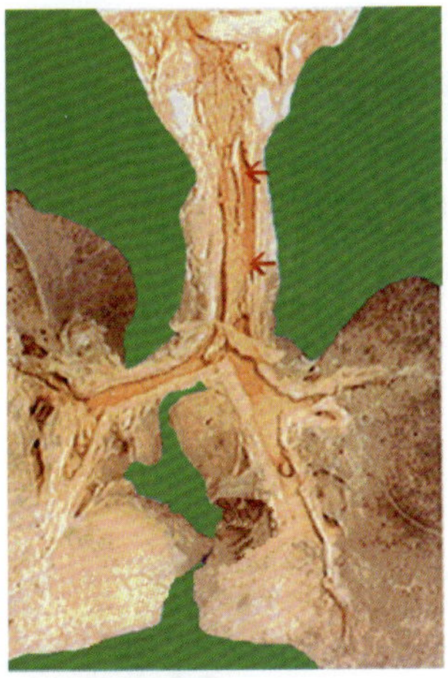

图 3-6 气管白喉

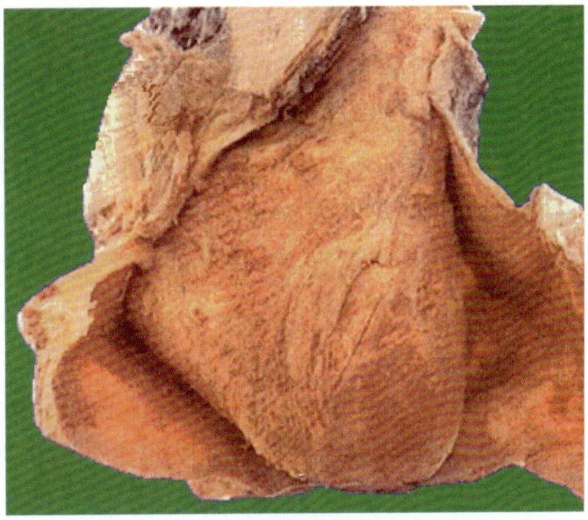

图 3-7 绒毛心

3. 化脓性炎（purulent inflammation） 以中性粒细胞渗出为主，并有不同程度的组织坏死和脓液形成的炎症称为化脓性炎。化脓性炎多由化脓性细菌所引起，如葡萄球菌、链球菌、脑膜炎奈瑟菌、大肠埃希菌等；也可由某些化学物质引起，如松节油、巴豆油等，引起的是无菌性化脓性炎。化脓是指炎症区坏死组织被中性粒细胞或坏死组织所释放的蛋白水解酶溶解、液化的过程，所形成的浑浊的乳状液体称为脓液（pus）。脓液一般呈灰黄色或黄绿色，黏稠不一。由葡萄球菌感染引起的脓液较为黏稠，由链球菌感染引起的脓液较为稀薄。化脓性炎中的中性粒细胞发生变性和坏死，称为脓细胞。脓液中除含有脓细胞外，还含有细菌、坏死的组织碎片和少量浆液。化脓性炎的类型有以下几种。

（1）表面化脓（suppuration）和积脓（empyema）：指发生在黏膜和浆膜的化脓性炎。发生在黏膜的化脓性炎，中性粒细胞向黏膜表面渗出，深部组织的炎症反应不明显。如化脓性尿道炎，渗出的脓液可沿尿道排出体外。当化脓性炎发生于浆膜腔、胆囊和输卵管时，脓液可在浆膜腔、胆囊和输卵管腔内积聚，称为积脓。如化脓性脑膜炎时蛛网膜下腔有大量脓性渗出物聚集，导致脑沟、脑回结构模糊，即为典型的表面化脓和积脓改变。

（2）蜂窝织炎（phlegmonous inflammation）：指发生在疏松结缔组织的弥漫性化脓性炎，常见于皮肤、肌肉和阑尾（图 3-8A）。蜂窝织炎主要由链球菌引起，链球菌可分泌透明质酸酶和链激酶。透明质酸酶可降解疏松结缔组织中的透明质酸，链激酶可溶解纤维蛋白。因此，蜂窝织炎易通过组织间隙和淋巴管扩散，发展迅速，病变弥漫，界限不清，不易局限，表现为疏松结缔组织内大量中性粒细胞弥漫性浸润（图 3-8B）。

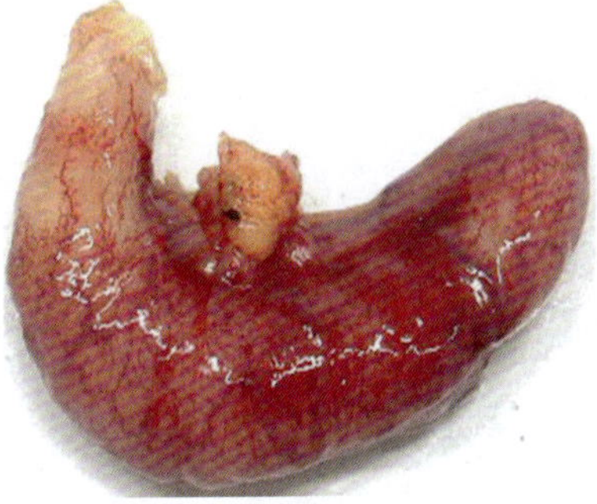

A. 肉眼观

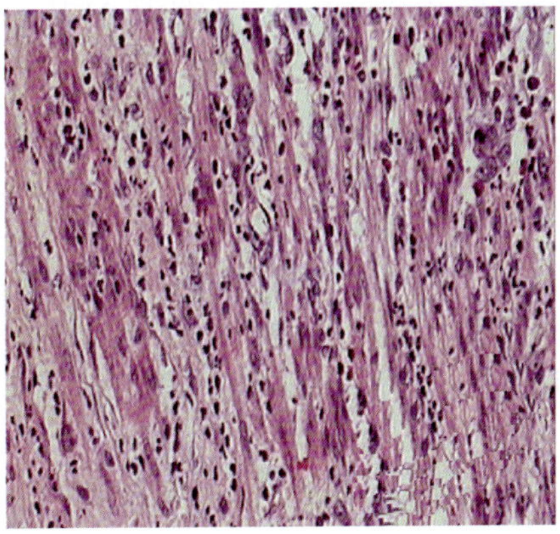

B. 镜下观

图 3-8 急性蜂窝织炎性阑尾炎

（3）脓肿（abscess）：指组织、器官内的局限性化脓性炎，常伴脓腔的形成。脓肿主要由金黄色葡萄球菌引起，金黄色葡萄球菌可产生血浆凝固酶，使渗出的纤维蛋白原转变成纤维蛋白，能使病变局限，形成脓腔。脓肿可发生于皮下和肝、肺、肾等内脏。小脓肿可以被吸收消散，较大的脓肿由于脓液过多，吸收困难，常需要切开排脓或穿刺抽脓。脓腔局部常由肉芽组织修复。

疖是在毛囊、皮脂腺及其周围组织发生的脓肿。疖的中心部分液化变软后，脓液便可排出。痈是多个疖的融合，在皮下脂肪和筋膜组织中形成多数相互沟通的脓肿，必须及时切开排脓才能愈合。皮肤、黏膜的脓肿向表面穿破时，形成较深的缺损称为溃疡；深部组织的脓肿如向体表或邻近的自然管道穿破，形成的只有一个开口的病理性盲管称为窦道；若深部脓肿一端向体表或体腔穿破，另一端开口于自然管道，形成由两个或两个以上开口的病理性管道称为瘘管。如较常见的肛门周围组织脓肿向皮肤穿破可形成肛旁窦道，如同时破入肛管，形成两端开口的通道，即为肛瘘（图 3-9）。脓性窦道或脓性瘘管可不断排出脓性渗出物，经久不愈。

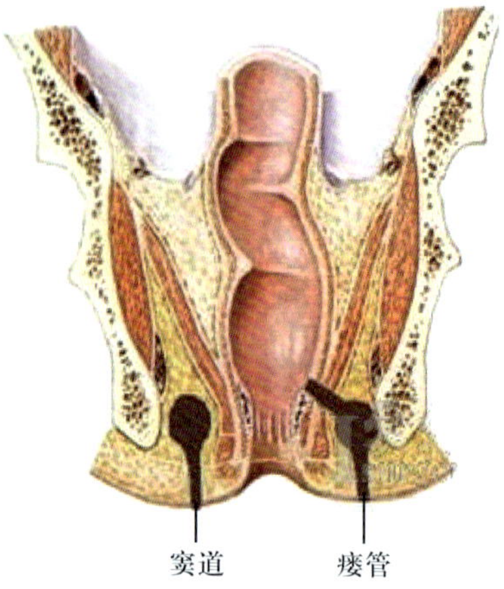

图 3-9　肛门周围组织脓肿窦道、瘘管形成示意图

4. 出血性炎（hemorrhagic inflammation） 是指某些炎症时其血管受损严重，渗出物中常伴有大量红细胞漏出。此类炎症常见于流行性出血热、钩端螺旋体病等。

上述各类炎症可单独发生，亦可合并存在，如浆液性纤维蛋白性炎、纤维蛋白性化脓性炎等。在炎症的发展过程中一种炎症可转变成另一种炎症，如浆液性炎症可转变成纤维蛋白性炎或化脓性炎。

（三）增生性炎

增生性炎（proliferative inflammation）是指炎症局部以增生性改变为主，而变质、渗出轻微的炎症。多数增生性炎属慢性炎症，少数增生性炎为急性炎症，如伤寒、急性肾小球肾炎等。

1. 一般增生性炎 属于非特异性炎症，其形态特征有：①炎症局部浸润的炎症细胞主要为淋巴细胞、浆细胞和单核细胞；②成纤维细胞、血管内皮细胞，被覆上皮细胞、腺上皮细胞等实质细胞增生明显；③变质、渗出轻微。

2. 肉芽肿性炎（granulomatous inflammation） 炎症局部以巨噬细胞及其衍生细胞增生为主，形成境界清楚的结节状病灶，称为肉芽肿性炎，是一种特殊的增生性炎。根据引起的病因不同，肉芽肿可分为下列两种。

（1）感染性肉芽肿：由某些病原体如结核性肉芽肿、风湿性肉芽肿、伤寒肉芽肿等引起，是最常见的一种类型，其中以结核性肉芽肿最为常见。

典型的结核性肉芽肿中心为干酪样坏死，坏死周围有大量上皮样细胞呈放射状排列，并有一个或多个朗汉斯巨细胞，外层有淋巴细胞浸润，周边有成纤维细胞和胶原纤维分布（图 3-10）。

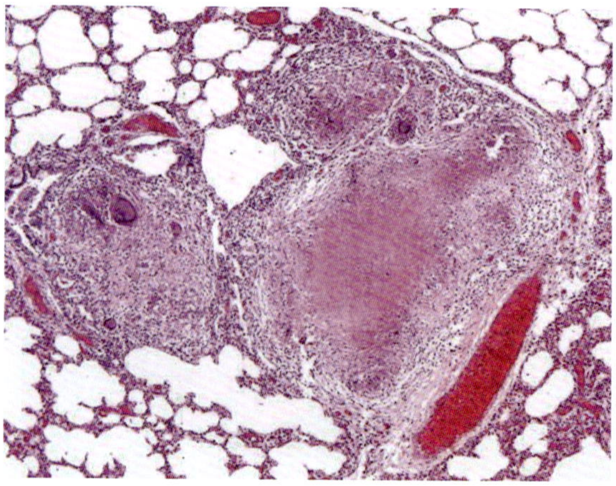
图 3-10　结核性肉芽肿

（2）异物性肉芽肿：由异物如外科缝线、粉尘、木刺、寄生虫虫卵等引起。异物性肉芽肿的形态特征是在异物周围有多少不等的

巨噬细胞、异物巨细胞和成纤维细胞包绕的结节状病灶。

3. 炎性息肉　在致炎因子的长期作用下，局部黏膜上皮、腺体及肉芽组织增生而形成突出于黏膜表面带蒂的肿物，称为炎性息肉。如鼻息肉和子宫颈息肉。

4. 炎性假瘤　在致炎因子的作用下，局部组织增生形成的境界清楚的肿瘤样肿块，称为炎性假瘤。其大体形态和X线表现都与肿瘤相似。构成成分主要有炎症细胞、增生的实质细胞、肉芽组织及纤维组织等。炎性假瘤好发于眼眶和肺。

案例分析 3-2

患儿，女，6岁，因发热、咳嗽1周就诊。

患儿于1周前因淋雨受凉，次日出现咳嗽、流清涕，不思饮食，伴有发热，3天后鼻涕呈黄色脓性，并咳嗽加剧，咳脓性痰，昨日吸气时感右侧胸痛，呼吸困难，收住院治疗。

查体：体温40 ℃，呼吸36次/分，脉搏130次/分，急性重病容，呼吸时鼻翼扇动，胸部听诊有胸膜摩擦音，双侧下背部可闻及散在湿啰音。

血常规：白细胞计数18×10^9/L，其中中性粒细胞占85%。

思考：

1. 该患儿发生的炎症有几种类型？以何种为主？为什么？
2. 该患儿的初步诊断是什么？有何依据？

第五节　炎症的结局

炎症反应体现的是机体的损伤与抗损伤过程，贯穿于炎症过程的始终，也决定了炎症的发生、发展与结局。因致炎因子的性质、机体的功能状态及治疗措施的不同，其经过和结局也存在着区别，主要体现在以下几个方面。

一、痊愈

1. 完全痊愈　在炎症过程中，局部组织损伤较轻，机体抵抗力较强，病因被清除，少量的炎性渗出物和坏死组织被溶解吸收，通过周围健康细胞的再生，可在组织结构和功能上恢复原来的状态，称为完全痊愈。

2. 不完全痊愈　在炎症过程中，机体抵抗力较差，局部组织坏死范围较大，周围组织再生能力有限，则由肉芽组织增生修复，常表现为瘢痕，称为不完全痊愈。

二、迁延不愈或转为慢性

若机体抵抗力低下或治疗不彻底，致炎因子持续作用于机体，不断地损伤组织，造成炎症迁延不愈，可使急性炎症转变成慢性炎症，病情可时轻时重。

三、蔓延扩散

少数情况下，由于机体抵抗力低下，或病原微生物毒力强、数量多，病原微生物在体内可不断繁殖，并向周围组织蔓延扩散或经淋巴道、血道蔓延扩散。

1. 局部蔓延 病原微生物可通过组织间隙或自然管道向周围组织和器官蔓延扩散。如手部的感染可引起前臂的淋巴管炎，表现为“红线”；肺结核病时，结核分枝杆菌可沿组织间隙向周围组织蔓延，引起病灶扩大，也可沿支气管播散，形成新的结核病灶。

2. 淋巴道蔓延 病原微生物通过组织间隙侵入淋巴管，引起淋巴管炎和所属的淋巴结炎。如足部感染时可引起腹股沟淋巴结炎，肺结核扩散可引起肺门淋巴结结核。

3. 血道蔓延 病原微生物及毒素进入血液循环，可引起菌血症、毒血症、败血症和脓毒败血症。

（1）菌血症（bacteremia）：细菌入血但全身无中毒症状，但从血液中可查到细菌，称为菌血症。某些炎症性疾病的早期即出现菌血症，如大叶性肺炎和化脓性脑膜炎等。

（2）毒血症（toxemia）：细菌的毒素及其代谢产物被吸收入血，引起全身中毒症状，称为毒血症。临床上表现为高热和寒战，同时伴有心、肝、肾等实质器官的变性或坏死，甚至出现中毒性休克。

（3）败血症（septicemia）：细菌由局部病灶入血后大量繁殖，并产生毒素，引起全身中毒症状和病理改变，称为败血症。临床上除有毒血症的表现外，还有皮肤和黏膜散在的多发性出血点及脾和淋巴结肿大等。

（4）脓毒败血症（pyemia）：由化脓性细菌所引起的败血症可进一步发展成为脓毒败血症。临床上除有败血症的表现外，在全身某些脏器中可发生多发性转移性小脓肿。

本章小结

炎症是指具有血管系统的活体组织对各种致炎因子造成的损伤所发生的以防御反应为主的病理过程。生物性因素是引起炎症最常见的因素。炎症的基本病理变化表现为变质、渗出和增生。临床局部表现有红、肿、热、痛和功能障碍；全身常有不同程度的反应，如发热、外周血白细胞增多等。

变质是指炎症局部组织和细胞的变性和坏死。以血管反应为中心的渗出性变化是炎症的特征性改变，是指炎症局部组织血管内的液体、蛋白质和白细胞通过血管壁进入组织间隙、体腔、体表和黏膜表面的过程。炎症反应中最重要的特征是白细胞的渗出。吞噬作用是炎症重要的防御反应，吞噬细胞主要有中性粒细胞和巨噬细胞。参与免疫过程的白细胞主要有巨噬细胞、淋巴细胞（包括 T 淋巴细胞和 B 淋巴细胞）。

炎性增生是指炎症病灶的巨噬细胞、血管内皮细胞和成纤维细胞等间质成分的增生，有时也可见上皮细胞和腺体等实质细胞的增生。增生反应通常在急性炎症后期或慢性炎症时较为明显，但少数疾病在炎症初期即有明显增生。

炎症按病程分有超急性炎症、急性炎症、亚急性炎症、慢性炎症；按局部基本病变分有变质性炎、渗出性炎、增生性炎。

渗出性炎最常见，根据渗出物主要成分不同，可分为浆液性炎、纤维蛋白性炎、化脓性炎和出血性炎。浆液性炎以浆液渗出为主，纤维蛋白性炎以大量纤维蛋白渗出为主。发生于黏膜的纤维蛋白性渗出性炎称为假膜性炎，心包的纤维蛋白性炎称为绒毛心。以中性粒细胞渗出为主，并有不同程度的组织坏死和脓液形成的炎症称为化脓性炎。变性、坏死的中性粒细胞称为脓细胞。化脓性炎的类型有：①脓肿，是指组织、器官内的局限性化脓性炎，常伴脓腔的形成，主要由金黄色葡萄球菌引起。②蜂窝织炎，是指发生在疏松结缔组织的弥漫性化脓性炎，主要由链球菌引起，其可分泌透明质酸酶和链激酶，易通过组织间隙和淋巴管扩散，发展迅速，病变弥漫，表现为疏松结缔组织内大量中性粒细胞弥漫性浸润。③表面化脓和积脓，是指发生在黏膜和浆膜的化脓性炎。出血性炎是指某些炎症时其血管受损严重，渗出物中常伴有大量红细胞漏出。

增生性炎是指炎症局部以增生性改变为主。若炎症局部以巨噬细胞及其衍生细胞增生为主，形成境界清楚的结节状病灶，称为肉芽肿性炎，包括感染性肉芽肿（由某些病原体引起，如结核性肉芽肿）和异物性肉芽肿（由异物引起）。在致炎因子的长期作用下，局部黏膜上皮、腺体及肉芽组织增生而形成突出于黏膜表面带蒂的肿物，称为炎性息肉。在致炎因子的作用下，局部组织增生形成的境界清楚的肿瘤样肿块，称为炎性假瘤。

急性炎症的结局可表现为痊愈、迁延不愈或转为慢性、蔓延扩散。

（许婷婷）

第四章 肿 瘤

学习目标

1. 掌握肿瘤、分化、异型性、癌、肉瘤、癌前病变、异型增生、原位癌的概念，肿瘤的形态，肿瘤的生长、扩散，肿瘤的一般命名原则，良、恶性肿瘤的区别，常见的癌前病变。

2. 熟悉肿瘤的异型性表现，肿瘤对机体的影响，肿瘤的异型增生。

3. 了解肿瘤的特殊命名原则，肿瘤的分类，癌与肉瘤的区别，肿瘤形成的原因及机制。

4. 学会应用肿瘤病理知识分析、解释相关的临床表现问题，能结合肿瘤的生物学特点对周围的人进行健康教育。

肿瘤（tumor）是一类常见病和多发病，尤其是恶性肿瘤，严重危害人类的健康。恶性肿瘤每年死亡人数居我国城市居民各种死亡因素的第一位，居农村各种死亡因素的第三位。在我国最常见恶性肿瘤为肺癌、胃癌、肝癌、食管癌、结直肠癌、乳腺癌、白血病、子宫颈癌、鼻咽癌、淋巴瘤等。随着科学的发展，虽然对肿瘤的病因、发病机制、基本生物学特征的认识及对肿瘤的诊断、治疗都取得了进展，但对一些中晚期恶性肿瘤迄今仍未找到有效的治疗方法。因此，在肿瘤的防治中，早期发现、早期诊断、早期治疗仍具有十分重要的意义。本章主要从病理学角度介绍关于肿瘤的基本知识，包括肿瘤的形态和分类、生物学特点、病因和发病机制。掌握这些知识，是正确诊断肿瘤、恰当治疗肿瘤的基础。

第一节 肿瘤的概述

肿瘤（tumor，neoplasm）是机体在各种致瘤因素的作用下，细胞异常增生所形成的新生物，常表现为局部肿块。可以引起肿瘤发生的因素很多，这些因素称为致瘤因子。新生物形成的过程，称为肿瘤形成（neoplasia）。

肿瘤形成是机体在致瘤因子刺激作用下发生了细胞基因水平的调控异常而增殖的结果，这种增殖称为肿瘤性增生。相对而言，正常细胞的生理更新性增生，病理状态下的代偿性增生、内分泌性增生，损伤的修复性增生和炎症性增生如炎性息肉、炎性假瘤等是机体在外界刺激因子作用下发生的符合需要的细胞增殖，称之为非肿瘤性增生。因此，肿瘤性增生与非肿瘤性增生有着本质上的区别，区分这两种增生状况，具有重要的意义。两种增生各自具体的特征见表 4-1。

表 4-1 肿瘤性增生与非肿瘤性增生的特征

项目	肿瘤性增生	非肿瘤性增生
原因	致瘤因子作用下细胞基因水平的调控异常的增生	生理的、病理的、损伤修复的或炎症性符合需要的增生
特点	病因去除后持续性增生，细胞生长旺盛，相对无限制生长	病因去除后增生停止，细胞为有限增生
结果	细胞分化不成熟，形成的形态、结构与正常的细胞存在不同程度的差异	细胞分化成熟，形成的形态、结构与正常的细胞无差异

第二节 肿瘤的形态

临床上为了正确诊断肿瘤，需要做各种检查。其中，病理学检查具有重要意义，是肿瘤诊断过程中决定性的一步。这种检查主要包括大体形态检查和组织切片的显微镜检查，本节内容主要介绍肿瘤这两方面的特点。

一、肿瘤的大体形态

1. 形状 肿瘤形状多样，与其发生部位、组织来源、生长方式及良恶性等有关。生长在皮肤、黏膜的肿瘤呈息肉状、乳头状、溃疡状、蕈状或菜花状等，生长在深部组织的肿瘤常呈结节状、分叶状、囊状、球状、蟹足状等（图 4-1）。

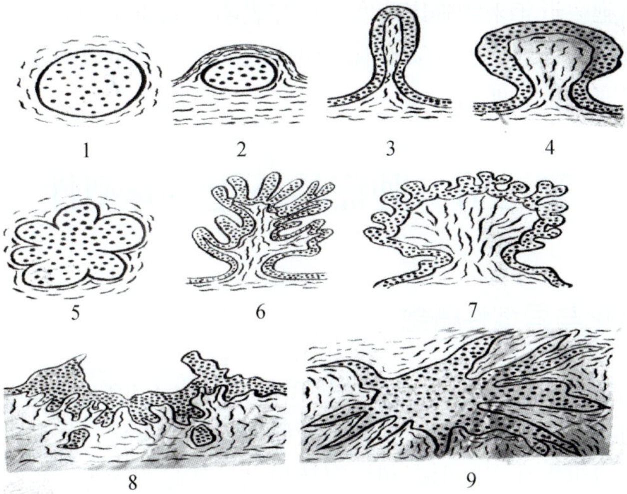

图 4-1 肿瘤常见形状模式图

1. 球状；2. 结节状；3. 息肉状；4. 蕈状；5. 分叶状；6. 乳头状；7. 菜花状；8. 溃疡状；9. 蟹足状

2. 颜色 肿瘤组织的颜色近似于起源组织的颜色，如血管瘤呈暗红色，脂肪瘤呈黄色，黑色素瘤呈黑色。此外，肿瘤组织可因变性、坏死、出血及感染等继发改变而呈多种颜色掺杂。

3. 大小 肿瘤的大小与肿瘤性质（良性还是恶性）、生长时间、发生部位有一定关系。极小的肿瘤，例如甲状腺的微小癌，肉眼观察很难发现，需在显微镜下才能观察到。大的肿瘤重量可达数千克甚至数十千克，如卵巢囊腺瘤、子宫平滑肌瘤等。恶性肿瘤（生长速度快）或颅内肿瘤，在体积并不很大时，就已危及患者生命；发生在体表或大的体腔（如腹腔）内的良性肿瘤，生长缓慢，生长时间较长，体积可很大。发生在小腔道的肿瘤（如颅腔、椎管）生长受限，体积通常较小。一般而言，恶性肿瘤生长迅速，体积越大，发生转移的机会也越大，因此，恶性肿瘤的体积是肿瘤分期（早期或晚期）的一项重要指标。

4. 质地 肿瘤的质地取决于肿瘤的组织来源、肿瘤的实质与间质比例及有无继发性改变等。如脂肪瘤较软、骨肉瘤坚硬；实质多而间质少的肿瘤质地较软，反之则较硬；肿瘤组织发生变性、坏死、囊性变时质地变软，有钙化和骨化时质地变硬。

5. 数目 肿瘤一般为单发，少数为双发、三发或多发，如子宫多发性平滑肌瘤、皮肤多发性神经纤维瘤等。

二、肿瘤的组织结构

肿瘤一般由实质和间质两部分组成。

1. 肿瘤实质 即肿瘤细胞，是肿瘤的主要成分，决定了肿瘤的所有生物学行为和特性，是判断良、恶性肿瘤的主要组织学依据。大多数肿瘤通常只有一种实质，如腺瘤的实质是分化较好的腺上皮。少数肿瘤可由两种或多种实质成分构成，如乳腺纤维腺瘤含有纤维组织和腺体两种实质，畸胎瘤含有多种实质。

2. 肿瘤间质 肿瘤的间质是指肿瘤细胞之间的血管、淋巴管、纤维组织等成分，主要起着支持和营养肿瘤实质的作用，其微环境影响着肿瘤的生长和分化。肿瘤的间质是局部原有的结缔组织和血管在肿瘤实质细胞的刺激下呈反应性增生形成的。许多肿瘤间质中有数量不等的淋巴细胞、浆细胞和巨噬细胞浸润，是机体对肿瘤组织的一种免疫反应，如发生继发感染，可出现较多的中性粒细胞。近年来的临床和实验研究表明，间质血管形成是实体肿瘤生长乃至转移的先决条件。通过破坏已形成的间质血管及阻碍间质血管的生成来预防、治疗肿瘤及判定肿瘤预后已成为肿瘤研究的重要课题。

第三节 肿瘤的分化与异型性

一、肿瘤的分化与异型性概念

机体的细胞、组织从幼稚发育到成熟的过程称为分化（differentiation）。将肿瘤组织在形态和功能上表现出的与某种正常组织的相似之处称为肿瘤的分化，表现出的相似的程度称为肿瘤的分化程度；将肿瘤组织在细胞形态和组织结构上与其起源的正常组织之间的差异称为肿瘤的异型性（atypia）。这样，分化程度的高低决定肿瘤异型性的大小，肿瘤异型性的大小反映肿瘤组织分化程度的高低。肿瘤的异型性越小，表明其与起源的正常组织差异越小，说明分化程度越高，恶性程度越低；肿瘤的异型性越大，表明其与起源的正常组织差异越大，说明分化程度越低，恶性程度越高。

二、肿瘤的异型性表现

异型性是病理学上诊断和鉴别良、恶性肿瘤的重要形态学依据。肿瘤的异型性包括瘤细胞的异型性和组织结构的异型性两个方面。

（一）瘤细胞的异型性

恶性肿瘤的瘤细胞异型性大，与其起源的正常细胞差异大。一般恶性肿瘤瘤细胞的异型性表现如下（图 4-2）。

1. 瘤细胞的多形性 大多数恶性肿瘤，瘤细胞的大小不等，形态不一，一般较起源组织的细胞体积大，常可见到瘤巨细胞；但有时少数恶性肿瘤的瘤细胞表现为小而一致的类似于其起源的原始的小细胞，不呈多形性，表明异型性极大，说明肿瘤细胞分化程度极低，恶性程度极高。

2. 瘤细胞核的多形性 表现为：①细胞体积明显增大；②核质比增大（正常多为 1∶4~1∶6，恶性肿瘤细胞约为 1∶1）；③细胞核大小不一，形态各异，可见双核、多核、巨

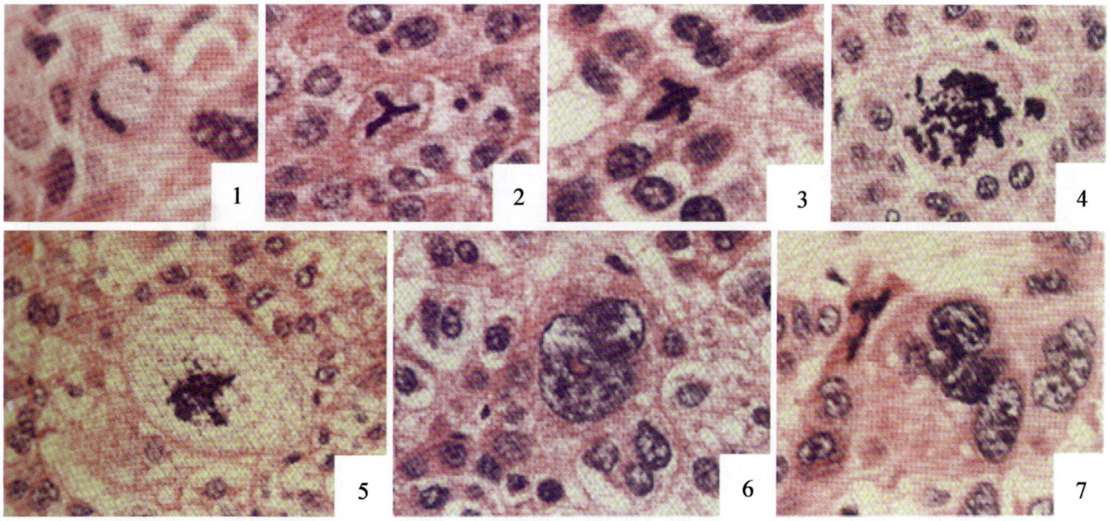

图 4-2 恶性肿瘤细胞异型性

1、2、3 分别示不对称性、三极和四极病理性核分裂象；4、5 为流产性病理性核分裂象；6、7 分别示单核瘤巨细胞和多核瘤巨细胞

核或奇异形核；④核染色加深（DNA 增多），染色质呈粗颗粒状，分布不均匀，聚积于核膜下；⑤核膜增厚，核仁大而且数目增多；⑥核分裂象明显增多，出现不对称性、三极、四极、多极、流产性或顿挫性等病理性核分裂象（pathologic mitosis）。核的多形性对诊断和鉴别恶性肿瘤具有重要的形态学意义。

3. 瘤细胞的胞质异型性 胞质嗜碱性染色加深（胞质内核糖体增多），瘤细胞内可产生黏液、脂质、糖原和色素等特异性物质，有助于判断肿瘤组织来源。

（二）组织结构的异型性

组织结构的异型性是指肿瘤组织在空间排列方式上与其起源组织的差异。良性肿瘤的异型性小，恶性肿瘤的异型性大（图 4-3）。如纤维瘤，其组织排列方式与正常纤维组织不同，呈编织状；腺癌，腺上皮形成大小不等、形状不规则的腺体或腺样结构，甚至无腺腔形成，而形成实心条索状的癌巢。

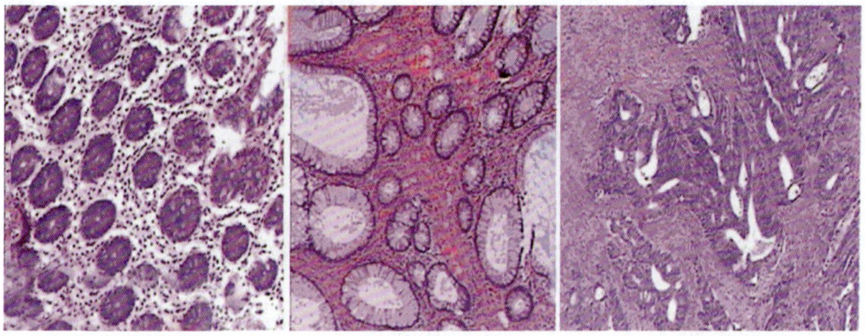

正常肠黏膜　　肠腺瘤组织　　肠腺癌组织

图 4-3 肿瘤组织结构的异型性（HE 染色，低倍镜）

第四节 肿瘤的命名及分类

肿瘤的命名和分类是肿瘤病理诊断的重要内容，对于临床实践十分重要。医护人员必须了解肿瘤病理诊断名称的含义，正确地使用它们。

一、肿瘤的命名

人体的所有器官、组织都可发生肿瘤，因此肿瘤的种类繁多，命名复杂。一般根据其组织的来源和生物学行为来命名。

（一）一般命名原则

1. 良性肿瘤的命名 任何组织来源的良性肿瘤，统称为瘤。命名方法：生长部位＋起源组织＋瘤。如来源于子宫平滑肌的良性肿瘤称为子宫平滑肌瘤，皮下脂肪组织的良性肿瘤称为皮下脂肪瘤。有时结合肿瘤形态特点命名，如结肠息肉状腺瘤，膀胱乳头状瘤等。

2. 恶性肿瘤的命名 恶性肿瘤根据其组织起源不同，一般分为癌和肉瘤。

（1）癌（carcinoma）：指上皮组织来源的恶性肿瘤。命名方法：生长部位＋上皮组织＋癌。如乳腺腺上皮的恶性肿瘤称为乳腺癌，皮肤鳞状上皮的恶性肿瘤称为皮肤鳞状细胞癌。有些癌不止一种上皮分化，例如，肺的“腺鳞癌”同时具有腺癌和鳞状细胞癌成分。如果一个肿瘤从形态上可以确定为癌，但缺乏向某种特定类型上皮分化的特征时，称为未分化癌。

（2）肉瘤（sarcoma）：指间叶组织来源的恶性肿瘤。命名方法：生长部位＋间叶组织＋肉瘤。如股骨骨肉瘤、皮下脂肪肉瘤。应注意，平常所说的“癌症”（cancer），不是一种命名名称，而是泛指所有的恶性肿瘤，包括癌和肉瘤。

（3）癌肉瘤（carcinosarcoma）：指一个肿瘤中有癌的成分，同时又有肉瘤的成分。真正的癌肉瘤较为罕见，近年报道的多为肉瘤样癌。

（二）特殊命名原则

少数恶性肿瘤不按上述原则命名，而是按长期以来的习惯进行命名。

1. 母细胞瘤 有些来源于幼稚组织及神经组织的恶性肿瘤称为母细胞瘤（blastoma），如视网膜母细胞瘤、神经母细胞瘤、髓母细胞瘤、肾母细胞瘤等，这些肿瘤多见于儿童。需要注意的是以“母细胞瘤”命名的肿瘤不一定都是恶性肿瘤，如骨母细胞瘤、软骨母细胞瘤和脂肪母细胞瘤即为良性肿瘤。

2. 冠以“恶性”二字命名 在肿瘤名称前冠以“恶性”二字，直接称为“恶性××瘤”，如恶性黑色素瘤、恶性畸胎瘤、恶性淋巴瘤等。

3. 以人名或病名来命名的恶性肿瘤 如尤因（Ewing）肉瘤、霍奇金（Hodgkin）淋巴瘤、白血病等。

4. 以“瘤”字命名的恶性肿瘤 如精原细胞瘤、黑色素瘤。

5. 以肿瘤细胞的形态命名 如肺燕麦细胞癌、印戒细胞癌、透明细胞癌。

二、肿瘤的分类

肿瘤以其组织发生为依据分类，每一类又分为良性、恶性两大类（表 4-2）。

表 4-2 肿瘤分类

起源组织	良性肿瘤	恶性肿瘤
上皮组织		
鳞状细胞	鳞状细胞乳头状瘤	鳞状细胞癌
基底细胞	—	基底细胞癌
腺上皮细胞	腺瘤	腺癌
尿路上皮（移行细胞）	尿路上皮乳头状瘤	尿路上皮细胞癌

续表

起源组织	良性肿瘤	恶性肿瘤
间叶组织		
纤维组织	纤维瘤	纤维肉瘤
脂肪	脂肪瘤	脂肪肉瘤
平滑肌	平滑肌瘤	平滑肌肉瘤
横纹肌	横纹肌瘤	横纹肌肉瘤
血管	血管瘤	血管肉瘤
淋巴管	淋巴管瘤	淋巴管肉瘤
骨和软骨	骨瘤，软骨瘤	骨肉瘤，软骨肉瘤
滑膜	滑膜瘤	滑膜肉瘤
间皮	间皮瘤	恶性间皮瘤
淋巴造血组织		
淋巴细胞	—	淋巴瘤
造血细胞	—	白血病
神经组织和脑脊膜		
胶质细胞	—	弥漫性星形细胞瘤
神经细胞	神经节细胞瘤	神经母细胞瘤，髓母细胞瘤
脑脊膜	脑膜瘤	恶性脑膜瘤
神经鞘细胞	神经鞘瘤	恶性神经鞘瘤
其他肿瘤		
黑色素细胞	—	（恶性）黑色素瘤
胎盘滋养叶细胞	葡萄胎	恶性葡萄胎，绒毛膜上皮癌
生殖细胞	—	精原细胞瘤，无性细胞瘤，胚胎性癌
性腺或胚胎剩件中的全能细胞	成熟畸胎瘤	不成熟畸胎瘤

第五节 肿瘤的生长与扩散

肿瘤的生长与扩散是肿瘤的重要生物学特征，肿瘤的局部浸润和转移是恶性肿瘤最重要的生物学行为，是导致患者死亡的主要原因。肿瘤生长的生物学特性包括生长速度和生长方式两个方面，良、恶性肿瘤的这两个方面有很大差异。肿瘤生长的生物学特性对于判断良、恶性肿瘤有很重要的意义。

一、肿瘤的生长

（一）生长速度

肿瘤的生长速度主要取决于肿瘤细胞的分化成熟程度，短则数月，长则数年甚至数十年。一般来说，分化程度高的良性肿瘤生长缓慢。如果良性肿瘤在短期内生长速度突然加快，则有恶变的可能。恶性肿瘤分化程度低，生长速度快，短期内可形成明显的肿块，由于血管及营养供应相对不足，易发生坏死、出血等继发性改变，并可发生广泛性播散而导致机体迅速死亡，故恶性肿瘤难以见到巨大肿块。

（二）生长方式

肿瘤的生长方式主要有膨胀性生长、浸润性生长和外生性生长三种。

1. 膨胀性生长（expansive growth） 为大多数良性肿瘤的生长方式，这种方式生长的肿瘤，由于瘤细胞分化好，生长缓慢，肿瘤像吹大膨胀的气球一样逐渐增大。呈膨胀性生长的肿瘤的特点：①推挤但不侵袭破坏周围组织；②周围多有纤维组织包膜，与周围组织分界清楚；③触诊时活动度大；④手术易切除；⑤术后不易复发。图 4-4 所示为呈膨胀性生长的甲状腺瘤。

2. 浸润性生长（invasive growth） 为大多数恶性肿瘤的生长方式，这种方式生长的肿瘤，由于瘤细胞分化差，生长快，肿瘤像树根扎入泥土一样侵袭并破坏周围组织，且可侵入血管或淋巴管。呈浸润性生长的肿瘤的特点：①侵袭破坏周围组织；②周围无纤维组织包膜，与周围组织分界不清；③触诊时活动度小；④手术不易切除干净；⑤术后易复发。图 4-5 所示为呈浸润性生长的乳腺癌。

图 4-4　甲状腺瘤（示膨胀性生长）

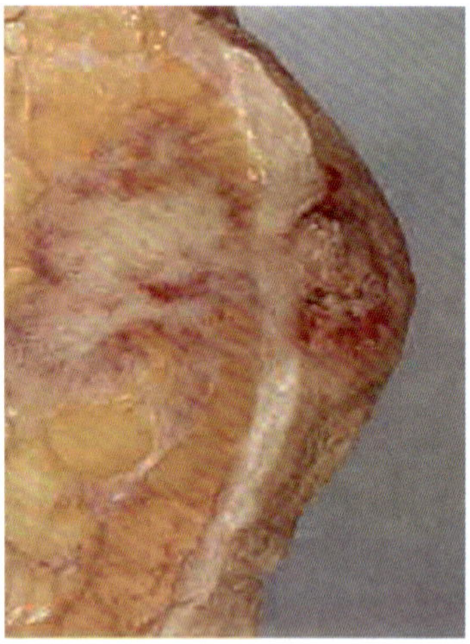

图 4-5　乳腺癌（示浸润性生长）

脂肪组织中可见灰白色、质硬的结节状肿块，与周围组织分界不清

3. 外生性生长（exophytic growth） 是指发生在体表、体腔或管道器官表面的肿瘤，常突向表面，形成乳头状、息肉状、菜花状或蕈状的生长方式。如直肠腺癌可呈菜花样向肠腔突出（图 4-6）。呈外生性生长的肿瘤的特点：①良性肿瘤和恶性肿瘤都可呈外生性生长，多数为良性，少数为恶性；②良性肿瘤为单纯性外生性生长，不侵袭破坏深部组织；③恶性肿瘤外生性生长的同时，还可侵袭破坏深部组织；④外生性生长的恶性肿瘤，由于生长迅速，肿瘤中央部供血相对不足，肿瘤组织易坏死脱落，形成底部高低不平、边缘隆起的火山口状的恶性溃疡。

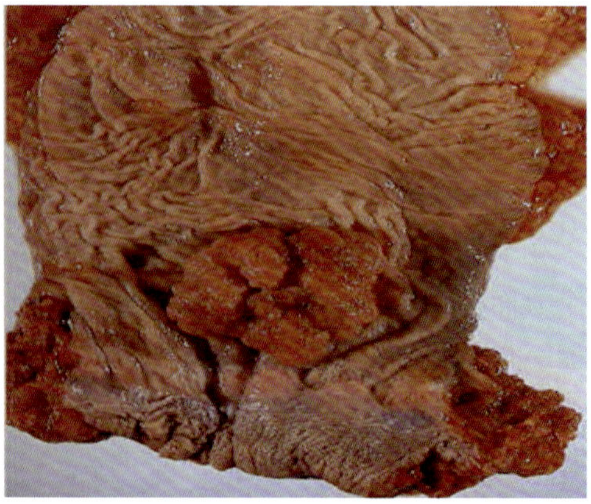

图 4-6　直肠腺癌（示外生性生长）

二、肿瘤的扩散

（一）直接蔓延

随着肿瘤的逐渐长大，瘤细胞沿组织间隙、淋巴管、血管或神经束膜侵入邻近正常器官或组织，并继续生长，称为直接蔓延（direct spreading）。例如晚期子宫颈癌可直接蔓延到直肠和膀胱；晚期乳腺癌可穿过胸肌和胸腔直接蔓延到肺。直接蔓延可导致癌灶扩大，造成癌性粘连，增加了手术切除的难度，并为转移创造了条件。

（二）转移

恶性肿瘤细胞由原发部位侵入淋巴管、血管或体腔，迁移至他处继续生长，形成与原发瘤同类型的肿瘤的过程称为转移（metastasis）。由转移所形成的肿瘤称为转移瘤或继发瘤；原发部位的肿瘤称为原发瘤。常见转移途径有以下三种。

1. 淋巴道转移　是早期癌最常见的转移途径。癌细胞侵入淋巴管后，首先到达局部淋巴结，形成淋巴结内转移癌（图 4-7）。例如乳腺癌首先转移到同侧腋窝淋巴结；肺癌首先到达肺门淋巴结；阴茎癌转移到腹股沟淋巴结等。肿瘤细胞最初聚集在边缘窦内，以后逐渐向皮质窦和髓窦蔓延，破坏正常淋巴结结构。受累的淋巴结常呈无痛性肿大，质地变硬，切面灰白，被转移的淋巴结由于癌组织侵入被膜而相互融合成团块。需要注意的是，患者局部淋巴结肿大，并不代表一定有癌转移，也可能是淋巴结反应性增生或炎症反应；有癌组织转移的淋巴结不一定都有体积的增大。局部淋巴结发生转移后，可继续转移至淋巴循环下一段的其他淋巴结，最后可经胸导管进入血流继发血道转移。

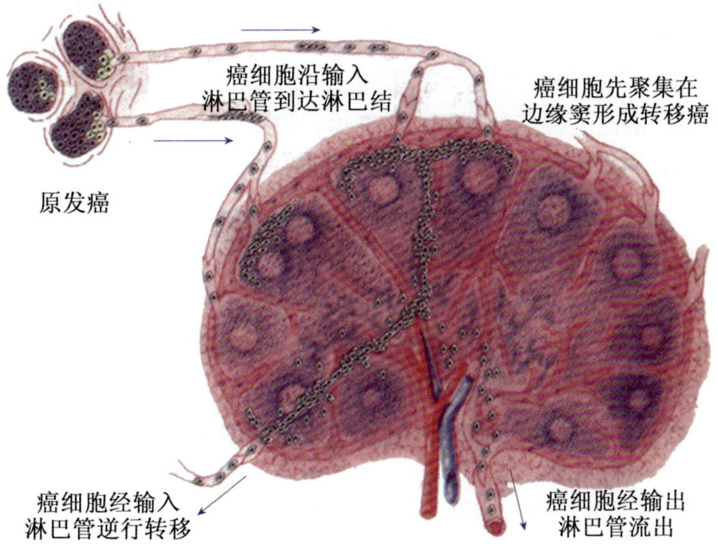

图 4-7　癌的淋巴道转移模式图

2. 血道转移　是肉瘤最常见的转移途径。此外，晚期癌、未分化癌、一些血窦丰富的癌（如肝癌、肾癌、绒癌）、黑色素瘤等也易经血道转移。瘤细胞多经毛细血管或小静脉入血，少数亦可经淋巴管入血。瘤细胞侵入血管，随血流运行到达远隔器官继续生长，形成转移瘤。血道转移的途径与栓子运行途径相同：①侵入体循环静脉的瘤细胞经右心到达肺，在肺形成转移瘤，例如骨肉瘤的肺转移；②侵入门静脉系统的瘤细胞，首先形成肝内转移，例如胃、肠癌的肝转移等；③侵入肺静脉的瘤细胞，可经左心随主动脉血流到达全身各器官，发生全身广泛性转移，如常转移到脑、骨、肾及肾上腺等处；④此外，侵入胸、腰、骨盆静脉的肿瘤细胞，也可以通过吻合支进入脊椎静脉丛，例如前列腺癌就可通过此途径转移到脊椎进而转移到脑。在血道转移累及的器官中，最常见的是肺，其次是肝。因此，临床上为了判断恶性肿瘤患者是否有血道转移，做肺和肝的影像学检查是很有必要的。转移瘤在形态学上的特点是边界清楚并常为多个散在分布的结节，多位于器官表面，可形成“癌脐”。

3. 种植性转移 发生于胸腹腔等体腔内器官的恶性肿瘤，侵袭到器官表面时，瘤细胞脱落像播种一样种植在体腔内各器官表面，形成转移瘤，这种转移方式称为种植性转移。种植性转移多见于腹腔器官的肿瘤，也可发生于胸腔、蛛网膜下腔等处。如胃癌破坏胃壁侵入浆膜后，可种植到大网膜、腹膜内器官形成广泛的种植性转移。胃肠道的黏液癌种植到卵巢所形成的转移性肿瘤，称为 Krukenberg 瘤，主要表现为双侧卵巢同时受累增大。种植性转移常伴有浆膜腔血性积液，原因是浆膜下淋巴管或毛细血管被瘤栓阻塞，毛细血管通透性增加，血液漏出，以及肿瘤破坏血管引起出血，积液内常含有恶性肿瘤细胞。临床抽取积液做细胞学检查发现恶性肿瘤细胞，是诊断恶性肿瘤的重要方法之一。值得注意的是，手术时也可能通过手术器械等误将瘤细胞种植于手术切缘，造成医源性种植性转移，应尽量注意避免发生医源性种植性转移。

第六节　肿瘤的分级与分期

肿瘤的分级与分期只用于恶性肿瘤。肿瘤的分级是病理学概念，是根据其分化程度的高低、异型性的大小及核分裂象的多少来确定恶性程度的级别。目前多采用三级分类法：Ⅰ级为高分化，属低度恶性；Ⅱ级为中分化，属中度恶性；Ⅲ级为低分化，属高度恶性。

肿瘤的分期为临床概念，主要根据原发瘤的大小、浸润的深度及范围、是否累及邻近器官、有无局部和远处淋巴结转移、有无血道转移等进行分期。目前普遍使用国际抗癌协会制定的 TNM 分期系统。T 指肿瘤原发灶大小和浸润的深度和广度，依次用 T1、T2、T3、T4 来表示；N 指局部淋巴结受累，淋巴结无转移时用 N0 表示，随着淋巴结受累的程度和范围加大，依次用 N1、N2、N3 表示；M 指血道转移，有血道转移用 M1、M2 表示转移程度，无血道转移用 M0 表示。

肿瘤的分级与分期对临床医师确定治疗方案和估计预后有一定的参考价值。医学上，常常使用“5 年生存率”“10 年生存率”等统计指标来衡量肿瘤的恶性程度，这些指标与肿瘤的分级和分期也有密切关系。一般来说，分级和分期越高，生存率越低。

第七节　肿瘤对机体的影响

肿瘤因其良、恶性的性质不同，对机体的影响也不同。

一、良性肿瘤对机体的影响

良性肿瘤生长缓慢，无浸润和转移，对机体的影响较小。主要表现为局部压迫和阻塞的症状，其影响的大小与肿瘤的发生部位有关。如体表良性肿瘤，一般对机体影响不大；而发生在消化道的良性肿瘤，严重者可引起肠梗阻或肠套叠；颅内的良性肿瘤（如脑膜瘤），可压迫脑组织、阻塞脑室系统而引起颅内压升高等相应的神经系统症状。良性肿瘤有时可发生继发改变，亦可对机体带来程度不同的影响。如子宫黏膜下肌瘤伴有子宫内膜浅表糜烂或溃疡，可引起出血和感染；内分泌腺的良性肿瘤可分泌过多激素而引起内分泌紊乱，如垂体腺瘤分泌过多的生长激素可引起巨人症或肢端肥大症。

二、恶性肿瘤对机体的影响

恶性肿瘤除了对局部产生压迫和阻塞外，还会对机体造成以下影响：①恶性肿瘤常浸润破坏周围正常组织结构，影响器官的功能。恶性肿瘤发生转移后，可对转移灶的组织、器官的结构和功能造成破坏，85% 以上的癌症患者死于转移瘤的破坏作用。②恶性肿瘤侵破血管可引起出血。③肿瘤代谢产物、坏死分解产物被机体吸收或合并感染可引起发热。④恶性肿瘤浸润和压迫神经引起顽固性疼痛。⑤少数恶性肿瘤可引起副肿瘤综合征（paraneoplastic syndrome）。约 10% 的非内分泌腺发生的恶性肿瘤，除肿瘤本身及其转移所直接引起的临床表现外，还伴随出现一系列内分泌症状（肿瘤产生的激素或激素样物质所致）和神经、肌肉、骨关节、皮肤、肾等器官的损害，并伴有血液、代谢和免疫功能的异常等临床表现。这些临床表现不能用肿瘤的侵袭扩散或肿瘤起源组织应产生的激素作用来解释，但可随肿瘤的缓解而减轻，也可因肿瘤复发而加剧等，称为副肿瘤综合征。此类肿瘤称为异位内分泌肿瘤。如肺燕麦细胞癌，可产生促肾上腺皮质激素样物质；前列腺癌、睾丸胚胎性癌可产生促甲状腺激素等。这些表现有助于恶性肿瘤的早期诊断。⑥恶性肿瘤患者晚期出现恶病质，表现为严重消瘦、乏力、贫血和全身衰竭。恶病质的发生与多种因素有关，如恶性肿瘤的迅速生长消耗体内大量营养物质，继发出血、感染、发热，或因肿瘤组织坏死所产生的毒性物质引起机体代谢紊乱；此外，疼痛影响患者进食和睡眠，也是造成恶病质的重要因素之一。

肿瘤在整个生长过程中，虽具有失控性增生和不协调生长的“自主性”，但机体也通过不同途径影响肿瘤的生长，如免疫调节系统（主要是细胞免疫，特别是致敏 T 淋巴细胞、NK 细胞和巨噬细胞）、激素调节系统及机体产生的抗血管生成因子等，都在一定程度上影响肿瘤的生长与发展。

第八节 良性肿瘤与恶性肿瘤的区别

良性肿瘤与恶性肿瘤在组织分化、形态特点、生物学行为、对机体的影响等方面有着很大的不同。区分良性肿瘤与恶性肿瘤十分重要（表 4-3）。

表 4-3 良性肿瘤与恶性肿瘤的区别

项目	良性肿瘤	恶性肿瘤
分化程度	分化好，异型性小，与原有组织形态相似	分化差，异型性大，与原有组织形态不相似
核分裂象	少见，无病理性核分裂象	多见，可见病理性核分裂象
生长速度	缓慢	迅速
生长方式	膨胀性生长或外生性生长，常有膜或蒂，与周围组织界限清楚	浸润性生长或外生性生长，无包膜，与周围组织界限不清楚
继发改变	很少发生出血、坏死	常发生出血、坏死及溃疡形成
转移	不转移	常有转移
复发	手术后很少复发	手术后容易复发
对机体的影响	较小，主要为局部压迫或阻塞	较大，除压迫、阻塞外，还可浸润破坏组织、器官，并引起出血、感染，晚期出现恶病质

必须指出，良、恶性肿瘤的区别是相对的。如血管瘤虽为良性，但无包膜，常呈侵袭性生长；基底细胞癌虽为恶性肿瘤，却很少发生转移；良性肿瘤如生长在重要器官（如颅内）也可危及生命等。有些肿瘤的组织形态介于良、恶性之间，称交界性肿瘤（borderline tumor）。如

卵巢浆液或黏液性囊腺瘤，此类肿瘤有恶变倾向，在一定的条件下可逐渐向恶性发展。另外，肿瘤的良、恶性之间并非一成不变：有些良性肿瘤如不及时治疗，可转变为恶性肿瘤，称为恶性变，如结肠腺瘤可恶变为腺癌；而个别的恶性肿瘤如黑色素瘤，有时由于机体免疫力加强等原因，可以停止生长甚至完全自然消退。

案例分析 4－1

李女士，42 岁，一天洗澡时偶然发现在右乳房外上方可触摸到一个蚕豆大小的肿块，触摸感觉较硬，可移动性差，按压无疼痛感。临床检查发现：右乳房外上方见 1 个密度增高阴影区域，大小 0.8 cm×0.6 cm×0.6 cm，右腋窝下见 2 个密度增高阴影区域，大小均为 0.2 cm×0.1 cm×0.1 cm。

思考：

对李女士的乳腺肿块有可能的诊断及诊断依据是什么？

第九节　癌前病变、异型增生和原位癌

恶性肿瘤的发生、发展是一个漫长而复杂的过程。一些恶性肿瘤的发生需经历癌前病变，有时可以观察到在癌前病变的基础上，出现非典型增生，再进一步发展为原位癌。

一、癌前病变

癌前病变（precancerous lesion）是指某些具有癌变潜在可能性的良性病变，如长期不治愈，即有可能转变为癌。因此，早期发现与及时治疗癌前病变，对预防肿瘤具有十分重要的实际意义。常见的癌前病变有以下几种。

1. 黏膜白斑　常发生在食管、口腔、外阴、宫颈和阴茎等处黏膜。肉眼观：局部黏膜呈白色斑块，故称白斑。镜下观：鳞状上皮过度增生、过度角化，出现一定的异型性。黏膜白斑如长期不治愈有可能转变为鳞状细胞癌。

2. 乳腺增生性纤维囊性变　亦称乳腺囊性增生症，常见于 40 岁左右的妇女，主要因内分泌功能失调所致。病变表现为乳腺小叶导管和腺泡上皮细胞增生，伴导管囊性扩张、间质纤维组织增生等。如伴有导管内乳头状增生则较易发生癌变。

3. 慢性子宫颈炎伴子宫颈糜烂样改变　慢性子宫颈炎伴子宫颈糜烂样改变与人乳头状瘤病毒（HPV）感染密切相关，如持续感染可引起宫颈鳞状上皮内瘤变，少数患者可发展为子宫颈鳞状上皮癌。

4. 慢性萎缩性胃炎及胃溃疡　慢性萎缩性胃炎时，胃黏膜腺体可伴肠上皮化生，这种肠上皮化生与胃癌的发生有一定关系，久治不愈者可发生癌变；慢性胃溃疡时溃疡边缘的黏膜因长期受刺激而不断增生，也可能转变为胃癌。

5. 大肠腺瘤　较为常见，可单发或多发，尤其是绒毛状腺瘤和遗传性的家族性多发性息肉病，更易发生癌变。

6. 溃疡性结肠炎　是一种炎症性肠病，在反复发生溃疡和黏膜增生的基础上可发生结肠腺癌。

7. 皮肤慢性溃疡　特别是小腿的慢性溃疡，由于长期慢性炎症刺激，表皮鳞状上皮增生，可发生癌变。

二、异型增生

异型增生（dysplasia）是指细胞增生并出现异型性，但还不足以诊断为恶性的情况（图 4-8）。通常上皮细胞的异型增生根据异型程度和累及上皮的范围分为轻、中、重度三级。①轻度：异型性较小，累及上皮层的下 1/3；②中度：异型性中等，累及上皮层的下 2/3；③重度：异型性较大，累及上皮层的下 2/3 以上，但未至全层。临床上一般认为，轻度异型增生可恢复正常，中、重度则较难逆转。

三、原位癌

原位癌（carcinoma *in situ*）是指癌细胞仅局限于上皮全层，未突破基底膜的癌，故又称为“浸润前癌”或“上皮内癌”，是最早期癌，尚未发生转移，治疗效果好，可以治愈。常见的原位癌有子宫颈原位癌（图 4-9）、食管原位癌、皮肤原位癌、乳腺导管内原位癌和乳腺小叶原位癌等。临床检查和病理的肉眼观察往往见不到明显异常，或仅见到轻微糜烂、粗糙不平、稍有隆起等改变。确诊原位癌靠病理组织学检查。早期发现、正确诊断、积极治疗可防止原位癌发展为浸润癌，从而提高治愈率。

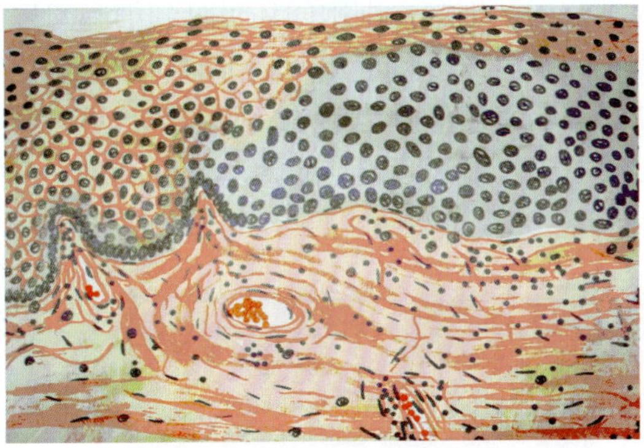

图 4-8　异型增生模式图（HE 染色，低倍镜）

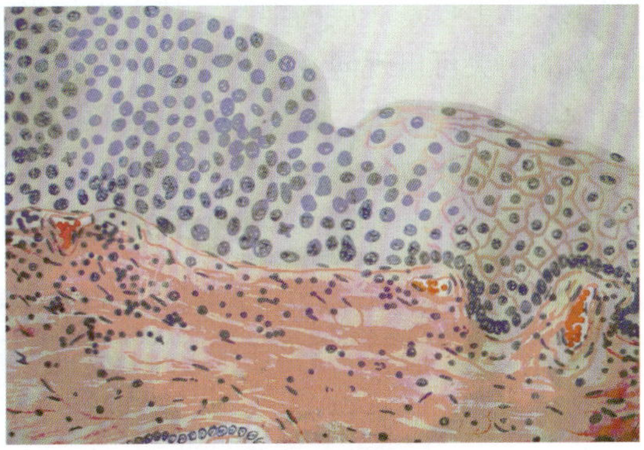

图 4-9　原位癌模式图（HE 染色，低倍镜）

第十节　常见肿瘤举例

一、上皮组织肿瘤

上皮组织（包括被覆上皮与腺上皮）发生的肿瘤是临床上最常见的肿瘤。

（一）上皮组织良性肿瘤

1. 乳头状瘤（papilloma） 指由皮肤或黏膜的被覆上皮（包括鳞状上皮、移行上皮、柱状上皮等）发生的良性肿瘤，常见于皮肤、喉、外耳道、阴茎、膀胱等处。肉眼观：肿瘤呈外生性生长，形成手指样或乳头状突起，并可呈菜花状或绒毛状外观，根部常有蒂与正常组织相连。镜下观：乳头的数目和分支多少不等，每一乳头的轴心由具有血管的结缔组织构成，其表面为分化良好的上皮细胞。被覆的上皮因肿瘤发生的部位不同而各异，可为鳞状上皮、柱状上皮或移行上皮，其中最多见的是鳞状上皮。发生在外耳道、阴茎、膀胱和结肠的乳头状瘤较易发生恶变。

2. 腺瘤（adenoma） 指腺上皮来源的良性肿瘤，好发于甲状腺、卵巢、乳腺、涎腺和胃肠等处。肉眼观：黏膜表面的腺瘤多呈息肉状、蕈伞状，腺器官内的腺瘤多呈结节状，包膜完整，与正常组织分界清楚，常有被膜。镜下观：腺瘤的腺体与其起源的腺体在结构上十分相似，而且具有一定的分泌功能。不同之处仅在于腺瘤中腺体大小不一，形态不规则，排列较密集，无导管结构。根据形态特点与组成成分可将腺瘤分为四类。①囊腺瘤：因瘤细胞分泌物蓄积于腺腔形成囊腔，常见于卵巢、甲状腺；②纤维腺瘤：除上皮细胞增生外，同时伴纤维组织大量增生，常见于乳腺；③多形性腺瘤：瘤组织由腺管、鳞状上皮、黏液样或软骨样多种组织构成，常见于涎腺，多无完整包膜，手术切除不彻底者易复发，多次复发可恶变；④息肉状腺瘤：肉眼观呈息肉状，其细蒂与黏膜相连，可单发或多发，多见于直肠、结肠、胃。

（二）上皮组织恶性肿瘤

上皮组织恶性肿瘤称为癌，是人类最常见的一类恶性肿瘤。在40岁以上的人群中，癌的发生率显著增加。

1. 鳞状细胞癌（squamous cell carcinoma） 简称鳞癌，好发于鳞状上皮被覆的部位，如皮肤、口腔、唇、食管、喉、子宫颈、阴道、阴茎等处，也可发生在有鳞状上皮化生的部位，如支气管、胆囊、肾盂等处。肉眼观：外观呈菜花状、结节状或溃疡状。镜下观：癌细胞突破基底膜向深层浸润，形成大小不等的团块状或条索状的癌巢，与间质分界清楚。根据分化程度可将鳞状细胞癌分为三级。Ⅰ级（高分化）：癌巢分界清楚（癌巢的最外层癌细胞排列较整齐，相当于鳞状上皮基底层的细胞，其内为相当于棘细胞层的细胞，细胞间还可见到细胞间桥），在癌巢的中央可出现同心圆状的角化物，称为角化珠或癌珠（图4-10A）；Ⅱ级（中等分化）：癌细胞异型性比较大，角化少见，细胞间桥不明显；Ⅲ级（低分化）：癌细胞有明显异型性，并见较多的核分裂象及病理性核分裂象，无角化珠形成，细胞间桥少或无（图4-10B）。鳞状细胞癌免疫组织化学显示细胞角蛋白（CK）阳性。

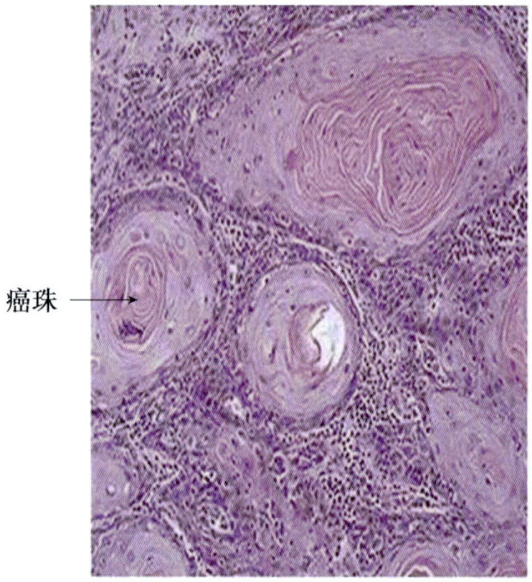

A.分化程度高

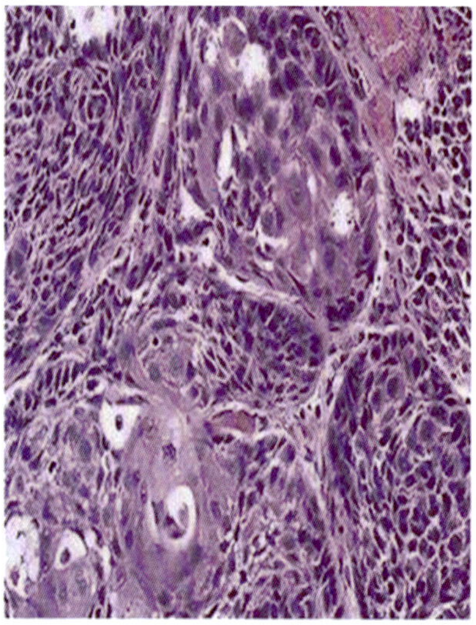

B.分化程度低

图4-10 鳞状细胞癌(HE染色，低倍镜)

2. 腺癌（adenocarcinoma） 指腺上皮来源的恶性肿瘤，多见于胃肠、胆囊、乳腺、子宫体、甲状腺及卵巢等处。肉眼观：肿瘤呈息肉状、结节状或溃疡状。镜下观：根据分化程度和形态结构分为高分化具有腺腔结构的腺癌和低分化形成实体巢状的或弥漫的实体癌。分泌黏液较多的腺癌则称黏液癌或胶样癌。①管状腺癌：分化较好，癌细胞形成大小不等、形状不一、排列不规则的腺样结构，核大小不等，核分裂象多见。②实体癌：低分化腺癌，恶性程度较高，多发生于乳腺，少数可发生于胃及甲状腺。癌细胞不构成腺样结构，而是形成实体性团块状或条索状癌巢，异型性明显。根据实质与间质的比例不同将实体癌分为硬癌、髓样癌和单纯癌。③黏液癌：常见于胃肠道，癌细胞可分泌大量黏液，初始时黏液聚积在癌细胞内，将核挤向一侧，使癌细胞呈印戒状，故称为印戒细胞。以印戒细胞为主要成分的癌，称为印戒细胞癌。若黏液堆积在腺腔内，因腺体崩解而释放到间质中形成“黏液湖”。肉眼观：癌组织呈半透明的胶冻状，又称为胶样癌。

二、间叶组织肿瘤

（一）间叶组织的良性肿瘤

间叶组织良性肿瘤包括由纤维、血管、脂肪等发生的良性肿瘤。来源于间叶组织的良性肿瘤，大多数生长缓慢，呈结节状或分叶状，包膜完整。

1. 纤维瘤（fibroma） 指由纤维组织发生的良性肿瘤，常发生于躯干及四肢皮下。肉眼观：肿瘤呈结节状或分叶状，有包膜，切面灰白，并见纵横交错编织状条纹，质地硬韧。镜下观：肿瘤细胞由分化好的成纤维细胞、纤维细胞和胶原纤维组成，呈编织状排列，不见核分裂象。间质为血管及疏松结缔组织。此种瘤生长缓慢，切除后一般不复发。

2. 脂肪瘤（lipoma） 指由脂肪组织发生的良性肿瘤，是间叶组织肿瘤中最常见的一种，好发于背、肩、颈及四肢近端皮下组织，腹膜后、胃肠道等也可发生。肉眼观：肿瘤多为单发，也可多发，呈分叶状或结节状。肿瘤大小不一，有完整薄层包膜，切面淡黄色，质地柔软，似正常的脂肪组织。镜下观：肿瘤由分化成熟的脂肪组织构成，与正常脂肪组织的主要区别在于肿物有包膜，被不均等的纤维组织条索分隔成大小不规则的小叶结构。此瘤生长缓慢，无明显症状，多发生于成人，一般不恶变。

3. 血管瘤（hemangioma） 常见，可发生在很多部位，有毛细血管瘤、海绵状血管瘤、静脉血管瘤等类型。无被膜，界限不清。在皮肤或黏膜可呈突起的鲜红肿块，或呈暗红或紫红色斑。内脏血管瘤多呈结节状。发生于肢体软组织的弥漫性海绵状血管瘤可引起肢体增大。血管瘤常见于儿童，可为先天性，可随身体的发育而长大，成年后一般停止发展，甚至可以自然消退。

（二）间叶组织的恶性肿瘤

来源于间叶组织的恶性肿瘤称为肉瘤，较少见，多数发生于儿童和青少年。肉瘤发生率虽比癌低，但其恶性程度相对较高，更易发生血道转移。

1. 纤维肉瘤（fibrosarcoma） 指来源于纤维组织的恶性肿瘤，较常见，其发生部位同纤维瘤相似。发病年龄多在30~55岁。肉眼观：肿瘤呈结节状或不规则形，多为单发，无包膜或假包膜，切面灰红或灰白色，呈均匀细腻鱼肉样，并可见坏死、出血。镜下观：根据瘤细胞的分化程度、核分裂象的多少、有无坏死等，将纤维肉瘤分为分化好的纤维肉瘤和分化差的纤维肉瘤。分化好的纤维肉瘤瘤细胞多呈梭形，异型性小，核细长，与纤维瘤相似，瘤细胞与胶原纤维排列成束，纵横交错，呈编织样，肿瘤生长缓慢，转移及复发较少见。分化差的纤维肉瘤有明显的异型性，细胞核大小不等，核分裂象多见，有病理性核分裂象（图4-11）。纤维肉瘤坏死出血明显，生长快，易发生转移及复发。

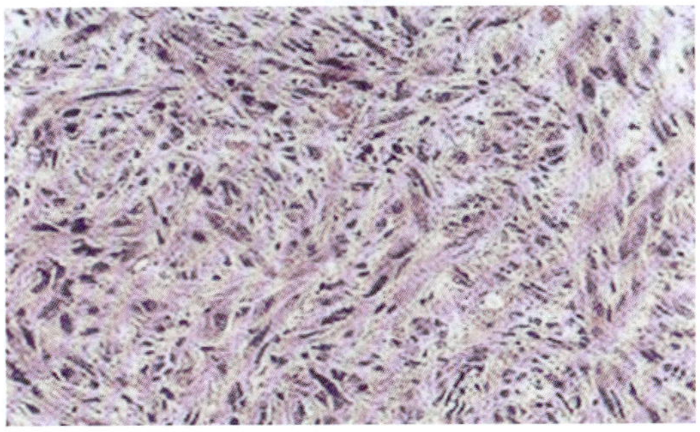
图4-11 纤维肉瘤

2. 脂肪肉瘤（liposarcoma） 起源于原始间叶组织，为成人较多见的肉瘤之一。发生部位与脂肪瘤不同，常发生于深部软组织，如大腿深部软组织及腹膜后和内脏，很少发生在皮下脂肪层。肿瘤呈局部浸润性生长。肉眼观：肿瘤呈结节状或分叶状，表面有一层假包膜，分化较差者可呈黏液样或鱼肉状外观。镜下观：瘤细胞形态多种多样，主要由不同程度异型性的脂肪细胞和成脂肪细胞构成，成脂肪细胞分化较差，呈星形、梭形、小圆形或多形性，胞质内出现多少不等、大小不一的脂肪空泡，冰冻切片瘤细胞脂肪染色阳性。脂肪肉瘤术后易复发，分化差者易经血道转移，预后差。

3. 血管肉瘤（angiosarcoma） 可发生于皮肤、乳腺、肝、脾、骨等器官和软组织。皮肤血管肉瘤较多见，尤其是头面部皮肤。肿瘤多隆起于皮肤表面，呈丘疹或结节状，暗红或灰白色，易坏死出血。有扩张的血管时，切面可呈海绵状。镜下观：肿瘤细胞有不同程度异型性，形成大小不一、形状不规则的血管腔样结构，常互相吻合；分化差的血管肉瘤，细胞片状增生，血管腔形成不明显或仅呈裂隙状，腔隙内可含红细胞。

三、癌与肉瘤的区别

癌与肉瘤均为恶性肿瘤，分别来源于上皮组织和间叶组织，其临床表现和病理变化各有所不同。正确掌握癌与肉瘤的特点，对临床诊断、治疗及估计预后均有实际意义。两者的区别要点见表 4-4。

表 4-4　癌与肉瘤的区别

项目	癌	肉瘤
组织来源	上皮组织	间叶组织
发病率	较高，约为肉瘤的 9 倍	较低
发病年龄	多发生于 40 岁以上中老年人	多发生于青少年
大体特点	灰白色、质较硬、干燥颗粒状	灰红色、质较软、湿润、鱼肉状
组织学特点	癌细胞排列呈巢状，实质与间质分界清楚，间质血管较少	肉瘤细胞弥散分布，不成巢状，实质与间质分界不清，间质内血管丰富
网状纤维染色	癌巢被网状纤维包绕，但癌细胞之间无网状纤维	肉瘤细胞间有网状纤维，并包绕肉瘤细胞
免疫组化特点	上皮细胞标志物阳性，如角蛋白（keratin）、上皮细胞膜抗原（EMA）等	间叶组织标志物阳性，如波形蛋白（vimentin）、结蛋白（desmin）等
转移	多经淋巴道转移	多经血道转移

本章小结

肿瘤是机体在各种致瘤因素的作用下，细胞异常增生所形成的新生物，常表现为局部肿块。肿瘤细胞的增生与正常细胞有所不同，表现为丧失了分化成熟的能力，与机体不协调、相对自主性地生长，与炎症、损伤修复时组织、细胞的增生有着本质上的区别。

肿瘤的形状多种多样，有息肉状、乳头状、结节状、分叶状、囊状、蟹足状等。肿瘤分为实质和间质两部分，肿瘤的实质即肿瘤细胞，是构成肿瘤的主要成分，是判断肿瘤的组织来源、分类、命名和良、恶性的主要组织学依据。肿瘤的间质起着支持和营养肿瘤实质的作用。

肿瘤组织在细胞形态和组织结构上，与其起源的正常组织的差异称为肿瘤的异型性。良性肿瘤异型性不明显，恶性肿瘤异型性显著，表现为瘤细胞的多形性，瘤细胞核的多形性，核分裂象增多，并出现病理性核分裂象，细胞质嗜碱性，组织结构紊乱。肿瘤细胞代谢旺盛，与机体的正常组织争夺营养成分。

良性肿瘤分化好，生长缓慢；恶性肿瘤分化差，生长较快。恶性肿瘤具有浸润和转移的不良生物学行为。浸润周围的正常组织、血管、淋巴管是恶性肿瘤的生物学特征，是肿瘤发生转移的基础。恶性肿瘤的这一特性决定了肿瘤无包膜、边界不清、手术后易复发等临床病理表现。转移是恶性肿瘤最本质的表现，良性肿瘤不发生转移。淋巴道转移是癌最常见的转移途径。血道转移是肉瘤最常见的转移途径。肝、肺是血道转移的靶器官。

良性肿瘤对机体的影响主要表现为局部压迫和阻塞作用。恶性肿瘤生长速度快，代谢旺盛。特别是消化道恶性肿瘤影响消化、吸收，到晚期出现极度消瘦、乏力、贫血、全身衰竭，即恶病质。恶性肿瘤可局部直接蔓延和远处转移，破坏机体的重要器官如脑、肺、肝等，导致死亡。

癌是起源于上皮组织的恶性肿瘤；肉瘤是起源于间叶组织的恶性肿瘤。恶性肿瘤根据肿瘤的分化程度、异型性大小及核分裂象等分为高分化（低度恶性）、中分化（中度恶性）、低分化（高度恶性）三级。按照原发瘤大小、浸润深度及范围、是否累及邻近器官、有无局部和远处淋巴结转移、有无血道转移对恶性肿瘤进行临床病理分期。

（许婷婷　宗佩君）

第五章　水、电解质代谢紊乱

学习目标

1. 掌握脱水、水肿、高钾血症、低钾血症的概念，各型水、钠代谢紊乱和钾代谢紊乱对机体的影响。

2. 熟悉低钾血症、高钾血症和各型水、钠代谢紊乱的原因，水肿的发生机制。

3. 了解水、钠代谢紊乱的分类，各型水、钠代谢紊乱的防治原则，各型水肿的发病机制和临床特点。

水和电解质是机体体液的重要组成成分和生命活动的必需物质，人体的新陈代谢是在体液环境中进行的。体液是由水和溶解于其中的电解质、低分子有机化合物及蛋白质等组成，广泛分布于组织细胞内外。正常成人体液总量约占体重的 60%，其中 40% 是细胞内液，20% 是细胞外液。细胞外液又分为组织液（约 15%）和血浆（约 5%）。

水和电解质参与机体的许多重要功能和物质代谢活动，在生命活动中起着极为重要的作用。在许多疾病过程中，多种因素都可以引起水、电解质代谢紊乱，破坏机体内环境的相对稳定，使全身各器官、系统的生理功能和物质代谢发生相应的障碍，使原发病进一步加重，甚至导致死亡。因此掌握水、电解质代谢紊乱的知识，在临床实践中具有十分重要的意义。

第一节　水、钠代谢紊乱

正常情况下，水和钠的摄入和排出保持动态平衡，以维持体液容量的稳定。成人每天进出水量为 2 000~2 500 ml（表 5-1）。正常成人氯化钠的需要量为 4~6 g/d，机体对钠平衡有较强的调节能力，多余的钠经肾排出。摄入多排出亦多，摄入少排出也少。正常血清钠浓度为 130~150 mmol/L。

表 5-1　正常成人每日水的摄入量和排出量

水的摄入		水的排出	
摄入途径	摄入量（ml）	排出途径	排出量（ml）
饮水	1000~1500	尿	1000~1500
食物中水	700~900	呼吸蒸发	350
代谢水	300	皮肤蒸发	500
		大便排出	150
摄入总计	2000 ~2500	排出总计	2000 ~ 2500

在体液中，水、钠之间相互依存，因此，水、钠代谢紊乱往往同时或先后发生，并引起体液容量和渗透压的改变。

一、脱水

脱水（dehydration）是指由水、钠的丢失过多或摄入不足致使机体的体液容量明显减少，并引起一系列功能、代谢变化的病理过程。

（一）低渗性脱水

低渗性脱水（hypotonic dehydration）特点是失钠多于失水，血清钠浓度 <130 mmol/L，血浆渗透压 <280 mmol/L，伴有细胞外液量的减少。

1. 原因

（1）经消化道失液：严重呕吐、腹泻、胃肠道引流等导致丢失大量体液。

（2）经皮肤丢失：大量出汗和大面积烧伤可导致体液和 Na^+ 大量丢失，如果仅补充水分，即可发生低渗性脱水。

（3）肾性失钠：①急性肾衰竭多尿期，肾小管上皮细胞对原尿的重吸收能力降低，可经尿丢失大量水和 Na^+；②长期使用排钠利尿药，如水肿患者长期连续使用氢氯噻嗪、呋塞米、依他尼酸等利尿，使肾小管对 Na^+ 的重吸收减弱，导致 Na^+ 从尿中大量丢失。若患者同时还限制钠盐摄入，钠的缺乏则更为明显；③肾上腺皮质功能不全，由于肾小管上皮细胞对醛固酮反应低下，使尿钠排出增多。

2. 对机体的影响　低渗性脱水患者由于失钠大于失水，呈现出低钠血症。血浆渗透压降低导致水分向细胞内转移，使本来减少了的细胞外液进一步减少（图 5-1）。

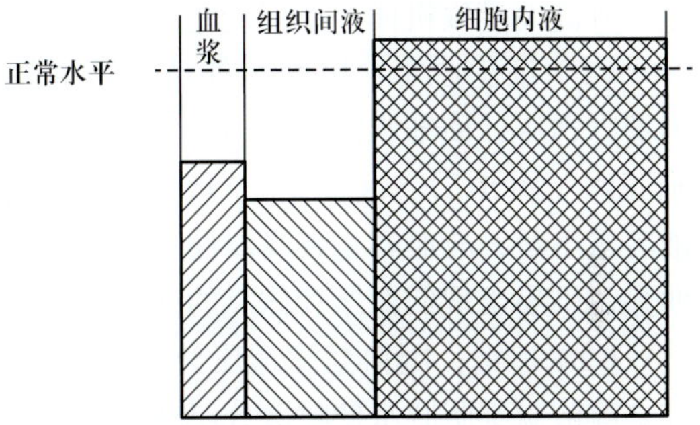

图 5-1　低渗性脱水时体液分布容量变化示意图

（1）血容量减少：低渗性脱水患者，细胞外液容量明显减少，血容量显著减少，导致心排血量降低、血压下降，易发生低血容量性休克。

（2）尿量的变化：低渗性脱水的早期，由于细胞外液处于低渗状态，使垂体后叶所释放的抗利尿激素（ADH）减少甚至停止，使肾小管对水的重吸收减弱，故患者早期尿量没有明显减少。严重的低渗性脱水患者，由于血容量显著减少，通过容量感受器反射性地引起 ADH 分泌增多，从而使肾对水的重吸收加强，尿量可明显减少。肾对水重吸收增多，促使细胞外液的渗透压进一步降低，使病情加剧。此外，由于细胞外液（尤其血容量）减少，以及血钠浓度降低，可导致醛固酮分泌增多，使肾小管对 Na^+ 重吸收增加，表现为尿比重低和尿液中几乎不含钠。

（3）组织间液减少：脱水造成血液浓缩，使血浆胶体渗透压反而增大。促使一部分组织间液进入血管内，所以组织间液的减少比血浆的减少更明显，这在一定程度上可以减轻因细胞外液容量明显减少对机体的影响。由于组织间液减少，临床上常出现组织脱水的征象，如皮肤弹性减退甚至丧失、眼窝凹陷、婴儿囟门内陷、体重下降等。

（4）细胞内液容量增加、渗透压降低：因水转移到细胞内，导致细胞内液渗透压降低而容量有所增加。严重的低渗性脱水，可因为细胞内液水分增多导致脑水肿，引起中枢神经系统功能紊乱。

（5）低渗性脱水发生后，通常无明显的口渴，这与体液低渗状态而使渴觉中枢的兴奋性降低有关。

（6）细胞水肿：可导致中枢神经系统功能紊乱，表现神志恍惚、嗜睡、昏迷等。

3. 防治原则

（1）积极防治原发病，去除病因。

（2）适当补充等渗或高渗液体。

（3）如发生休克，按休克治疗方法积极抢救。

（二）高渗性脱水

高渗性脱水（hypertonic dehydration）的特点是失水多于失钠，血清钠浓度 >150 mmol/L，血浆渗透压 >310 mmol/L，细胞外液量和细胞内液量均减少。

1. 原因

（1）水摄入不足：见于水源断绝、进食和进水困难等情况，如沙漠迷路、极度衰弱、吞咽困难、频繁呕吐、昏迷患者等。因摄入水量严重不足，不能补充机体水的排出量，而致失水大于失钠。

（2）水丢失过多：常见于如下情况。①经皮肤失水：见于发热、剧烈运动、甲状腺功能亢进等，可通过皮肤丢失大量低渗液；②经呼吸道失水：见于持续哮喘、代谢性酸中毒等，因通气过度使呼吸道黏膜水分蒸发明显增多；③经消化道失水：严重的呕吐或腹泻，使水从胃肠道大量丢失，如急性胃肠炎、细菌性痢疾；④经肾失水：排尿过多引起失水，如尿崩症、大量使用渗透性利尿药（如甘露醇）。

2. 对机体的影响　由于失水多于失钠，使细胞外液钠浓度升高，引起血浆和组织液的渗透压升高而导致机体一系列变化。

（1）细胞脱水：因细胞外液渗透压高于细胞内液渗透压，使细胞内液向细胞外液转移，引起细胞脱水（图 5-2）。这种变化可部分地补充细胞外液容量不足，故血容量在高渗性脱水的早期减少不明显，不易出现低血压和休克的征象。

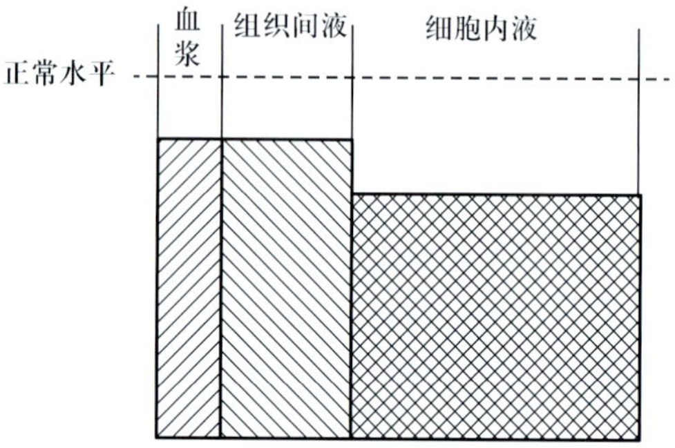

图 5-2　高渗性脱水时体液分布容量变化示意图

（2）口渴：因血浆渗透压升高刺激渴觉中枢，加之唾液腺细胞脱水使唾液分泌减少，引起口腔黏膜干燥，患者出现明显口渴。

（3）少尿：由于细胞外液渗透压升高，刺激下丘脑渗透压感受器兴奋，引起 ADH 合成、分泌增多。ADH 使肾小管对水的重吸收增加，有利于血浆渗透压的下调；同时引起尿量减少和尿液相对密度增高。在高渗性脱水早期因水的重吸收增多和醛固酮分泌无明显增加，尿钠含量可增高；但在晚期时，因细胞外液减少和循环血量不足，刺激肾素 - 血管紧张素系统激活，使醛固酮分泌增多，尿钠含量则降低。

（4）中枢神经功能障碍：表现为烦躁、谵语、幻觉、嗜睡、昏迷，甚至引起死亡。某些严重患者可因脑细胞脱水和脑体积缩小，使脑皮质与颅骨间的血管张力增高，引起血管破裂，导致脑内出血或蛛网膜下腔出血。

（5）脱水征：皮肤、黏膜干燥，体温升高，体重下降，恶心，重者血压下降。

3. 防治原则　首先防治原发病，去除病因。在此基础上进行体液补充，先以 5% 葡萄糖溶液补充水分为主，酌情适当补充钠。

案例分析 5-1

患者，男，45 岁，呕吐、腹泻伴发热 2 天，并伴有口渴、尿少。体检：体温 39.2 ℃，血压 118/76 mmHg（1 mmHg=0.133 kPa），口唇干裂。实验室检查：血清［Na^+］155 mmol/L。立即给予静脉滴注 5% 葡萄糖溶液和抗生素等。2 天后情况不见好转，反而出现肌肉软弱无力，肠鸣音减弱，腹壁反射消失。浅表静脉塌陷，脉搏细速。血压 70/50 mmHg，血清［Na^+］120 mmol/L，血清［K^+］3 mmol/L。

思考：

1. 患者在治疗前和治疗后发生了何种水、电解质代谢紊乱？
2. 解释患者临床表现的病理生理基础。
3. 该患者的治疗措施是否合理？

（三）等渗性脱水

等渗性脱水（isotonic dehydration）是机体在体液丢失过程中，水和钠以血浆中的正常浓度等比例丢失，或者非等比例丢失，但在脱水后经过机体调节使血清钠浓度维持在130~150 mmol/L，血浆渗透压仍维持在280~310 mmol/L正常范围的病理过程。

（一）原因

1. 消化液丢失，如腹泻、小肠梗阻、小肠引流术、小肠造瘘等，均可引起等渗性体液的丢失。
2. 大面积烧伤，因烧伤时创面血浆大量渗出引起等渗性体液丢失。
3. 大量抽取胸腔积液或腹水。
4. 高渗性脱水或低渗性脱水在治疗过程中可转化为等渗性脱水。

（二）对机体的影响

等渗性体液丢失，细胞外液容量减少而渗透压正常，对细胞内液影响不明显。患者表现出口渴、少尿，尿钠减少，尿比重增高。严重患者因血容量显著减少，可伴发周围循环衰竭；组织间液显著减少，出现明显脱水征。

等渗性脱水可因治疗不及时，加之皮肤和肺的非显性失水，可转变为高渗性脱水；也可因补液处理不当，只补充水分，不补充钠盐，而转变为低渗性脱水。

（三）防治原则

防治原发病，及时补充水和钠盐，轻度者可适量口服生理盐水加以纠正，重度者应以静脉输入生理盐水为主，并适当补入5%葡萄糖溶液。继发休克者则及时按休克处理原则进行抢救。

知识链接

液体疗法

液体疗法的目的是纠正水、电解质和酸碱平衡紊乱，以恢复机体的正常生理功能。补液方案应根据病史、临床表现及必要的实验室检查结果，综合分析水和电解质紊乱的程度、性质而定。首先确定补液的总量和成分等。补液总量包括补充：①累积损失量，即补充发病后至补液时所损失的水和电解质的量。②继续损失量，即补液开始后，因呕吐、腹泻等继续损失的液体量。③生理需要量。对小儿腹泻等引起脱水的补液量：一般轻度脱水90~120 ml/kg；中度脱水120~150 ml/kg；重度脱水150~180 ml/kg。补液成分：等渗性脱水补1/2张含钠液，低渗性脱水补2/3张含钠液，高渗性脱水补1/3张含钠液，并补充钾，再根据治疗反应适当调整。

二、水中毒

水中毒（water intoxication）的特点是血钠下降，血清钠浓度<130 mmol/L，血浆渗透压

<280 mmol/L。患者体内 Na^+ 总量正常或增多，但有水潴留，渗透压降低，促使水向渗透压相对较高的细胞内转移，引起细胞内、外液容量增多。

1. 原因

（1）ADH 分泌过多：①各种应激状态，如大手术、创伤及强烈精神刺激等，均可使 ADH 分泌过多；② ADH 分泌异常增多综合征，多见于某些恶性肿瘤（如脑肿瘤、淋巴瘤等）；③某些药物（如异丙肾上腺素、吗啡等）具有促进 ADH 释放或者增强 ADH 效应的作用；④有效循环血量减少强烈刺激 ADH 分泌，如重度心力衰竭患者可发生水中毒；⑤肾上腺皮质功能低下，使肾上腺皮质激素对下丘脑分泌 ADH 的抑制作用减弱，ADH 分泌增多。

（2）肾功能障碍：急性和慢性肾功能不全患者的少尿期，肾排尿显著减少，导致钠、水潴留，尤以水潴留为甚。

（3）其他：饮水过多或过量输液，尤其是心、肾功能不全的患者易发生水潴留。

2. 对机体的影响

（1）体液容量增多：细胞外液容量增多，由于稀释导致血钠浓度降低，血浆渗透压下降。细胞外液的水大量向细胞内液转移，直到细胞内、外渗透压达到新的平衡为止，导致细胞内、外液容量均增多（图 5-3），而渗透压均降低，血液被稀释，血细胞含量和血浆蛋白浓度均降低。

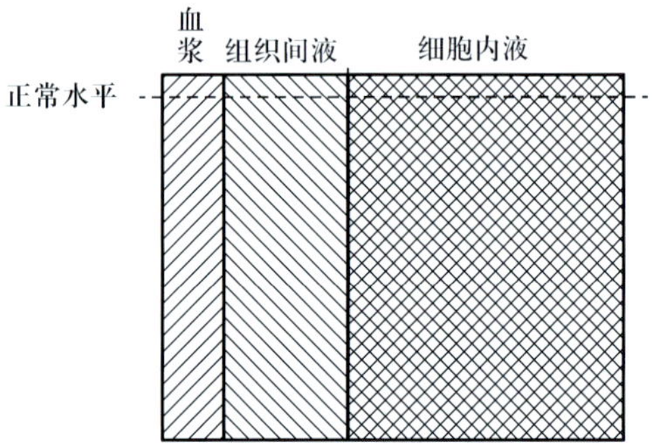

图 5-3　水中毒时体液分布容量变化示意图

（2）肾排钠增多：因 ADH 分泌增多引起的水中毒，由于肾小管对水的重吸收加强而导致尿液浓缩，同时由于细胞外液容量增加使醛固酮分泌减少，致使肾远曲小管对 Na^+ 的重吸收减弱；再加上心房钠尿肽的作用，抑制近曲小管对 Na^+ 的重吸收，表现为肾持续性排钠。水中毒患者尿钠浓度增加，这是与低渗性脱水相鉴别的主要依据之一。肾排钠增加使细胞外液渗透压和血钠浓度进一步降低，使病情加重，这种反常现象也是水中毒的一个重要特点。

（3）细胞水肿：由于细胞内液的总容量远远大于细胞外液，所以潴留的水大部分积聚在细胞内，形成细胞水肿。

（4）器官水肿：水中毒对机体最大的危害是脑水肿形成。

3. 防治原则

（1）积极防治原发病。

（2）严格控制水的摄入量。

（3）血液透析疗法也是有效的治疗措施。

三、水肿

水肿（edema）是指过多的液体积聚在组织间隙和体腔内。

如过多的液体在体腔内积聚则称为积水（hydrops），如心包积水、胸腔积水（胸水）、腹腔积水（腹水）等。

（一）水肿的分类

1. 按水肿发生原因分为心性水肿、肾性水肿、肝性水肿、营养不良性水肿、炎性水肿等。
2. 按水肿范围分为全身性水肿和局部性水肿。
3. 按水肿发生的部位分为皮下水肿、脑水肿、肺水肿等。
4. 按水肿液存在的状况分显性水肿和隐性水肿。

（二）水肿的发生机制

正常人体液容量和组织液容量的相对恒定，主要依靠血管内外液体交换平衡和体内外液体交换平衡来维持，平衡失调时，机体就会发生水肿。

1. 血管内外液体交换平衡失调（组织液生成大于回流） 正常状态下，组织间液和血浆之间不断进行液体交换，使组织液的生成和回流保持动态平衡。这种平衡主要受制于以下四个因素：毛细血管血压（即毛细血管流体静压）、组织间液流体静压、血浆胶体渗透压和组织间液胶体渗透压。①驱使血管内液体向组织间隙滤过的力量是平均有效流体静压，即毛细血管平均血压（约为 20 mmHg）减去组织间液的流体静压（约为 –10 mmHg），其差值约为 30 mmHg；②促使液体回流至毛细血管内的力量是有效胶体渗透压，即血浆胶体渗透压（约为 25 mmHg）减去组织间液的胶体渗透压（约为 15 mmHg），其差值约为 10 mmHg。③淋巴回流：正常时组织液的生成大于回流。形成的过多组织间液经淋巴管回流进入血液循环，所以在正常情况下，血管内外液体交换动态平衡能维持组织间液的恒定性。上述一个或多个因素的失调均可成为水肿发生的重要原因（图 5-4）。

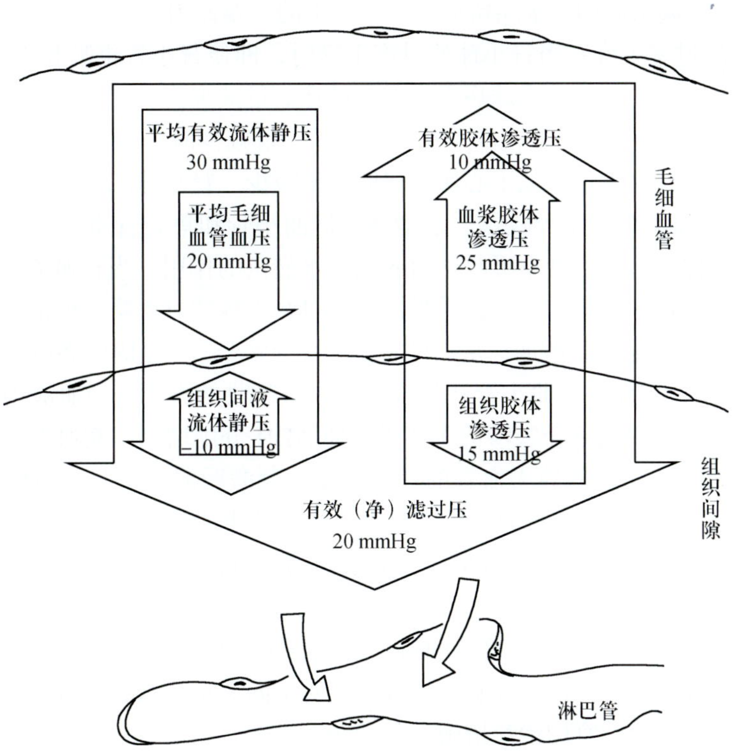

图 5-4　正常时血管内外液体交换示意图

（1）毛细血管流体静压增高：毛细血管流体静压增高可导致有效滤过压增大，组织液生成增多。若组织间液的增多超过了淋巴回流的代偿能力，可引起水肿。临床常见于静脉淤血引起的淤血性水肿（如心力衰竭）。肿瘤组织压迫静脉导致静脉压增高也可引起水肿。

（2）血浆胶体渗透压降低：血浆胶体渗透压主要取决于血浆白蛋白的含量。当血浆白蛋白减少时，可引起血浆胶体渗透压降低，使平均实际滤过压增大，组织液生成增加，超过淋巴代偿能力时，就可导致水肿形成。引起血浆白蛋白减少的原因主要有：①蛋白质摄入不足，见于禁食、胃肠道消化吸收功能障碍；②蛋白质合成障碍（如肝硬化）；③蛋白质丢失过多（如肾病综合征引起大量蛋白尿）；④蛋白质分解代谢增强，常见于慢性消耗性疾病，如慢性感染、恶性肿瘤等。

（3）毛细血管壁通透性增大：正常毛细血管只允许微量血浆蛋白滤出，因此在毛细血管内外形成了很大的胶体渗透压梯度，来参与维持组织液生成与回流之间的动态平衡。当毛细血管壁通透性增高时，血浆蛋白滤出增多，使血浆胶体渗透压下降，同时升高组织液胶体渗透压，使有效胶体渗透压降低，组织液的生成大于回流，超过淋巴回流代偿而引起水肿，此型水肿其水肿液中所含蛋白量较高。

（4）淋巴回流受阻：正常情况下，淋巴回流不仅能把组织液及其所含蛋白回收入血液，并可在组织液生成增多时代偿性回流，因此淋巴回流具有重要的抗水肿作用。淋巴回流受阻，组织间液不能经淋巴管返回血液，从毛细血管壁滤出的少量蛋白也不能随淋巴运走，增加了组织间液的胶体渗透压，使滤出的液体在组织间隙积聚。

淋巴回流受阻常见于丝虫病和恶性肿瘤。丝虫病时主要的淋巴管道被成虫阻塞，可引起下肢和阴囊的慢性水肿。乳腺癌根治术后，因腋窝淋巴结广泛摘除而发生同侧手臂的水肿。

2. 体内外液体交换平衡失调（钠、水潴留） 正常人钠、水的摄入量和排出量处于动态平衡，从而保持体液量的相对恒定。肾在调节钠、水动态平衡中起重要作用。肾小球滤过率（glomerular filtration rate，GFR）和肾小管重吸收率保持着动态平衡，即球 - 管平衡。某些因素导致球 - 管平衡失调引起钠、水潴留成为水肿发生的重要原因。

（1）肾小球滤过率下降：当肾小球滤过率下降时，即使肾小管重吸收正常，也会导致钠、水潴留。这种情况见于广泛的肾小球病变和有效循环血量减少。

（2）近曲小管重吸收钠、水增多：当有效循环血量减少时，近曲小管对钠、水重吸收增加，致使肾排水减少，这种情况见于心房钠尿肽分泌减少、肾小球滤过分数增高。

（3）远曲小管和集合管重吸收钠、水增多：远曲小管和集合管重吸收钠、水功能受激素调节。醛固酮具有促进远曲小管重吸收钠引起钠、水潴留的作用。当肾血流量减少时，肾血管灌注压下降，刺激入球小动脉壁的牵张感受器，同时肾小球滤过率降低使流经致密斑的钠量减少，均可使近球细胞分泌肾素增加，从而使肾素 - 血管紧张素 - 醛固酮系统被激活，血中醛固酮浓度增加。ADH 具有促进远曲小管和集合管对水重吸收的作用。当血液钠盐含量增高使渗透压增高时，即可通过刺激下丘脑渗透压感受器使 ADH 分泌增加。充血性心力衰竭时，有效循环血量减少，对左心房和胸腔大血管的容量感受器刺激减弱，引起 ADH 分泌增多。另外，肾素 - 血管紧张素 - 醛固酮系统被激活后，血管紧张素 Ⅱ 生成增多，刺激肾上腺皮质分泌醛固酮增加，促使远曲小管对钠的重吸收增多，血浆渗透压升高，刺激下丘脑渗透压感受器，使 ADH 分泌释放增多。

总之，水肿的发生机制是一个复杂的过程，在各类不同类型的水肿发展中，往往是多种因素先后或同时发挥作用。因此，在临床实践中，对不同类型的水肿患者，应具体问题具体分析，注重对因治疗，选择适宜的治疗措施。

（三）水肿对机体的影响

水肿对机体的影响有有利一面，也有不利一面。其影响的大小取决于水肿的部位、程度、发生速度和持续时间。如果发生在严重的器官和部位，可引起严重后果。如肺水肿引起严重的缺氧；脑水肿引起颅内压增高，甚至形成脑疝而危及生命；喉头水肿引起气道阻塞，严重时导致窒息死亡等。

有利方面：①全身性水肿时，大量液体积聚在组织间隙，可减轻心脏负担，防止心力衰竭的发生；②炎性水肿具有稀释毒素、运送抗体等抗损伤作用。

不利方面：①细胞营养障碍。过量液体在组织间隙积聚，压迫毛细血管并增大细胞与毛细血管之间的距离，营养物质在细胞之间的弥散效率降低，从而引起细胞营养障碍。②器官功能障碍。生命重要器官部位急速发生的水肿危害较大。

（四）水肿的防治原则

1. 积极治疗原发病。

2. 加强利尿，维持水、电解质平衡和酸碱平衡。

第二节　钾代谢紊乱

钾离子是体内重要的阳离子之一，在体内具有非常重要的作用，它参与细胞的新陈代谢、维持细胞静息膜电位、调节体液的渗透压和酸碱平衡等。正常人体钾含量为 50~55 mmol/L，其中 90% 存在于细胞内液，1.4% 存在于细胞外液，其余存在于骨（7.6%）和跨细胞液中（1%）。正常血清钾浓度为 3.5~5.5 mmol/L。

正常膳食中含有较丰富的钾，可提供人体需要，人体每天需从饮食中摄取 2~4 g 的钾。钾排泄的途径有三条：随尿排泄、随粪便排泄、随汗液排泄。肾是主要的排钾器官，排泄能力强且较为迅速。肾排钾特点是多食多排、少食少排、不食也排，只要有尿液生成，就有钾的排泄。因此，对禁食和使用利尿药的患者，应注意钾的补充。

钾代谢紊乱是电解质代谢紊乱中常见的病理过程，主要是指细胞外液钾离子浓度异常，包括低钾血症和高钾血症。

一、低钾血症

血清钾浓度 <3.5 mmol/L 时称为低钾血症（hypokalemia）。

（一）原因和机制

1. 钾摄入不足　见于长期禁食患者，如消化道梗阻、慢性消耗性疾病、昏迷患者等。

2. 钾丢失过多

（1）经消化道丢失：见于持续性呕吐、腹泻、胃肠减压和长期使用导泻药或灌肠者等。因消化液中的 K^+ 含量较高，K^+ 伴随消化液大量丢失而引起缺钾。

（2）经肾丢失：主要见于下列情况。①长期使用排钾利尿药（如氢氯噻嗪）或大量使用渗透性利尿药时，钾排出量增多；②醛固酮增多症和肾上腺皮质功能亢进或长期使用糖皮质激素时，远曲肾小管 Na^+-K^+ 交换增强，排钾增多；③Ⅰ型和Ⅱ型肾小管酸中毒，因泌 H^+ 和 HCO_3^- 重吸收障碍，使远曲肾小管 Na^+-K^+ 交换增强，其中Ⅰ型是由于远曲肾小管泌 H^+ 障碍所致，Ⅱ型是由于近曲小管 HCO_3^- 重吸收障碍所致，两者均使肾排 K^+ 增多，引起低钾血症。

（3）经皮肤失钾：高温或剧烈运动时大量排汗（汗液中含钾为 5~10 mmol/L），可引起低钾血症。

3. 细胞外 K^+ 向细胞内转移　由于细胞外液的 K^+ 向细胞内转移而引起低钾血症，机体含钾总量并未减少。常见于下列原因。

（1）碱中毒：碱中毒时细胞内的 H^+ 代偿性移至细胞外，以补充细胞外液 H^+ 的不足；同时细胞外液的 K^+ 向细胞内移动，这种代偿性细胞内外 H^+-K^+ 交换使细胞外液的 K^+ 减少。

（2）胰岛素的作用：胰岛素促进糖原合成时，K^+ 也随葡萄糖进入细胞内参与糖原合成。当大剂量使用胰岛素和葡萄糖时，可引起低钾血症。

（3）低钾性家族性周期性麻痹：发作时，细胞外 K^+ 向细胞内转移而引起低钾血症，其发生机制不明。

（4）其他因素：如钡中毒、粗制棉籽油中毒、低镁血症等，因细胞 K^+ 转运障碍导致细胞内 K^+ 减少，形成缺钾。血液稀释也可形成稀释性低钾血症。

（二）对机体的影响

低钾血症对机体影响与 K^+ 的生理功能有关，主要有以下几个方面。

1. 对神经肌肉的影响 钾代谢紊乱时对兴奋细胞的膜电位和动作电位影响较大。急性低钾血症可引起神经肌肉细胞超极化阻滞。这是因为细胞外液 $[K^+]_e$ 急剧下降，而细胞内液 $[K^+]_i$ 无明显变化，从而使 $[K^+]_i/[K^+]_e$ 的比值增大。细胞在静息状态时 K^+ 的外流增多，导致静息膜电位负值增大，发生超极化。超极化时，膜电位与阈电位的距离增大，使细胞膜的兴奋阈值升高，细胞膜的兴奋性降低甚至消失，即发生超极化阻滞。急性低血钾时，患者表现有易疲倦，腱反射减弱或消失，神经肌肉的应激性降低，肌无力甚至麻痹。一般以四肢肌肉最明显，下肢往往重于上肢，近端重于远端，股四头肌常受累。轻者丧失劳动能力，重者可卧床不起，严重者可发生呼吸肌麻痹并引起呼吸衰竭而死亡。

在慢性低钾血症时，由于血钾降低缓慢，细胞内 K^+ 可代偿性外移，因而 $[K^+]_i/[K^+]_e$ 的比值变化不明显，故对神经肌肉的兴奋性并无明显影响。

2. 对心脏的影响 低钾血症对心脏的影响主要表现在对心肌兴奋性、传导性、自律性和收缩性的影响，引起多种类型的心律失常，如心动过速、期前收缩、房室传导阻滞及心室颤动等。

（1）心肌兴奋性增高：在急性低钾血症时，心肌细胞膜钾电导降低，即心肌细胞膜对 K^+ 的通透性降低。因此，在细胞静息电位形成时，K^+ 外流减少，使心肌的静息膜电位负值变小，膜电位与阈电位距离接近，使心肌兴奋阈值降低，从而导致心肌兴奋性增高。

（2）心肌自律性增高：急性低钾血症时，心肌细胞膜的 K^+ 外流减慢，相对 Na^+ 内流增强，内向 Na^+ 电流大于外向 K^+ 电流，使心肌动作电位 4 期自动去极化的速度增快，导致心肌细胞的自律性增高。

（3）心肌传导性降低：急性低钾血症时，心肌的静息膜电位变小，动作电位 0 期去极化速度和幅度均变小，从而导致传导性降低。

（4）心肌收缩性的变化：细胞外液中 K^+ 对 Ca^{2+} 内流有抑制作用，急性低钾血症时，这种抑制作用减弱，Ca^{2+} 内流增加，心肌兴奋 - 收缩偶联增强，从而引起心肌收缩性增强。

严重急性低钾血症可引起心肌细胞内缺钾，使心肌细胞代谢发生障碍，并可引起心肌坏死，导致心肌收缩性减弱。

低血钾时，心电图特征性的变化有：① T 波低平，T 波后常出现 U 波，这与 3 期复极化时 K^+ 外流减缓有关；② P 波和 QRS 波群压低变宽，P-R 间期和 Q-T 间期延长，这与 0 期去极化速度减慢和传导速度减慢有关，③ ST 段下降，与 2 期平台期的 Ca^{2+} 内流与 K^+ 外流不平衡有关。

3. 对酸碱平衡的影响 低钾血症对机体酸碱平衡的影响主要是引起低钾性碱中毒和反常性酸性尿。这是由于急性低钾血症时，细胞内 K^+ 代偿性地移至细胞外，细胞外 H^+ 则移入细胞内，导致细胞外液 H^+ 浓度降低，从而发生代谢性碱中毒；同时，肾小管上皮细胞内 K^+ 浓度降低，肾小管排 K^+ 减少，排 H^+ 增多，使尿液变酸性。这种在碱中毒时排酸性尿的现象，称为“反常性酸性尿”。

4. 其他影响 低钾血症时，患者常出现胃肠道蠕动功能降低，出现腹胀或肠麻痹；肾小管上皮细胞因肿胀变性而发生浓缩功能下降而排低渗尿，甚至发生肾性尿崩症；因中枢神经系统兴奋性降低而出现精神萎靡、表情淡漠、嗜睡、昏迷；物质代谢障碍可出现血糖升高、负氮平衡等。

（三）防治原则

1. 消除病因，积极治疗原发病。

2. 补钾。一般采取口服补钾，补钾时应注意尿量，少尿或无尿时应慎重补钾。缺钾患者补钾通常要持续 1 周以上。静脉补钾时要切忌过多过快，以防高钾血症发生。

案例分析 5-2

患儿，男，6 岁，因腹泻 5 天，加重 3 天入院。患儿 5 天前饮食不当出现腹泻，为水样便，每天 7~8 次，量较多。近 3 天加重，每天大便 10 余次，伴有呕吐，每天 2~3 次，不能进食，并出现尿少。体检：血压 80/50 mmHg，皮肤呈花纹状，全身肌肉软弱无力，皮肤弹性下降，腹胀，肠鸣音减弱，腱反射减弱，四肢发凉。实验室检查：pH 7.20，血清［K^+］3.0 mmol/L，血清［Na^+］140 mmol/L，尿量 400 ml/24 h。

思考：

患者出现了何种类型的水、电解质代谢紊乱？

二、高钾血症

血清钾浓度 >5.5mmol/L 时称为高钾血症（hyperkalemia）。

（一）原因和机制

1. 摄钾过多　钾的摄取过多常见于静脉过量或过快补钾、含钾药物大量使用、输入大量库存血等。

2. 钾的排泄障碍　是高钾血症的主要原因。低肾素血症、醛固酮减少症、肾上腺皮质功能低下、长期使用保钾利尿药（如螺内酯、氨苯蝶啶）均可致肾排钾功能降低而引起高钾血症。

3. 细胞内钾向细胞外转移

（1）酸中毒：酸中毒时细胞外液 H^+ 浓度增高，H^+ 与细胞内的钾离子交换量增多而引起高钾血症，同时还可引起细胞内酸中毒。

（2）组织损伤：如严重创伤、挤压综合征、烧伤、外伤性横纹肌溶解、淋巴细胞白血病或恶性淋巴瘤化疗后等情况下，由于组织细胞大量崩解或坏死，细胞内的钾离子大量释放至细胞外液，引起高钾血症。

（3）高血糖合并胰岛素不足：多见于糖尿病患者，高血糖所致的细胞外液高渗和酮症酸中毒等情况下均能使血清钾浓度升高。

（二）对机体的影响

1. 对神经肌肉的影响　当血清钾浓度急性轻度升高时（5.5~7.0 mmol/L），临床表现为手足感觉异常、肌肉刺痛、震颤、腹痛和腹泻等症状。由于细胞内钾浓度改变不大，故使$[K^+]_i/[K^+]_e$比值变小，静息期细胞内钾外流减少，静息膜电位负值减小，并与阈电位的距离接近，使细胞的兴奋阈值降低，从而导致肌肉的兴奋性增高。在严重的急性高钾血症时（7.0~9.0 mmol/L），患者表现为肌无力或肌麻痹。由于细胞外液钾浓度显著升高，使细胞内、外钾浓度比值$[K^+]_i/[K^+]_e$明显减小，静息膜电位负值显著减小。当静息膜电位达到 –55 mV~–60 mV 时，细胞膜上快速 Na^+ 通道失活，细胞的兴奋性下降，形成“去极化阻滞”。

在慢性高钾血症时，由于血钾浓度是缓慢升高的，细胞外过多的 K^+ 可代偿性向细胞内移动，使细胞内、外的钾浓度都有一定升高，即$[K^+]_i/[K^+]_e$比值变化不明显，因而不会引起静息电位的明显变化，故慢性高钾血症对肌肉兴奋性的影响不明显。

2. 对心肌的影响　高钾血症时，最严重的危害就是心室颤动或心搏骤停。

（1）心肌兴奋性变化：高钾血症对心肌兴奋性的影响类似于高钾对骨骼肌的影响。当血清钾浓度轻度升高时（5.5~7 mmol/L），心肌细胞静息膜电位轻度减小，与阈电位距离接近，使心肌细胞的兴奋性升高。当严重的高钾血症时（7.0~9.0 mmol/L），$[K^+]_i/[K^+]_e$ 比值进一步减小，心肌细胞膜的 Na^+ 通道处于失活状态，不易形成动作电位，即发生去极化阻滞，故使心肌细胞的兴奋性降低或消失。

（2）心肌自律性降低：高钾血症时，心肌细胞膜对 K^+ 的通透性增高，故复极 4 期 Na^+ 内流相对减弱，自动去极化速度变慢，使心肌细胞的自律性下降。

（3）心肌传导性降低：高钾血症时，心肌静息电位减小，故 0 期 Na^+ 的内流速度减慢，动作电位幅度变低，从而导致心肌细胞的传导性降低。

（4）心肌收缩性减弱：高钾血症时，细胞外液 K^+ 浓度增高可抑制 Ca^{2+} 内流，使心肌细胞胞质内的 Ca^{2+} 浓度降低，心肌兴奋 - 收缩偶联障碍，导致心肌收缩性减弱。

高钾血症时，心电图的改变可出现：①高尖 T 波，因细胞膜对 K^+ 的通透性增高，3 期复极加速而形成高尖 T 波；②P-R 间期延长，为传导性降低所致；③P 波和 QRS 波振幅降低，间期增宽，与心肌细胞静息膜电位负值减小和传导性下降有关；④Q-T 间期缩短，与 3 期复极加快有关。

3. 对酸碱平衡的影响 高钾血症可引起代谢性酸中毒伴有反常性碱性尿。这是因为血清 K^+ 升高时，细胞外 K^+ 移向细胞内，细胞内 H^+ 与细胞外 K^+ 交换而移出细胞外，从而导致代谢性酸中毒。此时，肾小管上皮细胞内 K^+-Na^+ 交换增强，H^+-Na^+ 交换减弱，尿排 K^+ 增多，排 H^+ 减少，尿液呈碱性，称为反常性碱性尿。

（三）防治原则

1. 积极防治原发病。
2. 立即停止钾的摄入，包括禁食含钾丰富的水果和牛奶等。
3. 降低体内的钾含量，一方面减少钾的摄入，另一方面增加肾的排钾（如使用利尿药）。严重高血钾患者也可通过透析而排除体内过多的钾。
4. 促使钾进入细胞内，主要采用胰岛素和葡萄糖溶液联合输入，促使糖原合成，也可静脉滴注 $NaHCO_3$ 溶液以促进 K^+ 进入细胞内。

本章小结

在疾病过程中，多种因素均可引起水、电解质代谢紊乱，破坏机体内环境的相对稳定，使全身各器官系统的生理功能和物质代谢发生相应的障碍，使原发病进一步加重，甚至导致死亡。

脱水是临床上常见的水、钠代谢紊乱，包括低渗性脱水、高渗性脱水和等渗性脱水三种类型。低渗性脱水特点是失钠多于失水，血清钠浓度 <130 mmol/L，血浆渗透压 <280 mmol/L，伴有细胞外液量的减少。高渗性脱水特点是失水多于失钠，血清钠浓度 >150 mmol/L，血浆渗透压 >310 mmol/L，细胞外液量和细胞内液量均减少。等渗性脱水特点是水和钠以血浆中的正常浓度等比例丢失，或者非等比例丢失，但在脱水后经过机体调节使血清钠浓度维持在 130 ~ 150 mmol/L，血浆渗透压仍维持在 280 ~ 310 mmol/L。

水肿是指过多的液体积聚在组织间隙和体腔内；如果过多的液体在体腔内积聚则称为积水。血管内外液体交换平衡失调和体内外液体交换平衡失调都会引起水肿的发生。毛细血管流体静压增高、血浆胶体渗透压降低、毛细血管壁通透性增大、淋巴回流受阻等均可导致血管内外液体交换平衡失调。肾小球滤过率下降，近曲小管、远曲小管和集合管重吸收钠、水增多均可导致体内外液体交换平衡失调（钠、水潴留）。水肿对机体的影响取决于水肿的部位、程度及水肿发生的速度和持续时间，严重者可导致死亡。

钾代谢紊乱主要是指细胞外液钾离子浓度异常，包括低钾血症和高钾血症。血清钾浓度 <3.5 mmol/L 时称为低钾血症。急性低血钾时，患者表现有易疲倦，腱反射减弱或消失，神经肌肉的应激性降低，肌无力甚至麻痹。对心脏的影响主要是引起多种类型的心律失常。对机体酸碱平衡的影响主要是引起低钾性碱中毒和反常性酸性尿等。低钾血症一般采取口服补钾，静脉补钾时要切忌过多过快，以防高钾血症发生。血清钾浓度 >5.5 mmol/L 时称为高钾血症，可导致神经肌肉的兴奋性增高，临床上易出现手足感觉异常、肌肉刺痛、震颤、腹痛和腹泻等症状。在严重的急性高钾血症时，细胞的兴奋性下降，患者表现为肌无力或肌麻痹。对心肌的影响是易出现心律失常，可表现为心动过缓、传导阻滞、窦性停搏，严重者可发生心室颤动并可导致死亡。高钾血症可引起代谢性酸中毒伴有反常性碱性尿。高钾血症应立即停止钾的摄入，降低体内的钾含量，严重者可通过透析排除体内过多的钾。同时采用胰岛素和葡萄糖溶液联合输入，促使糖原合成，也可静脉滴注 $NaHCO_3$ 溶液促进 K^+ 进入细胞内。

（王岳磊）

第六章 发 热

学习目标

1. 掌握发热的概念、分期及发热时机体代谢、功能变化。
2. 熟悉发热的原因、分型。
3. 了解发热发生机制、生物学意义和处理原则。
4. 学会应用发热病理生理知识分析、解释相关的临床表现问题。
5. 具有对发热病理过程的预见意识和科学认知分析能力。

一、概述

人和哺乳类动物都具有相对稳定的体温，以适应正常生命活动的需要。正常体温在体温调节中枢控制下，通过产热和散热保持着动态平衡。正常人昼夜间体温上下波动幅度不超过1 ℃。

体温调节的高级中枢位于视前区下丘脑部（preoptic anterior hypothalamus，POAH），延髓、脊髓等部位也对体温信息有一定程度的整合功能，被认为是体温调节的次级中枢所在。另外，大脑皮质也参与体温的行为性调节。至于体温中枢的调节方式，目前仍以“调定点（set point，SP）”学说来解释。调定点理论认为体温调节类似于恒温器的调节，在体温调节中枢内有一个调定点，体温调节即围绕此调定点来调控体温。当体温偏离调定点时，由反馈系统将偏差信息输送到控制系统，后者对信息进行分析，然后通过对效应器的调控把中心温度维持在与调定点适应的水平。

发热（fever）是在致热原的作用下，体温调节中枢的调定点上移而引起调节性体温升高。此时体温调节功能并无障碍。在某些生理条件下，如月经前期、妊娠、剧烈运动和婴幼儿哭闹时等，体温也可升高，尤其是剧烈运动时更明显。据报道，大鼠或家兔疾驰时体温可升高 2 ℃，人赛跑时可升高 3 ℃。但当运动停止后，通过机体的散热加强，可很快回复到正常水平，故这种体温变化属于生理性体温波动。在有些情况下，机体的体温调节中枢调定点未发生上移也会发生体温升高，例如体温调节障碍（如颅脑损伤）、散热障碍（如中暑、皮肤鱼鳞病等）、机体产热加强（如甲状腺功能亢进症）等，属非调节性体温升高，称为过热（hyperthermia）。综上所述，可将体温升高的分类总结如下（图 6-1）。

- 体温升高
  - 生理性体温升高
  - 病理性体温升高
    - 发热(调节性体温升高，与体温调定点上移相适应)
    - 过热(被动性体温升高，超过体温调定点)

图 6-1 体温升高的分类

发热不是独立的疾病，而是许多疾病共有的病理过程，病程中的体温变化往往反映病情的进展。因此了解疾病过程中发热的特点，对判断病情、评估疗效和估计预后，均有重要临床实践价值。

二、原因及发生机制

（一）原因

发热通常是由发热激活物作用于机体，激活产内生致热原细胞，使其产生和释放内生致热原，再经一些后续环节引起体温升高。

1. 发热激活物　通常把引起人或动物发热的物质称为发热激活物（pyrogenic activator）。发热激活物分子量大，不能透过血脑屏障直接作用于体温调节中枢，它可激活机体内的产内生致热原细胞使之产生和释放内生致热原（endogenous pyrogen，EP），继而经后续环节引起体温升高。发热激活物又称 EP 诱导物，包括外致热原和某些体内产物。

（1）外致热原：指来自体外的致热物质，主要包括病原体如细菌、病毒、真菌、螺旋体、疟原虫等及其代谢产物。临床上，由各种病原微生物侵入机体引起的感染性发热最常见，占所有发热的 50%~60%，其中革兰氏阴性菌的内毒素是最常见的外致热原，这种毒素耐热性高，一般方法难以灭活，是血液制品和输液过程中的主要污染物。

（2）体内产物：指机体内产生的致热物质，包括抗原抗体复合物、类固醇产物（苯胆烷醇酮、石胆酸等）及体内大量破坏的组织等。由非生物病原体引起的发热称为非感染性发热。

2. 内生致热原　内生致热原是指产内生致热原细胞在发热激活物作用下产生和释放的能引起体温升高的物质。体内能够产生和释放内生致热原的细胞称为产内生致热原细胞，包括中性粒细胞、嗜酸性粒细胞、单核细胞、巨噬细胞、内皮细胞、淋巴细胞、星形细胞和肿瘤细胞等。产内生致热原细胞与发热激活物结合后被激活，在细胞质内即合成内生致热原并释放入血。产生的内生致热原包括白介素 -1（IL-1）、肿瘤坏死因子（TNF）、干扰素（IFN）、白介素 -6（IL-6）、巨噬细胞炎症蛋白 -1（MIP-1）和白介素 -2（IL-2）等。

内生致热原分子量小，可以通过血脑屏障直接作用于体温调节中枢，使体温调节中枢的调定点上移引起体温升高。

（二）发生机制

发热的发生机制比较复杂，有不少细节仍未阐明，但基本环节已比较清楚。概括起来有三个环节（图 6-2）：第一是信息传递，即发热激活物作用于产内生致热原细胞，使其产生和释放内生致热原，并经血液循环将其传递到下丘脑体温调节中枢；第二是中枢调节，即内生致热原通过中枢介质引起体温调定点上移；第三是效应反应，此时由于中心体温低于体温调定点的新水平，从体温调节中枢发出调控指令，一方面通过运动神经引起骨骼肌紧张度增高或寒战，使产热增加，另一方面经交感神经系统引起皮肤血管收缩，使散热减少，于是产热大于散热，体温升至与新的调定点相适应的水平。

案例分析 6－1

患者，女，22 岁，因淋雨后发热、咳嗽 2 天并胸痛 1 天入院。查体：体温 40 ℃，心率 128 次 / 分；面红，口唇干燥，两肺闻及湿啰音。实验室检查：白细胞计数 16.8×10^9/L，中性粒细胞 83.5%。X 线检查：左肺下叶有大片致密阴影。入院后立即输液，抗生素治疗。7 天后痊愈。

思考：

患者是何原因引起的发热？其发病机制是什么？

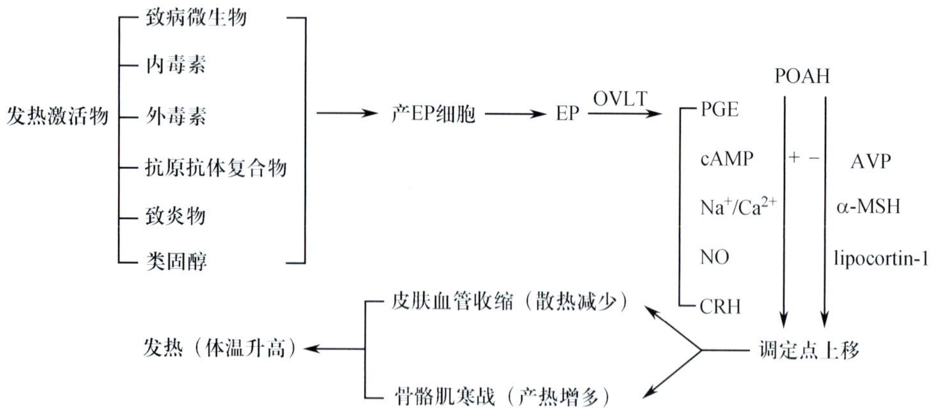

图 6-2 发热时体温调节机制示意图

EP：内生致热原；OVLT：终板血管器；POAH：下丘脑视前区（体温调节中枢）；PGE：前列腺素 E；cAMP：环腺苷酸；NO：一氧化氮；CRH：促肾上腺皮质激素释放激素；AVP：血管升压素；α-MSH：α- 促黑素细胞激素；lipocortin-1：脂皮质蛋白 -1（膜联蛋白Ⅰ）

三、发热的分期及热型

（一）分期

多数发热尤其是急性感染性疾病和急性炎症的发热，其临床经过大致可分为三个时相，每个时相有各自的临床及热代谢特点。

1. 体温上升期（寒战期） 发热的第一时相是中心体温开始迅速或逐渐上升，快者几小时或一昼夜就可达高峰，有的需几天才达高峰，称为体温上升期（fervescence period）。

在中枢发热介质使调定点上移后，原来的正常体温变成了“冷刺激”。中枢对冷信息产生反应，发出指令经交感神经达到散热中枢：引起皮肤血管收缩，导致皮肤温度降低，散热随之减少；引起寒战和物质代谢加强，产热随之增加。

寒战是由骨骼肌不随意的节律性收缩引起，由于是屈肌和伸肌同时收缩，所以不表现外功，肢体不发生伸屈运动，产热可比正常高 4~5 倍。该过程是寒战中枢兴奋的结果，皮肤温度的下降也可刺激冷感受器通过传入途径兴奋寒战中枢。此外，由于交感神经兴奋，各种物质代谢加快，特别是棕色脂肪细胞内脂质分解和氧化增强，产热增加。

热代谢特点：产热增加，散热减少，产热大于散热，体温不断升高。

病理临床联系：①皮肤苍白，由皮肤血管收缩引起；②畏寒，因皮肤血流减少，引起皮肤温度降低；③鸡皮疙瘩，因交感神经传出的冲动引起皮肤竖毛肌收缩；④寒战，因运动神经兴奋，引起骨骼肌不随意收缩。

2. 高温持续期（高峰期） 当体温升高达到新的调定点水平时，便不再继续上升，而是在这个新的调定点相适应的高水平上波动，所以称高热持续期（persistent febrile period），也称高峰期。此期体温与调定点相适应，所以寒战消失并开始出现散热反应。

热代谢特点：体温与上升的调定点水平相适应，产热与散热在较高水平上保持相对平衡。

病理临床联系：①肤色变红，由皮肤血管扩张引起；②自觉酷热，因皮肤血流量增加，引起皮肤温度升高；③口唇干燥，因皮肤温度升高，引起皮肤水分蒸发较多。

3. 体温下降期（退热期） 由于发热激活物在体内被控制或消失，内生致热原及发热介质也被消除，体温调节中枢的调定点回到正常水平，称为体温下降期（defervescence period）。此时由于血温高于调定点水平，故从下丘脑发出降温冲动，使交感神经的紧张性降低，使皮肤血管进一步扩张。

热代谢特点：散热增强，产热减少，散热大于产热。体温开始下降，逐渐恢复到与正常调定点相适应的水平。

病理临床联系：此时由于高血温及皮肤温度感受器传来的热信息对发汗中枢的刺激，汗腺分泌增加，引起大量出汗，严重者可致脱水。退热期持续几小时或一昼夜（骤退）甚至几天（渐退）。

（二）分型

1. 根据体温升高程度分型

（1）低热：38 ℃以下。

（2）中热：38.1~39 ℃。

（3）高热：39.1~41 ℃。

（4）极高热：41 ℃以上。

2. 根据热型分型　在不同发热时间测得的体温数值分别记录在体温单上，将各体温数值点连接起来形成体温曲线，该曲线的不同形态称为热型。通过观察热型，可协助诊断疾病。常见的热型有稽留热、弛张热、间歇热、回归热和不规则热。

（1）稽留热：体温持续在 39~40 ℃甚至更高水平，24 小时内波动相差不超过 1 ℃。此热型见于伤寒、大叶性肺炎和流行性脑脊髓膜炎等的症状明显期。

（2）弛张热：持续高热，24 小时内体温波动相差超过 1 ℃，可达 2~3 ℃。体温最低时仍高于正常水平。此热型见于败血症、风湿热和化脓性疾病等。

（3）间歇热：体温骤升至 39 ℃以上，持续数小时后又迅速降至正常水平，每日或隔日反复一次。此热型见于疟疾及急性肾盂肾炎等。

（4）回归热：又称波浪热。体温急剧上升至 39 ℃或以上，持续数天后又骤然下降至正常水平，高热期与无热期各持续若干天后规律性交替一次。此热型见于回归热、霍奇金病和布鲁氏菌病等。

（5）不规则热：发热无一定规律，且持续时间不定。此热型见于流行性感冒、小叶性肺炎、肺结核等。

四、机体代谢和功能变化

（一）代谢变化

体温升高时物质代谢加快。一般认为，体温每升高 1 ℃，基础代谢率提高 13%。因此，持久的发热会使患者物质消耗明显增多，如果营养物质没有得到相应的补充，患者就会消耗自身物质，导致消瘦和体重下降。

1. 糖代谢　发热时，由于交感 - 肾上腺髓质系统的活动增强，儿茶酚胺分泌增多，作为重要产热器官的肝和肌肉中的糖原将大量分解。肝糖原分解的糖异生作用的加强，可引起血糖升高，甚至出现尿糖。由于糖的分解代谢加强，氧的供应相对不足，则糖酵解加强，乳酸增多，这是发热时肌肉酸痛的原因之一，有时还会出现乳酸尿症。在慢性发热过程中，血糖水平一般升高不显著，甚至在消耗性发热过程中血糖还会降低。

2. 脂肪代谢　由于发热时糖原不断消耗，故机体的糖原贮存减少，加之患者食欲低下，糖的摄入不足，就会动用储备脂肪，故而脂肪分解加强，以增加能量供应。另外，交感 - 肾上腺髓质系统兴奋性增高，脂解激素分泌增加，也促进脂肪加速分解。已知正常人脂肪分解供能只占能量的 20%~25%，而在长期发热的机体中，脂肪分解供能可增至 60%~80% 之多，由于大量脂肪分解并且氧化不全，患者可能出现酮症酸中毒和酮尿。体内脂肪消耗增强可使长期发热患者日渐消瘦。

3. 蛋白质代谢　发热时，机体在大量分解糖原和脂肪时，组织蛋白质也随之分解供能。

蛋白质分解首先可发生在实质器官（如肝等），严重时可引起肌肉组织和实质器官变性萎缩，其次是腺体组织及血浆蛋白的减少。由于蛋白质的分解代谢加强和氧化不完全，血中非蛋白氮增高，尿素氮排出增多，后者有时可达正常的 2~3 倍。发热时患者食欲和消化、吸收功能降低，摄入蛋白减少，容易引起负氮平衡，从而影响组织的再生、修复能力和抗体形成，导致机体抵抗力降低。在发热时，如何防止蛋白质的过多消耗，是临床上值得重视的问题。一般主张对发热患者，应当给予易消化、吸收的糖类，适量补充蛋白质，对于防止蛋白质的过度消耗是有益的。

4. 维生素代谢 发热时，由于患者食欲缺乏和消化液分泌减少，可导致维生素的摄入不足和吸收减少；又因发热造成机体代谢亢进，维生素的消耗增多，故发热患者往往出现维生素特别是维生素 C 和维生素 B 族缺乏。因此，对长期发热和高热的患者，适当地补给多种维生素是必要的。

5. 水和电解质代谢 在体温上升期和高热持续期，患者排尿减少可致水、钠和氯在体内潴留。在体温下降期，由于通过皮肤和呼吸道大量蒸发水分，出汗增多，又可引起脱水，此时如水分补充不足，可引起高渗性脱水。

此外，由于发热患者分解代谢加强，大量钾向细胞外释放，肾的排钾量亦增加，血钾与尿钾均增高。由于发热机体的代谢紊乱，酸性代谢产物如乳酸、酮体堆积，可出现代谢性酸中毒。

（二）功能变化

1. 心血管系统 发热患者常出现心率增快，一般体温每升高 1 ℃，心率平均增加 18 次 / 分。其机制主要与交感 - 肾上腺髓质系统活动增强及血温升高对心脏窦房结的直接刺激作用有关。心率加快可增加心排血量，是增加组织血液供应的代偿性效应。但如果心率过快使心脏充盈不足，心排血量反而下降。因此，发热患者应当安静休息，尽量减少体力活动和情绪激动，以免心率过快。心率过快和心肌收缩力加强还会增加心脏负担和耗氧量，而心率过快又使冠脉血流量减少。所以对于心肌劳损或心脏有潜在疾患的人，容易诱发心力衰竭，应特别予以注意。

另外，在某些情况下，如肠伤寒、病毒性肺炎、严重的中毒、脑干损伤或有心脏传导阻滞时，虽体温升高，而心率却相对徐缓或减慢。因此，发热患者如心率减慢或相对徐缓时，应注意有无传导阻滞或脑干损伤。此外，伴有颅内压升高的发热，如脑膜炎、脑脓肿，有时也可出现心率相对缓慢。

在急性发热或体温上升期，由于心率加快和末梢血管收缩，外周阻力增加，动脉血压可有所升高；在高热持续期由于外周血管舒张，动脉血压可轻度下降；体温骤降时，特别是用解热药引起体温骤退时可因大量出汗而导致虚脱，甚至微循环衰竭。在某些慢性发热机体，由于营养不良和心脏损伤，亦可出现血压下降。

2. 呼吸系统 发热时，由于血液温度升高和酸性代谢物的刺激，呼吸中枢兴奋性增强，以致患者常出现呼吸加深加快。这种变化有助于机体散热，同时排出大量 CO_2，对代谢性酸中毒具有一定的代偿意义。但通气过度，可引起呼吸性碱中毒。持续的体温过高，可使大脑皮质和呼吸中枢发生抑制，以致呼吸变浅变慢或不规则，甚至出现周期性呼吸。

3. 消化系统 发热机体的消化系统功能常表现异常，这主要与交感神经的紧张性增强以致消化液的分泌减少和胃肠蠕动减弱有关。唾液生成和分泌减少可出现口腔黏膜干燥，黏膜上皮脱落，有利于微生物的生长，故易发生口腔炎、舌炎等。胃液分泌减少、胃蠕动减弱和幽门括约肌痉挛，导致胃排空时间延长，使食物滞留在胃内腐败、发酵，分解的产物刺激胃黏膜，可引起患者恶心、呕吐、食欲缺乏和饱胀感等症状。肠液、胰液、胆汁分泌减少和肠蠕动减弱，可导致蛋白质和脂肪在肠内消化吸收障碍，食物在肠道内停留时间过长，加重了发酵、腐败过程，引起气体在肠道内蓄积，故发热患者常有便秘和鼓肠。严重时由于腐败产物吸收入血，可引起自体中毒。所以，对发热患者应特别注意消化道的护理。

4. 泌尿系统 发热患者尿量常减少，尿色变深，尿相对密度增加，甚至可达 1.020 以上。尿量与尿相对密度的变化，可能与 ADH 的分泌增加，致肾的远曲小管对水的重吸收增加有关。持续性发热时肾小管上皮细胞可发生营养不良，出现混浊、肿胀，尿中可出现蛋白管型。体温下降时，尿量可逐渐增加，尿相对密度亦可回降。

5. 中枢神经系统 发热对中枢神经系统的影响较大，随着发热程度的不同，患者通常可表现有不同程度的中枢神经系统功能障碍的症状。在发热初期，患者常出现头痛、头晕；高热患者可出现烦躁不安、失眠、谵语、幻觉等；持续性高热时，大脑皮质可转为抑制，患者的表情淡漠、嗜睡，甚至出现昏迷。

小儿发热时易出现全身或局部肌肉抽搐，多见于 6 个月 ~6 岁的儿童，称为热惊厥。这种小儿脑功能正常，无既往脑病史，而有些原来有既往病史的小儿其热惊厥则表现为局部抽搐，发作持续时间也较长。热惊厥的发作与体温上升的程度和速度有一定关系，即体温上升的幅度大、速度快，热惊厥发作的机会可能多。热惊厥的发生机制是由于婴幼儿大脑发育不成熟，髓鞘发育不全，兴奋性和抑制性神经递质不平衡，使惊厥阈降低所致，同时婴幼儿易受病原体侵袭而引起发热，大脑处于过度兴奋状态而易发生惊厥。因此，对于患儿既要注意预防高热的发生，又要对高热的患儿采取及时而有效的解热措施，并加强护理。

6. 内分泌系统 发热时，脑垂体、肾上腺皮质和甲状腺功能增强，激素分泌增多。因此，尿中促肾上腺皮质激素和肾上腺皮质激素的含量增加。但长期过高的发热时，往往出现内分泌功能减弱或衰竭。

五、防治的病理生理基础

由于人们对发热的生物学意义在认识上存在着分歧，现在认为发热本身不是疾病，而是疾病的临床表现。因此，在临床上处理发热患者必须是既积极又慎重。基于发热本身的利弊和解热药的特点，对发热的处理应遵循以下原则。

1. 治疗原发病 对确已查明发热原因的患者，应积极进行病因学治疗，特别是感染性发热，一旦感染被控制，则可自行退热。

2. 一般发热不急于解热 对于原因尚未查明或体温不过高的发热，通常不急于应用解热药，因多数热型和热程特点可反映病情变化及转归。特别是某些有潜在病灶的病例，除了发热以外，其他临床征象不明显（如结核早期），若过早予以解热，便会掩盖病情，延误原发病的明确诊断和治疗。

3. 下列情况应及时解热 对高热（即体温≥40 ℃）患者有明显不适、头痛、意识障碍或惊厥、抽搐者或持续过久的发热，应及时退热。对消耗严重的疾病如恶性肿瘤患者的发热，孕妇高热及原有心脏实质性损害者如心功能不全和负荷过重的心脏病患者的发热，也应及时地退热，因这些患者已不能耐受发热引起的消耗和功能障碍。

4. 加强对高热和长期发热患者的监护 如清洁口腔防止感染，监护心血管的功能，特别要注意原有心脏疾病的患者，以防发生心力衰竭。纠正可能发生的水、电解质和酸碱紊乱。另外，发热期间，大量营养物质被消耗，因此应及时补充水、糖和维生素等物质，保证患者有足够的营养。

5. 选用适宜的解热措施

（1）药物解热：其机制可能是抑制致热性细胞因子生成，如糖皮质激素可以抑制 TNF、IL-6 的合成；抑制前列腺素合成，如吲哚美辛、阿司匹林等。

（2）中药退热：清热解毒中草药有解热作用。

（3）针刺退热：针刺大椎、曲池、合谷、内关等有解热作用。

（4）物理降温：在体温调定点未降之前用物理方法（冷敷、酒精擦浴等）强行降低血温，会引起机体更明显的产热反应，但体温过高将损害中枢神经系统时，头部的局部性物理降温有助于保护大脑。

本章小结

发热（fever）是在致热原的作用下，体温调节中枢的调定点上移而引起调节性体温升高。在有些情况下，机体的体温调节中枢调定点未发生上移也会发生体温升高，例如体温调节障碍（如颅脑损伤）、散热障碍（如中暑）、机体产热加强（如甲状腺功能亢进症）等，属非调节性体温升高，称为过热。

发热激活物是引起发热的原因，可来源于体外，也可由体内形成。多数发热性疾病都是由病原微生物（如细菌、病毒、真菌等）及其产物引起的，由病原微生物引起的发热称感染性发热。由非生物性因素（如抗原抗体复合物、类固醇等）引起的发热称为非感染性发热。

发热激活物一般不能通过血脑屏障作用于体温调节中枢。内生致热原是引起发热的基本信息分子，它是产内生致热原细胞在发热激活物作用下产生和释放的能引起体温升高的物质。

多数发热其临床经过大致可分为三个时相：①体温上升期；②高热持续期；③体温下降期。

发热时物质代谢加快，血糖升高，脂肪和蛋白质分解代谢加强，维生素消耗增多，水和电解质及酸碱平衡紊乱。

发热患者常出现心率增快，在心肌劳损或心脏有潜在疾患的人，容易诱发心力衰竭。发热时呼吸中枢兴奋性增强，患者常出现呼吸加深加快，若通气过度可引起呼吸性碱中毒。发热时机体的消化液的分泌减少和胃肠蠕动减弱。肾小管上皮细胞可水肿，出现蛋白尿。发热患者可表现有中枢神经系统功能障碍的症状，如头痛、头晕、烦躁不安、失眠、谵语、幻觉等；持续性高热时，大脑皮质可转为抑制，患者的表情淡漠、嗜睡，甚至出现昏迷。小儿发热易出现抽搐，称为热惊厥。发热时，激素分泌增多，甚至出现内分泌功能减弱或衰竭。

一定程度的发热可以提高机体的防御功能，病情严重而发热却不明显者，说明机体的抗病能力较弱。发热又是疾病的一个重要信号，医生可根据发热的特点及时探查病灶部位和疾病性质。但体温过高或持续时间过长时的发热对机体不利，可导致机体防御能力降低，引起能量过多消耗和机体内营养物质过度消耗，从而引起代谢紊乱和功能障碍。

对发热的处理应治疗原发病为主，一般发热不急于解热。对高热（即体温≥40 ℃）患者有明显不适、头痛、意识障碍或惊厥、抽搐者或持续过久的发热，应及时退热。对消耗严重的疾病如恶性肿瘤患者的发热、孕妇高热及原有心脏实质性损害者的发热，应及时退热。

（许婷婷）

第七章 缺 氧

学习目标

1. 掌握缺氧及各类型缺氧的概念。
2. 熟悉常用的血氧指标及其意义，各类型缺氧的原因及血氧指标变化特点，缺氧时机体代谢和功能变化。
3. 了解缺氧防治的病理生理基础。
4. 学会应用缺氧知识分析相关的临床问题。
5. 培养积极对待和正确认识疾病时缺氧的意义，具有科学处理相关疾病问题的认知能力。

氧是生命活动不可缺少的必需物质。正常成人静息状态下每分钟需氧量约为 250 ml，而人体内贮存的氧量仅约 1.5 L，因此机体必须不断地通过肺从大气中吸入氧来维持生命。

缺氧（hypoxia）是指组织供氧减少或利用氧障碍，导致组织代谢和功能甚至形态结构发生改变的病理过程。

缺氧是多种疾病共有的病理过程，也是许多疾病引起死亡的重要原因。

第一节 常用的血氧指标及其意义

氧的获得和利用是一个相当复杂的过程，包含外呼吸、气体运输和内呼吸。临床上常用血氧指标反映组织供氧和用氧的变化。常用的血氧指标有血氧分压、血氧容量、血氧含量和血氧饱和度等。

$$组织供氧量 = 动脉血氧含量 \times 组织血流量$$

$$组织耗氧量 =（动脉血氧含量 - 静脉血氧含量）\times 组织血流量$$

一、血氧分压

血氧分压（partial pressure of oxygen，PO_2）是指物理溶解于血液中的氧所产生的张力。在海平面静息状态下，正常成人动脉血氧分压（PaO_2）约为 100 mmHg，主要取决于吸入气体的氧分压和外呼吸功能；静脉血氧分压（PvO_2）约为 40 mmHg，可反映组织摄氧和利用氧的能力。

二、血氧容量

血氧容量（oxygen capacity，CO_2max）是指 100 ml 血液中的血红蛋白所能结合的最大氧量。血氧容量正常值约为 200 ml/L，取决于血红蛋白的质与量。血氧容量反映血液携带氧的能力。

三、血氧含量

血氧含量（oxygen content，CO_2）是指 100 ml 血液中的实际携氧量。正常动脉血氧含量约为 190 ml/L，静脉血氧含量约为 140 ml/L，主要取决于血氧分压和血氧容量。

四、血氧饱和度

血氧饱和度（oxygen saturation of hemoglobin，SO_2）是指血液中氧合血红蛋白占总血红蛋白的百分数。血氧饱和度主要取决于血氧分压。正常动脉血氧饱和度为95%~98%，静脉血氧饱和度为70%~75%。

五、动-静脉血氧含量差

动-静脉血氧含量差（$A\text{-}VdO_2$）是指CaO_2与CvO_2的之差，它代表组织对氧的摄取量。正常动-静脉血氧含量差约为50 ml/L。当血红蛋白含量减少，血红蛋白与氧的亲和力异常增加，组织氧化代谢减慢或动静脉分流时，动-静脉血氧含量差变小。

第二节　缺氧类型

根据缺氧的原因和血氧指标变化的特点，将缺氧分为四种类型：低张性缺氧、血液性缺氧、循环性缺氧和组织性缺氧。

一、低张性缺氧

低张性缺氧（hypotonic hypoxia）是指各种原因引起的动脉血氧分压降低导致的缺氧，又称乏氧性缺氧（hypoxic hypoxia）。

1. 原因

（1）吸入气氧分压过低：多发生于高原或高空、通风不良的矿井和坑道等。患者因吸入PO_2过低而致缺氧（也称大气性缺氧）。

（2）外呼吸功能障碍：肺的外呼吸功能包括肺通气和肺换气。通气功能障碍时，肺泡中氧分压降低；换气功能障碍时，扩散到血液中的氧减少，最终导致PaO_2降低，引起机体缺氧。此类呼吸障碍引起的缺氧又称呼吸性缺氧，常见于慢性支气管炎、肺炎、肺气肿、气胸等肺部疾病。

（3）静脉血分流入动脉：多见于先天性心脏病患者，如法洛四联症、室间隔或房间隔缺损，血液从右心向左心分流，静脉血直接掺入左心动脉血，导致PaO_2降低。

2. 血氧指标变化　PaO_2降低是低张性缺氧的基本特征，其血氧指标变化见表7-1。

表7-1　低张性缺氧的血氧指标变化

血氧指标	特点	机制
PaO_2	降低	进入血液的氧减少
CO_2max	正常	Hb质和量无异常改变
CaO_2	降低	进入血液的氧减少
SaO_2	降低	血氧含量降低而血氧容量正常
$CaO_2\text{-}CvO_2$	降低	氧从血液向组织弥散的动力降低

3. 皮肤、黏膜颜色　正常情况下，毛细血管中脱氧血红蛋白平均浓度为26 g/L。当毛细血管血液中脱氧血红蛋白的浓度达到或超过50 g/L时，皮肤和黏膜呈青紫色，称为发绀

(cyanosis)。发绀通常是缺氧的表现，但缺氧患者因缺氧类型不同不一定都有发绀。低张性缺氧时，由于动脉血氧含量降低，脱氧血红蛋白浓度增加，故出现发绀。血液性缺氧的患者可无发绀；而红细胞增多症患者无缺氧但也会出现发绀。

二、血液性缺氧

血液性缺氧（hemic hypoxia）是指由于血红蛋白含量减少，或血红蛋白性质改变，使血液携氧能力降低或与血红蛋白结合的氧不易释出所引起的缺氧，又称等张性低氧血症。

1. 原因

（1）贫血：贫血时，血红蛋白含量减少，血液携氧量减少，导致组织供氧不足而缺氧。

（2）一氧化碳（CO）中毒：CO 与 Hb 结合成为碳氧血红蛋白（HbCO）后，使 Hb 失去携氧能力。CO 与 Hb 的亲和力是氧的 210 倍。此外，CO 还能抑制红细胞内糖酵解，使其 2,3-DPG 生成减少，不利于氧的释放。CO 中毒既可妨碍 Hb 与 O_2 的结合，又能妨碍 Hb 与 O_2 的解离，引起组织严重缺氧。CO 与 Hb 的结合是可逆的，停止与 CO 接触，氧便可取代 CO 重新形成 HbO_2。因此，CO 中毒患者应立即离开 CO 环境，吸入新鲜空气或吸氧。

（3）高铁血红蛋白血症：在氧化剂的作用下，Hb 中的 Fe^{2+} 可氧化成 Fe^{3+}，形成高铁血红蛋白。高铁血红蛋白中的 Fe^{3+} 与羟基结合牢固而不能携氧。当食用大量含硝酸盐的腌菜或变质剩菜后，硝酸盐在肠道被细菌还原为亚硝酸盐，后者可使 Hb 氧化成高铁血红蛋白而失去携氧能力。血中高铁血红蛋白增至 20%~50% 时，可见头痛、昏迷、呼吸困难和心动过速等表现。临床上将这种高铁血红蛋白血症称为肠源性发绀。

（4）Hb 与氧的亲和力异常增高：某些 Hb 分子病可以增强 Hb 与氧的亲和力，引起氧的释放障碍，导致缺氧。Hb 与氧亲和力增高也可见于输入大量库存血后。

2. 血氧指标变化　血液性缺氧的血氧指标变化见表 7-2。

表 7-2　血液性缺氧的血氧指标变化

血氧指标	特点	机制
PaO_2	正常	氧分压和外呼吸功能正常
CO_2max	降低	Hb 量减少或性质改变
CaO_2	降低	Hb 量减少或性质改变
SaO_2	正常	血氧容量和血氧含量均降低
CaO_2-CvO_2	降低	血管 - 组织间的氧分压差减小，弥散动力减弱，弥散到组织的氧减少

3. 皮肤、黏膜颜色　严重贫血患者由于 Hb 显著降低，皮肤、黏膜呈苍白色；贫血时毛细血管内的脱氧血红蛋白达不到 50 g/L，因此贫血患者一般不出现发绀。CO 中毒的患者因碳氧血红蛋白呈鲜红色，所以皮肤、黏膜呈樱桃红色。高铁血红蛋白血症患者因高铁血红蛋白呈咖啡色，所以皮肤、黏膜呈咖啡色。

三、循环性缺氧

循环性缺氧（circulatory hypoxia）是指组织血流量减少引起的组织供氧不足，又称低动力缺氧。其中，因动脉压降低或动脉阻塞引起的缺氧称为缺血性缺氧，因静脉压升高使血液回流受阻引起的缺氧称为淤血性缺氧。

1. 原因

（1）全身性循环障碍：见于休克和心力衰竭，因心排血量减少而引起全身组织缺血、缺氧，患者最后可死于因心、脑、肾等重要器官缺氧而发生的功能衰竭。

（2）局部性循环障碍：常见于血栓形成、栓塞或动脉粥样硬化等血管疾病，因血管阻塞或受压，引起局部组织缺氧。

2. 血氧指标变化 循环性缺氧的血氧指标变化见表7-3。

表7-3 循环性缺氧的血氧指标变化

血氧指标	特点	机制
PaO_2	正常	外呼吸功能正常
CO_2max	正常	Hb质和量无异常改变
CaO_2	正常	Hb质和量无异常改变
SaO_2	正常	血氧容量和血氧含量均正常
CaO_2-CvO_2	升高	循环障碍使血流缓慢，组织从单位容积血液内摄取的氧增多

3. 皮肤、黏膜颜色 由于组织从单位容积血液内摄取的氧增多，毛细血管中脱氧血红蛋白量增多，皮肤、黏膜可出现发绀。缺血性缺氧时，微血管持续收缩，皮肤、黏膜呈苍白色；淤血性缺氧时，皮肤、黏膜呈暗红色。

四、组织性缺氧

组织性缺氧（histogenous hypoxia）是指供氧正常，由于组织、细胞利用氧障碍，生物氧化不能正常进行而发生的缺氧，又称氧利用障碍性缺氧。

1. 原因

（1）组织中毒：由氰化物、硫化氢、磷等中毒引起，最典型的是氰化物中毒。氰化物如HCN、KCN、NaCN、NH_4CN进入体内，迅速与氧化型细胞色素氧化酶的三价铁结合为氰化高铁细胞色素氧化酶，中断呼吸链，导致组织氧利用障碍。

（2）细胞损伤：大剂量放射线照射、细菌毒素等可引起线粒体损伤，导致氧利用障碍。组织供氧严重不足，也可抑制线粒体呼吸功能，甚至使其结构破坏而导致氧利用障碍。

（3）呼吸酶合成障碍：硫胺素（维生素B_1）是丙酮酸脱氢酶的辅酶成分。维生素B_2组成的黄素辅酶，维生素PP组成的烟酰胺腺嘌呤二核苷酸（NAD^+，又称辅酶Ⅰ）及烟酰胺腺嘌呤二核苷酸磷酸（$NADP^+$，又称辅酶Ⅱ），是许多氧化还原酶的辅酶。当这些维生素缺乏时，由于呼吸酶合成障碍而导致氧利用障碍。

2. 血氧指标变化 组织性缺氧的血氧指标变化见表7-4。

表7-4 组织性缺氧的血氧指标变化

血氧指标	特点	机制
PaO_2	正常	外呼吸功能正常
CO_2max	正常	Hb质和量无异常改变
CaO_2	正常	Hb质和量无异常改变
SaO_2	正常	血氧容量和血氧含量均正常
CaO_2-CvO_2	降低	组织利用氧障碍

3. 皮肤、黏膜颜色 由于组织利用氧障碍，毛细血管中氧合血红蛋白增多，患者皮肤、黏膜呈玫瑰红色。

上述四种类型缺氧可以单独存在，但实际临床中的缺氧多为混合性缺氧。例如感染性休克时，主要引起循环性缺氧；内毒素还可引起组织利用氧障碍而发生组织性缺氧；并发休克时，又引起低张性缺氧。即使单纯的低张性缺氧，严重时也可造成细胞和线粒体损伤，继发组织性缺氧。各类型缺氧的血氧指标特点见表 7-5。

表 7-5　各类型缺氧的血氧指标特点

缺氧类型	PaO_2	CO_2max	CaO_2	SaO_2	CaO_2-CvO_2
低张性缺氧	降低	正常	降低	降低	降低
血液性缺氧	正常	降低	降低	正常	降低
循环性缺氧	正常	正常	正常	正常	升高
组织性缺氧	正常	正常	正常	正常	降低

第三节　缺氧时机体代谢和功能变化

缺氧对机体影响的程度与后果，取决于缺氧发生的速度、程度、部位、持续时间及机体的功能、代谢状态。一般轻度缺氧主要引起机体的代偿性反应，严重缺氧可造成机体的功能和代谢障碍。本节以低张性缺氧为例，介绍缺氧时机体代谢和功能变化。

一、呼吸系统

1. 代偿性反应　主要表现为呼吸加深加快，肺泡通气量增加。PaO_2 低于 60 mmHg 可刺激颈动脉体和主动脉体的化学感受器，反射性引起呼吸加深加快，肺泡通气量增多，增加 PaO_2。同时胸廓运动增强，胸内负压增加，静脉回流加快，心排血量增多，促进氧的摄取和运输，提高组织的供氧量，以缓解缺氧对机体的损伤作用。通常，急性缺氧最重要的代偿反应是肺通气量增加。

2. 失代偿性反应　主要表现为呼吸功能障碍。重度缺氧可直接抑制呼吸中枢，发生中枢性呼吸衰竭，表现为呼吸变浅变慢，肺通气量减少。急性低张性缺氧可导致急性呼吸功能障碍，如快速进入海拔 4000 m 以上的高原，患者可在 1~4 天内发生肺水肿，称高原性肺水肿，表现为呼吸困难，发绀，咳嗽、咳白色或粉红色泡沫样痰，肺部湿啰音等。

二、循环系统

1. 代偿性反应

（1）心排血量增加：可提高全身组织供氧量，故对急性缺氧有一定的代偿意义。缺氧时，交感神经兴奋使心率加快，心肌收缩力增强，胸廓运动增强，静脉回流增加，都会引起心排血量增加。

（2）血流分布改变：缺氧时，交感神经兴奋，皮肤、腹腔器官等处血管（α 受体较多）收缩，血流量减少。同时缺氧可刺激组织细胞产生多种舒血管物质，引起心、脑血管（β 受体较多）扩张，血流量增多。这种血流分布的改变，可以确保心、脑等生命重要器官的血液供应。

（3）肺血管收缩：肺泡气 PO_2 降低时，可造成相应部位细小动脉收缩，肺泡血流量减少，有利于局部肺组织维持适当的通气 / 血流比例，使流经该区域肺泡的血液保持较高的 PaO_2。缺氧致肺血管收缩的机制目前认为与三方面有关。①交感神经作用：缺氧致交感神经兴奋，引起肺血管收缩；②体液因素作用：缺氧促使肺组织一些细胞生成、释放多种血管活性物质，可致肺血管收缩；③缺氧直接对血管平滑肌作用：受缺氧的影响，血管平滑肌细胞 K^+ 通道关闭，K^+ 外流减少，膜电位下降，同时 Ca^{2+} 通道开放，Ca^{2+} 内流增多，促进肺血管收缩。

（4）毛细血管增生：慢性缺氧时，机体毛细血管增生，尤以脑、心和骨骼肌毛细血管增生明显，从而增加了对组织细胞的供氧量。

2. 失代偿性反应 重度全身性缺氧可导致循环功能障碍，甚至心力衰竭。慢性缺氧使肺小动脉持续收缩，从而引起肺动脉高压，导致右心室后负荷增加，可引起肺源性心脏病甚至右心衰竭。同时缺氧可直接破坏心肌结构，抑制呼吸中枢，造成胸廓运动减弱，导致静脉血液回流减少，使回心血量减少。

三、血液系统

1. 代偿性反应

（1）红细胞增多：慢性缺氧时，肾生成和释放促红细胞生成素（EPO）增多，促使干细胞发展为成熟的原红细胞，Hb 的合成加快。红细胞增多可使血氧容量和血氧含量相应增加，组织供氧状况得以改善。

（2）红细胞向组织释放氧的能力增强：缺氧时红细胞内糖酵解过程的中间产物 2,3-DPG 增加，导致氧离曲线右移。这时 Hb 与 O_2 亲和力下降，容易将结合的氧释放给组织细胞。

2. 失代偿性反应 红细胞过度增多也可产生一些负面效应，如血液黏度增高、心脏后负荷加重等。

四、中枢神经系统

脑是氧耗最高、对缺氧最为敏感的一个生命重要器官。脑重约为体重的 2%，但脑耗氧量为总耗氧量的 23%，所以脑对缺氧十分敏感。缺氧引起的脑组织形态学变化主要是脑细胞肿胀、变性、坏死及脑间质水肿。这些损伤往往在缺氧几分钟内发生。急性缺氧可引起头痛，情绪激动，思维力、记忆力、判断力降低或丧失及运动不协调等。

五、组织细胞

1. 代偿性反应

（1）细胞用氧的能力增强：慢性缺氧时，细胞内线粒体的数目和膜的表面积增加，呼吸链中的酶如琥珀酸脱氢酶、细胞色素氧化酶含量增多，使细胞利用氧的能力增强。

（2）无氧糖酵解增强：缺氧时，腺苷三磷酸（ATP）生成减少，与腺苷二磷酸的比值（ATP/ADP）下降，激活磷酸果糖激酶，促使糖酵解过程加强，可在一定程度上补偿能量的不足。

（3）肌红蛋白增加：与 Hb 相比，肌红蛋白与氧亲和力更大，具有储存氧的功能。慢性缺氧状态下肌肉中的肌红蛋白明显增多，可释放大量氧供组织细胞利用。

（4）低代谢状态：缺氧可抑制细胞的各种合成代谢，使耗能减弱，细胞处于低代谢状态，从而有利于机体在缺氧环境中生存。

2. 失代偿性反应

（1）细胞膜损伤：①缺氧使细胞 ATP 生成减少，钠钾 ATP 酶功能障碍，细胞内钠、水潴留，致细胞水肿；②缺氧直接造成细胞内缺钾，导致合成代谢障碍，各种酶生成减少，进一步妨碍离子泵的功能，ATP 的生成减少；③严重缺氧可增高细胞膜对 Ca^{2+} 的通透性，使 Ca^{2+} 内流增多，胞质 Ca^{2+} 浓度增高，从而抑制线粒体的呼吸功能，加重细胞损伤。

（2）线粒体损伤：轻度缺氧可增强线粒体呼吸功能，重度缺氧除明显抑制线粒体功能外，还可导致线粒体肿胀、嵴内腔扩张、崩解、外膜破裂等结构损害。

（3）溶酶体损伤：缺氧时因糖酵解使乳酸等酸性物质增多，导致酸中毒，激活磷脂酶，分解膜磷脂，使膜通透性增高，引起溶酶体肿胀、破裂和大量溶酶体酶释出，进而导致细胞及其周围组织的溶解、坏死。

缺氧时机体的功能、代谢改变既有代偿性反应，也有失代偿性反应。有时两者之间的区别仅在于反应程度的不同。轻度缺氧主要引起机体代偿反应，快速严重的缺氧而机体代偿反应不全时，则出现代谢功能障碍，并可引起严重损伤。

第四节　缺氧的防治

针对病因治疗和纠正缺氧是治疗缺氧的主要原则。

一、氧疗

吸氧是治疗缺氧的基本方法，对各种类型的缺氧均有一定疗效，但其疗效随缺氧的类型而异，以治疗低张性缺氧效果最佳。血液性、循环性或组织性缺氧时，尽管 PaO_2 和 SaO_2 正常，但因可与 O_2 结合的 Hb 已达 95% 左右，吸氧难以使 SaO_2 明显增加，然而可增加血浆中溶解的 O_2，有利于改善组织供氧状况。特别是 CO 中毒时，吸入纯氧可升高 PaO_2，增强 O_2 与 CO 竞争性结合 Hb 的能力，促使 HbCO 解离和 CO 排出。所以 CO 中毒时常采用高压氧舱治疗。组织性缺氧时，因组织用氧障碍，吸氧效果欠佳。

二、氧中毒

长时间吸入氧分压过高或高浓度氧的气体，可引起组织、细胞的损害，称为氧中毒（oxygen intoxication）。常见表现为恶心、抽搐、听觉障碍、视觉障碍、溶血反应甚至重度呼吸衰竭等。氧疗时应控制吸氧的浓度和时间，防止发生氧中毒。

本章小结

氧是人体必需的物质之一。当组织供氧不足或用氧障碍时，机体发生代谢、功能甚至形态结构改变的病理过程称为缺氧。反映组织供氧量与耗氧量的常用血氧指标有：①动脉血氧分压（PaO_2）；②血氧容量（CO_2max）；③血氧含量（CO_2）；④氧饱和度（SO_2）；⑤动 - 静脉血氧含量差（A-VdO_2）。

缺氧分为四种类型：①低张性缺氧，各种原因如吸入气氧分压过低、外呼吸功能障碍、静脉血分流入动脉等均可导致低张性缺氧。其血氧变化特点是 PaO_2、血氧含量、血氧饱和度均降低，动 - 静脉血氧含量差减小，血氧容量正常。②血液性缺氧，是由于血红蛋白的量减少或血红蛋白的性质发生改变所致，如贫血、CO 中毒、高铁 Hb 血症等。其血氧变化特点是血氧含量和血氧容量降低、动 - 静脉血氧含量差减小、PaO_2 和血氧饱和度正常。③循环性缺氧，是组织血流量减少引起的组织供氧不足所致。其血氧变化特点是动 - 静脉血氧含量差增大，而动脉血的氧分压、氧容量、氧含量和氧饱和度正常。④组织性缺氧，是指组织、细胞利用氧障碍，生物氧化不能正常进行而发生的缺氧，如组织中毒、细胞损伤、呼吸酶合成障碍等。其血氧变化特点是动 - 静脉血氧含量差减小，动脉血氧分压、血氧容量、血氧含量和血氧饱和度均正常。

缺氧对机体的影响，取决于缺氧的程度、速度、持续时间和机体的功能、代谢状态。轻度缺氧主要引起机体代偿反应，快速严重的缺氧而机体代偿反应不全时，则出现代谢功能障碍，并可引起严重损伤，甚至死亡。

（赵著梅）

第八章 酸碱平衡紊乱

学习目标

1. 掌握酸碱平衡常用指标变化的意义。
2. 掌握各种单纯型酸碱平衡紊乱的概念、代偿调节和对机体的影响。
3. 熟悉各种酸碱平衡紊乱的原因。

第一节 概 述

一、酸碱平衡的定义

人体血浆中正常的pH为7.35~7.45，平均为7.40。人体会经常摄入一些酸性或者碱性的食物，在新陈代谢过程中也会产生许多酸性或者碱性的物质，但是人体通过各种缓冲作用和调节作用，会使酸碱度在一个比较狭窄的范围内变动，从而使人体的内环境处于一个弱碱性的状态。在生理条件下，通过机体的缓冲作用和调节作用维持体液酸碱度相对稳定的过程称为酸碱平衡。

二、体液酸碱物质的来源

（一）酸的来源

1. 代谢产生的酸性物质

（1）挥发性酸：新陈代谢过程中，糖、脂肪和蛋白质通过氧化分解产生能量，同时不断脱氢、脱羧，释放出CO_2。一方面CO_2可通过肺排出，另一方面可与水结合产生H_2CO_3：$CO_2+H_2O \longrightarrow H_2CO_3 \longrightarrow H^++HCO_3^-$，$H_2CO_3$又称呼吸性酸。

（2）非挥发性酸：以离子形式存在的酸为非挥发性酸，又称固定酸。一些酸性代谢产物如尿酸、硫酸、磷酸等都属于非挥发性酸。

2. 摄入产生的酸性物质 在平时的饮食中，人体可以摄入一些酸性物质，如醋、柠檬汁、泡菜等，还包括一些酸性药物，如水杨酸等。

（二）碱的来源

1. 代谢产生的碱性产物 新陈代谢过程中可产生少量碱性物质，如氨基酸脱氨产生的NH_3和肾小管上皮细胞分泌的NH_3。

2. 摄入产生的碱性物质 机体的摄入是碱性物质的主要来源，如食物中的蔬菜、水果等，这些物质常含有较多的有机酸盐，如柠檬酸钠和苹果酸钠等。

三、酸碱平衡的调节

（一）血液缓冲系统的调节

1. 缓冲的定义 血液缓冲系统是由血液中含有的弱酸和弱酸盐组成的缓冲系统。当强酸或强碱进入血液中时，血液缓冲系统可减弱其对血液酸碱度的影响，使 pH 的变化减小，称为缓冲。

血液中的缓冲系统主要有碳酸氢盐缓冲系统、磷酸盐缓冲系统、血浆蛋白缓冲系统、血红蛋白和氧合血红蛋白缓冲系统等（表 8-1）。其中以血浆碳酸氢盐缓冲系统及红细胞中的血红蛋白和氧合血红蛋白缓冲系统最为重要。

表 8-1　血液中各缓冲系统含量与分布

缓冲系统	占全血缓冲系统比例
血浆碳酸氢盐缓冲系统（$H_2CO_3/NaHCO_3$）	35%
红细胞碳酸氢盐缓冲系统（$H_2CO_3/KHCO_3$）	18%
血红蛋白和氧合血红蛋白缓冲系统（HHb/KHb、$HHbO_2/KHbO_2$）	35%
血浆蛋白缓冲系统（HPr/NaPr）	7%
磷酸盐缓冲系统（KH_2PO_4/K_2HPO_4）	5%
总和	100%

3. 血液缓冲系统的作用　血液缓冲系统通过接受 H^+ 或者是释放 H^+ 来调节机体的酸碱度，使机体 pH 在一个比较窄的范围内波动，以保证机体的正常运行。

（二）肺在酸碱平衡调节中的作用

肺主要是通过调节呼吸运动的频率和幅度来改变肺通气量，进而调节 CO_2 的排出量，使血浆中 HCO_3^-/H_2CO_3 的比值维持在正常范围，以保持血浆 pH 的相对恒定。肺泡通气量受延髓呼吸中枢的调节，呼吸中枢接受中枢化学感受器和外周化学感受器的刺激。

（三）肾在酸碱平衡调节中的作用

肾主要是通过改变排酸或者保碱的量来对机体的酸碱进行调节，以保证机体的血液 pH 在正常范围内波动。

肾对酸碱平衡调节的主要机制如下。

1. 近曲小管 Na^+-H^+ 交换和重吸收 HCO_3^-　近曲小管上皮细胞内和刷状缘上有丰富的碳酸酐酶（carbonic anhydrase，CA），CA 的活性与酸碱度密切相关，酸中毒时 CA 活性增高，碱中毒时 CA 活性降低。人体血液的 pH 变化时，通过影响 CA 活性而进一步调节 Na^+-H^+ 交换和 HCO_3^- 的重吸收，从而维持血浆 HCO_3^-/H_2CO_3 比值的正常。肾小球滤液中 HCO_3^- 含量与血液中基本一致，其中 85%~90% 在近曲小管重吸收（图 8-1 左）。

2. 远曲小管和集合管的泌 H^+ 和重吸收 HCO_3^-　远曲小管和集合管上存在闰细胞（又称泌氢细胞），闰细胞管腔膜上分布着 H^+-ATP 酶（质子泵），通过 Cl^--HCO_3^- 交换重吸收 HCO_3^- 的同时，向管腔中分泌 H^+（图 8-1 右）。此外远曲肾小管和集合管还通过 Na^+-K^+ 和 Na^+-H^+ 来调节机体的酸碱平衡。

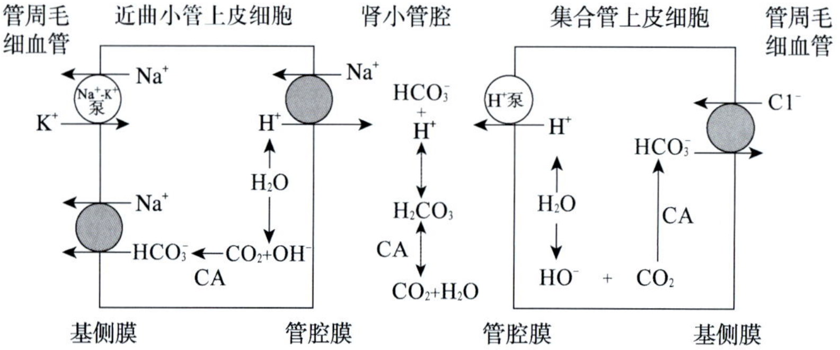

图 8-1　近曲肾小管和集合管泌 H^+ 和重吸收 HCO_3^- 示意图

3. 肾小管分泌 NH_4^+　肾小管通过分泌 NH_4^+ 来调节机体酸碱平衡，机体的酸中毒越重，肾小管分泌的 NH_4^+ 越多，尿中排出的 NH_4^+ 量越多（图 8-2）。

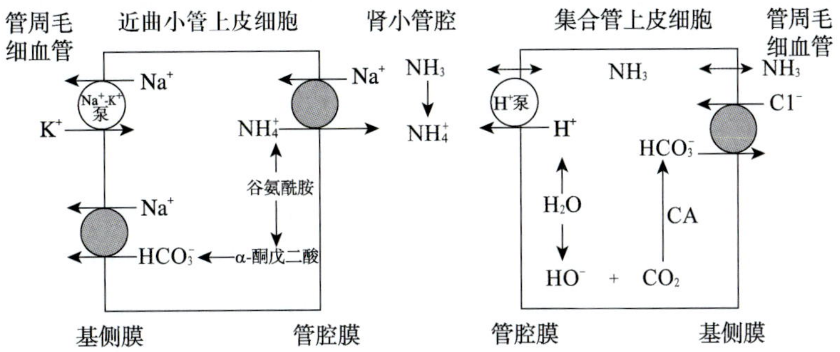

图 8-2　肾小管泌 NH_4^+ 示意图

（四）组织细胞对酸碱平衡的调节作用

机体组织细胞主要是通过离子交换对酸碱进行调节的。红细胞、肌细胞和骨组织均能发挥这种调节作用。常见的离子交换有 Na^+-K^+ 交换、H^+-K^+ 交换、H^+-Cl^- 交换、Cl^--HCO_3^- 交换等。

第二节　酸碱平衡常用检测指标

一、pH 和 H^+ 浓度

H^+ 浓度和 pH 是酸碱度的重要指标，血液中 H^+ 浓度很低，常用 H^+ 浓度的负对数（pH）表示体液的酸碱度。正常人动脉血 pH 为 7.35~7.45，平均值为 7.40。当机体 pH<7.35 时，称为酸中毒（失代偿性酸中毒）；当 pH>7.45 时，称为碱中毒（失代偿性碱中毒）。

二、动脉血二氧化碳分压（$PaCO_2$）

物理溶解在血浆中的 CO_2 分子所产生的张力称为动脉血二氧化碳分压（$PaCO_2$），因为 CO_2 通过呼吸膜的弥散速度迅速，所以 $PaCO_2$ 与肺泡气中的 CO_2 分压（$PaCO_2$）大致相等。临床上常通过测定动脉血二氧化碳分压的数值来判断肺泡通气量。肺泡通气量不足时，$PaCO_2$ 升高，表明体内 CO_2 潴留，见于呼吸性酸中毒；肺泡通气量过度时，$PaCO_2$ 降低，表明 CO_2 呼出过多，见于呼吸性碱中毒。动脉血二氧化碳分压（$PaCO_2$）的正常值为 33~46 mmHg（4.39~6.25 kPa），平均值为 40 mmHg（5.32 kPa）。

三、标准碳酸氢盐和实际碳酸氢盐

全血在温度 38℃，血红蛋白氧饱和度 100%，用 PCO_2 为 40 mmHg 的气体平衡的标准条件下测得的血浆中 HCO_3^- 含量，称为标准碳酸氢盐（standard bicarbonate，SB）。隔绝空气的血液标本，在实际体温、$PaCO_2$ 和血氧饱和度的条件下所测得的血浆中 HCO_3^- 含量，称为实际碳酸氢盐（actual bicarbonate，AB）。SB 不受呼吸因素的影响，是反映酸碱平衡代谢性因素的指标，机体存在代谢性酸中毒时，SB 降低；机体存在代谢性碱中毒时，SB 升高。呼吸和代谢两方面因素均能影响 AB。正常人 SB 值与 AB 值相等，为 22~27 mmol/L，平均为 24 mmol/L。AB 和 SB 的差值反映呼吸性因素对酸碱平衡的影响。SB 正常，AB 增加，AB>SB，见于呼吸性酸中毒或代偿后的代谢性碱中毒，表示存在 CO_2 潴留；SB 正常，AB 减少，AB<SB，见于呼吸性碱中毒或代偿后的代谢性酸中毒，表示 CO_2 排出过多。如果 AB 与 SB 两者均降低，见于代谢性酸中毒或代偿性呼吸性碱中毒；如果两者均升高，见于代谢性碱中毒或代偿性呼吸性酸中毒。

四、缓冲碱

血液中所有具有缓冲作用的负离子的总和，称为缓冲碱（buffer base，BB），主要有 Hb^-、HCO_3^-、Pr^-、HbO_2^-、HPO_4^{2-} 等，正常值为 45~55 mmol/L，平均值为 48 mmol/L。缓冲碱数值是反映代谢性因素的指标，呼吸性因素对其无影响。BB 降低，见于代谢性酸中毒；BB 升高，见于代谢性碱中毒。

五、碱剩余

在体温 38 ℃、$PaCO_2$ 40 mmHg、血红蛋白 150 g/L 和氧饱和度 100% 的标准条件下，将 1 L 全血滴定至 pH=7.4 时所用的酸或碱的量，称为碱剩余（base excess，BE）。如需用酸滴定，说明受测血样碱过剩，用正值表示，见于代谢性碱中毒；如需用碱滴定，说明受测血样碱缺失，用负值表示，见于代谢性酸中毒。BE 的正常值为 –3~+3 mmol/L。碱剩余也是反映代谢性因素的指标，呼吸性因素对其无太大影响。

六、阴离子隙

血浆中未测定的阴离子（UA）与未测定的阳离子（UC）之间的差值，称为阴离子隙（AG），即 AG=UA–UC。AG 正常值为 10 ~14 mmol/L，平均值为 12 mmol/L，是反映血浆中固定酸的指标。

第三节　单纯型酸碱平衡紊乱

一、代谢性酸中毒

代谢性酸中毒（metabolic acidosis）是指血浆 HCO_3^- 浓度原发性减少，引起 pH 降低，导致机体酸碱平衡紊乱。代谢性酸中毒主要分为 AG 增高型代谢性酸中毒和 AG 正常型代谢性酸中毒两类。

（一）原因与机制

1. AG 增高型代谢性酸中毒　特点是血 Cl^- 正常，血浆 HCO_3^- 降低，AG 增高。其原因与机制如下。

（1）酮症酸中毒（keto-acidosis）：糖尿病、酒精中毒、禁食等原因导致机体脂肪分解的速度增加，产生的大量脂肪酸进入肝，形成大量的酮体，当酮体生的生成量超过肾的排泄能力及外周组织的氧化能力时，就会导致酮症酸中毒。

（2）乳酸酸中毒（lactic acidosis）：休克、心力衰竭、严重贫血等原因导致组织缺血、缺氧，机体因缺氧引起糖酵解增强，乳酸生成大量增加，最终导致乳酸性酸中毒。

（3）酸性药物的大量摄入：见于水杨酸中毒等，因服用过量的阿司匹林等水杨酸类药物而中毒。

（4）肾衰竭：急、慢性肾衰竭晚期，机体积聚的固定酸，特别是在代谢过程中生成的磷酸、硫酸等酸性物质不能随尿排出，导致血中的固定酸增加。

2. AG 正常型代谢性酸中毒　特点是血浆 Cl^- 升高、HCO_3^- 降低，AG 正常。其原因与机制如下。

（1）消化道丢失 HCO_3^- 过多：在严重腹泻、小肠及胆道疾病、肠吸引术等因素作用下，体内大量 $NaHCO_3$ 丢失，血浆和原尿中 $NaHCO_3$ 减少，肾重吸收氯增加，代偿性使血氯浓度增高。

（2）含氯酸性药物摄入过多：长期或大量服用氯化铵、盐酸精氨酸等含氯酸性药物，在代谢的过程中，消耗 HCO_3^-，产生 H^+、Cl^-，可引起 AG 正常型代谢性酸中毒。

（3）肾丢失 HCO_3^- 过多：肾小管酸中毒、轻中度肾衰竭及使用碳酸酐酶抑制药时，肾泌 H^+ 或者重吸收 HCO_3^- 减少。

（4）高钾血症：各种原因引起的细胞外液 K^+ 浓度增高时，细胞外 K^+ 与细胞内 H^+ 交换，引起细胞外 H^+ 增加，形成代谢性酸中毒。在肾远曲小管，因小管上皮细胞泌 H^+ 减少，尿液呈碱性（反常性碱性尿）。

（二）机体的代偿调节

代谢性酸中毒时机体的代偿调节主要表现如下。

1. 血液的缓冲作用　代谢性酸中毒时，血液中增多的 H^+ 立即被血浆的缓冲系统缓冲，血浆 HCO_3^- 及其他缓冲碱被消耗。

2. 肺的调节　血液中 H^+ 浓度增加时刺激颈动脉体和主动脉体外周化学感受器，反射性兴奋呼吸中枢，呼吸的深度增加、频率增快，增加肺的通气量，使 CO_2 排出增多，$PaCO_2$ 代偿性降低，导致血浆 HCO_3^- 浓度降低，维持 pH 在正常范围内。

3. 肾的调节　除肾功能异常引起的代谢性酸中毒外，其他原因引起代谢性酸中毒时肾小管上皮细胞中碳酸酐酶活性增高，促进肾小管泌 H^+ 和重吸收 HCO_3^-，尿液酸化增强，泌 NH_4^+ 增加，通过排酸保碱来发挥重要的代偿功能。

4. 细胞和组织的缓冲　代谢性酸中毒时，细胞外液中的 H^+ 增多，通过细胞内外离子交换的作用，细胞外液中的 H^+ 转移到细胞内液，细胞内的 K^+ 转移到细胞外液，容易导致高钾血症。

（三）对机体的影响

代谢性酸中毒主要影响机体心血管系统和中枢神经系统的功能。

1. 对心血管系统的影响

（1）心肌收缩力降低：代谢性酸中毒时，通过减少心肌 Ca^{2+} 内流、抑制肌浆网 Ca^{2+} 释放、竞争性抑制 Ca^{2+} 与肌钙蛋白结合和影响心肌代谢等机制，降低心肌收缩力。

（2）室性心律失常：代谢性酸中毒时，细胞内 K^+ 外移，排 K^+ 减少，导致血钾升高。高血钾可引起室性心律失常，甚至心室颤动、心脏停搏。

（3）血管对儿茶酚胺敏感性降低：代谢性酸中毒可以降低血管平滑肌对儿茶酚胺的敏感性，导致外周血管阻力下降，血管扩张，大量毛细血管网开放，回心血量减少，引起低血压甚至休克。

2. 对中枢神经系统的影响　主要表现为中枢神经系统抑制，主要发生机制如下。

（1）H^+ 增多抑制生物氧化酶类的活性，使氧化磷酸化过程减弱，ATP 生成减少，脑组织能量供应不足，对中枢神经的抑制作用增强。

（2）H^+ 增多使脑内谷氨酸脱羧酶活性增高，抑制性神经递质 γ- 氨基丁酸生成增多，对中枢神经的抑制作用增强。

（四）防治原则

1. 积极预防和治疗原发病　预防、治疗原发病，去除引起代谢性酸中毒的病因是治疗的基本原则和主要措施，如纠正水和电解质代谢紊乱，恢复有效循环血量和改善肾功能等。

2. 碱性药物的应用 对严重的代谢性酸中毒患者可给予一定量的碱性药物进行对症治疗。5% 碳酸氢钠作用迅速，可以直接补充血浆缓冲碱，广泛应用于临床。

案例分析 8-1

患者，男，46 岁，因"全身水肿、少尿 7 天入院"。入院后诊断为慢性肾小球肾炎、慢性肾功能不全、尿毒症期。动脉血气分析（未吸氧）检查结果：pH 7.18，$PaCO_2$ 26 mmHg，BB 35.9 mmol/L，BE –14.0 mmol/L，SB 13.7 mmol/L，AB 9.9 mmol/L。

思考：

1. 该患者是否存在酸碱平衡紊乱？若存在酸碱平衡紊乱，类型是什么？诊断依据是什么？

2. 此种类型的酸碱平衡紊乱对机体的主要影响有哪些？

二、呼吸性酸中毒

呼吸性酸中毒（respiratory acidosis）是以血浆 H_2CO_3 浓度原发性增高为特征的酸碱平衡紊乱，主要是肺通气障碍使 CO_2 排出减少或 CO_2 吸入过多而引起的。

（一）原因与机制

呼吸性酸中毒的主要原因是肺通气障碍使 CO_2 排出减少或 CO_2 吸入过多，引起血 pH 降低。

1. 呼吸肌麻痹 使呼吸运动失去动力，导致通气障碍，引起 CO_2 潴留。常见病因有重症肌无力、有机磷酸酯类中毒、急性脊髓灰质炎、多发性神经根炎、重度低钾血症和脊髓高位损伤等。

2. 呼吸道阻塞 常见病因有异物堵塞气管、喉头水肿、喉头痉挛、溺水等，常引起急性呼吸性酸中毒。

3. 呼吸中枢抑制 通气不足或呼吸停止，导致 CO_2 在体内滞留。常见病因有颅脑损伤、脑炎、脑膜脑炎、脑血管意外、麻醉药或镇静药使用过量等。

4. 胸廓病变 肺通气功能障碍，导致体内 CO_2 潴留。常见病因有胸部创伤、严重气胸或大量胸腔积液和胸廓畸形等。

5. 肺部疾病 慢性阻塞性肺疾病是导致慢性呼吸性酸中毒的最常见原因。

6. CO_2 吸入过多 在人群密集且通风不良的场所，因空气中 CO_2 浓度过高而引起 CO_2 吸入过多。

（二）机体的代偿调节

机体发生呼吸性酸中毒主要靠细胞和肾的代偿调节。

1. 细胞内、外离子交换和细胞内缓冲 主要靠细胞内外 K^+ 与 H^+ 交换和红细胞内、外 HCO_3^- 与 Cl^- 交换进行，这种调节方式是急性呼吸性酸中毒时机体的主要代偿方式。

2. 肾的代偿调节 肾小管上皮细胞上存在碳酸酐酶和谷氨酰胺酶，当 $PaCO_2$ 和 H^+ 升高时，这两种酶的活性增强，进而刺激肾小管泌 H^+、泌 NH_4^+ 和重吸收 HCO_3^-，使尿中排出的 H^+ 增多，血浆中的 HCO_3^- 增多，这种调节方式是慢性呼吸性酸中毒时机体的主要代偿方式。

（三）对机体的影响

1. 中枢神经系统功能障碍 当机体出现严重的急性呼吸性酸中毒时，高浓度的 CO_2 迅速透过血脑屏障，一方面使脑血管扩张，导致颅内压增高、视盘水肿，另一方面使脑脊液的 pH 下降，脑细胞发生水肿、变性，甚至坏死等。早期主要表现为头痛、视物模糊、乏力；晚期可出现精神错乱、谵妄或嗜睡等，临床上称为肺性脑病。

2. 循环系统功能障碍 CO_2 可直接引起脑血管扩张，表现为头痛、意识障碍等，严重时可促进脑水肿发生。CO_2 还可引起外周血管扩张，导致血压下降，球结膜充血等症状。

（四）防治原则

治疗原发病是防治呼吸性酸中毒的重点，病情较轻时可以使用呼吸兴奋药，严重时应行气管插管呼吸机辅助呼吸，改善肺泡通气，排出过多的 CO_2。应用碱性药物一定要谨慎，在肺通气未改善之前，禁用纠酸补碱的药物。

案例分析 8-2

患者，男，67 岁，在当地医院确诊为慢性阻塞性肺疾病，动脉血气分析示：pH 7.28，$PaCO_2$ 82 mmHg，BB 59 mmol/L，BE +8 mmol/L，SB 31 mmol/L，AB 39.5 mmol/L。

思考：

1. 该患者是否存在酸碱平衡紊乱？若存在酸碱平衡紊乱，类型是什么？诊断依据是什么？
2. 此种类型的酸碱平衡紊乱对机体的主要影响有哪些？

三、代谢性碱中毒

代谢性碱中毒（metabolic acidosis）是指血浆 HCO_3^- 浓度原发性增高，引起 pH 升高，导致机体酸碱平衡紊乱。

（一）原因和机制

1. H^+ 丢失或排出过多 高位肠梗阻、幽门梗阻引起剧烈呕吐，导致胃肠道 H^+ 丢失过多；长期大量应用利尿药，如呋塞米、依他尼酸等导致 H^+ 排出增多。这是代谢性碱中毒发生的主要原因。

2. 低钾血症 低钾血症时，细胞外液 K^+ 浓度降低，细胞内 K^+ 向细胞外转移，细胞外 H^+ 向细胞内转移；肾小管上皮细胞 K^+ 浓度降低，K^+-Na^+ 交换减弱，H^+-Na^+ 交换增强，远曲小管泌 H^+ 增强，HCO_3^- 重吸收增多。因此，低钾血症时可发生代谢性碱中毒，此时尿液呈酸性（反常性酸性尿）。

3. 摄入过多的碱性药物 如过量补充 $NaHCO_3$、大量输入用枸橼酸钠抗凝的血液等也可导致代谢性碱中毒。

（二）机体的代偿调节

1. 细胞外液缓冲作用 当细胞外 H^+ 浓度降低时，OH^- 浓度升高，被细胞外液缓冲系统中的弱酸所缓冲。此缓冲调节的作用小。

2. 肺的代偿调节 代谢性碱中毒时，细胞外液 H^+ 浓度降低，呼吸中枢受抑制，呼吸变浅变慢，通过呼吸排出的 CO_2 减少，从而使 $PaCO_2$ 和血浆 HCO_3^- 浓度升高，HCO_3^-/H_2CO_3 比值趋于正常。

3. 肾的代偿调节 代谢性碱中毒时，肾小管泌 H^+、泌 NH_4^+、重吸收 HCO_3^- 减少，血浆 HCO_3^- 代偿性降低。这种调节在代谢性碱中毒的调节中起重要作用。

4. 细胞内外离子交换 细胞外液 H^+ 浓度降低时，细胞内液 H^+ 外移，同时细胞外 K^+ 进入细胞内以维持离子平衡，因而碱中毒常伴有低钾血症。

（三）对机体的影响

1. 对中枢神经系统的影响 轻度代谢性碱中毒，一般无明显临床表现，严重代谢性碱中毒时，对中枢神经系统抑制作用减弱，因此出现中枢神经系统兴奋症状。

2. 对神经肌肉的影响 代谢性碱中毒时，神经肌肉的兴奋性增高，常出现腱反射亢进、四肢麻木、震颤、手足搐搦等症状。但如果患者伴有低钾血症，可出现肌肉软弱无力、麻痹等症状，掩盖了碱中毒对神经肌肉的影响。

（四）防治原则

积极治疗原发病。轻度代谢性碱中毒，可以选择输注生理盐水，如果无效，可以应用乙酰唑胺等碳酸酐酶抑制药，降低肾的排酸保碱能力，促进 Na^+ 和 HCO_3^- 的排出。

案例分析 8-3

患者，男，45 岁，因“餐后胃痛伴反复呕吐”入院，入院后诊断为胃溃疡并发幽门梗阻，钡餐检查结果发现幽门梗阻。动脉血气检查结果：pH 7.55，$PaCO_2$ 53 mmHg，BB 64 mmol/L，BE +12.9 mmol/L，SB 35 mmol/L。

思考：

1. 该患者是否存在酸碱平衡紊乱？若存在酸碱平衡紊乱，类型是什么？诊断依据是什么？
2. 此种类型的酸碱平衡紊乱对机体的主要影响有哪些？
3. 如何防治此种类型的酸碱平衡紊乱？

四、呼吸性碱中毒

呼吸性碱中毒（respiratory alkalosis）是指血浆 H_2CO_3 浓度原发性降低，引起 pH 升高，导致机体酸碱平衡紊乱。

（一）原因和机制

低氧血症、中枢神经系统疾病、药物刺激呼吸中枢、机体代谢旺盛、精神性通气过度等原因导致肺通气过度，使 CO_2 排出过多，导致血浆 H_2CO_3 浓度下降是呼吸性碱中毒发生的基本环节。常见的疾病有肺炎、间质性肺疾病、肺水肿、颅脑损伤、脑炎、脑膜炎、高热、甲状腺功能亢进、癔症等。

（二）机体的代偿调节

1. 细胞内、外离子交换和细胞内缓冲 血浆 H_2CO_3 浓度降低，移出细胞外的 H^+ 与 HCO_3^- 结合，H_2CO_3 浓度升高。另外，部分血浆 HCO_3^- 进入红细胞，与 H^+ 结合生成 H_2CO_3，再分解成 CO_2 和 H_2O，CO_2 逸出红细胞以提高 $PaCO_2$。这是急性呼吸性碱中毒时的主要代偿方式。

2. 肾的代偿 慢性呼吸性碱中毒时，肾小管上皮细胞泌 H^+、泌 NH_4^+ 减少，重吸收 HCO_3^- 减少，尿液呈碱性。此种代偿是慢性呼吸性碱中毒时的主要代偿方式。

（三）对机体的影响

呼吸性碱中毒对机体的影响与代谢性碱中毒相似，临床上主要表现为低钾血症、意识障碍、感觉异常、抽搐及组织缺氧。但急性呼吸性碱中毒引起的中枢神经系统功能障碍往往比代谢性碱中毒更明显。

（四）防治原则

积极治疗原发病，大多数轻度呼吸性碱中毒患者可以缓解，对于病情较重的患者，可以用面罩盖住患者口鼻，使其吸入的空气中含有的CO_2较多，纠正呼吸性碱中毒。

案例分析 8-4

患者，女，20 岁，与同学吵架后，诱发癔症发作，出现呼吸加深、加快。入院后，查动脉血气分析示：pH 7.56，$PaCO_2$ 21 mmHg，BB 45.5 mmol/L，BE +5 mmol/L，SB 23 mmol/L，AB 18 mmol/L。

思考：

1. 该患者是否存在酸碱平衡紊乱？若存在酸碱平衡紊乱，类型是什么？诊断依据是什么？
2. 此种类型的酸碱平衡紊乱对机体的主要影响有哪些？
3. 如何防治此种类型的酸碱平衡紊乱？

本章小结

临床上很多疾病可导致酸碱平衡紊乱，及时发现和正确处理酸碱平衡紊乱是十分重要的。检测血液酸碱平衡状况的常用指标有：① pH 和H^+浓度；②动脉血二氧化碳分压（$PaCO_2$）；③标准碳酸氢盐（SB）和实际碳酸氢盐（AB）；④缓冲碱（BB）；⑤碱剩余（BE）；⑥阴离子隙（AG）。

单纯型酸碱平衡紊乱包括：①代谢性酸中毒，是指以血浆HCO_3^-浓度原发性减少为特征的酸碱平衡紊乱。代谢性酸中毒对机体的影响主要是引起心血管系统和中枢神经系统的功能障碍。去除引起代谢性酸中毒的病因是治疗的基本原则和主要措施。②呼吸性酸中毒，是以血浆H_2CO_3浓度原发性增高为特征的酸碱平衡紊乱，主要是肺通气障碍使CO_2排出减少或CO_2吸入过多而引起的。呼吸性酸中毒对人体的危害与代谢性酸中毒相似，但它对中枢神经系统的危害更为突出，常致中枢神经系统功能障碍，如肺性脑病。呼吸性酸中毒应首先治疗原发病，改善肺泡通气，逐渐排除过多的CO_2，必要时做气管插管以进行人工呼吸，保证足够通气。③代谢性碱中毒，是指血浆HCO_3^-浓度原发性增高，引起 pH 升高，导致机体酸碱平衡紊乱。代谢性碱中毒对机体的影响主要是引起心血管系统和中枢神经系统的功能障碍，尤其是影响中枢神经系统的功能。代谢性碱中毒应积极治疗原发病，对于严重碱中毒患者可给予一定量的弱酸性药物予以纠正。④呼吸性碱中毒，是指血浆H_2CO_3浓度原发性降低，引起 pH 升高，导致机体酸碱平衡紊乱。呼吸性碱中毒可引起感觉异常、意识障碍、抽搐、低钾血症及组织缺氧。对于病情较重的患者，可以用面罩盖住患者口鼻，使其吸入的空气中含有的CO_2较多，纠正呼吸性碱中毒。

（冯金栋）

第九章　局部血液循环障碍

学习目标

1. 掌握充血、淤血、血栓形成、血栓、栓塞、梗死、心力衰竭细胞、槟榔肝的概念，血栓形成的条件，栓子运行途径，梗死的类型及病理变化。

2. 熟悉淤血的原因、病理变化及其后果，血栓形成过程、类型、结局及对机体的影响，栓塞的种类及其后果。

3. 了解梗死的原因及其对机体的影响。

机体通过正常的血液循环给组织细胞供给氧和营养物质，同时，也运出组织细胞中的二氧化碳和各种代谢产物，从而保证机体功能、代谢活动的顺利进行（图 9-1A）。

当某些原因导致血液循环障碍，并超出了机体的代偿调节能力时，就可能给机体带来一系列严重的后果。血液循环障碍分为全身性和局部性两种，前者是整个心血管系统的功能失调，常见于心力衰竭、休克等，后者是指个别器官或局部组织的血液循环异常，通常表现为局部器官或组织内循环血量异常（如充血与缺血）、血液中异常物质出现（如血栓形成、栓塞）及这些异常物质阻塞血管造成的组织梗死、血管内成分外逸（如水肿与出血）等。

本章主要阐述局部血液循环障碍。

第一节　充血与淤血

一、充血

充血（hyperemia）是指局部组织或器官动脉输入血量的增多，又称动脉性充血（图 9-1B）。

1. 原因与类型

（1）生理性充血：因组织、器官生理活动增强而引起的充血，如进食后的消化道充血、运动时的骨骼肌组织充血、妊娠子宫充血、情绪激动时面部的充血等。

（2）病理性充血：指各种病理状态下器官或局部组织的充血。

1）炎性充血：炎症早期，致炎因子和炎症介质（如组胺、5- 羟色胺、激肽、腺苷等）的释放，使局部组织小动脉及毛细血管扩张造成充血。

2）减压后充血：局部器官或组织因血管长期受压引起缺血，如肿瘤、胸腔积液、腹水的压迫，一旦压力突然解除，可引起血管扩张而发生充血。

2. 病理变化　组织或器官动脉性充血，血量增多，致体积增大，颜色鲜红。因局部新陈代谢活动增强，故局部温度增高。

3. 对机体的影响　生理性充血多为暂时的血管反应，一般对机体影响不大。炎症时的充血是因为在致炎因子的刺激下产生神经反射及组胺等血管活性物质的释放，引起血管扩张充血，是机体的一种防御性反应。对已有脑血管病变的充血，则可能诱发脑血管破裂出血而致机体出现严重后果甚至死亡。

二、淤血

淤血（congestion）是指静脉内血液回流受阻，血液淤积在外周小静脉和毛细血管内，又称静脉性充血（图 9-1C）。

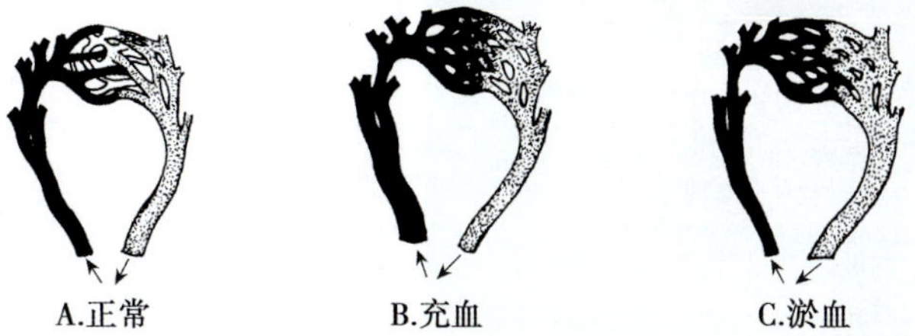

图 9-1　充血与淤血示意图

1. 原因

（1）静脉受压：静脉受压可使静脉管腔狭窄甚至闭塞，导致血液回流受阻，引起相应部位的组织或器官淤血，如绷带过紧压迫浅表静脉、妊娠子宫压迫髂静脉、长期卧床患者骶尾部静脉受压等。

（2）静脉腔阻塞：静脉腔内血栓形成或栓塞致管腔阻塞，若侧支循环没有及时建立时就会引起淤血。

（3）心力衰竭：当心脏泵血功能衰竭时，心脏内血液不能完全排出，一部分血液淤积在心室腔内，致静脉回流受阻，造成淤血。如左心衰竭，引起肺循环淤血，甚至肺水肿，患者出现呼吸困难。如右心衰竭，则导致体循环淤血，引起上、下腔静脉血液回流受阻，出现全身性水肿。

2. 病理变化　淤血使组织和器官体积增大，包膜紧张，颜色暗红，局部温度降低。因为淤血时血流缓慢，脱氧血红蛋白多于 50 g/L 时，可使皮肤、黏膜呈暗红色或紫蓝色，即发绀。淤血使组织代谢降低，产热减少，故局部体表温度降低。镜下观：局部小静脉和毛细血管扩张，其内血液含量明显增多。

3. 淤血的后果及对机体的影响　①淤血性水肿或出血：因毛细血管内流体静压升高及缺氧引起微血管壁通透性增高，血浆液体成分漏出到组织间隙或浆膜腔，当微血管严重损伤时，红细胞也可漏出，称为漏出性出血；②实质细胞萎缩、变性和坏死：这是淤血引起实质细胞缺氧和营养物质供给不足所致；③淤血性硬化：慢性淤血，组织缺氧及细胞崩解产物的刺激，引起纤维组织增生和网状纤维胶原化，使组织或器官逐渐变硬。

4. 重要器官的淤血

（1）慢性肺淤血：见于左心衰竭，肺静脉血液回流受阻所致。肉眼观：肺体积增大，重量增加，质地变实，棕褐色，切面有暗红色泡沫状液体溢出（图 9-2A）。镜下观：肺泡壁毛细血管高度扩张充血，肺泡腔内有水肿液、巨噬细胞、红细胞（图 9-2B）。当巨噬细胞吞噬了红细胞后，红细胞崩解，血红蛋白被分解成含铁血黄素，这种胞质内含有棕黄色含铁血黄素颗粒的巨噬细胞常在左心衰竭时出现，故称心力衰竭细胞（heart failure cell）。长期淤血，肺间质纤维组织增生及网状纤维胶原化，使肺组织质地变硬，因大量含铁血黄素沉积，故肺呈棕褐色，称肺褐色硬化。临床上患者出现呼吸困难、发绀、咳粉红色泡沫痰等。

（2）慢性肝淤血：见于右心衰竭，肝静脉血液回流受阻所致。内眼观：肝体积增大，包膜紧张，质地变硬，切面为红、黄相间的花纹状外观（即淤血与脂变交互存在），状似槟榔切面，故称为槟榔肝（nutmeg liver）。镜下观：肝小叶中央静脉及其附近的肝窦扩张充血，中央静脉附近的肝细胞渐进性萎缩或消失，小叶周边肝细胞脂肪变性（图 9-3）。慢性持久性的肝淤血，肝内纤维组织增生，网状纤维胶原化，逐渐形成淤血性肝硬化（图 9-4）。

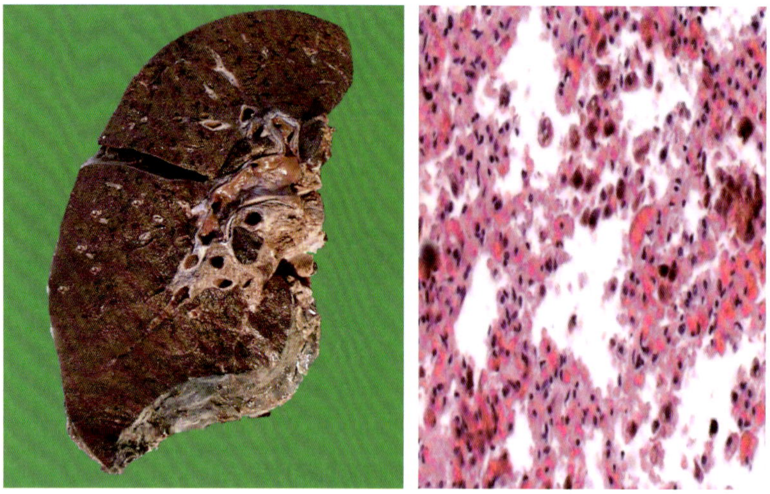

A. 肉眼观　　B. 镜下观

图 9-2　慢性肺淤血

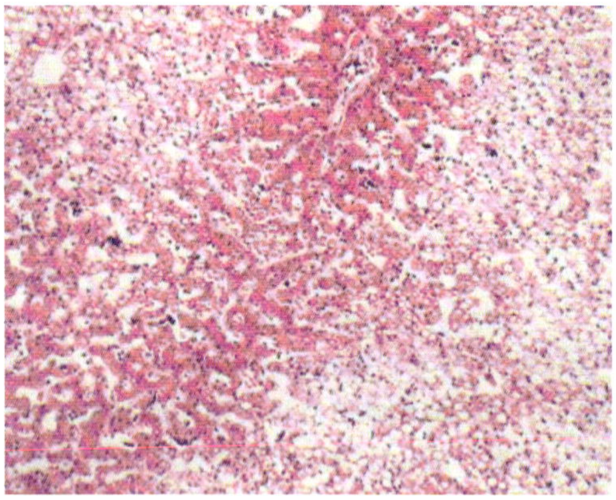

图 9-3　慢性肝淤血

镜下见肝小叶中央肝窦扩张充血，肝细胞脂肪变性

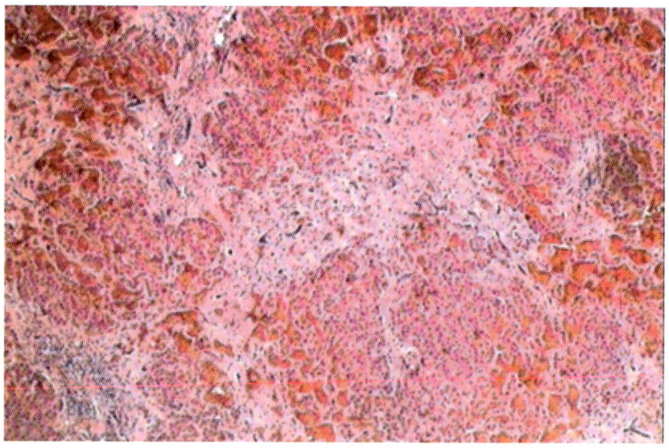

图 9-4　淤血性肝硬化

镜下见肝内纤维组织增生，形成淤血性肝硬化

第二节　血 栓 形 成

在活体的心脏和血管内，血液发生凝固或血液中某些有形成分凝集形成固体质块的过程，称血栓形成（thrombosis），所形成的固体质块称血栓（thrombus）。

生理状态下，血液总是呈液态在心血管内周而复始地流动，不发生凝固，这是血液凝血系统和抗凝系统保持动态平衡的结果。如果某些促凝因素增强，破坏了这种平衡状态，就可使血液在心血管内凝固，形成血栓。

一、血栓形成的条件与机制

血栓形成是血液在心血管内流动的情况下发生的凝固。它是在一定的条件下，通过血小板的黏附与聚集和血液凝固两个基本过程形成的。

（一）心血管内皮细胞损伤

心血管内皮细胞损伤是血栓形成最常见、最主要的原因，也是唯一能单独引起血栓形成的因素。内皮细胞损伤后，内皮下的胶原纤维暴露，血小板与胶原纤维接触、聚集、激活。激活的血小板释放 ADP 和合成血栓素 A_2（TXA_2），促使更多的血小板聚集，并使血小板发生释放反应，释放出多种促凝物质，促进血液凝固。另外，内皮下裸露的胶原纤维可激活凝血因子Ⅻ，从而启动内源性凝血系统引起凝血；因组织细胞的损伤释放了组织因子，启动外源性凝血系统，从而在损伤的局部发生血液凝固，形成血栓。

（二）血流状态的改变

正常时血液在血管内流动是分层的：红细胞、白细胞、血小板在血流中构成轴流。血管周边则为黏度较低的血浆，构成边流。这种状态的意义在于，血小板难以与血管壁接触和被激活，也可使血液的黏度不至于过高。当淤血致血流缓慢或涡流形成时，轴流变大或消失，血小板得以和血管壁接触，同时血液的黏稠性增加，容易导致血栓形成。

临床上，静脉血栓多于动脉血栓，原因是动脉血压力高、血流速度快，故不易形成血栓。而静脉血压力低、血流速度慢，较易形成血栓。因此，应鼓励长期卧床的患者适当活动，预防血栓形成。

（三）血液凝固性增高

血液凝固性增高指比正常血液易发生凝固的状态，与血小板的量增多、功能异常及凝血因子增多等因素有关。如大面积烧伤、大手术、创伤、分娩致失血、失液过多。另外，血小板代偿性增多，如 DIC 时大量促凝物质释放使凝血因子激活，循环血液中出现纤维蛋白单体复合物，慢性缺氧使红细胞增多，血液黏度增高，同时血小板聚集性增强，也容易发生血栓。

血栓形成是一个复杂的过程，往往是上述因素相互协同作用的结果，也可能由某一种因素起主导作用，应加以综合分析判断来进行防治。

二、血栓的类型

血栓形成的过程包括血小板的黏附与聚集和血液凝固两个方面，它是在血管内血液不断流动的情况下逐渐形成的。通常根据血栓形成的过程将血栓分为 4 种类型。

1. 白色血栓（pale thrombus） 常位于血流较快的心腔、心瓣膜和动脉内膜，而静脉内的白色血栓往往不独立存在，而是静脉血栓的起始部，构成静脉延续性血栓的头部。

肉眼观：呈灰白色小结节或赘生物状，表面粗糙，质实，与血管壁紧密黏着，不易脱落（图 9-5）。镜下观：由血小板构成珊瑚状小梁，小梁周围有中性粒细胞附着，小梁间夹杂少量纤维蛋白网，网眼中网罗了少许红细胞。构成白色血栓的主要成分是血小板及少量的白细胞等。

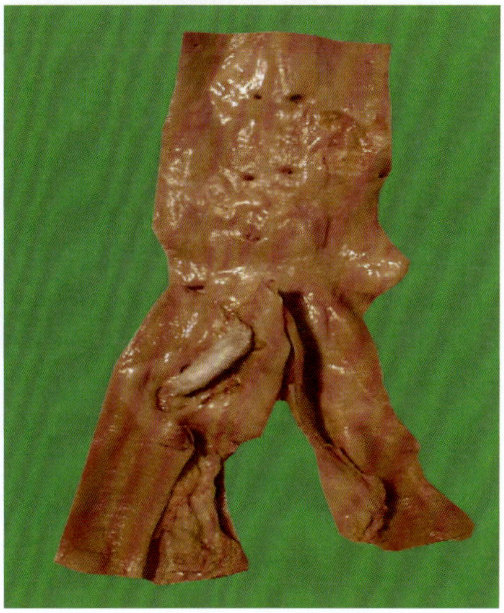

图 9-5　动脉血栓形成

2. 混合血栓（mixed thrombus） 即延续性血栓的体部。肉眼观：表面粗糙、形成灰白与褐色相同的层状结构（图 9-6）。镜下可见许多珊瑚状血小板小梁，小梁间有纤维蛋白网及其网眼中的大量红细胞（图 9-7）。混合血栓常发生在静脉，构成静脉血栓的体部。单一的混合血栓见于二尖瓣狭窄时扩大的左心房内和动脉瘤内。

3. 红色血栓（red thrombus） 主要发生于静脉，构成静脉血栓的尾部。红色血栓是混合血栓不断延伸、增大，直至阻塞血管，局部血流停止，血液发生凝固而成。静脉血栓在形成的过程中不断沿血管延伸而增长，又称延续性血栓。新鲜的红色血栓肉眼观呈红色，湿润，并有

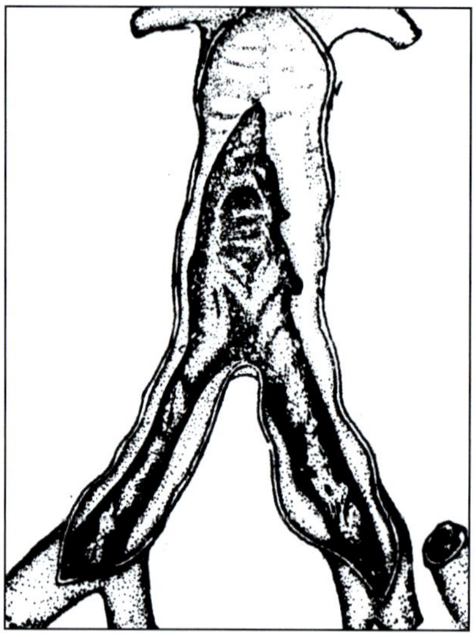

图 9-6　混合血栓(肉眼观)

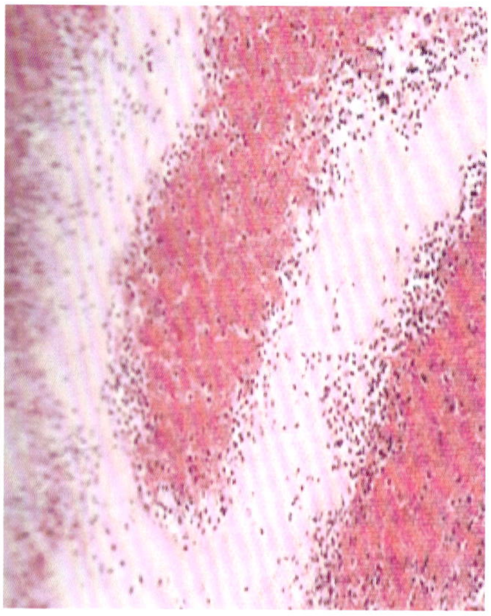

图 9-7　混合血栓(镜下观)

一定的弹性。陈旧的红色血栓由于水分被吸收，变得干燥，易碎，失去弹性，易于脱落进入血流成为血栓栓子，引起血栓栓塞。镜下见纤维蛋白网眼中充满血细胞。

4. 透明血栓（**hyaline thrombus**）见于弥散性血管内凝血，通常发生在微循环内，需在显微镜下才能见到，故又称微血栓，其主要成分为纤维蛋白（图 9-8）。

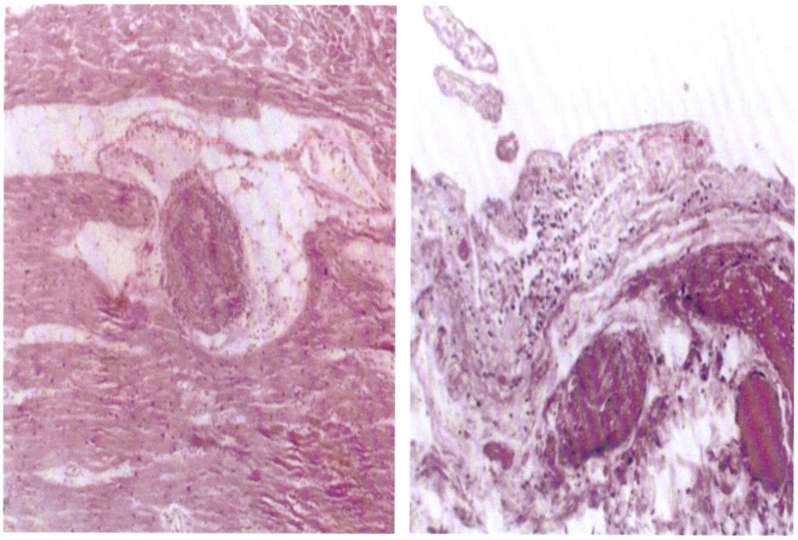

A. 心肌微血栓　　B. 肠微血栓

图 9-8　微血栓

三、血栓的结局

1. 溶解、吸收　在血栓形成的同时，纤维蛋白溶酶（简称纤溶酶）系统也被激活，当血栓内中性粒细胞崩解时，可释放蛋白水解酶，将小的血栓完全溶解、吸收。而较大的血栓在溶解、软化的过程中，可部分或全部脱落形成血栓栓子，引起栓塞。

2. 机化、再通　由血管壁长出肉芽组织逐渐取代血栓的过程称血栓机化。较大血栓若完全机化需 2 周左右。在机化的基础上，由于血管收缩，血栓出现裂隙，新生的毛细血管内皮细胞被覆在裂隙表面，形成新的相互沟通的通道，使血流得以部分通过，这种现象称为血栓再通（recanalization）（图 9-9）。

3. 钙化　血栓未被溶解、吸收或机化时，可发生钙盐沉积，称为钙化。血栓钙化后成为静脉石（phlebolith）或动脉石（arteriolith）。机化的血栓，在纤维组织玻璃样变性的基础上也可发生钙化。

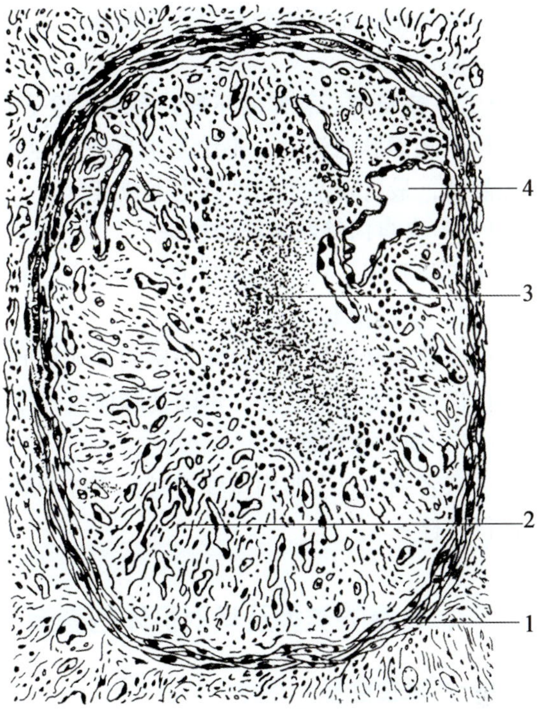

图 9-9　血栓机化与再通

1. 静脉壁　2. 肉芽组织　3. 未机化的血栓　4. 血管再通

四、血栓对机体的影响

血栓形成可起到止血和防止继续出血的作用。但是也有以下不利的方面。

1. 阻塞血管　动脉血栓可引起血管腔不完全性阻塞，使局部器官或组织缺血而萎缩，功能降低，如脑萎缩。若完全阻塞则可引起局部器官或组织缺血性坏死（梗死）。如冠状动脉血栓形成引起的心肌梗死；脑动脉血栓形成引起的脑液化性坏死等。静脉血栓如引起血管阻塞，可导致局部组织淤血、水肿、出血，甚至坏死。

2. 栓塞　血栓全部或部分脱落后，形成栓子，随血液运行，引起栓塞。

3. 心瓣膜病　反复发生的心瓣膜上的血栓机化，可使瓣膜增厚、变硬、粘连及缩短，导致心瓣膜病。

4. 出血与休克　广泛性微血栓形成后，可阻断血流，同时因消耗了大量的凝血因子，引起继发性出血甚至导致休克的发生。

第三节　栓　　塞

在循环血液中出现的不溶于血液的异常物质，随血液运行阻塞血管管腔的现象称为栓塞（embolism）。其中，阻塞血管腔的异常物质称为栓子（embolus），栓子可以是固体，也可以是液体或气体。其中最常见的是血栓栓子，其他类型的栓子可有空气栓子、脂肪栓子、肿瘤细胞栓子、细菌栓子、寄生虫及其虫卵栓子和羊水栓子等。

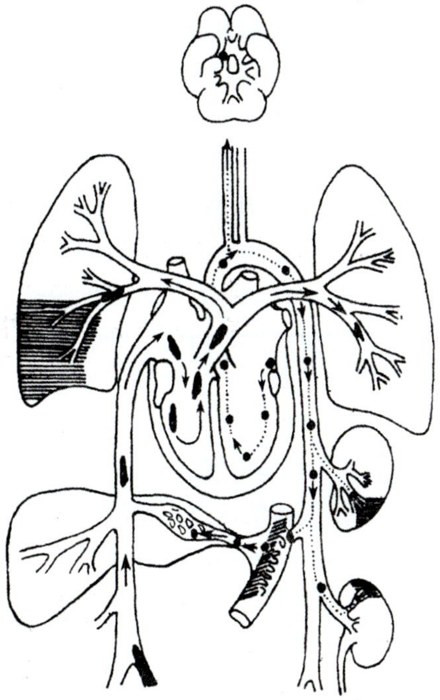

图 9-10　栓子运行途径

一、栓子的运行途径

栓子的运行途径一般与血液运行的方向一致（图 9-10），但也有少数例外情况。

（一）来自左心和体循环动脉系统的栓子

栓子随动脉血运行，从左心至大动脉、小动脉，最后阻塞于相应血管的分支。常见于脑、脾、肾、下肢末梢血管的栓塞，随之发生相应部位的组织缺血、梗死。

（二）来自右心和体循环静脉系统的栓子

栓子随静脉血流动，不论是来自下肢静脉还是上肢静脉的栓子，都将随静脉血回流至上、下腔静脉，最后阻塞于肺动脉主干或其分支，造成肺梗死。

（三）来自门静脉系统的栓子

来自腹腔脾、胃、肠的栓子，汇集于门静脉，最后栓塞于肝内门静脉的分支。

（四）交叉栓塞

交叉栓塞又称反常性栓塞，房间隔或室间隔缺损的患者，心腔内的栓子由压力高的心腔通过缺损进入压力低的心腔，再随动脉血流栓塞相应分支，形成交叉性栓塞。

（五）逆行性栓塞

当患者胸内压、腹内压骤增时，下腔静脉的栓子逆血流而行，栓塞下腔静脉所属分支，形成逆行性栓塞。

二、栓塞的类型及其对机体的影响

（一）血栓栓塞

由血栓脱落所引起的栓塞称为血栓栓塞（thromboembolism），血栓栓塞是最常见的栓塞。

1. 肺动脉栓塞　栓子大多数来自下肢深静脉血栓脱落。若肺动脉小分支栓塞，一般不会引起严重后果。若栓塞前已有肺淤血，一旦发生动脉分支栓塞，侧支循环又不能充分代偿，则可导致部分肺梗死。当肺动脉分支广泛性栓塞或肺动脉主干栓塞时，则引起肺动脉血流中断，血栓刺激动脉内膜引起神经反射和血栓释出 TXA_2 和 5-HT 使肺动脉、支气管动脉、冠状动脉和支气管痉挛，同时因肺缺血和左心排血量骤然降低，患者突然出现呼吸困难、发绀和休克，多因呼吸循环衰竭而猝死（图 9-11）。

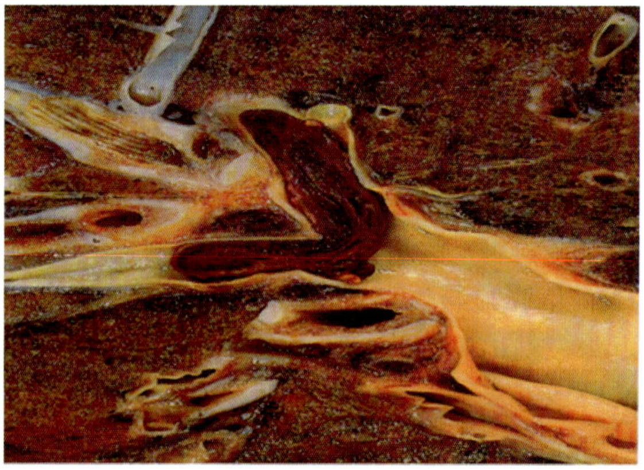

图 9-11　肺动脉血栓栓塞

2. 体循环动脉栓塞　栓子多来自左心的附壁血栓，如心肌梗死、动脉粥样硬化斑块表面的血栓，细菌性心内膜炎时的瓣膜赘生物脱落等。

少数来自动脉系统的血栓脱落，也可引起体循环动脉栓塞。出现在体循环动脉的栓子可随血流至全身各处，以脑、脾、肾和下肢常见。发生在脑、脾、肾及下肢动脉栓塞因缺乏侧支循环，组织结构致密、易造成梗死。脑梗死可造成严重后果。梗死的组织若继发腐败菌感染，可形成坏疽，如四肢末端的坏疽。

（二）气体栓塞

大量气体快速进入血液循环或已溶解在血液中的气体迅速游离成气泡所致的栓塞称为气体栓塞（gas embolism）。气体栓塞可分为两种类型。

1. 空气栓塞（air embolism）　多发生于头颈部静脉，因这些静脉内呈负压，创伤或手术所致的大静脉破裂时，空气可从破裂口进入血液循环；也可见于分娩时，由于子宫强烈收缩，将空气挤进破损的静脉窦内，空气随静脉血流抵达右心，因右心室的搏动将空气和血液搅拌成许多泡沫状血液阻塞至右心室和肺动脉口，严重影响静脉血液回流和向肺动脉搏出血液，导致猝死。家兔空气栓塞实验表明：一次快速静脉输入空气 10 ml 左右，即可引起家兔迅速死亡。医护人员在给患者静脉输液时，应避免将空气输入静脉内，否则将造成严重后果。

2. 减压病（decompression sickness） 又称沉箱病（caisson disease）或潜水员病（diver disease），指从气压高的环境迅速转入气压低的环境时，原溶解于血液中的气体释放出来，形成气泡造成的栓塞。主要见于潜水员从水底快速上升到水面，飞行员从地面突然升入高空时，血液中溶解的气体（主要是氮气）游离出来，形成无数小气泡，造成关节、肌肉等器官的栓塞，引起疼痛。治疗的方法可将发生氮气栓塞的患者置于高压氧舱内，使游离的氮气重新溶解于血液之中，而达到解除栓塞的目的。

（三）脂肪栓塞

脂肪栓塞（fat embolism）是指血液中出现游离而不溶解的脂滴引起的栓塞。常见的原因是长骨骨折或脂肪严重挫伤，脂肪细胞破裂，释出脂滴进入破裂的静脉口。若大量脂滴进入肺循环，引起循环阻力增加时，可导致急性呼吸循环衰竭，甚至猝死。较小的脂滴可通过肺毛细血管到达体循环动脉引起栓塞，其中以脑栓塞后果最严重，可造成脑水肿、脑梗死及脑组织出血等病变。

（四）羊水栓塞

羊水栓塞（amniotic fluid embolism）是指分娩过程中羊水进入母体血液循环而引起肺循环栓塞、弥散性血管内凝血等。羊水通过子宫内开放的静脉窦进入母体血液循环。羊水中除胎毛、胎脂、角化上皮及胎粪可直接引起母体肺动脉栓塞外，羊水内的凝血活酶，还可引起弥散性血管内凝血。半数以上的患者可在短时间内因急性呼吸循环衰竭而死亡。

（五）其他栓塞

恶性肿瘤细胞作为栓子侵入血管，可以形成转移瘤。细菌团、寄生虫卵等也可引起栓塞，从而引起多处感染。

第四节　梗　　死

梗死（infarction）是指机体局部组织因动脉血流阻断而侧支循环不能及时建立引起的组织缺血性坏死。

一、梗死的原因

1. 血栓形成 是引起梗死的最常见原因。如冠状动脉和脑动脉粥样硬化继发血栓形成时可引起心肌梗死和脑梗死。

2. 动脉血栓 多为血栓栓塞所致。脾、肾和肺的梗死多由血栓栓塞引起，少数见于气体、羊水、脂肪栓塞。

3. 血管受压闭塞 多见于肠扭转、肠套叠、嵌顿性肠疝及肠粘连等引起的肠梗阻。因血管受压首先造成静脉回流受阻，继而发生动脉血管受阻而致局部组织坏死。

4. 动脉痉挛 发生在已有动脉狭窄病变的情况下，继发动脉强烈痉挛，而导致组织缺血坏死。如冠状动脉粥样硬化时并发强烈痉挛，则可引起心肌梗死。

二、梗死的病理变化与类型

梗死是因缺血引起的一种局部组织的坏死，梗死的病理变化与其发生的部位、组织结构、该器官的血管分布、梗死区含血量的多少有关。

（一）梗死的病理变化

梗死属坏死的一种类型，不同器官的梗死可有不同的形态特点。由于多数器官的血管呈锥形分布，如脾、肾和肺，故其梗死灶也呈锥形，切面呈扇形或楔形，其尖端朝向该器官门部的血管阻塞处（图 9-12）。因冠状动脉分支不规则，故心肌梗死呈不规则的地图样形状；肠梗死呈节段性；脑梗死呈液化状，属于液化性坏死；其他梗死多为凝固性坏死。

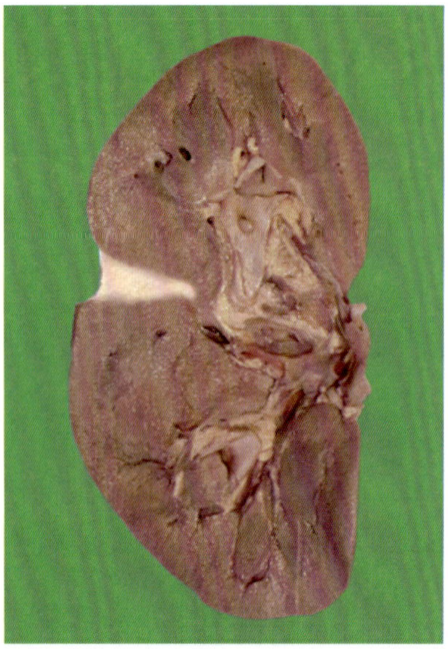
肾梗死后瘢痕

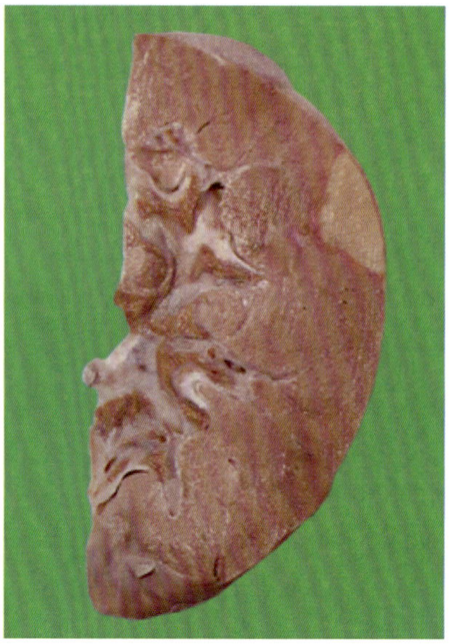
肾贫血性梗死

肾贫血性梗死灶（扇形）

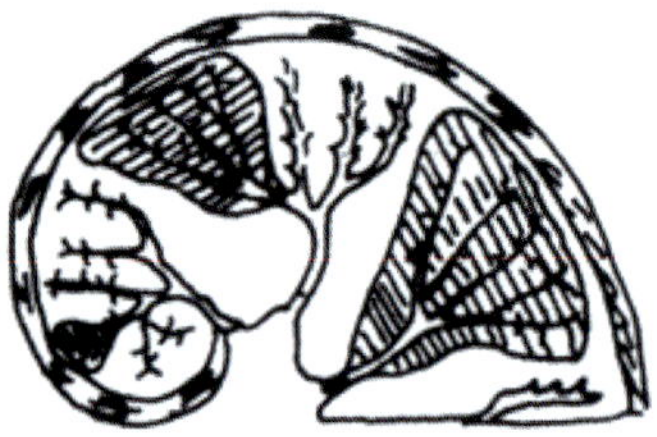
肾动脉分支栓塞

图 9-12　肾梗死及其示意图

（二）梗死的类型

1. 贫血性梗死（anemic infarct）　常发生于心、脾、肾、脑等脏器，这些器官含蛋白质多、组织结构比较致密，侧支循环不丰富，梗死区内含血量较少，呈灰白色，故称贫血性梗死。梗死灶周围组织有一明显的充血或出血带。镜下观：与凝固性坏死相同，早期仍可见该组织轮廓，晚期呈红染、均质、无结构的颗粒状。

2. 出血性梗死（hemorrhagic infarct）　多发于肠和肺，因肠、肺组织结构疏松，具有双重血液循环或血管侧支循环丰富，如果在动脉阻塞之前已有较严重的组织淤血，梗死区域将有明显的出血现象，呈暗红色（图 9-13）。

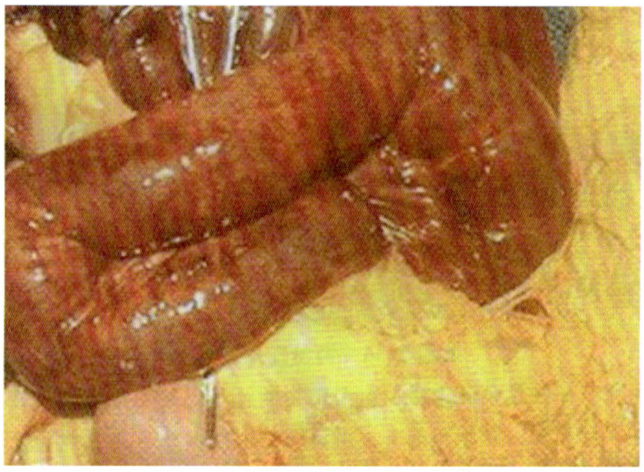
图 9-13　肠出血性梗死
肠梗死区有明显的出血，呈暗红色

三、梗死的结局和对机体的影响

梗死对机体的影响取决于梗死的器官、梗

死区的大小和部位。如肾梗死出现肾区疼痛和血尿，可能对肾功能有一定的影响；肺梗死出现胸痛与咯血，较大范围的梗死可引起呼吸困难；心肌梗死可致心脏功能障碍或猝死；肠梗死可引起急腹症，患者出现剧烈腹痛、呕吐及弥漫性腹膜炎；下肢梗死若并发坏疽，可出现毒血症或败血症等；脑梗死可引起相应部位的脑功能障碍甚至死亡。

本章小结

局部血液循环障碍是指个别器官或局部组织的血液循环异常，通常表现为局部器官或组织内循环血量异常、血液中异常物质出现及这些异常物质阻塞血管造成的组织梗死、血管内成分外逸等。

充血是指局部组织或器官动脉输入血量的增多，又称动脉性充血。它分为生理性充血和病理性充血。

淤血是指静脉内血液回流受阻，血液淤积在外周小静脉和毛细血管内，又称静脉性充血。它是由于静脉受压、静脉腔阻塞、心力衰竭造成的。淤血对机体的影响包括：①淤血性水肿或出血；②实质细胞萎缩、变性和坏死；③淤血性硬化。

血栓形成是指在活体的心脏和血管内，血液发生凝固或血液中某些有形成分凝集形成固体质块的过程。所形成的固体质块称血栓。血栓形成的条件有：①心血管内皮细胞损伤；②血流状态的改变；③血液凝固性增高。血栓的类型有：①白色血栓；②混合血栓；③红色血栓；④透明血栓（微血栓）。血栓的结局有：①溶解、吸收；②机化、再通；③钙化。血栓对机体的影响：①阻塞血管，动脉血栓可引起血管腔不完全性阻塞，使局部器官或组织缺血而萎缩，功能降低，也可引起组织缺血性坏死。静脉血栓如引起血管阻塞，可导致局部组织淤血、水肿。②栓塞；③心瓣膜病；④出血与休克。

栓塞是指在循环血液中出现的不溶于血液的异常物质，随血液运行，阻塞血管管腔的现象。阻塞血管腔的异常物质称为栓子，栓子可以是固体，也可以是液体或气体。栓子的运行途径一般与血液运行方向一致。栓塞的类型有血栓栓塞、气体栓塞、脂肪栓塞、羊水栓塞等，其中血栓栓塞是最常见的栓塞。

梗死是指机体局部组织因动脉血流阻断而侧支循环不能及时建立引起的组织缺血性坏死。梗死的原因常见有血栓形成、动脉血栓、血管受压闭塞、动脉痉挛等。梗死的类型有贫血性梗死和出血性梗死。梗死对机体的影响取决于梗死的器官、梗死区的大小和部位。

（徐珊珊）

第十章　休　克

学习目标

1. 掌握休克的概念，休克各期的病理生理变化和休克时机体代谢及功能变化。
2. 熟悉休克的发病原因、机制和临床表现。
3. 了解休克的分类、各类休克的特点和防治原则。

休克（shock）是在严重失血、失液、感染、创伤等强烈致病因素的作用下，有效循环血量急剧减少，组织血液灌流量严重不足，引起细胞缺血、缺氧，以致各重要生命器官的功能、代谢障碍或结构损害的全身性危重病理过程。临床上主要表现为面色苍白、四肢湿冷、脉搏细速、尿量减少、血压下降、神志淡漠甚至昏迷。休克是临床上常见的危重病症之一，若抢救不及时，患者可因器官功能障碍和组织细胞的不可逆损害而死亡。

第一节　病因与分类

一、休克的病因

各种强烈的致病因素作用于机体可引起休克，临床上常见的病因有：

1. 失血和失液　大量失血可引起失血性休克，常见于外伤大出血、上消化道出血、异位妊娠、产后大出血和 DIC 等。休克的发生与否取决于失血量和失血速度，在短时间内失血量超过总血量的 20% 以上，即可引起休克；失血量超过总血量的 50% 则迅速引起死亡。失液多见于剧烈呕吐、腹泻及肠梗阻、大量出汗等，使体液大量丢失，导致血容量和有效循环血量急剧减少，引起休克，过去称为虚脱。

2. 创伤　严重的外伤、多发性骨折、大手术等可因失血和疼痛刺激引起休克。

3. 烧伤　大面积烧伤可引起大量血浆外渗，导致体液丢失，有效循环血量减少而引起休克；此类休克也与疼痛有关，晚期可合并感染而引起感染性休克。

4. 感染　细菌、病毒、立克次体、真菌等感染均可引起感染性休克，尤以革兰氏阴性菌释放的内毒素引起的休克最常见。内毒素的有效成分为脂多糖，引起的休克又称内毒素性休克或中毒性休克。感染性休克常伴有败血症，故又称败血症性休克。

5. 变态反应　过敏体质者使用某些药物、血清制剂或疫苗等可引发 I 型变态反应。由于肥大细胞受刺激，释放大量组胺和缓激肽，使小血管扩张，毛细血管通透性增加，有效循环血量减少而引起休克。

6. 心力衰竭　大面积心肌梗死、急性心肌炎、心包填塞、严重的心律失常（心房颤动、心室颤动）和心脏破裂等急性心力衰竭及慢性心力衰竭失代偿期，因心排血量急剧减少，有效循环血量和微循环灌流量显著下降而引起休克。

7. 强烈的神经刺激　强烈的疼痛刺激、高位脊髓损伤、高位脊髓麻醉等，可使血管运动中枢抑制，血管扩张，外周阻力降低，回心血量减少，血压下降，从而引起休克。

二、休克的分类

（一）按病因分类

分为低血容量性休克（失血、失液性休克）、创伤性休克、感染性休克、烧伤性休克、过敏性休克、心源性休克和神经源性休克等。

（二）按休克发生的始动环节分类

休克发生的共同基础是有效循环血量的减少。机体有效循环血量的维持，正常微循环和组织灌流量的保证，是由三个因素决定的：①足够的循环血量；②正常的血管舒缩功能；③正常的心脏泵血功能。引起休克的各种原因通过血容量减少、血管床容量增加和心脏泵血功能障碍三个始动环节，使有效循环血量锐减，组织微循环灌注量不足，引起休克发生（图 10-1）。

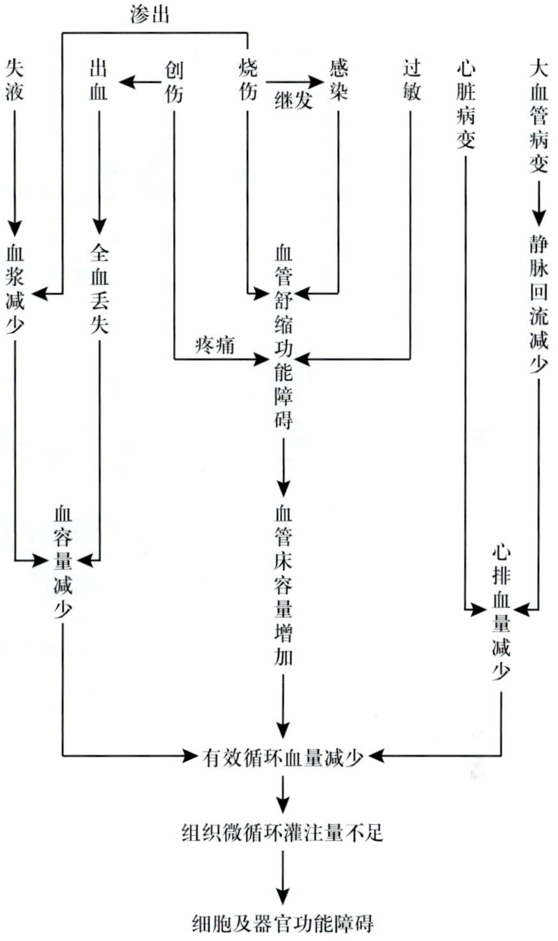

图 10-1　休克发生的病因、起始环节和共同基础

按始动环节不同，可将休克分为三类。

1. 低血容量性休克　始动环节为血容量减少，见于失血、失液、大面积烧伤及创伤等。临床上常表现为三低一高：中心静脉压降低，心排血量减少，动脉血压下降；而由于交感神经兴奋，外周血管收缩，组织灌流量减少，总外周阻力增高。

2. 血管源性休克　始动环节为血管床容量增加，见于感染、变态反应、创伤、烧伤及神经源性休克等。主要由于病因作用于机体，通过内源性或外源性血管活性物质，使小血管舒张，尤其是腹腔内脏的小血管舒张，血管床容量增加，大量血液淤滞在舒张的小血管内，使有效循环血量相对不足，组织灌流和回心血量减少。正常状态下，微循环中 80% 的毛细血管处于关闭状态，仅有 20% 的毛细血管交替开放，以维持组织细胞新陈代谢的需要，毛细血管网中的血量仅占总血量的 6% 左右。

3. 心源性休克　始动环节是心脏泵血功能障碍，见于各种心脏病，如心肌梗死、心肌炎、心肌病、心瓣膜病、严重的心律失常等，最终导致心排血量下降，组织的灌流量减少，从而引起休克。

第二节　休克的发展过程和发病机制

微循环障碍是大多数休克发生的共同基础。微循环是指微动脉和微静脉之间微血管的血液循环，是血液和组织进行物质代谢、交换的基本结构和功能单位，主要受神经体液调节。根据微循环变化的特点，将休克的发展过程分为以下三期（图 10-2）。

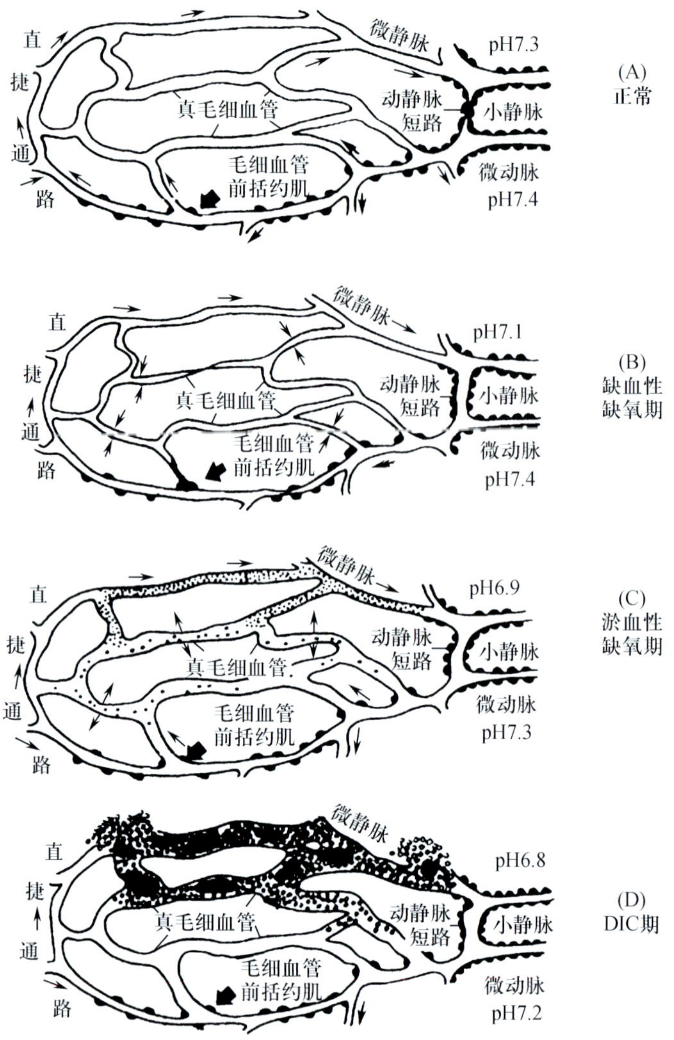

图 10-2 休克各期微循环变化示意图

一、微循环缺血性缺氧期（休克初期或休克代偿期）

（一）微循环变化的特点

微循环变化的主要特点是除心、脑以外的组织、器官的小血管收缩或痉挛，表现如下。

1. 微动脉、后微动脉、毛细血管前括约肌及微静脉持续收缩，毛细血管前后阻力增加，尤其是前阻力增加更明显。

2. 真毛细血管网关闭。

3. 动静脉吻合支和直捷通路开放。

此期微循环灌流特点：少灌少流，灌少于流，组织呈缺血、缺氧状态。

（二）微循环变化的机制

交感 - 肾上腺髓质系统兴奋使大量儿茶酚胺释放入血，引起皮肤、腹腔内脏和肾等部位的小血管发生强烈收缩（这些部位的小血管有丰富的交感缩血管纤维支配，α 受体占优势），毛细血管前阻力明显增加，微循环灌流急剧减少；而 β 受体受刺激，则使动静脉吻合支开放，流经真毛细血管网的血流减少，导致微循环严重缺血、缺氧。

此外，肾缺血导致肾素 - 血管紧张素 - 醛固酮系统被激活，使血液中血管紧张素Ⅱ增高，以及血液中增多的心肌抑制因子、血栓素、内皮素等缩血管物质也使血管收缩，加重微循环的缺血、缺氧。

（三）微循环变化的代偿意义

1. 血液重新分布　不同器官的血管对儿茶酚胺的反应性不一。皮肤、腹腔内脏器官、骨骼肌和肾血管的 α 受体密度高，对儿茶酚胺比较敏感，收缩明显，这些器官的血液灌流量明显减少；而脑血管和冠状血管则反应不明显，血液灌流量保持相对稳定，这种不均一性的血液重新分布，起到了“移缓救急”作用，保证了重要生命器官脑和心脏的血液供应。

2. 有助于动脉血压的维持　本期休克患者血压可不下降或轻度下降，主要通过三个方面的机制来实现。

（1）回心血量增加：通过“自体输血”与“自体输液”作用而实现。静脉血管是容量血管，可容纳总血量的 60%~70%。在休克早期，由于儿茶酚胺等缩血管物质的大量释放，使微静脉和小静脉收缩，肝、脾储血库紧缩，使血管床容量迅速而短暂地减少，回心血量增加，起到“自体输血”的作用。由于微动脉、后微动脉和毛细血管前括约肌比微静脉对儿茶酚胺的敏感性更高，使毛细血管前阻力大于后阻力，毛细血管内静水压下降，促使组织液回流进入血管，起到“自体输液”的作用。

（2）心排血量增加：交感神经兴奋和儿茶酚胺的增多可使心率加快，心肌收缩力增强，心排血量增加。

（3）外周阻力增高：在回心血量和心排血量增加的基础上，全身小动脉痉挛收缩，可使外周阻力增高，血压回升。

（四）主要临床表现

由于交感 - 肾上腺髓质系统兴奋，血液重新分布，临床表现主要有面色苍白、四肢湿冷、脉搏细速、尿量减少等；脑血流供应基本正常，神志比较清楚；血压通过代偿可正常或略降，大失血患者血压可出现骤降。临床上值得注意的是血压通过代偿可维持正常，但某些内脏器官血液灌流减少，组织有缺血、缺氧。组织、器官的微循环障碍可发生在血压明显下降之前，所以脉压减小更具有诊断意义。

休克初期是休克的可逆期，是抢救休克的最佳时期，应积极消除休克病因，以及时补充血容量，改善组织灌流，解除微循环缺血、缺氧状态，促使休克逆转，防止休克的进一步发展。

二、微循环淤血性缺氧期（休克期或休克失代偿期）

（一）微循环变化的特点

1. 微动脉、后微动脉、毛细血管前括约肌等前阻力血管舒张，微静脉等后阻力血管收缩，前阻力小于后阻力。

2. 真毛细血管网大量开放。

3. 血流速度显著减慢，血液黏稠度增加，微循环淤血，组织灌流量进一步减少，缺氧现象更加严重。

此期微循环灌流特点：灌而少流，灌大于流，组织呈淤血性缺氧状态。

（二）微循环变化的机制

微循环淤血与长时间的微血管收缩，引起缺血、缺氧、酸中毒及多种体液因子有关。

1. 酸中毒　微循环缺血、缺氧，组织细胞无氧酵解增强，乳酸、CO_2 等酸性代谢产物堆积，形成严重酸中毒，导致血管平滑肌对儿茶酚胺的反应性降低，使微血管由收缩转为舒张状态。

2. 局部扩血管代谢产物增多　组织长时间的缺血、缺氧、酸中毒，使肥大细胞释放组胺增多，ATP 的分解产物腺苷堆积，内啡肽、激肽类物质生成增多等，引起小血管扩张，毛细血管通透性增加。同时，细胞解体释放 K^+ 增多，使 K^+ 外流增加，抑制了 Ca^{2+} 的内流，导致血管反应性和收缩性降低，也是微血管舒张的一个重要原因。

3. 血液流变学的改变 由于微血管内血流缓慢及组胺、激肽类物质等使血管通透性增加，血浆外渗，血液黏度增高，灌流压下降，使红细胞易聚集，白细胞则通过滚动、附壁而黏附于内皮细胞之间，使毛细血管嵌塞，或在微静脉附壁黏着，使血流受阻或毛细血管后阻力增加。黏附并激活的白细胞可释放氧自由基和溶酶体酶，损伤血管内皮细胞和其他组织细胞，进一步加重微循环障碍和组织损伤。

另外，内毒素及肠源性毒素入血激活巨噬细胞，促进一氧化氮生成增多，也可引起血管扩张。休克时产生的多种体液因子也参与微循环障碍的发生和发展。

（三）微循环变化的后果

休克期血管反应性降低，重要生命器官的血流调节功能丧失，使心血管系统功能严重受损，表现如下。

1.“自体输血”和“自体输液”作用停止 由于静脉系统容量血管扩张，血管床容量增加，使回心血量减少，“自体输血”功能丧失。微循环内血液淤滞，毛细血管内流体静压升高且通透性增加，不仅使“自体输液”作用停止，而且有大量血浆外渗到组织间隙。同时组织内酸性代谢产物和溶酶体水解产物的作用，使组织间隙胶原蛋白的亲水性增加，也可导致血浆外渗，血液浓缩。

2. 恶性循环形成 由于微血管床大量开放，血液淤滞，使有效循环血量锐减，回心血量减少，心排血量和血压进行性下降，使交感 - 肾上腺髓质系统更加兴奋，微循环血液灌流量进一步减少，组织缺氧更严重，形成恶性循环；同时，血液浓缩，血细胞比容增大，血液黏滞度进一步增高，又促进红细胞聚集，更加重了有效循环血量的进一步减少。

（四）主要临床表现

由于严重的淤血性缺氧，引起血压进行性下降，患者表现为表情淡漠、意识模糊、心率加快、脉搏细速、少尿、无尿、皮肤发绀呈花斑状。如能及时有效地进行抢救，休克病情仍可逆转。否则，进入休克难治期。

三、微循环衰竭期（休克晚期或 DIC 期）

（一）微循环变化的特点

1. 微血管麻痹、扩张。
2. 真毛细血管内血液淤滞。
3. 微血管内广泛微血栓形成。

此期特点：微循环呈“不灌不流”状态，出现弥散性血管内凝血（DIC）和重要器官功能障碍和衰竭。

（二）微循环变化的机制

微循环衰竭的发生机制与以下因素有关：①微血管麻痹、扩张，反应性显著下降。由于不断加重的淤血、缺氧、酸中毒及内毒素的作用，微循环血流停止，组织得不到足够的氧和营养物质，微血管发生麻痹性扩张。② DIC 的发生。在微循环衰竭期，血流进一步缓慢，血浆外渗，血液浓缩，血细胞比容增大，血细胞聚集，血液黏滞度增加，血液处于高凝状态，从而发生 DIC。但并非所有休克患者都一定会发生 DIC，有些休克患者可无 DIC 的发生。

（三）微循环变化的后果

严重的缺血、缺氧、酸中毒及内毒素的作用和 DIC 的形成，引起内环境紊乱，细胞溶酶体酶的大量释放，补体系统和激肽系统的激活，以及其他体液因子和氧自由基的生成增多，导致重要器官功能障碍，甚至多器官功能衰竭而致患者死亡。

（四）主要临床表现

1. 循环衰竭　休克晚期，由于血管麻痹，微血管反应性降低，血压进行性下降。表现为脉搏细速，中心静脉压降低，意识障碍，甚至昏迷、死亡。

2. 毛细血管无复流现象　休克晚期，即使大量输血补液，血压一度回升，仍不能恢复毛细血管血流，称之为毛细血管无复流现象。主要由于白细胞黏着与嵌塞，毛细血管内皮细胞肿胀及并发 DIC 后微血栓阻塞微血管，也是休克难治的主要原因之一。

3. 重要器官功能障碍或衰竭　休克晚期，微循环严重淤血和 DIC 的形成，使微循环灌流严重不足，组织细胞因严重缺血、缺氧及酸中毒而坏死，使心、脑、肺、肾等重要生命器官功能障碍或衰竭，甚至导致患者死亡。

休克的发生和发展是一个复杂的过程，在引起微循环障碍的过程中，有许多体液因子参与。除了前面已叙述的儿茶酚胺、组胺、激肽、血管紧张素等作用，还有血管加压素可引起血管收缩和少尿；心肌抑制因子可引起血管收缩和心肌收缩功能障碍；血栓素可引起微血管收缩，促进血小板聚集；内啡肽可抑制心肌收缩和使血压下降；氧自由基可加重细胞损伤；肿瘤坏死因子可损伤血管内皮细胞；白介素 -1 可增加微血管的通透性；内皮素可引起强烈的微血管收缩等。

第三节　休克时机体的代谢和功能变化

一、代谢障碍

（一）物质代谢变化

休克时，由于微循环严重障碍，血液灌流降低，组织细胞缺氧，使糖酵解增强，乳酸生成增多；脂肪和蛋白分解增加，合成减少，血中游离脂肪酸和酮体增多，血清尿素氮水平升高。

（二）水、电解质、酸碱平衡紊乱

休克时，由于 ATP 生成减少，细胞膜上的钠钾 ATP 酶运转失灵，导致细胞水肿和高钾血症。同时，乳酸、脂肪酸、酮体生成增多，加之微循环灌流不足和肾功能障碍，代谢产物不能及时清除，引起代谢性酸中毒，酸中毒又可加重高钾血症，促进 DIC 的发生，加重微循环障碍和器官功能障碍。另外，在休克早期，创伤、出血、感染等刺激呼吸加深加快，呼出二氧化碳过多，导致呼吸性碱中毒，可减少脑血流和影响心功能。休克晚期，发生呼吸衰竭，导致严重的通气障碍，出现呼吸性酸中毒，从而加重酸碱平衡紊乱。

二、细胞损伤

（一）细胞膜的变化

休克时，细胞膜的变化出现较早。由于缺氧，酸中毒，高钾血症，ATP 减少，溶酶体酶、氧自由基及其他炎症介质等，均可导致细胞膜损伤，通透性增加，离子泵功能障碍，水、Na^+、Ca^{2+} 内流增加，引起细胞水肿。

（二）线粒体的变化

线粒体表现为肿胀，最后崩解破坏，导致呼吸链与氧化磷酸化障碍，能量生成进一步减少，最终致使细胞死亡。

（三）溶酶体的变化

休克时，由于缺血、缺氧及酸中毒引起溶酶体肿胀、破裂，溶酶体酶大量释放，其主要

危害是引起细胞自溶，消化基底膜，激活激肽系统，产生心肌抑制因子等毒性多肽。溶酶体的非酶性成分可促进组胺等炎症介质的释放，增加毛细血管的通透性。因此，溶酶体酶在休克发生、发展和病情恶化中起着重要作用。

三、重要器官功能衰竭

休克过程中，由于微循环血液灌注急剧减少而形成的缺血、缺氧导致组织细胞变性、坏死，引起器官功能障碍或衰竭，甚至死亡。现将主要器官发生的功能障碍简述如下。

（一）肺功能变化

休克时，呼吸功能障碍发生率较高且出现较早。病因作用于机体，早期使呼吸中枢兴奋，呼吸加深加快，通气过度，出现低碳酸血症和呼吸性碱中毒。肺功能障碍较轻时，可称为急性肺损伤（acute lung injury，ALI）。病情继续恶化则引起肺淤血、肺水肿、肺出血、肺不张、微血栓形成及肺泡内透明膜形成等病理变化，称之为“休克肺”，或成人呼吸窘迫综合征（acute respiratory distress syndrome，ARDS）。临床主要表现是以进行性缺氧和呼吸困难、发绀、肺水肿和肺顺应性降低为特征的急性呼吸衰竭。

（二）肾功能变化

肾也是休克时容易受损的器官之一，出现也较早，主要发生急性肾衰竭，在临床上表现为少尿、无尿，同时伴有高钾血症、代谢性酸中毒和氮质血症。

休克早期，出现急性肾衰竭，是由于交感-肾上腺髓质系统兴奋，儿茶酚胺增多，肾血管收缩，肾血流量减少，肾小球滤过率降低；而醛固酮和抗利尿素增加，促使肾小管重吸收增加，表现为少尿和无尿等，称为功能性肾衰竭，如及时恢复肾血液灌流，肾功能可立刻恢复。若休克持续时间过长，或不恰当地长时间大剂量使用缩血管药物，使肾缺血持续加重，导致急性肾小管坏死，而形成器质性急性肾衰竭。

（三）心功能变化

休克时，除了心源性休克伴有原发性心功能障碍外，其他类型的休克因心脏没有原发疾病，所以心力衰竭较少见。在休克早期，由于机体代偿，血液重新分布，可维持冠状动脉的血流量，使心功能受影响不明显。但随着休克的发展，血压进行性下降，使冠脉血流量减少，心肌缺血、缺氧，加之其他因素，可发生急性心力衰竭。休克持续时间越久，心功能障碍也越严重。

（四）脑功能变化

休克早期，由于血液重新分布及脑循环的自身调节，保证了脑的血液供应，除烦躁不安外，脑功能没有明显的障碍。随着休克的发展，血压进行性下降及脑内 DIC 的发生，使脑血液供应不足，引起脑组织严重缺血、缺氧及酸中毒和能量衰竭，细胞内、外离子转运紊乱，导致神经功能损害。临床主要表现为神志淡漠、意识模糊、嗜睡甚至昏迷；缺血、缺氧还使毛细血管通透性增加，引起脑水肿和颅内压升高，严重者形成脑疝，危及患者生命。

（五）肝功能变化

肝功能障碍主要表现为黄疸和肝功能不全，临床上由创伤和全身感染引起的休克多见，发生率高且出现早。其原因是在休克早期，血液重新分布，以及在休克的发展过程中，腹腔脏器血液供应不断减少，同时肝血窦和中央静脉内的微血栓形成，使肝严重缺血、缺氧，肝细胞坏死。另外，单核巨噬细胞系统活化，释放氧自由基及肿瘤坏死因子、一氧化氮等体液因子，进一步损伤肝细胞，引起肝细胞的生物转化和解毒功能障碍，导致能量生成减少，以及肠源性毒素引起内毒素血症，同时还有蛋白和凝血因子合成障碍，引起低蛋白血症和出血，使休克进一步加重。

（六）胃肠道功能变化

休克时，胃肠道改变主要有胃黏膜损害、肠缺血和应激性溃疡。临床表现为腹痛、消化不良及消化道出血等。由于缺血、淤血、缺氧及DIC形成，肠黏膜变性、坏死、糜烂，形成应激性溃疡；如破坏血管则有胃肠道出血，表现为呕血或黑粪；胃肠功能紊乱，表现为胃肠蠕动减慢，消化液分泌减少，消化吸收不良；肠黏膜屏障功能减弱，肠源性毒素大量入血，引起菌血症和内毒素血症，可加重休克。

（七）多器官功能障碍综合征

休克过程中由于微循环功能障碍及全身炎症反应综合征，常引起肺、肾、肝、胃肠、心、脑等器官受损，甚至导致多器官功能障碍综合征（multiple organ dysfunction syndrome，MODS），即急性损害24小时后，同时或序贯出现两个或两个以上的系统或器官功能障碍或衰竭，不能维持体内环境稳定的临床综合征。

第四节　休克的防治原则

一、积极治疗原发病

根据引起休克的不同原因，采取措施，积极防治，如止血、镇痛、抗过敏、控制感染、补充血容量等。

二、改善微循环

按照休克发生的始动环节，各种休克都存在有效循环血量的绝对和相对不足，最终导致组织的微循环灌流减少，所以改善微循环的主要措施包括补充血容量和合理使用血管活性药物，这对提高休克的抢救成功率有重要指导意义。

1. 扩充血容量　扩充血容量是提高心排血量和改善组织微循环灌流的基本措施。在患者心、肺功能允许的条件下，应及时、尽早和充分扩充血容量。输液的原则是“需多少，补多少”，但要量需而入，不可超量输液。

2. 合理应用血管活性药物　血管活性药物包括舒血管药物和缩血管药物，合理应用血管活性药物的目的是疏通微循环，恢复微循环血液灌流，是抢救休克的关键措施。

三、纠正酸碱平衡紊乱

休克引起的缺血、缺氧必然导致乳酸性酸中毒，酸中毒又加重微循环障碍，促进DIC形成，引起高钾血症。所以，应根据酸中毒程度及时补碱纠酸，否则，酸中毒时H^+和Ca^{2+}的竞争作用，将直接影响血管活性药物的使用和心肌收缩力。

四、防治细胞损伤和器官功能衰竭

休克引起的组织细胞不可逆损害，导致器官功能衰竭，也是临床上休克死亡的主要原因之一，所以，要积极改善细胞代谢，减少细胞损伤，防止引起器官功能衰竭。

1. 防治细胞损伤　改善微循环是防止细胞损伤的主要措施之一，其他主要措施有：①吸氧、补充能量，如葡萄糖、胰岛素、能量合剂等，以改善细胞代谢和补充必要的能量；②使用糖皮质激素，以稳定细胞膜和溶酶体膜，抑制溶酶体酶的释放及细胞因子的合成和表达；③使用氧自由基清除剂，如超氧化物歧化酶、维生素C等减轻细胞损害；④使用抑肽酶，抑制纤溶酶、蛋白水解酶，阻止激肽和其他毒性肽分子的生成。

2. 防治重要器官功能障碍与衰竭 除上述措施外，还应针对不同器官功能障碍采取相应防治措施。如出现肺功能障碍，应保持气道通畅，采用正压给氧，改善呼吸功能；如出现肾功能障碍，应尽早改善肾灌流量、利尿和进行透析等；如出现急性心功能障碍，应严格控制补液量、强心利尿、降低前后负荷等，以防止多系统器官功能衰竭的发生。

本章小结

休克是各种强烈的致病因素作用于机体，引起有效循环血量急剧减少，使组织和器官微循环血液灌流量严重不足，导致重要器官功能、代谢障碍或结构损害的全身性危重病理过程。

休克常见的病因有失血和失液、严重创伤和烧伤、严重感染、变态反应、心力衰竭、强烈的神经刺激等。按休克发生的始动环节分为低血容量性休克、血管源性休克、心源性休克。

休克的发展过程分为三期：①微循环缺血性缺氧期（休克初期或休克代偿期），主要特点是除心、脑以外的组织、器官的小血管收缩或痉挛，微循环灌流表现为少灌少流，灌少于流，组织呈缺血、缺氧状态。此期出现血液重新分布，保证了重要生命器官脑和心脏的血液供应。同时，通过“自体输血”与“自体输液”使回心血量增加；交感神经兴奋和儿茶酚胺的增多使心率加快，心肌收缩力增强，心排出量增加；全身小动脉痉挛收缩，可使外周阻力增高，均有助于动脉血压的维持。②微循环淤血性缺氧期（休克期或休克失代偿期），此期微循环灌流特点是灌而少流，灌大于流，组织呈淤血性缺氧状态。③微循环衰竭期（休克晚期或DIC期），由于严重的淤血、缺氧及酸中毒，使微血管麻痹、扩张，微循环中可有微血栓形成，血流停止，出现不灌不流状态。

休克时机体可出现：物质代谢障碍；水、电解质、酸碱平衡紊乱；细胞损伤；重要器官功能衰竭，如“休克肺”、“休克肾”、急性心力衰竭、脑水肿、肝功能不全、多器官功能障碍综合征等。

休克的防治原则包括积极治疗原发病、改善微循环、纠正酸碱平衡紊乱、防治细胞损伤和器官功能衰竭等。

（徐珊珊）

第十一章　弥散性血管内凝血

学习目标

1. 掌握 DIC 的概念，发展过程及主要临床表现。
2. 熟悉 DIC 的病因与发病机制。
3. 了解 DIC 的类型及防治原则。

弥散性血管内凝血（disseminated intravascular coagulation，DIC）是指在某些致病因素作用下，凝血因子和血小板被激活，大量促凝物质入血，从而引起以凝血功能紊乱为主要特征的全身性病理过程。此时凝血因子和血小板被激活，或大量促凝物质释放入血，在微循环内形成广泛微血栓，同时消耗大量凝血因子和血小板，继发性纤维蛋白溶解（简称纤溶）功能增强，使患者出现明显的出血、休克、溶血性贫血和器官功能障碍等临床表现，是一种危重的综合征。

第一节　弥散性血管内凝血的病因和发病机制

一、病因

正常状态下，机体的血液在心血管内流动而不发生凝固，是体内凝血和抗凝血功能及纤溶系统之间保持动态平衡的结果。因此，凡能使凝血功能增强或抗凝血机制减弱及纤溶系统活性受抑制的各种因素均可引起 DIC 的发生。

1. 感染性疾病　占 DIC 总发病数的 31%~43%，包括细菌、病毒、立克次体、真菌等感染。如败血症、流行性脑脊髓膜炎、病毒性肝炎、流行性出血热等都可导致 DIC。感染性疾病是 DIC 最重要、最常见的病因，特别是败血症。

2. 恶性肿瘤　占 DIC 总发病数的 24%~34%。恶性肿瘤晚期患者容易并发 DIC，主要见于造血系统恶性肿瘤，特别是消化、泌尿生殖系统恶性肿瘤及白血病等。

3. 妇产科疾病　占 DIC 总发病数的 4%~12%。妊娠高血压综合征、流产、胎盘早剥、羊水栓塞、剖宫产术、宫内死胎滞留、子宫破裂及腹腔妊娠等均可引起 DIC。DIC 是产科大出血及产妇死亡的重要原因之一。

4. 手术及创伤　占 DIC 总发病数的 1%~5%。各种严重创伤及大手术都可造成大面积组织损伤，大量组织因子释放入血导致 DIC。如大面积烧伤、严重冻伤、挤压综合征、严重软组织创伤、富含组织因子器官的大手术等。

二、发病机制

机体的凝血、抗凝、纤溶系统的相互作用、密切协调，是维持血流通畅的基础。DIC 起始于凝血系统的激活，其发病机制比较复杂，但基本病理变化是微血管内微血栓形成，因此启动凝血过程的动因和途径是 DIC 发病机制的重要方面（图 11-1）。

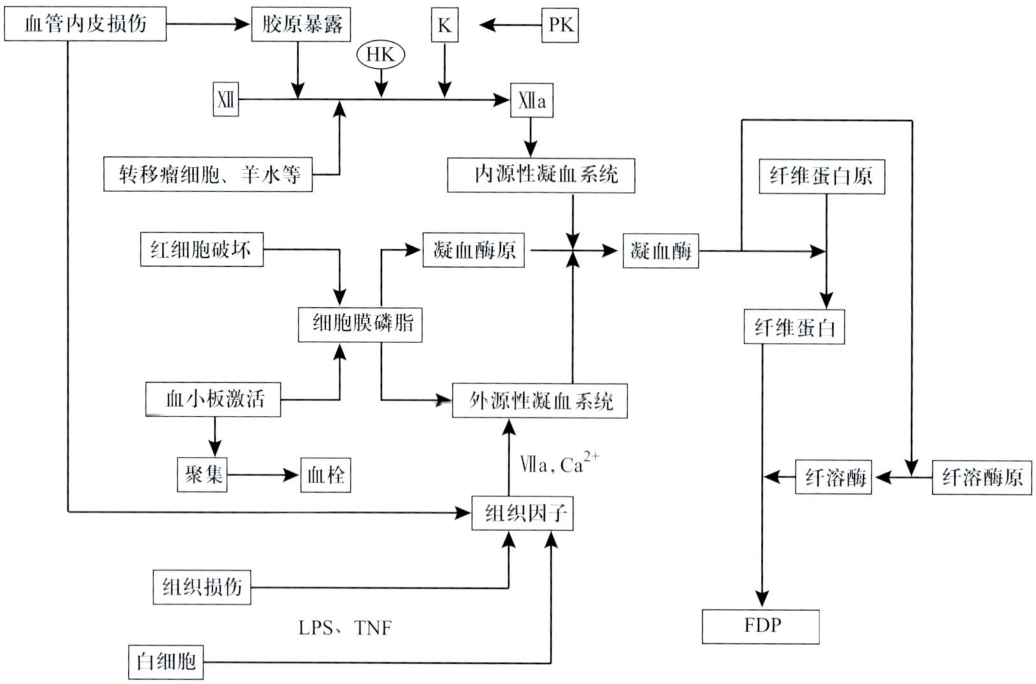

图 11-1 DIC 的发病机制

HK：高分子激肽原；PK：激肽释放酶原；K：激肽释放酶；LPS：脂多糖
TNF：肿瘤坏死因子；FDP：纤维蛋白降解产物

（一）组织因子释放，启动外源性凝血途径

严重的创伤、大手术、烧伤、产科意外等引起的组织损伤，以及坏死的肿瘤组织和破坏的白血病细胞（如白血病放疗和化疗后），可释放大量组织因子入血，与凝血因子Ⅶ（Ⅶa）及血浆中的 Ca^{2+} 结合形成复合物激活凝血因子Ⅹ，启动外源性凝血途径，引起血液凝固。组织损伤是 DIC 重要的起始环节之一。

（二）血管内皮细胞广泛损伤，启动内源性凝血途径

严重感染、缺血、缺氧、酸中毒、高热、抗原抗体复合物、内毒素等，均可损伤血管内皮细胞，可通过以下途径促进 DIC 的发生：①损伤的血管内皮细胞释放组织因子，启动外源性凝血途径；②血管内皮细胞受损，产生的组织因子途径抑制物（TFPI）减少，使血液的凝固性升高；③血管内皮细胞产生的组织型纤溶酶原激活物（tPA）减少，使纤溶酶原激活物抑制物 -1（PAI-1）产生增多，纤溶系统活性降低，血液凝固性增高；④血管内皮细胞损伤，使前列环素 I_2（PGI_2）及 ADP 酶等产生减少，对血小板黏附和聚集功能的抑制作用降低，使血小板易于黏附、活化、聚集而促进血液凝固；⑤血管内皮细胞损伤，暴露了内皮下带负电荷的胶原纤维，既使血小板易于黏附、聚集，又可通过激活接触因子（Ⅻ）而启动内源性凝血途径，同时激活的接触因子分解激肽释放酶原变为激肽释放酶，而激活的激肽系统和补体系统产生的激肽和补体产物也可促进 DIC 的发生。

（三）血细胞大量破坏，血小板被激活

各种致病因素使血液中红细胞、白细胞及血小板损伤，引发和促进凝血过程，对 DIC 的发生有重要作用。①红细胞大量破坏：如异型输血、恶性疟疾、药物等引起的急性溶血，释放大量红细胞膜磷脂和 ADP，膜磷脂可浓缩、局限凝血因子Ⅶ、Ⅸ、Ⅹ及凝血酶原等，生成大量凝血酶，促进 DIC 的发生。ADP 可促进血小板黏附、聚集，促进凝血反应及 DIC 的形成。②白细胞损伤：血液中的单核细胞和中性粒细胞在内毒素、白介素 -1（IL-1）、肿瘤坏死因子 -α（TNF-α）等的刺激下，诱导表达组织因子，启动凝血反应。在严重感染或急性早幼

粒细胞白血病的化疗和放疗过程中，使白细胞大量破坏，释放组织因子样物质，促进 DIC 的发生。③血小板被激活：血小板在 DIC 的发生、发展中有重要作用，但多为继发性。多种因素如 ADP、凝血酶、血栓素 A_2（TXA_2）、血小板激活因子、内毒素、免疫复合物等均可激活血小板，引起血小板的释放反应，释放出的促凝物质又可促使血小板黏附和聚集；血小板表面的多种糖蛋白如 GPⅠb、GPⅡb、GPⅢa 等，可促使血小板与血管内皮细胞下暴露的胶原黏附，使血小板聚集，释放多种血小板因子（PF1—PF7），加快凝血反应，促进 DIC 的发生。

（四）其他促凝物质入血液

羊水成分、抗原抗体复合物、细菌、肿瘤细胞及其他颗粒性物质入血，通过接触作用，激活凝血因子Ⅻ，启动内源性凝血系统。急性胰腺炎时，释放大量胰蛋白酶入血，激活凝血酶原为凝血酶；蛇毒有的可直接使凝血酶原变为凝血酶，也有的在 Ca^{2+} 参与下激活凝血因子Ⅹ或使凝血因子Ⅴ活性增强，促使 DIC 的形成。

综上所述，DIC 的发生是多种因素作用的结果，表现为早期既有凝血功能的增强，又有抗凝血功能的降低，形成广泛的微血栓，导致 DIC 的发生和发展，晚期则由于凝血因子的过度消耗和纤溶系统功能亢进而使凝血功能降低，表现为出血等。

三、影响 DIC 发展的因素

（一）单核巨噬细胞系统功能障碍

单核巨噬细胞系统可吞噬血液中已活化的凝血酶、内毒素、细菌、病毒、羊水成分等促凝物质，也可清除纤溶酶、纤维蛋白降解产物等抗凝物质。当这一清除功能由于吞噬了大量坏死组织、细菌等吞噬物而“封闭”时，机体凝血能力相对加强，可促使 DIC 的发生。

（二）肝功能严重障碍

血液中的许多抗凝物质，如蛋白 C、抗凝血酶Ⅲ及纤溶酶原等均在肝内合成。许多凝血因子，如活化的凝血因子Ⅸ、Ⅹ、Ⅺ 等均在肝内灭活。当肝功能严重障碍时，可使凝血、抗凝及纤溶过程失调。病毒感染、药物引起的肝细胞损害等既可导致肝细胞功能障碍，又可释放组织因子，这些因素在 DIC 的发生和发展中有一定作用。

（三）血液的高凝状态

孕妇从妊娠第 3 周开始，血液中的血小板和各种凝血因子数量逐渐增多，而抗凝血酶和纤溶酶原激活物则降低，同时胎盘产生的纤溶酶原激活物抑制物也增多，使血液渐趋高凝状态，到妊娠末期最明显。故在宫内死胎、胎盘早剥、羊水栓塞等产科意外时，易发生 DIC。酸中毒可损伤血管内皮细胞，启动凝血系统，引起 DIC 的发生；血液 pH 降低，使凝血因子的酶活性升高，肝素的抗凝活性降低，血小板的聚集性增强，使血液处于高凝状态，易引发 DIC。

（四）微循环障碍

休克等原因导致微循环严重障碍，使血液淤滞、血浆成分外渗、血流速度减慢、红细胞聚集、血小板黏附和聚集。同时，伴有的酸中毒及血管内皮的损伤均有利于 DIC 的发生。

第二节　弥散性血管内凝血的分期和分型

一、DIC 的分期

DIC 的发展是一个动态过程，急性 DIC 的典型经过可依次分为以下三期。

1. 高凝期　各种病因作用于机体，使凝血系统被激活，凝血因子产生增多，在微循环内形成大量微血栓，此时主要表现为血液的高凝状态。

2. 消耗性低凝期 继高凝期之后，在微血栓形成过程中凝血因子和血小板被消耗而减少，同时，继发性的纤溶系统被激活，使血液由高凝状态转变为低凝状态而表现为出血。

3. 继发性纤溶亢进期 凝血过程中产生的凝血酶和Ⅻa 等激活了纤溶系统，产生大量纤溶酶，使纤维蛋白（原）降解为纤维蛋白（原）降解产物（FDP），大量的纤维蛋白（原）降解产物使纤溶和抗凝作用增强，而表现为明显的出血倾向。

二、DIC 的分型

（一）按 DIC 发生速度分型

1. 急性型 当病因作用迅速而强烈时，DIC 可在数小时或 1~2 天内发生。发病急，临床表现明显，以休克和出血为主，病情迅速恶化。常见于异型输血、各种严重感染、严重创伤、移植后急性排斥反应等。

2. 慢性型 较少见，病程长。由于机体有一定的代偿能力，而且单核巨噬细胞系统功能较健全，使临床表现不明显。诊断比较困难，常以某器官功能不全为主要表现，有时仅有实验室检查异常，或在尸检病理检查时才被发现。慢性型 DIC 在一定条件下可转为急性型，常见于恶性肿瘤、慢性溶血性贫血、肺栓塞等。

3. 亚急性型 常在数天内逐渐形成 DIC。临床表现介于急性型与慢性型之间。多见于恶性肿瘤转移、宫内死胎等。

（二）按 DIC 的代偿情况分型

1. 代偿型 属于轻度 DIC。其特点是在 DIC 的发生和发展过程中，凝血因子和血小板的消耗与肝合成凝血因子和骨髓生成血小板的能力基本保持动态平衡。实验室检查可无明显异常，临床表现不明显或仅有轻度出血和血栓形成症状。代偿型 DIC 易被忽视，也可转为失代偿型。

2. 失代偿型 常见于急性 DIC。其特点是凝血因子和血小板的消耗超过肝和骨髓的代偿能力。患者有明显的出血和休克表现。实验室检查可见纤维蛋白原等凝血因子和血小板明显减少。

3. 过度代偿型 常见于慢性 DIC。其特点是机体代偿功能较好，凝血因子和血小板代偿性生成迅速，甚至超过消耗。此型可出现血浆纤维蛋白原等凝血因子的含量暂时性升高，出血和栓塞症状不明显，也可见于 DIC 的恢复期。

第三节 弥散性血管内凝血的病理临床联系

DIC 在临床上的表现复杂多样，但其病理生理基础主要是凝血功能和抗凝血功能失调，所以其表现以出血和微血栓形成的栓塞最为突出。

一、出血

出血是 DIC 最常见、最突出的表现，常在早期出现，表现为多部位轻重不等的出血倾向，如皮肤瘀点、瘀斑、呕血、黑粪、咯血、血尿、牙龈出血、鼻出血、阴道出血、颅内出血，或伤口和手术切口渗血不止，或注射部位大片状渗血等。DIC 出血的临床特点可归纳为：①出血比较突然，常合并休克、栓塞、溶血等 DIC 的其他表现；②多发性出血；③用一般止血药无效。导致出血的主要机制如下。

1. 凝血物质被消耗　在 DIC 的发生、发展过程中，各种凝血因子和血小板大量消耗，超过了肝和骨髓的代偿能力，使血液中纤维蛋白原、凝血酶原、凝血因子Ⅴ、Ⅷ、Ⅹ及血小板明显减少，导致凝血过程障碍而引起出血。

2. 纤溶系统被激活　血液中的凝血因子Ⅻ被激活，在启动凝血系统的同时，可使激肽释放酶原活化为激肽释放酶，激肽释放酶又可使纤溶酶原激活为纤溶酶，从而激活了纤溶系统。

3. 纤维蛋白（原）降解产物的形成　激活的纤溶酶可水解纤维蛋白原和纤维蛋白，纤维蛋白原被水解后产生纤维肽 A 和纤维肽 B 及 X、D、Y、E 片段；纤维蛋白被水解后产生 X、Y、D、E 片段及各种二聚体、多聚体等片段。这些 FDP 片段具有强烈的抗凝血作用，使患者的出血进一步加重。临床对 FDP 片段的检查在 DIC 的诊断中具有重要意义。

二、器官功能障碍

DIC 高凝期，微血管内广泛的微血栓形成，导致多器官微血管阻塞，血液灌流量减少，引起器官和组织的严重缺血和坏死，出现器官功能障碍，严重者引起器官功能衰竭。肾是最易受损的器官，可导致肾皮质坏死和急性肾衰竭，表现为少尿、无尿、血尿等。肺血管的广泛栓塞，可出现肺出血、肺水肿、呼吸困难，引起呼吸衰竭。冠状血管栓塞引起心肌缺血，可致心肌梗死而发生心力衰竭。神经系统受损，可引起脑皮质出血、蛛网膜下腔出血、脑干出血等，患者可表现为神志模糊、精神障碍、昏迷等。累及肾上腺可引起肾上腺皮质坏死，导致沃 - 弗综合征。累及垂体，因出血坏死可出现希恩综合征。肝受损可出现肝衰竭。消化系统受损则有呕吐、腹泻及消化道出血等。

三、休克

DIC 和休克可互为因果，形成恶性循环，使病情不断恶化，继而危及生命。在 DIC 的发生和发展过程中，由于微血管内广泛微血栓形成和出血，导致严重循环功能障碍，引起休克。尤其是急性 DIC 时，常伴有休克。而严重休克的晚期又常继发 DIC 的形成。DIC 时引起休克的机制如下。

1. 微血栓广泛形成　在 DIC 发生过程中，由于微循环内广泛微血栓形成，引起严重循环障碍，如回心血量不足，冠状血管供血不足，心肌缺血、缺氧，导致心功能降低，心排血量减少。

2. 血容量减少　DIC 引起严重的出血，直接使血容量减少，有效循环血量不足，进一步加重心肌缺血，心功能障碍，促进休克的发生。

3. 血管容量增加　在 DIC 发生过程中，由于激肽系统、补体系统和纤溶系统的激活，产生的一些血管活性物质，造成血管壁通透性增高，外周阻力降低，真毛细血管开放，回心血量减少等。

四、贫血

DIC 的早期，纤维蛋白丝在微血管内形成细网，血流中的红细胞流经网孔时，被黏着、滞留或挂在纤维蛋白丝上，在血流的冲击下，红细胞破裂，也可因微循环血流通道受阻，红细胞被挤压而扭曲、变形、破裂（图 11-2）；某些病因如内毒素等也可使红细胞的变形能力降低而容易破裂。在外周血涂片中可见到这些特殊的形态各异的变形红细胞及红细胞碎片，外形呈盔形、星形、新月形等，称为裂体细胞（图 11-3）。裂体细胞脆性高，易发生溶血。因 DIC 引起的贫血与微血管病变关系密切，故又称为微血管病性溶血性贫血。

图 11-2 红细胞悬挂在纤维蛋白丝上
（扫描电镜，左 ×2000，右 ×5200）

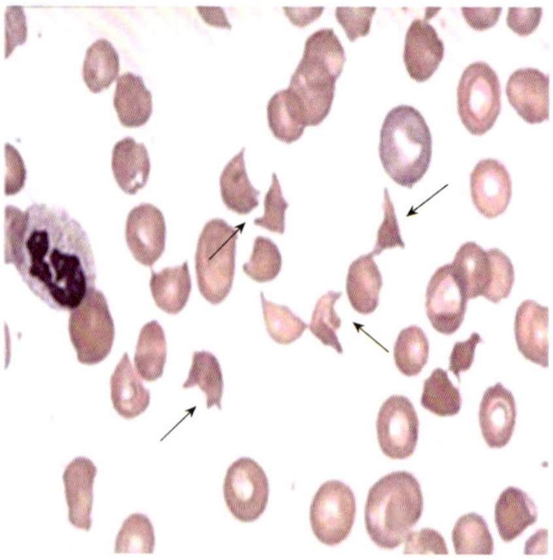

图 11-3 DIC 血象（裂体细胞）

第四节 弥散性血管内凝血的防治原则

一、防治原发病及消除诱因

积极治疗原发病和消除诱因是防治 DIC 的根本措施。如及时有效地控制感染，清除宫内死胎，以及时抢救休克等对 DIC 的预防和治疗具有非常重要的意义。

二、改善微循环

疏通被微血栓阻塞的微循环，增加器官和组织微循环的灌流量，是防治 DIC 发生和发展的重要措施。通常采取补充血容量，解除血管痉挛，对抗血小板的黏附和聚集，如使用阿司匹林、双嘧达莫等，可改善微循环。

三、建立新的凝血与纤溶间的动态平衡

在 DIC 的高凝期，以抗凝措施减少对凝血因子和血小板的消耗，如使用肝素治疗。在继发性纤溶亢进期则慎用或不用抗凝治疗，而考虑给予抗纤溶治疗，如使用 6- 氨基己酸，也可酌情输入新鲜血液，补充凝血因子和血小板等，以利于恢复凝血和纤溶之间的动态平衡。

本章小结

弥散性血管内凝血（DIC）是指在某些致病因素作用下，凝血因子和血小板被激活，大量促凝物质入血，从而引起以凝血功能紊乱为主要特征的全身性病理过程。此时凝血因子和血小板被激活，或大量促凝物质释放入血，在微循环内形成广泛微血栓，同时消耗大量凝血因子和血小板，继发性纤维蛋白溶解功能增强，使患者出现明显的出血、休克、溶血性贫血和器官功能障碍等临床表现。

DIC 的病因很多，凡能使凝血功能增强或抗凝血机制减弱及纤溶系统活性受抑制的各种因

素均可引起 DIC 的发生，如感染性疾病、恶性肿瘤、妇产科疾病、手术及创伤等。此外，还存在一些可以促进 DIC 发生、发展的诱因，如单核巨噬细胞系统功能障碍、肝功能严重障碍、血液的高凝状态、微循环障碍等。

DIC 发病机制比较复杂，但基本病理变化是微血管内微血栓形成，启动凝血过程的动因和途径是 DIC 发病机制的重要方面，包括：①组织因子释放，启动外源性凝血途径；②血管内皮细胞广泛损伤，启动内源性凝血途径；③血细胞大量破坏，血小板被激活；④其他促凝物质入血，如羊水成分、细菌、肿瘤细胞等，均可促使 DIC 的形成。

DIC 的发展是一个动态过程，急性 DIC 的典型经过可依次分为三期：①高凝期；②消耗性低凝期；③继发性纤溶亢进期。

DIC 临床表现主要有：①出血，是 DIC 最常见、最突出的表现。②器官功能障碍，DIC 高凝期，微血管内广泛的微血栓形成，导致多器官微血管阻塞，血液灌流量减少，引起器官和组织的严重缺血和坏死，出现器官功能障碍，严重者引起器官功能衰竭。③休克，在 DIC 的发生和发展过程中，由于微血管内广泛微血栓形成和出血，导致严重循环功能障碍，引起休克。DIC 和休克可互为因果，形成恶性循环，使病情不断恶化。④微血管病性溶血性贫血。

（徐珊珊）

第十二章　心血管系统常见疾病

学习目标

1. 掌握冠心病、心绞痛、心肌梗死、阿绍夫小体、心力衰竭的概念，良性高血压、动脉粥样硬化及风湿病的基本病理变化，良性高血压的病变分期。

2. 熟悉冠状动脉粥样硬化、高血压及风湿病的概念，冠状动脉粥样硬化的病变特点，风湿性心脏病的病理变化，心功能不全的原因、诱因。

3. 了解高血压、动脉粥样硬化、风湿病的病因、发病机制，心力衰竭分类及发病机制。

4. 学会应用本章常见疾病病理知识分析、解释相关的临床表现问题。

5. 具有科学处理动脉粥样硬化、心绞痛、心肌梗死、良性高血压、风湿病、心力衰竭问题的认知能力。

第一节　高　血　压

高血压（hypertension）是以体循环动脉血压持续升高为主要表现的临床综合征。根据世界卫生组织标准，成年人收缩压≥140 mmHg 和（或）舒张压≥90 mmHg 被定为高血压（表 12-1）。高血压可分为继发性高血压（secondary hypertension）和原发性高血压（primary hypertension）。

表 12-1　血压水平分类和定义（中国高血压防治指南，2010）

分类	收缩压（mmHg）		舒张压（mmHg）
正常血压	<120	和	<80
正常高值	120~139	和（或）	80~89
高血压	≥140	和（或）	≥90
1 级高血压（轻度）	140~159	和（或）	90~99
2 级高血压（中度）	160~179	和（或）	100~109
3 级高血压（重度）	≥180	和（或）	≥110
单纯收缩期高血压	≥140	和	<90

继发性高血压是指患有某些疾病时出现的血压升高，如慢性肾小球肾炎、慢性肾盂肾炎、肾上腺和垂体腺瘤等疾病引起的高血压，此型较少见，占高血压的 5%~10%。

原发性高血压又称高血压病，是一种原因未明的以体循环动脉血压持续升高为主要表现的独立性全身性疾病，占高血压的 90%~95%。原发性高血压可分为缓进型（良性）高血压与急进型（恶性）高血压两类。良性高血压起病隐匿，进展缓慢，病程可长达数年或数十年，晚期可引起心、脑、肾及视网膜病变，多见于中老年人，占原发性高血压的 95%。恶性高血压起病急，进展快，临床表现为血压显著升高，可超过 230/130 mmHg，多在 1 年内因脑出血或肾衰竭而死亡，多见于青少年，约占原发性高血压的 5%。本节主要介绍良性高血压。

一、病因与发病机制

原发性高血压的发病机制尚未完全清楚，目前认为是多种因素综合作用的结果。

（一）遗传因素

原发性高血压有明显的遗传倾向，据估计，人群中至少20%~40%的血压变异是由遗传决定的。目前认为原发性高血压是一种多基因遗传病，其发生与遗传缺陷或某些基因的变异和突变密切相关。

（二）膳食因素

高盐膳食可引起高血压。日均摄盐量高的人群高血压患病率，明显高于日均摄盐量低的人群，摄盐量与血压升高呈正相关。减少盐的摄入或用药物增加 Na^+ 的排泄可降低血压。我国饮食结构普遍高钠、低钾、低钙，不利于高血压的控制。

（三）职业和社会心理应激因素

精神处于长期紧张状态或从事相应职业的人，大脑皮质功能紊乱，使血管舒缩中枢功能失调，形成了以血管收缩冲动占优势的兴奋灶，引起全身细、小动脉痉挛，致外周阻力不断增加，血压逐步升高。

（四）神经内分泌因素

一般认为，大脑皮质下神经中枢功能紊乱时，可引起多种神经递质活性和浓度异常，导致细动脉的交感神经纤维兴奋性增高，这是高血压发病的主要神经因素。

（五）其他因素

超重或肥胖、吸烟、缺乏体力活动等，也是高血压的重要危险因素。

二、病理变化与病理临床联系

良性高血压病按病变发展可分为三期。

（一）功能紊乱期

为原发性高血压的早期阶段。本期特点是全身细、小动脉间歇性痉挛，因动脉无器质性病变，故解除痉挛后血压可恢复正常。临床症状为血压升高，但常有波动，偶有头晕、头痛等症状，经适当休息和治疗，血压可恢复正常。

（二）动脉病变期

1. 细动脉硬化　是高血压的主要病变特征。细动脉因长期痉挛而缺氧，内皮细胞与基底膜受损，通透性升高，致使血浆蛋白不断侵入血管壁沉积、凝固而发生玻璃样变性，使血管壁增厚、变硬、变脆、管腔狭窄。细动脉玻璃样变性最易累及肾的入球动脉、脾的中央动脉及视网膜动脉（图12-1）。

2. 小动脉硬化　主要累及肾叶间动脉、弓形动脉及脑内小动脉，可发生内膜纤维组织与弹性纤维弥漫性增生，中膜平滑肌细胞肥大和增生，使管壁增厚、管腔狭窄。

3. 大动脉硬化　如主动脉及其主要分支，并发动脉粥样硬化。

此期血管发生器质性改变，临床表现为持续的血压升高，失去波动性，常伴随眩晕、头痛、心悸及注意力不集中等症状，休息不能使血压降为正常，常需使用降压药治疗。

（三）器官病变期

此期可累及多个内脏器官，以心脏、肾、脑及视网膜的损害最为突出。

1. 心脏　主要表现为左心室肥大，是由于血压长期升高，外周阻力增加，左心室压力性负荷增加而导致。左心体积增大，重量增加，一般达400 g以上，（正常重量男性约260 g，女

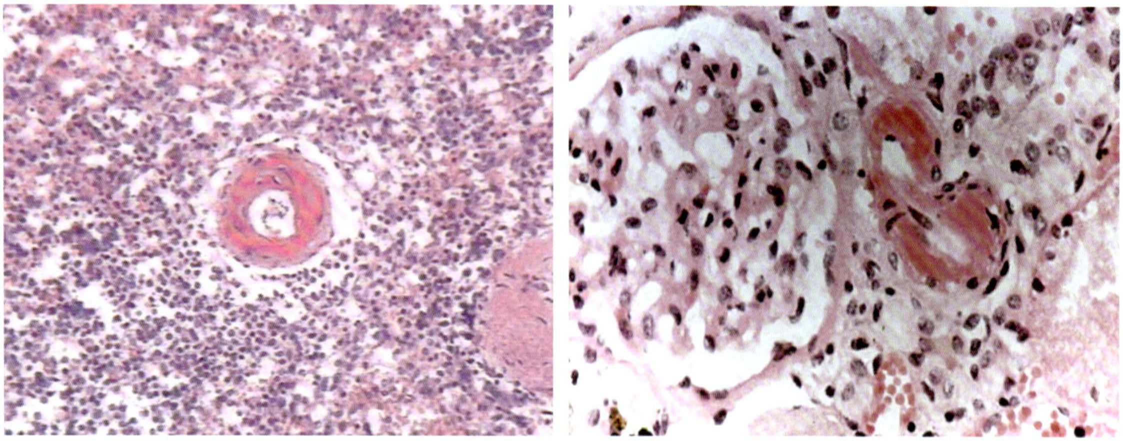

A. 脾中央动脉玻璃样变性　　B. 肾的入球动脉玻璃样变性

图 12-1　细动脉玻璃样变性

性约 250 g）。肉眼观：左心室壁增厚，可达 1.5~2.0 cm（正常厚度小于 1.0 cm），乳头肌和肉柱明显增粗，但心腔扩张不明显，称为向心性肥大（concentric hypertrophy）（图 12-2）。镜下观：心肌细胞变长、增粗，伴有较多分支，核肥大深染，圆形或椭圆形。晚期，左心室功能失代偿，心肌收缩力减弱，逐渐出现心腔扩张，称为离心性肥大（eccentric hypertrophy），严重者可发生左心衰竭。

由高血压引起的心脏病变称为高血压性心脏病。患者可有心悸，心电图（ECG）显示左心室肥厚和心肌损伤，严重者可出现心力衰竭。

2. 肾　主要表现为原发性颗粒性固缩肾（primary granulo-contracted kidney）。肉眼观：双侧肾对称性缩小，重量减轻，单侧肾可小于 100 g（正常成人肾约为 150 g），质地变硬，肾表面呈细颗粒状，切面肾皮质变薄（图 12-3）。镜下观：高血压时，由于肾入球小动脉的玻璃样变性，使所属肾单位缺血，进而萎缩、消失，间质结缔组织增生及淋巴细胞浸润。周围相对健存的肾小球发生代偿性肥大，所属肾小管扩张。

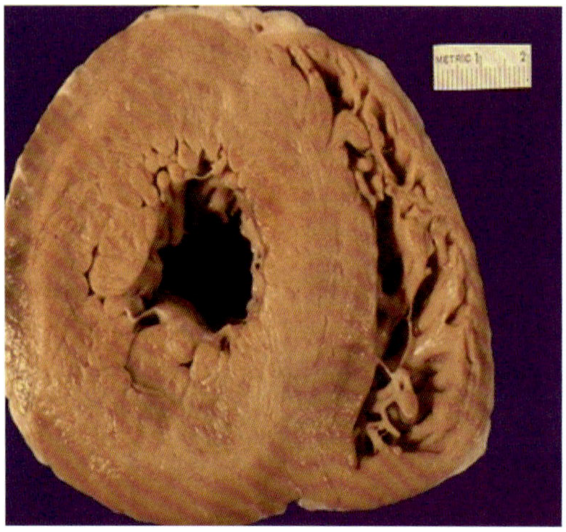

图 12-2　左心室向心性肥大

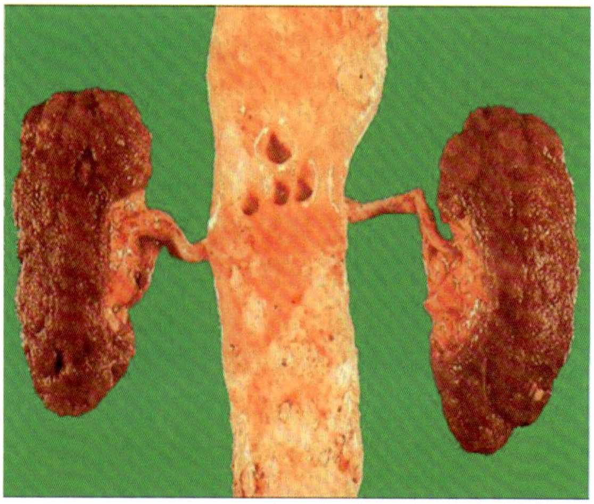

图 12-3　原发性颗粒性固缩肾

临床上，患者早期一般不出现肾衰竭，随着纤维化和消失的肾单位越来越多，肾小球滤过率逐渐减少，最终发展为肾衰竭，严重者可导致尿毒症。

3. 脑　由于脑细、小动脉痉挛和硬化造成局部组织缺血，毛细血管通透性增加，脑可发生一系列病变，主要有以下三种。

（1）脑水肿：由于脑内细、小动脉广泛而剧烈的痉挛，局部组织缺血，使毛细血管壁通透性升高，引起急性脑水肿和颅内高压。患者表现为血压明显升高、剧烈头痛、呕吐、抽搐甚至昏迷，称为高血压脑病（hypertensive encephalopathy）。如果短时间内血压急剧升高，有上述表现甚至呼吸困难，出现蛋白尿、管型尿、血尿，称为高血压危象（hypertensive crisis），可发生于高血压的各个时期。

（2）脑软化：由于脑的细小动脉硬化和痉挛，供血区脑组织缺血而发生多个较小的液化坏死灶，称为脑软化。光学显微镜下，梗死灶组织形成质地疏松的筛网状病灶，后期坏死组织被吸收，由胶原组织增生修复。

（3）脑出血：是晚期高血压患者最严重且常导致死亡的并发症，常发生于豆纹动脉供血的基底节和内囊部，少数也可发生于大脑白质、脑桥和小脑（图 12-4）。

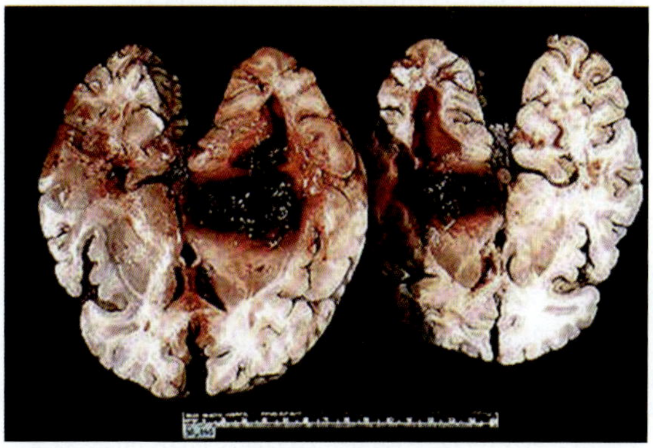

图 12-4　高血压脑出血

由于高血压引起脑血管的细、小动脉硬化，使血管壁变脆，局部膨出形成小动脉瘤和微小动脉瘤，当血压突然升高时可引起破裂性出血。出血常为大片状，出血区脑组织受压或完全被破坏，当出血范围扩大时，可破入侧脑室。脑出血常因出血部位及出血量的不同而出现不同的临床症状。内囊出血可引起对侧肢体偏瘫和感觉消失；出血破入侧脑室时，患者发生昏迷，甚至死亡；左侧脑出血常引起失语；脑桥出血可引起同侧面瘫及对侧上、下肢瘫痪；脑出血可因血肿占位及脑水肿引起颅内高压，并发脑疝形成。

4. 视网膜　眼底检查可见早期视网膜小动脉轻度狭窄和硬化，动脉变细，后期出现动、静脉交叉压迫现象，动脉反光增强呈银丝状。严重者可有视盘水肿、视网膜出血和视力减退。

第二节　动脉粥样硬化

动脉硬化是指动脉壁增厚、失去弹性的一类疾病，包括以下三种类型：①动脉粥样硬化（atherosclerosis，AS），最常见且最具危险性；②细动脉硬化（arteriolosclerosis）；③动脉中层钙化（medial calcification）。本节仅讨论动脉粥样硬化。

动脉粥样硬化是由于血脂在大、中动脉内膜沉积，引起内膜灶状纤维化及粥样斑块形成，导致管壁增厚、弹性减退，管腔狭窄。本病多发生于中、老年人，以 40~50 岁发展最快，男性发病多于女性，北方发病率略高于南方，严重危害人类健康。

一、病因与发病机制

AS 的病因与发病机制比较复杂，下列因素被视为危险因素。

（一）高脂血症

高脂血症指血浆中总胆固醇和（或）甘油三酯的异常增高。血浆内脂质以脂蛋白形式存在，脂蛋白由脂质（胆固醇及其酯、甘油三酯和磷脂）与载脂蛋白组成。血浆脂蛋白按密度不同分为四类，即乳糜微粒（CM）、极低密度脂蛋白（VLDL）、低密度脂蛋白（LDL）和高密度脂蛋白（HDL）。血中 LDL 含胆固醇最高，且分子较小，容易透入动脉内膜并引起巨噬细胞吞噬、沉积和刺激血管壁平滑肌细胞增生而形成斑块，因此 LDL 是最重要的致 AS 因子。

VLDL 可降解形成 LDL，故 VLDL 也与本病密切相关。HDL 能将血液中多余的胆固醇运至肝进行代谢，从而减少胆固醇在动脉内膜沉积，故 HDL 是本病的拮抗因素。因此血浆 LDL 和 VLDL 水平的持续升高和 HDL 水平的降低与 AS 发生呈正相关。

（二）高血压

正常动脉壁有清除脂蛋白的功能。高血压时，由于血流对血管壁的机械性压力和冲击作用较大，动脉内膜容易受损，这不仅使血中脂蛋白易于透入内膜，同时，管壁因内皮细胞受损致胶原纤维暴露，又可引起血小板聚集，从而释放生长因子，刺激动脉中膜平滑肌细胞增生并移入内膜，吞噬并分解脂蛋白，同时产生大量胶原纤维、弹性纤维等，最终脂质、纤维等混合形成粥样斑块。发生 AS 时，动脉壁变硬和管腔狭窄可引起血压升高，血压升高又进一步促进 AS 发生，故二者相互影响、相互促进。

（三）吸烟

大量吸烟导致血中一氧化碳浓度升高，从而造成血管内皮缺氧性损伤，刺激内膜胶原纤维增生等。香烟中的尼古丁还使肾上腺素分泌增加，导致血小板聚集和内皮细胞收缩，从而促进斑块的形成。大量吸烟还可使血液中 LDL 氧化，从而促进 AS 发生。

（四）遗传因素

AS 发生存在明显的家族聚集倾向，提示遗传因素是 AS 的危险因素。研究发现 LDL 受体基因突变可导致 LDL 水平增高，某些基因可影响脂质摄取和代谢，从而导致高脂血症发生。

（五）其他因素

1. AS 的发生随年龄的增长而增加，多见于 40 岁以上的中、老年人，49 岁以后进展较快，但青壮年亦可有早期病变。

2. 女性在绝经期前发病率低于同年龄组男性，HDL 水平高于男性、LDL 水平低于男性；绝经期后，这种差别消失。这是由于雌激素具有改善血管内皮的功能和降低血胆固醇水平的作用。

3. 饮食结构不合理，肥胖等，都是促进 AS 发生的因素。

二、基本病理变化

AS 病变进展可分为四期。

1. 脂纹期 是动脉粥样硬化肉眼可见的最早病变。肉眼观：动脉内膜面可见点状或条纹状黄色平坦或微隆起的病灶。镜下观：病变处内膜下大量泡沫细胞聚集，泡沫细胞体积大，呈圆形或椭圆形，胞质内含有大量脂质小空泡（图 12-5）。血浆脂蛋白浸入内膜，巨噬细胞和平滑肌细胞吞噬脂质，形成泡沫细胞。

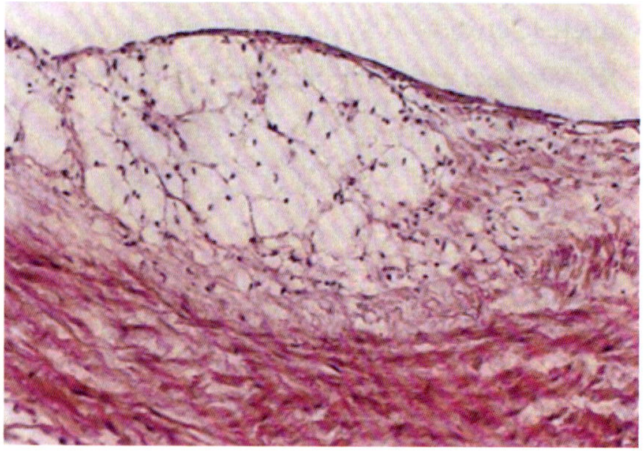

图 12-5 动脉粥样硬化早期镜下病变

2. 纤维斑块期 由脂纹期发展而来。肉眼观：内膜表面见散在不规则隆起的浅黄或灰黄色斑块，随着斑块表层的胶原纤维不断增加和玻璃样变性，脂质被埋于深层，斑块变为瓷白色。镜下观：斑块表面为纤维帽，纤维帽由大量胶原纤维、多层平滑肌细胞和蛋白聚糖构成，纤维帽下有不等量的泡沫细胞、平滑肌细胞、细胞外基质和炎症细胞。

3. 粥样斑块期 由纤维斑块深层细胞的坏死发展而来，是 AS 的典型改变。肉眼观：内膜面可见明显的灰黄色斑块，切面见斑块管腔面为白色质硬组织，深层为黄色或黄白色质软粥样物质，向深部压迫中膜。镜下观：表层为纤维帽，深层为坏死、崩解物质，内含胆固醇结晶（石蜡切片中呈针状空隙），底部和边缘为肉芽组织，并有少量泡沫细胞、平滑肌细胞、淋巴细胞浸润（图 12-6）。动脉中膜受压萎缩变薄，故动脉血管弹性降低。

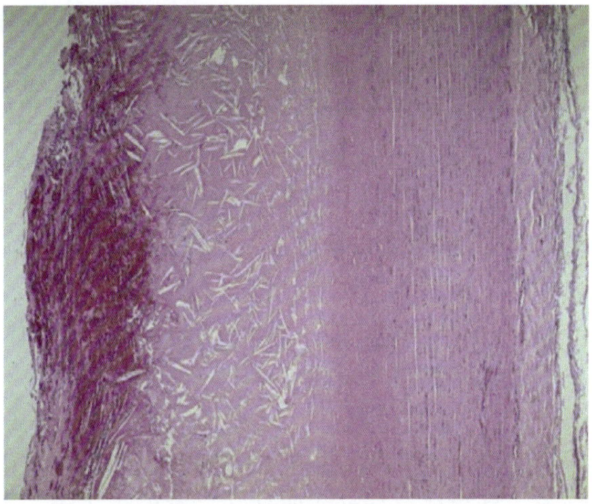
图 12-6　粥样斑块期镜下改变

4. 继发性改变　是指在纤维斑块和粥样斑块的基础上继发的病变，包括以下几种。

（1）斑块内出血：斑块内新生的血管壁薄，易破裂出血，形成血肿，使斑块突然隆起增大。严重时可致某些动脉（如冠状动脉）完全闭塞，导致急性供血中断。

（2）斑块破裂：因纤维帽被血流冲击破裂，在局部形成粥瘤样溃疡。粥样物质进入血流可引起栓塞。

（3）血栓形成：病灶处内皮损伤和粥样溃疡形成后，胶原暴露，激活凝血系统，继发血栓形成，引起动脉管腔阻塞致组织供血减少甚至中断，可导致严重后果。

（4）钙化：钙盐沉积于粥样灶内使斑块变硬，动脉壁也因此变硬变脆，容易破裂。多见于年龄较大的患者。

（5）动脉瘤形成：粥样斑块的压迫使中膜萎缩，弹性下降，在血管内压的作用下，动脉逐渐不能承受而出现局限性扩张，形成动脉瘤（aneurysm），多见于腹主动脉。若动脉瘤破裂可致大出血。

三、冠状动脉粥样硬化及冠状动脉性心脏病

冠状动脉性心脏病（coronary heart disease，CHD）简称冠心病，是因冠状动脉狭窄引起心肌缺血而导致的心脏病，也称缺血性心脏病（ischemic heart disease）。冠状动脉粥样硬化是冠心病最常见的原因，因此，临床所说的冠心病即冠状动脉粥样硬化性心脏病。冠状动脉粥样硬化最常累及左冠状动脉前降支，其余依次为右主干、左主干、左旋支、后降支。斑块多呈新月形，偏心位，呈多发、节段性分布，管腔有不同程度的狭窄（图 12-7）。根据管腔狭窄的程度分四级：Ⅰ级 < 25%，Ⅱ级 26%~50%，Ⅲ级 51%~75%，Ⅳ级 >76%。

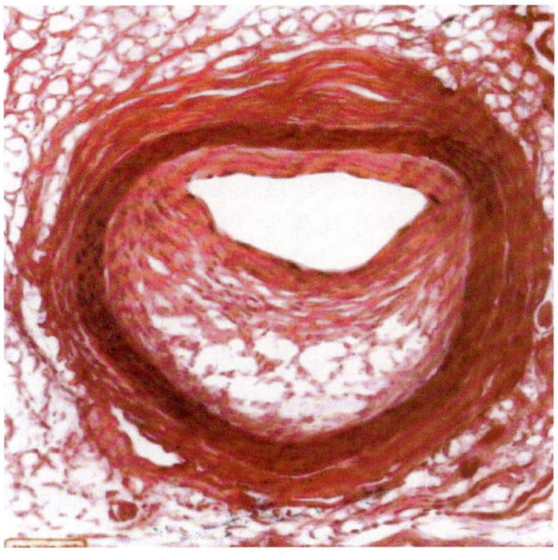
图 12-7　冠状动脉粥样硬化

冠心病主要有以下临床表现。

（一）心绞痛

心绞痛（angina pectoris）是由于心肌急剧的、暂时性缺血、缺氧所引起的一种常见临床综合征。表现为胸骨后或心前区发作性疼痛或压榨感，可放射到左肩、左臂，每次发作经休

息或含化硝酸甘油数分钟可缓解。心绞痛的发作常有明显诱因，如劳累、情绪激动、寒冷及暴饮暴食等，亦可无明显诱因。

根据原因和疼痛的程度，国际上把心绞痛分为三型。

1. 稳定型心绞痛 又称轻型心绞痛，一般不发作，可稳定数月，仅在过度体力活动，心肌耗氧量增多时发作。冠状动脉横切面可见斑块阻塞管腔 >75%。

2. 不稳定型心绞痛 是一种进行性加重的心绞痛。通常由冠状动脉粥样硬化斑块破裂和血栓形成而引发。光学显微镜下，可见弥漫性心肌细胞坏死而引起的心肌纤维化。

3. 变异型心绞痛 多无明显诱因，常在休息或梦醒时发作。患者冠状动脉明显狭窄，或发生冠状动脉痉挛。

（二）心肌梗死

心肌梗死（myocardial infarction，MI）是由于冠状动脉急性阻塞，引起心肌严重而持续性缺血、缺氧所导致的心肌坏死，多发生于中、老年人。临床上有心前区或胸骨后剧痛，持续时间较长，可有发热、中性粒细胞增多、红细胞沉降率加快，血和尿中肌红蛋白升高，肌酸激酶（CK）及乳酸脱氢酶（LDH）的血中浓度升高。其中 CK 升高可作为对心肌梗死诊断的敏感而可靠的指标。心肌梗死患者应用硝酸酯类制剂或休息后症状不能完全缓解，可并发心律失常、休克或心力衰竭。

1. 病理类型 根据心肌梗死的范围和深度可分为心内膜下心肌梗死和透壁性心肌梗死两个类型。

（1）心内膜下心肌梗死：病变主要累及心室壁内层的 1/3 的心肌，并波及肉柱和肉头肌，常表现为多发性、小灶状坏死，不规则地分布于左心室四周，严重时病灶扩大融合可累及整个心内膜下心肌，呈环状梗死。休克、心动过速、不适当的体力活动等诱因可加重冠状动脉供血不足，造成各支冠状动脉最末梢的心内膜下心肌缺血、缺氧，导致心内膜下心肌梗死。

（2）透壁性心肌梗死：是典型的心肌梗死类型，也称为区域性心肌梗死。约占心肌梗死的 95%，累及心室壁各层，梗死的部位与闭塞的冠状动脉供血区一致，此型心肌梗死多发生在左心室，其中，左冠状动脉前降支供血区，即左心室前壁、心尖部及室间隔前 2/3，约占全部心肌梗死的 50%。发生在右冠状动脉供血区的左心室后壁、室间隔后 1/3 及右心室约占全部心肌梗死的 25%。此外，左心室侧壁，相当于左冠状动脉回旋支供血区亦可受累。透壁性心肌梗死常有相应的一支冠状动脉病变突出，并常附加动脉痉挛或血栓形成。

2. 病理变化 心肌梗死属于贫血性梗死。一般发生梗死 6 小时后肉眼才可辨认，早期呈苍白色，8~9 小时后呈土黄色。病变心肌细胞发生凝固性坏死，间质水肿，伴不同程度的中性粒细胞浸润。4 天后梗死灶外周形成充血带，7 天后边缘出现肉芽组织，约 3 周后肉芽组织开始机化，逐渐形成瘢痕组织。

3. 并发症

（1）心律失常：这是心肌梗死最常见的早期并发症和死亡原因。由于梗死累及了传导束的左、右束支及其分支，可引起室性期前收缩或房室传导阻滞等，严重者可导致心搏骤停、猝死。

（2）心脏破裂：这是由于心肌坏死、中性粒细胞和单核细胞浸润，释放水解酶所致的酶性溶解作用，导致心壁破裂。

（3）室壁瘤：见于较大心肌梗死的愈合期，这是由于梗死或瘢痕组织在血流压力作用下，使局部心肌组织向外膨出所致。

（4）附壁血栓形成：梗死区心内膜面及室壁瘤内易形成附壁血栓，血栓脱落后可引起血栓栓塞及相应部位的梗死。

（5）心源性休克：梗死的心肌收缩力显著减弱甚至丧失，故常引起急性左心衰竭。当左心梗死范围达到 40% 时，心排血量明显减少，出现血压下降，引起心源性休克。

（6）急性心包炎：由于坏死组织累及心外膜可引起纤维蛋白性心包炎。

（三）心肌纤维化

冠状动脉粥样硬化使动脉管腔长期狭窄，从而引起心肌慢性供血不足，心肌细胞萎缩，间质纤维组织增生而导致心肌硬化，从而影响心脏的收缩与舒张，可引起慢性心力衰竭。

（四）冠状动脉性猝死

猝死是指自然发生的、出乎意料的突然死亡。冠状动脉性猝死是猝死中最常见的一种，是患者在原有冠心病的基础上，由于某种诱因的作用，如过量饮酒、过度劳累、激动等导致的突发死亡。临床表现为患者突然昏倒，四肢抽搐，排尿、排便失禁，或突然发生呼吸困难、口吐白沫，迅速昏迷、死亡，有不少病例死于夜间。尸检时大多数病例冠状动脉有不同程度的狭窄，有的可并发血栓形成，但部分病例仅有轻度甚至无明显动脉粥样硬化病变，可能与冠状动脉强烈而持续的痉挛引起心肌急性缺血、缺氧有关。

第三节　风　湿　病

风湿病（rheumatism）是一种与 A 组乙型溶血性链球菌感染有关的变态反应性疾病。病变主要累及全身结缔组织，如心脏、关节、皮肤、皮下组织、脑和血管等，其中以心脏病变最为严重。临床上除有上述病变的相应临床表现外，还常伴有发热（急性期风湿病患者多有发热，称为风湿热）、白细胞增多、血沉加快、血中抗链球菌溶血素 O 抗体滴度增高。因风湿病极易反复发作，故在患者 20~40 岁时常造成轻重不等的心瓣膜器质性损害，导致风湿性心瓣膜病。

本病多发生于儿童和青少年，初次发病多在 5~15 岁，以 6~9 岁为发病高峰，男女发病率无差别。

一、病因和发病机制

风湿病的发生与 A 组乙型溶血性链球菌感染有关。主要依据：①风湿病发病前 2~3 周有咽峡炎、扁桃体炎等上呼吸道感染史；②多发生于链球菌感染的季节和地区；③血中抗链球菌溶血素 O 抗体滴度升高；④应用抗生素可明显减少风湿病的发生和复发。但本病并非是由链球菌直接感染引起，其依据有：①风湿病不在链球菌感染的当时发作，而是在感染后 2~3 周；②链球菌引起化脓性炎，而风湿病属于变态反应性炎症；③在病变组织和血中没有检测到链球菌。

风湿病的发病机制仍未完全阐明，目前多数倾向于抗原抗体交叉免疫学说，研究表明，A 组链球菌胞壁中 M 蛋白、C 多糖与人体某些结缔组织存在共同抗原性。当感染链球菌后，其 C 多糖刺激机体产生的抗体，就会与机体心脏瓣膜及关节等处的糖蛋白发生抗原抗体交叉反应；M 蛋白刺激机体产生的抗体可与心肌及血管等处的某些成分发生抗原抗体交叉反应，从而发生组织损伤，即导致风湿病的发生。

二、基本病理变化

根据病变发展过程，风湿病大致可分为三期。

（一）变质渗出期

风湿病的早期改变，病变部位的结缔组织发生黏液样变性，胶原纤维发生纤维蛋白样坏死，同时，病灶中浆液、纤维蛋白渗出伴有少量淋巴细胞、浆细胞、单核细胞浸润。此期约持续 1 个月。

（二）增生期（肉芽肿期）

此期特点是形成对本病具有诊断意义的肉芽肿，即风湿性肉芽肿（风湿小体），又称阿绍夫小体（Aschoff body）。阿绍夫小体对风湿病有诊断意义。阿绍夫小体体积很小，多呈球形、椭圆形或梭形。阿绍夫小体的中心为纤维蛋白样坏死灶，周围出现成堆的风湿细胞，外周有少量淋巴细胞和浆细胞。风湿细胞呈圆形或多边形，胞质丰富，略嗜碱性，有一个或多个胞核，核大，核膜清楚，染色质集中于核中央，周围有空晕区，胞核横切面呈枭眼状，纵切面似毛虫状（图 12-8）。一般认为风湿细胞是由巨噬细胞吞噬纤维蛋白样坏死物后转化而来。此期持续 2~3 个月。

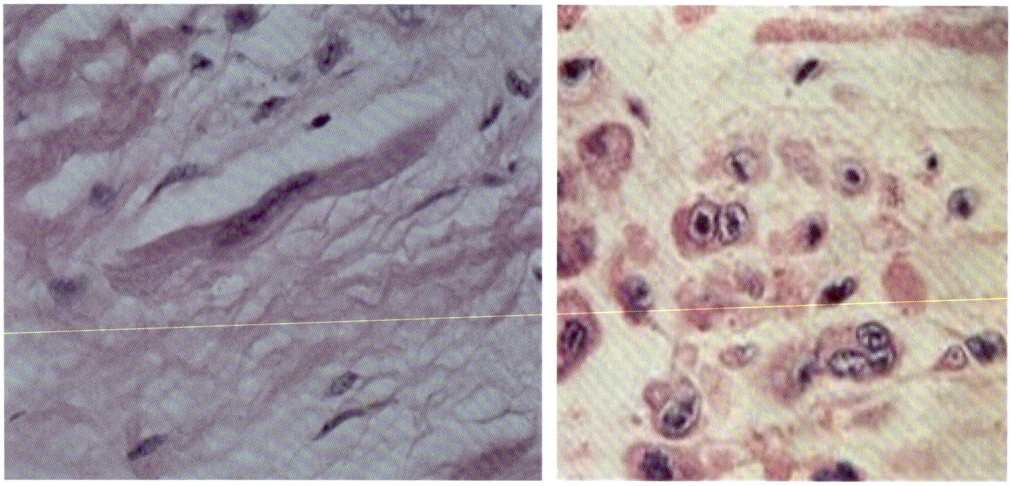

图 12-8　阿绍夫小体

左图：纵切面呈毛虫状的风湿细胞；右图：横切面呈枭眼状的风湿细胞

（三）瘢痕期（愈合期）

随着残留的纤维蛋白样坏死物质被逐渐吸收，风湿细胞逐渐被成纤维细胞所取代，并形成胶原纤维，最后整个阿绍夫小体演变成为梭形小瘢痕。此期持续 2~3 个月。

风湿病总病程为 4~6 个月。病变常反复发作，在受累的器官和组织中形成新旧不断交替的纤维瘢痕，最终可导致器官、组织的破坏和功能障碍。

三、风湿性心脏病变

风湿病引起心脏损害最常见，病变可累及心内膜、心肌或心外膜，引起风湿性心内膜炎、风湿性心肌炎、风湿性心外膜炎。三者如同时受到侵犯，称风湿性全心炎。

1. 风湿性心内膜炎　病变常侵犯心瓣膜，以二尖瓣最常受累，其次为二尖瓣和主动脉瓣同时受累，三尖瓣和肺动脉瓣很少受累。

病变早期，瓣膜的结缔组织发生黏液样变性、纤维蛋白样坏死和炎症细胞浸润，部分病例可有阿绍夫小体形成。其后由于瓣膜肿胀及瓣膜受血流的不断冲击，局部内皮细胞受损脱落，其下胶原纤维暴露形成粗糙面，特别是在瓣膜闭锁缘上出现血小板及纤维蛋白沉积，形成一排粟粒大小、灰白色、半透明、串珠状的疣状赘生物（白色血栓）（图 12-9）。此种赘生物体积小，与瓣膜连接紧密，不易脱落，对心瓣膜的开闭功能影响不大。随着病变的反复发作，内膜中的风湿病灶逐渐纤维化，赘生物也因肉芽组织长入而机化，最后形成瘢痕。经多次反复发作，最后使瘢痕增厚、变硬或相邻瓣叶粘连，腱索增粗、缩短，导致风湿性心瓣膜病。

2. 风湿性心肌炎　病变主要累及心肌间质结缔组织，特别是小血管周围。早期以渗出性病变为主；中期在心肌间质内、小动脉旁出现特征性的阿绍夫小体，主要见于左心室后壁、室间隔和左心室乳头肌等处；后期，阿绍夫小体纤维化，形成梭形小瘢痕。风湿性心肌炎可降低心肌收缩力，严重时出现心力衰竭。

3. 风湿性心外膜炎　又称风湿性心包炎，主要累及心包脏层，呈浆液性或浆液纤维蛋白性炎。若为浆液渗出，则心包腔内常有大量积液聚集，临床出现心界扩大、心音遥远，X线检查时心影呈烧瓶状。若渗出液中含多量纤维蛋白，两层心包表面附着的纤维蛋白可因心脏的搏动而呈绒毛状，故称为绒毛心（图12-10），此时可闻及心包摩擦音。炎症消退后，浆液和少量纤维蛋白可完全被吸收，过多的纤维蛋白未被吸收时，则因机化而导致心包粘连，极少数可形成缩窄性心包炎，致心脏扩张受限。

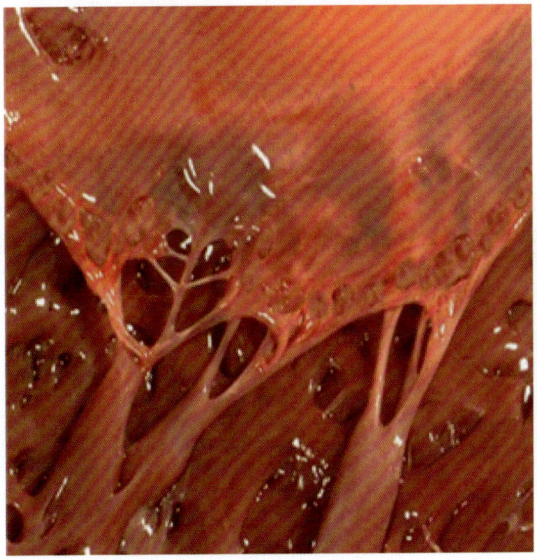

图 12-9　风湿性心内膜炎

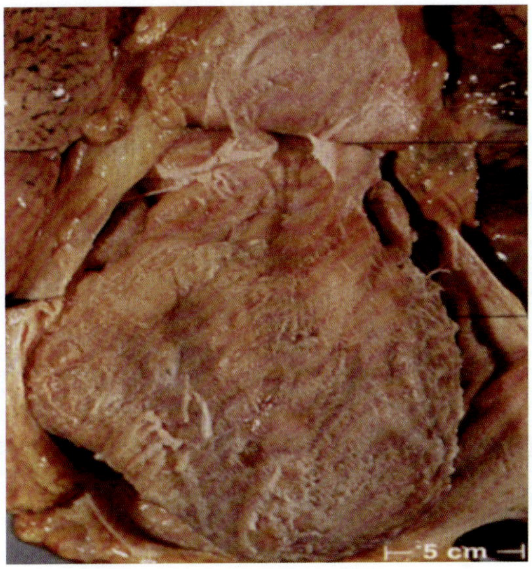

图 12-10　风湿性心包炎(绒毛心)

案例分析 12-1

患者，女，38岁，因反复心悸、气促10余年，加重3天，于2014年3月6日来院就诊。

患者于10年前每当上山或走远路即感心悸、气促，经治疗稍有好转，但反复发作。2000年冬季开始加剧，且不能平卧，气促，心悸，尿少，腹部肿大，双下肢水肿，咳嗽，咳粉红色泡沫痰。近3天症状更加严重，食欲下降，服药无效而来院急诊。

患者10多岁时患过关节炎，关节红、肿、疼痛，且膝、肩等关节交替发生，同时伴有发热。有喉痛史，医生诊断为扁桃体炎。12年前因发热、心悸、气促卧床不起，当时诊断为“心肌炎及心包积水”，经住院治疗而愈。

入院检查：神志清楚，面色及口唇青紫，呼吸加速，脉搏、血压检测结果不满意，双肺大量水泡音，心律失常，心率140次/分，有舒张期隆隆性杂音，心尖区明显，心界扩大，腹部膨胀，有腹水征，肝于右肋下6指可触及，质较硬，双下肢凹陷性水肿，颈静脉怒张，白细胞计数 $14.1\times10^9/L$，红细胞计数 $4.5\times10^{12}/L$，入院后经多方抢救无效死亡。

思考：

1. 该患者应诊断为什么病？依据是什么？
2. 推测患者死后解剖各脏器有何病变？

第四节 心力衰竭

在各种致病因素作用下，心脏的舒缩功能发生障碍，使心排血量绝对或相对减少，即心脏泵血功能减弱，不能满足机体组织代谢需要的病理生理过程称为心功能不全（cardiac insufficiency）。它包括心脏泵血功能下降但尚未出现临床表现的代偿期和出现明显临床表现的失代偿期两个阶段。心力衰竭（heart failure）是心功能不全的失代偿阶段。心功能不全和心力衰竭本质相同，只是程度不同，临床上二者往往通用。

当心力衰竭呈慢性经过时，可出现水、钠潴留，静脉淤血，组织水肿及心腔扩大，称为充血性心力衰竭（congestive heart failure）。

一、原因和诱因

（一）原因

心力衰竭是多种心血管疾病发展到终末阶段的共同结果，发生的根本原因是心肌收缩力减弱、心脏负荷过重（表 12-2）。心肌收缩力减弱包括心肌本身结构性损害和代谢性损害，可导致心肌原发性舒缩功能减退；心脏负荷包括前负荷（容量负荷）和后负荷（压力负荷），长期心脏负荷过重时，心肌发生适应性改建，最终导致心肌舒缩功能继发性降低。

表 12-2 心力衰竭常见原因

心肌收缩力减弱		心脏负荷过重	
心肌结构病变	心肌代谢障碍	前负荷过重	后负荷过重
心肌炎	严重贫血	二尖瓣关闭不全	高血压
心肌梗死	维生素 B_1 缺乏	室间隔缺损	肺动脉高压
心肌病		甲状腺功能亢进	动脉瓣狭窄

（二）诱因

据统计，临床上 50%~90% 心力衰竭的发生都有诱因存在。常见的心力衰竭诱因如下。

1. 感染 各种感染是心力衰竭最常见的诱因，如心内膜感染、泌尿道感染，特别是呼吸道感染。感染诱发心力衰竭的机制主要是：①感染时的发热可引起交感神经兴奋，代谢率增加，使心率加快，心肌耗氧量和心脏负荷增加；②感染产生的内毒素可直接抑制心肌的舒缩功能；③心率加快，缩短心脏舒张期，影响冠状动脉血液灌流量；④呼吸道感染时，可因气体交换障碍，引起缺氧，导致肺动脉收缩、肺血管阻力增高，加重右心后负荷，还可因呼吸困难使机体耗氧量增加而诱发心力衰竭。

2. 水、电解质代谢和酸碱平衡紊乱 特别是酸中毒、钾代谢紊乱等，可干扰钙离子转运或导致心肌电生理异常而诱发心力衰竭。

3. 心律失常 心律失常尤其是快速型心律失常，如室上性心动过速、心房颤动、心房扑动等可诱发和加重心力衰竭。心率过快（>150 次 / 分）或过缓（<40 次 / 分）、频繁的期前收缩、严重的房室传导阻滞等，均可因心肌耗氧量增加、心室充盈障碍等导致心排血量降低，诱发心力衰竭。

4. 妊娠与分娩 妊娠和分娩常诱发心力衰竭，主要是由于：①妊娠期血容量增多，到产前可较妊娠前增加 50%，使心脏前负荷增加；同时由于血浆量的增加超过红细胞的增加，出现生理性贫血，更加重心脏负荷。②分娩时宫缩阵痛、精神紧张及腹内压升高等因素，均可促使静脉回流增加和外周血管阻力增高，加重心脏的前、后负荷和心肌耗氧量。

5. 其他　劳累、饱餐、情绪激动、气候急剧变化、洋地黄中毒、外伤与手术、过量输液等均可加重心脏负荷，进一步使心肌缺血、缺氧而诱发心力衰竭。

二、分类

心力衰竭常用的分类方法如下。

1. 按严重程度　纽约心脏协会（NYHA）提出按患者胜任体力活动的能力结合临床表现将心功能分为四级。Ⅰ级：体力活动不受限。日常活动不引起过度乏力、呼吸困难和心悸。Ⅱ级：体力活动轻度受限。休息时无症状，日常活动即引起乏力、呼吸困难和心悸。Ⅲ级：体力活动明显受限。休息时无症状，轻于日常活动即引起乏力、呼吸困难和心悸。Ⅳ级：体力活动完全受限。静息状态下亦有症状，稍有体力活动即加重。

2. 按发病的部位　分为左心衰竭、右心衰竭和全心衰竭。①左心衰竭：常见于高血压、冠心病、二尖瓣关闭不全、主动脉瓣狭窄或关闭不全等。②右心衰竭：常见于肺源性心脏病、二尖瓣狭窄等。③全心衰竭：常见于严重心肌炎、严重贫血及长期左心衰竭并发右心衰竭时。

3. 按发病机制　分为收缩性心力衰竭和舒张性心力衰竭。收缩性心力衰竭，常见于高血压性心脏病、冠心病等；舒张性心力衰竭，常见于二尖瓣或三尖瓣狭窄、肥厚性心肌病等。

4. 按心排血量高低　分为低排血量性心力衰竭和高排血量性心力衰竭。低排血量性心力衰竭是指心排血量在基础状况下低于正常，如心瓣膜病、冠心病、高血压等，临床较常见。高排血量性心力衰竭是指心排血量绝对值虽高于或等于正常值，但仍不能满足原发病高动力循环状态下机体组织代谢的需要。常见于甲状腺功能亢进症、贫血、维生素 B_1 缺乏病等。

5. 按起病及病程发展速度　分为急性心力衰竭和慢性心力衰竭。

三、机体的代偿

当心肌受损或心脏负荷过重使心脏泵血功能降低时，心排血量减少可以通过多种途径，引起内源性神经 - 体液调节机制的激活。目前认为，神经 - 体液调节机制激活是心功能减退时介导心内与心外代偿与适应反应的基本机制，也是导致心力衰竭发生和发展的关键途径。

在初始的心肌损伤后，患者循环血或组织中去甲肾上腺素、血管紧张素Ⅱ、醛固酮、内皮素、肿瘤坏死因子等含量增加或活性升高，引起心脏及其他组织、器官一系列功能及结构的代偿。这种早期的适应性代偿，对维持心排血量、血流动力学稳定及重要器官的血流灌注有重要作用。但是，随着时间的推移，神经 - 体液调节机制失衡的有害作用逐渐显示出来，血管紧张素Ⅱ等长期慢性激活又是加重心肌损伤，促使心脏泵血功能降低及心力衰竭进展的基础。

在神经 - 体液机制的调控下，机体对心功能降低的代偿可分为心脏本身的代偿和心外代偿两方面。

（一）心脏本身的代偿反应

1. 心率加快　这是出现最早、见效迅速的代偿方式。当心排血量减少引起动脉血压降低和（或）心房及腔静脉压力升高时，可通过交感 - 肾上腺髓质系统兴奋，导致心率加快。一定程度的心率加快，可以提高心排血量，维持动脉血压，利于冠状动脉的血液灌流及重要器官的血液供应。

但心率加快的代偿作用存在局限性，原因有：①心率加快增加心肌耗氧量；②心率过快（>150~170 次 / 分）可明显缩短心室舒张期，使冠状动脉血液灌流降低，心室血液充盈不足，导致心排血量反而降低。

2. 心脏紧张源性扩张 心功能不全时由于每搏输出量降低，心室舒张末期容积增大，心脏前负荷增加可使心肌纤维初长度增大，此时心肌收缩力增强，代偿性增加每搏输出量，这种伴有心肌收缩力增强的心腔扩大称为心脏紧张源性扩张，具有代偿意义。但是如果前负荷过大，心肌纤维过度被拉长，心肌收缩力反而降低，每搏输出量减少，此时的心腔扩大称为肌源性扩张，已丧失代偿意义。

3. 心肌收缩力增强 心功能降低后由于交感-肾上腺髓质系统兴奋，儿茶酚胺增加，使心肌收缩力增强。在不改变前负荷的前提下，心肌收缩力增强可显著增加每搏输出量，为一种有效而经济的代偿方式。但对于心力衰竭者，由于心肌收缩性已经受损，故此种代偿作用受到很大限制。另外，心肌收缩力加强，导致耗氧量增加，也不利于心功能改善。

4. 心室重塑（ventricular remodeling） 是心室在受到损伤时表现出来的慢性代偿适应性反应。主要表现如下。

（1）心肌肥大（myocardial hypertrophy）：指心肌细胞体积增大，直径增宽，长度增加，从而心脏重量增加，心室壁增厚。主要表现为向心性肥大和离心性肥大两种形式。心脏在长期过度的后负荷作用下，收缩期室壁张力持续增加可引起心肌纤维中肌节并联性增生，使心肌细胞增粗，室壁增厚，而心腔无明显扩大，称为向心性肥大。主要见于高血压性心脏病早期及主动脉瓣狭窄。如果长期前负荷过大，舒张期室壁张力持续增加可引起心肌纤维中肌节串联性增生，导致肌纤维长度增加，心腔明显扩大，称为离心性肥大。主要见于二尖瓣或主动脉瓣关闭不全。

心肌肥大在一定范围内可增强心肌收缩力，使心脏在较长一段时间内满足组织对心排血量的需求。但当过度肥大时，由于血液供应相对不足、能量代谢障碍等因素，使心肌收缩力明显减弱，失去代偿意义。

（2）心肌细胞表型改变：指由于心肌合成的蛋白质种类改变所引起的心肌细胞“质”的变化。如成年心肌细胞中处于静止状态的胎儿期基因被激活，合成胎儿型蛋白质增加；或某些功能基因的表达被抑制，发生同工型蛋白之间的转换，引起细胞表型改变。表型改变的心肌细胞分泌活动增强，可通过分泌细胞因子和局部激素，进而促进细胞生长、增殖和凋亡，改变心肌的舒缩功能。

（3）非心肌细胞及细胞外基质的增生：许多促使心肌肥大的因素如血管紧张素Ⅱ、去甲肾上腺素和醛固酮等都可促进非心肌细胞活化或增殖，分泌大量不同类型的胶原纤维及细胞外基质。一般而言，重塑早期Ⅲ型胶原纤维增加明显，有利于肥大心肌肌束组合的重新排列及心室的结构性扩张。重塑后期以Ⅰ型胶原纤维增加为主，可提高心肌的扩张能力，防止在室壁应力过高的情况下造成室壁变薄和心腔扩大。

（二）心脏以外的代偿反应

1. 增加血容量 一定范围的血容量增加可提高心排血量和组织灌流，是慢性心力衰竭的主要代偿方式。但长期过度的血容量增加可加重心脏负荷，使心排血量下降而加重心力衰竭。

2. 血流重新分布 交感-肾上腺髓质系统兴奋，可使外周血管选择性收缩，使全身血流重新分布。既保证了重要器官血流量，又可维持动脉血压稳定。但若外周器官长期供血不足，可导致该脏器功能减退。

3. 红细胞增多 心功能降低后，血流速度减慢及肺淤血等变化都可引起缺氧。缺氧可刺激肾间质细胞分泌促红细胞生成素，促进骨髓造血。红细胞及血红蛋白增多可增强血液携氧能力，改善组织缺氧。但红细胞过多也增加血液的黏滞度与血液流动的阻力，造成不利影响。

4. 组织利用氧能力增强 机体组织氧供减少后，组织细胞可通过自身结构、功能、代谢的调整加以代偿和适应。如线粒体增多、呼吸酶活性增强等。

四、发生机制

心力衰竭的发生往往是多种机制共同作用的结果，其基本机制是心肌舒缩功能障碍。

（一）心肌收缩功能降低

心肌收缩力降低是造成心脏泵血功能减退的主要原因，绝大多数心力衰竭的发生是心肌收缩性的原发性或继发性减弱所致。其发生机制与下述因素有关。

1. 心肌结构破坏　心肌结构的完整性是心脏泵血功能的物质基础。严重的心肌缺血、缺氧、感染及中毒等，可造成心肌细胞变性、坏死和纤维化；氧化应激、钙超载、线粒体功能异常等可导致心肌细胞凋亡。以上均可使心肌收缩蛋白破坏，引起心肌收缩功能降低而导致心力衰竭发生。

2. 心肌能量代谢障碍　心肌能量代谢过程包括能量生成、储存和利用三个阶段，以上任何一个环节发生障碍，都可影响心肌的收缩性，其中以能量生成和利用障碍最为重要。

（1）能量生成障碍：心肌活动所需的能量主要来自线粒体的氧化代谢，极少量来源于糖酵解。要保证心肌的能量生成，必须保证心肌有足够的血液供应。冠心病引起的心肌缺血是造成能量生成不足最常见的原因。此外，休克、严重贫血、$VitB_1$ 缺乏等也会减少心肌的供血供氧，引起心肌能量生成障碍。

（2）能量储备减少：心肌细胞内储存能量的主要形式是磷酸肌酸（CP），由心肌内的肌酸在磷酸肌酸激酶的催化下与 ATP 之间发生高能磷酸键转移而生成的。随着心肌肥大的发展，产能减少，耗能增加，而且磷酸肌酸激酶活性降低，导致储能形式的磷酸肌酸含量也减少。

（3）能量利用障碍：心肌对能量的利用是指把 ATP 储存的化学能转化成心肌收缩的机械做功的过程，依赖于钙镁 ATP 酶水解 ATP。心肌肥大使钙镁 ATP 酶的活性下降，导致能量利用障碍。

3. 心肌兴奋 - 收缩偶联障碍　心肌兴奋 - 收缩偶联是将心肌的电信号转化为收缩的机械活动过程，其中 Ca^{2+} 发挥了极其重要的中介作用。凡是影响心肌细胞的 Ca^{2+} 转运及分布的因素，均可引起心肌兴奋 - 收缩偶联障碍，导致心肌收缩功能的降低。常见原因有心肌缺血缺氧、酸中毒和心肌过度肥大等。

（二）心室舒张功能异常

心室正常的舒张功能可保证心室有充足的血液充盈，是完成心脏射血功能的重要因素之一。导致心室舒张功能异常的主要机制如下。

1. 钙离子复位迟缓　肥大或衰竭的心肌细胞能量供应不足，肌浆网或心肌细胞膜上钙 ATP 酶活性下降，可导致 Ca^{2+} 向胞外转移障碍或不能被重新摄回肌浆网，使 Ca^{2+} 的复位延缓，以致 Ca^{2+} 难以与肌钙蛋白脱离，导致心肌舒张延缓。

2. 肌球 - 肌动蛋白复合体解离障碍　心肌舒张首先要使肌球 - 肌动蛋白复合体解离。完成这一过程需要 Ca^{2+} 从肌钙蛋白的结合处及时脱离，而且还需 ATP 的支持。损伤的心肌由于 ATP 不足及 Ca^{2+} 与肌钙蛋白亲和力增加，使肌球蛋白 - 肌动蛋白复合体难以解离，导致心肌舒张功能降低。

3. 心室舒张势能减少　心室的舒张势能来自心室的收缩。心室收缩越好舒张势能就越大。心力衰竭时心肌收缩力下降，心脏收缩期的几何构型变化不大，可使舒张势能减少，心室不能充分舒张。

4. 心室顺应性下降　心室顺应性（ventricular compliance）是指心室在单位压力变化下所引起的容积改变。引起心室顺应性降低的主要原因是室壁厚度增大（如心肌肥大）和（或）室壁组成成分的改变，如炎症细胞浸润、水肿、间质增生和心肌纤维化等。另外，当心包炎或心包填塞时，早期心肌本身舒张顺应性可能正常，后期因心脏舒张受限，可导致心室顺应性降低。心室顺应性降低，妨碍了心室舒张期的血液充盈，并升高心室舒张末期压力，影响冠状动脉血液灌注，进而导致心脏泵血功能降低。

（三）心室各部舒缩活动不协调

为保持心功能的稳定，心房、心室各区域及心房与心室之间的舒缩活动处于高度协调状态。如果这种协调性被破坏，将因心脏泵血功能紊乱而导致心排血量降低。最常见于各种心律失常。

五、机体代谢和功能变化

（一）心排血量减少

1. 心脏泵血功能降低 是心力衰竭时最根本的变化，主要表现为心脏泵血功能降低，通常用于评价心脏泵血功能的指标都发生显著的改变。

（1）心排血量减少及心脏指数降低：心排血量（cardiac output，CO）是评价心脏泵血功能的重要指标之一，正常成人 CO 为 3.5~5.5 L/min；心脏指数（cardiac index，CI）是单位体表面积的每分心排血量，正常 CI 为 2.5~3.5 L/（min·m^2）。低排血量性或高排血量性心力衰竭时，CO 和 CI 都有绝对或相对降低。多数患者 CO 低于 3.5 L/min，CI 低于 2.2 L/（min·m^2）。

（2）射血分数降低：射血分数（ejection fraction，EF）是指每搏输出量（SV）占心室舒张末期容量（VEDV）的百分比，能较好地反映心肌收缩能力的变化。其正常值为 0.56~0.78。心力衰竭特别是急性心力衰竭时，EF 降低。

（3）心室充盈受限：通常以肺动脉楔压（pulmonary artery wedge pressure，PAWP）反映左心房压及左心室舒张末压；以中心静脉压（central venous pressure，CVP）反映右心房压及右心室舒张末压。由于射血分数降低、心室射血后剩余血量增多，使心室收缩末容积增大，心室充盈受限。

（4）心率增快：这与交感神经兴奋有关，随着心排血量的逐渐下降，心排血量的维持对心率的依赖程度也在增大。但心率过快可使心排血量反而降低，也可造成心肌缺血、缺氧，加重心肌损害。

2. 血流重新分配

（1）动脉血压变化：急性心力衰竭时（如急性心肌梗死），心排血量在短时间内锐减导致动脉血压下降明显，甚至发生心源性休克。慢性心力衰竭时，机体交感 - 肾上腺髓质系统兴奋，外周血管阻力增大、心率加快及血容量增多等变化，可使动脉血压维持在正常范围。有些患者心功能急剧恶化，由于交感神经 - 体液系统的过度激活而表现为动脉血压升高。

（2）器官血流重新分布：心排血量的减少，可使动脉系统充盈不足，同时外周小血管收缩程度不一，故可导致器官血流重新分布。轻度心力衰竭时，肾的血流量减少最显著，同时皮肤、骨骼肌、腹腔内脏等部位的血流量也明显减少，但心、脑血流量可维持正常水平。心力衰竭发展到严重阶段，心、脑血流量也会减少。

（二）静脉淤血

1. 肺循环淤血 肺循环淤血见于左心衰竭患者。左心衰竭时，肺动脉楔压升高，首先导致肺淤血，严重时可致肺水肿。肺淤血和肺水肿的共同特征是呼吸困难，表现为患者主观感到气短或呼吸费力。

（1）呼吸困难的发生机制：①肺淤血、肺水肿时，肺泡表面活性物质被稀释且有合成障碍，导致肺顺应性降低，患者吸入与正常同量的空气，需要增加呼吸肌做功，消耗更多的能量，故呼吸费力。②肺毛细血管压增高和肺间质水肿，会刺激肺毛细血管旁感受器，反射性引起呼吸运动增强，使患者感到呼吸费力。③支气管黏膜充血、肿胀及气道内分泌物增多导致气道阻力增大，呼吸费力。

（2）呼吸困难的表现形式：由于肺淤血、肺水肿的严重程度不同，呼吸困难可有不同的表现形式。

1）劳力性呼吸困难（exertional dyspnea）：指轻度心力衰竭患者仅在体力活动时出现呼吸困难，休息后消失，是左心衰竭最早的表现。其发生机制与活动时血液循环速度加快、回心血量增加、心率加快及耗氧量增加引起肺淤血和缺氧加重有关。

2）端坐呼吸（orthopnea）：指患者在静息时已经出现呼吸困难，平卧时加重，故被迫采取端坐位或半卧位以减轻呼吸困难的程度。其发生机制为：①端坐时下肢血液回流减少，同时下肢水肿液吸收减少，肺淤血减轻。②坐位使膈肌下降，胸腔容积增大，有利于呼吸，从而增加肺活量。

3）夜间阵发性呼吸困难（paroxysmal nocturnal dyspnea）：为左心衰竭患者夜间突然发生的呼吸困难。其特征是患者夜间入睡后，因突感气闷而被惊醒，在坐起咳嗽和喘息后有所缓解，是左心衰竭造成严重肺淤血的典型表现。其发生机制可能是：①睡眠时迷走神经兴奋性增高，使支气管平滑肌收缩，口径缩小，气道阻力增大；②卧位使静脉回心血量增加，肺淤血加重，而且卧位时膈肌上移，肺活量减小；③熟睡时中枢神经系统敏感性降低，只有当肺淤血、水肿比较严重，PaO_2 降到一定水平时，方能刺激呼吸中枢，使患者感到呼吸困难而惊醒。若患者在气促、咳嗽的同时伴有哮鸣音，则称为心源性哮喘（cardiac asthma）。

知识链接

心源性哮喘

心源性哮喘多发生于老年人，既往有高血压或心脏病史。发生机制为急性肺水肿形成。通常在无呼吸道感染的情况下，患者出现咳嗽、气喘，仰卧平睡时加重。其发作时的临床表现可与支气管哮喘相似。哮喘发作时，伴有频繁咳嗽、咳泡沫样特别是血沫样痰，双肺布满水泡音。轻者取坐位十余分钟至 1 小时左右，呼吸困难可自动消退。严重者可持续发作，咳嗽频繁，气促加重，发绀，大汗淋漓，手足厥冷。

4）急性肺水肿　重症急性左心衰竭时，由于肺毛细血管内压力升高，使毛细血管壁通透性增大，血浆渗出到肺间质和肺泡而引起急性肺水肿。患者可出现发绀、气促、端坐呼吸和咳粉红色泡沫样痰等表现。

2. 体循环淤血　体循环淤血常见于右心衰竭及全心衰竭，主要表现为体循环静脉过度充盈、静脉压升高、内脏充血和水肿等。

（1）静脉淤血和静脉压升高：右心衰竭时因钠、水潴留及右心室舒张末期压力升高，使上、下腔静脉血液回流受阻，静脉过度充盈，表现为下肢及内脏的淤血。静脉淤血及交感神经兴奋引起容量血管收缩，导致静脉压升高。右心淤血明显时可出现颈静脉怒张（engorgement of neck vein），按压肝颈静脉异常充盈，称为肝颈静脉反流征（abdominal-jugular reflux）阳性。

（2）肝大及肝功能损害：由于下腔静脉回流受阻，肝静脉压升高，造成肝淤血、增大，肝功能障碍，可有压痛和上腹部不适感。长期右心衰竭，可引起肝小叶纤维化，造成心源性肝硬化。因细胞变性、坏死，患者可出现血清氨基转移酶水平增高和黄疸。

（3）胃肠功能改变：因胃肠淤血、水肿而表现为消化不良、恶心、呕吐和腹泻等。

（4）水肿：水肿是体循环淤血的主要临床表现，称为心性水肿（cardiac edema），受重力影响，水肿以身体的低垂部位最明显。毛细血管流体静压增高是心性水肿的始发因素，肾血流减少引起的肾小球滤过率降低和醛固酮增加，造成钠、水潴留，促进水肿的进展。此外，肝功能损害导致低蛋白血症，进一步加重心性水肿。

案例分析 12-2

患者，男，60 岁，患原发性高血压已 20 多年，常觉头晕、头痛，血压波动在 195/100~240/110 mmHg，近 2 年来每于劳累后就出现心悸，气促，不能平卧，咳嗽，咳粉红色泡沫状痰，夜间睡眠中常因呼吸困难而突然惊醒。有时在劳动或饱食后出现胸骨后疼痛，但数分钟后缓解。

思考：

该患者疾病的诊断是什么？有何依据？

六、防治的病理生理基础

目前临床上尚无有效方法逆转心力衰竭，因此治疗心力衰竭的目标是延缓其发展，改善患者生活质量和延长寿命。

（一）防治原发病和消除诱因

1. 防治原发病 如控制血压、纠正血脂异常、控制肥胖、解除冠脉痉挛等。

2. 消除诱因 如控制感染，避免过劳和情绪激动，合理用药与补液，限制钠盐摄入，及时纠正水、电解质和酸碱平衡紊乱。

（二）修复性策略

1. 调整神经 - 体液失衡及干预心室重塑 神经 - 体液系统的功能紊乱在心室重塑和心力衰竭的发生和发展中扮演着重要的角色，干预并阻断心室重塑是治疗心力衰竭的关键，可早期给予血管紧张素转换酶抑制药（angiotensin converting enzyme inhibitor，ACEI）治疗，可以明显改善心力衰竭远期预后，降低死亡率。

2. 减轻前后负荷 ①降低心脏后负荷：选用适当的动脉血管扩张药如 ACEI，可降低外周血管阻力，减轻后负荷，减少氧耗。②调节心脏前负荷：对于存在钠、水潴留的患者，应严格限制钠盐摄入，严格控制输液的量和速度。可用利尿药或静脉血管扩张药减少静脉回流，降低前负荷。

3. 改善心脏舒缩功能 可选用洋地黄类药与利尿药、β 受体阻滞药、ACEI 等药物进行联合治疗。

4. 其他 适当吸氧治疗可以改善组织供氧；及时纠正水、电解质和酸碱紊乱；控制感染；严重心力衰竭患者可考虑手术治疗，如瓣膜置换或修补术、人工心脏或心脏移植。

本章小结

心血管系统疾病是当今严重威胁人类健康和生命的一组疾病。原发性高血压是一种原因未明，以体循环动脉血压升高为主要表现的独立性全身性疾病，分良性高血压和恶性高血压。良性高血压以细小动脉玻璃样变性和小动脉内膜增生为基本病理特征，从而引起血压升高，晚期常引起心、脑、肾、视网膜等器官病变。脑出血是良性高血压最严重且致命性的并发症。

动脉粥样硬化（AS）的危险因素包括高脂血症、高血压、吸烟、遗传因素等。AS 主要以大、中动脉内膜脂质沉积，灶状纤维性增厚，粥样斑块形成为特征，常继发斑块内出血、斑块破裂、血栓形成、钙化、动脉瘤形成。病变的动脉管壁变厚、管腔狭窄，引起相应器官供血不足，甚至缺血。

冠状动脉粥样硬化是 AS 中威胁最大的疾病，以左冠状动脉前降支最多见。冠心病是指冠状动脉狭窄性疾病所致的心肌缺血性心脏病，绝大多数由冠状动脉粥样硬化引起。常见类型包括心绞痛、心肌梗死、心肌纤维化和冠状动脉性猝死，其中心肌梗死可引发心律失常、心脏破裂、心源性休克等严重并发症，致死率高。

风湿病是一种与 A 组乙型溶血性链球菌感染有关的变态反应性疾病，以形成阿绍夫小体为特征。病变累及全身结缔组织，以心脏病变最为严重。风湿性心内膜炎病变主要累及心瓣膜，以二尖瓣受累最多见，常造成心瓣膜狭窄和关闭不全，引起心脏血流动力学发生变化。

心力衰竭是指心脏泵血功能严重受损，使心排血量绝对或相对减少，以致不能满足组织代谢需要的病理过程。心脏泵血功能受损时，心排血量减少除可以引起全身性代偿外，心脏本身也可以发生心率加快、心脏紧张源性扩张、心肌收缩性增强和心室重塑等代偿形式。心功能降低是心力衰竭时最根本的变化，表现为心力储备降低、心脏泵血功能降低、射血分数降低、心室舒张末期压力（或容积）增高等。呼吸功能改变是左心衰竭时最早出现的症状，主要表现为呼吸困难，其表现形式有劳力性呼吸困难、端坐呼吸、夜间阵发性呼吸困难。心力衰竭时，也可出现其他器官功能改变，如肝功能变化、胃肠功能变化、肾功能降低等。

（任艳艳）

第十三章 呼吸系统常见疾病

学习目标

1. 掌握大叶性肺炎、小叶性肺炎、呼吸衰竭、Ⅰ型呼吸衰竭、Ⅱ型呼吸衰竭的概念，大、小叶性肺炎的病理变化及病理临床联系。

2. 熟悉病毒性肺炎、慢性阻塞性肺疾病、慢性支气管炎、肺气肿、慢性肺源性心脏病的概念，大叶性肺炎病因及发病机制、结局及并发症，慢性阻塞性肺疾病、肺气肿、慢性肺源性心脏病的病因及发病机制、病理变化及病理临床联系、结局和并发症，呼吸衰竭的发生机制。

3. 了解病毒性肺炎的病因和发病机制，呼吸衰竭时机体的代谢和功能变化，鼻咽癌和肺癌的病理变化、病理临床联系及扩散途径，呼吸衰喝的防治原则。

4. 学会应用肺炎、慢性阻塞性肺疾病、肺癌、鼻咽癌、呼吸衰竭等疾病的病理知识分析、解释相关的临床表现问题。

5. 具有对呼吸系统常见疾病病理问题的预见意识和科学认知分析能力。

第一节 肺　　炎

肺炎是指发生于终末气道、肺泡和肺间质的炎症，是呼吸系统的常见病、多发病。按病因不同肺炎分为感染性肺炎、理化性肺炎和变态反应性肺炎；按病变部位不同可分为肺泡性肺炎、间质性肺炎；按病变性质不同可分为浆液性肺炎、纤维蛋白性肺炎、化脓性肺炎、出血性肺炎、干酪性肺炎及肉芽肿性肺炎；按病变发生的部位、累及范围不同可分为大叶性肺炎、小叶性肺炎和节段性肺炎。临床上细菌性肺炎最常见，本节主要介绍细菌性肺炎和病毒性肺炎。

一、细菌性肺炎

（一）大叶性肺炎

大叶性肺炎（lobar pneumonia）是指主要由肺炎链球菌感染引起的以肺泡内弥漫性纤维蛋白渗出为主的急性炎症。通常累及一个肺段或肺大叶，多见于青壮年，男性多于女性。临床主要表现为起病急，寒战、高热，胸痛、咳嗽、咳铁锈色痰、呼吸困难，并有肺实变体征和外周血白细胞增多等。经 5~10 天，体温下降，症状和体征消退。

1. 病因与发病机制　大叶性肺炎 90% 以上是由肺炎链球菌引起的，此外肺炎克雷伯菌、金黄色葡萄球菌、溶血性链球菌、流感嗜血杆菌也可以引起。肺炎链球菌常寄居在正常人的鼻咽部。当上呼吸道感染、劳累、酒精中毒、麻醉、肝病、肾病等导致呼吸道防御功能被削弱、机体抵抗力降低时，细菌趁机从上呼吸道侵入肺泡并大量繁殖，引发肺组织的炎症反应。细菌和炎性渗出物一起通过肺泡孔或呼吸性细支气管向邻近肺组织迅速蔓延，从而波及一个肺段甚至整个肺大叶。

2. 病理变化与病理临床联系　大叶性肺是以肺泡腔内纤维蛋白渗出为主要特征的炎症。病变一般发生在单侧肺，多见于肺下叶。典型病变过程可分为四期。

（1）充血水肿期：发病的第 1~2 天。肉眼观：病变肺叶肿大，重量增加，颜色暗红。按压切面可挤出泡沫状浆液。镜下观：肺泡壁的毛细血管扩张充血，肺泡腔内有大量浆液性渗出物，其内混有少量红细胞、中性粒细胞和巨噬细胞。渗出液中常可检出肺炎链球菌。临床上患者因毒血症而有寒战、高热、白细胞计数升高等表现。X 线检查显示片状模糊阴影。

（2）红色肝样变期：发病的第 3~4 天。肉眼观：病变肺叶肿大，重量增加，颜色暗红，质实如肝，故称为红色肝样变期。切面呈粗颗粒状。镜下观：肺泡壁的毛细血管仍然扩张充血，肺泡腔内有大量交织成网的纤维蛋白和红细胞、少量中性粒细胞及巨噬细胞。此期渗出液中仍可检出肺炎链球菌。肺泡腔内的红细胞被巨噬细胞吞噬、分解后产生含铁血黄素随痰排出，故患者常咳铁锈色痰。因肺泡通气和换气障碍，患者可出现呼吸困难、发绀等症状。病变波及胸膜时则可引起纤维蛋白性胸膜炎，出现胸痛，并随深呼吸和咳嗽而加重。X 线检查可见病变肺部大片均匀致密阴影。

（3）灰色肝样变期：发病的第 5~6 天。肉眼观：病变肺叶肿大，灰白色，切面干燥呈颗粒状，质实如肝，故称为灰色肝样变期（图 13-1）。镜下观：肺泡腔内渗出的纤维蛋白物增多，相邻肺泡纤维蛋白丝经肺泡间孔连接现象更多，纤维蛋白网中有大量中性粒细胞（图 13-2）。肺泡壁毛细血管受压甚至闭塞，呈贫血状。红细胞因溶解消失，咳出的痰液由铁锈色转变为黏液脓痰。渗出液中的致病菌大部分被中性粒细胞吞噬杀灭，再加上此时机体的特异性抗体已形成，故不易检测出肺炎链球菌。另外此期病变肺泡虽仍不能够充气，但是因肺泡壁毛细血管受压塌陷，血流量显著减少，所以肺通气 / 血流比值较上期升高，接近 0.84，患者缺氧状况有所改善。X 线检查与红色肝样变期相同。

图 13-1　大叶性肺炎（灰色肝样变期肉眼观）
病变肺叶肿胀，灰白色，质实如肝

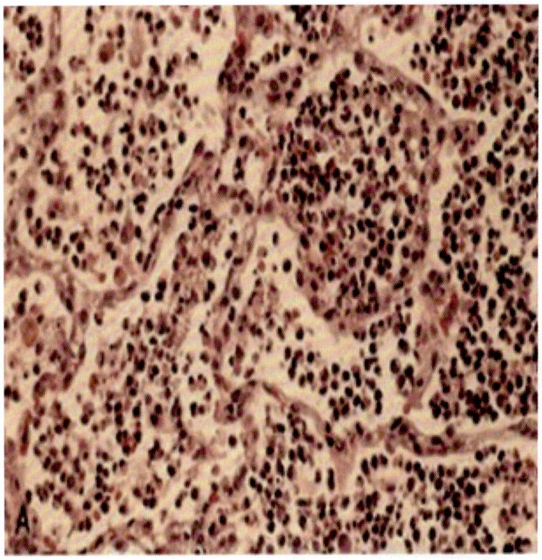

图 13-2　大叶性肺炎（灰色肝样变期镜下观）
肺泡内充满渗出物的纤维蛋白及中性粒细胞

（4）溶解消散期：发病后 1 周左右进入此期。肉眼观：病变肺组织基本恢复正常，质地变软，切面颗粒状外观逐渐消失。镜下观：肺泡腔内大部分中性粒细胞变性坏死，释放出的蛋白水解酶将纤维蛋白溶解。不能被溶解吸收的纤维蛋白则由巨噬细胞吞噬清除，肺泡重新充气。患者体温下降，临床症状和体征逐渐减轻、消失，X 线检查结果恢复正常。此期历时 1~3 周。

大叶性肺炎各期的病理变化是一个连续的过程，彼此间并无绝对的界限，同一肺叶的不同部位也可呈现不同阶段的病变。现在由于抗菌药物的早期广泛使用，临床上大叶性肺炎典型的四期病变过程已很少见，病变往往比较局限，表现为节段性肺炎，临床症状不典型，病程也明显缩短。

3. 结局及并发症 经过治疗大多痊愈，少数出现并发症。

（1）肺肉质变：由于肺内病灶中的中性粒细胞渗出过少，释放的蛋白水解酶量不足以溶解渗出的纤维蛋白，大量不能被溶解吸收的纤维蛋白由肉芽组织机化取代，病变部位肺组织变成褐色肉样的纤维结缔组织，称为肺肉质变（图 13-3）。

（2）胸膜肥厚和粘连：当病变累及局部胸膜时，引起纤维蛋白性胸膜炎。胸膜腔内的纤维蛋白不能被完全溶解吸收而发生机化，则致胸膜增厚、粘连。

（3）肺脓肿及脓胸：当细菌毒力强或机体抵抗力低下时，尤其合并金黄色葡萄球菌感染者，易并发肺脓肿、脓胸。

（4）败血症及脓毒败血症：见于严重感染时，细菌入血大量繁殖并产生毒素所致。

（5）感染性休克：见于重症病例，是大叶性肺炎严重的并发症。主要表现为微循环衰竭和严重的全身中毒症状，故又称为休克性肺炎，死亡率比较高。

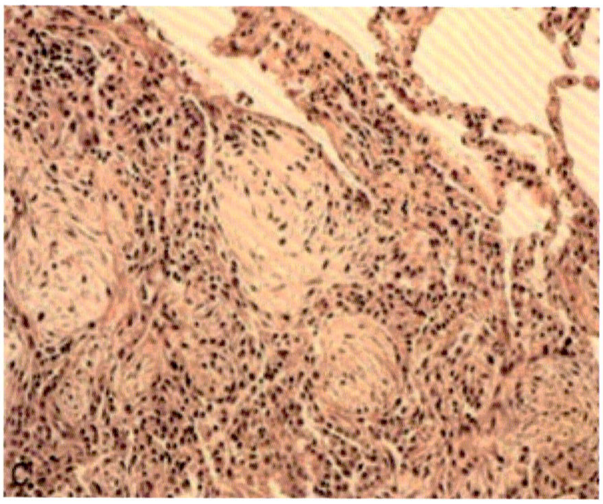

图 13-3 肺肉质变
肺泡腔内纤维蛋白性渗出物被纤维结缔组织取代

案例分析 13-1

患者，男，24 岁，因高烧 3 天，胸痛 2 天入院。3 天前因感冒初觉全身发冷、畏寒，体温 39.8 ℃，2 天前开始感右胸痛，深呼吸时加剧，高烧不退，自觉胸闷、心率加快，第三天咳嗽加剧，咳铁锈色痰，即到医院急诊。就诊时检查：表情淡漠，神志尚清楚，四肢湿冷，面色苍白，体温 39.8 ℃，脉细而弱，120 次 / 分，呼吸浅而快，50 次 / 分，血压 70.7/50.2 mmHg，右侧呼吸运动受限制，叩诊时右下肺变浊，可闻及支气管呼吸音。白细胞计数 14.0×10^9/L，胸部 X 线检查发现右下肺有一边界清楚、致密、较均匀的阴影。其他未见异常，收入住院治疗。

住院后经积极治疗，症状逐渐缓解，第七天痊愈出院，出院后复查肺内阴影消失。

思考：

1. 该患者患了什么病？
2. 根据病理变化解释其主要临床症状和体征。

（二）小叶性肺炎

小叶性肺炎（lobular pneumonia）又称支气管性肺炎，是由化脓菌感染引起的以细支气管为中心、肺小叶为单位的急性化脓性炎。临床上，患者常有发热、咳嗽、咳脓性痰等症状，肺部可闻及散在湿啰音。多见于小儿、老年人及体弱者。冬、春季多发。

1. 病因及发病机制 小叶性肺炎主要由口腔或上呼吸道内常驻寄生菌感染引起，常见的如肺炎链球菌、葡萄球菌、铜绿假单胞菌、嗜血流感杆菌和大肠埃希菌等，其中致病力较弱的 4、6、10 型肺炎链球菌是最常见的致病菌。当机体抵抗力下降，呼吸系统防御功能受损，这些细菌得以侵入、局部繁殖，从而引起小叶性肺炎。小叶性肺炎可原发，但往往在某些诱因的影响下发生，如患传染病、营养不良、恶病质、麻醉、昏迷和手术后等，因此，小叶性肺炎常是某些严重疾病的并发症，如麻疹后肺炎、吸入性肺炎、手术后肺炎等。

2. 病理变化　小叶性肺炎的病变特征是肺内散在的以细支气管为中心的化脓性炎。

肉眼观：两肺散在分布灰黄色实变病灶，大小不等，直径一般在 1 cm 左右（相当于肺小叶范围），以下叶、背侧多见。严重者，病灶可相互融合成大片状，形成融合性小叶性肺炎（图 13-4）。

镜下观：①病变早期，细支气管管壁充血、水肿，管腔内有浆液及中性粒细胞渗出，周围肺组织无明显改变。②病程进展期，细支气管管腔及其周围的肺泡腔内有较多的中性粒细胞渗出，少量红细胞、纤维蛋白和脱落的肺泡上皮细胞渗出。病灶周围肺组织充血，可有浆液渗出，部分肺泡过度扩张（代偿性肺气肿）。严重时，病灶中的中性粒细胞渗出增多，支气管和周围的肺组织遭严重破坏，呈完全化脓性炎改变（图 13-5）。

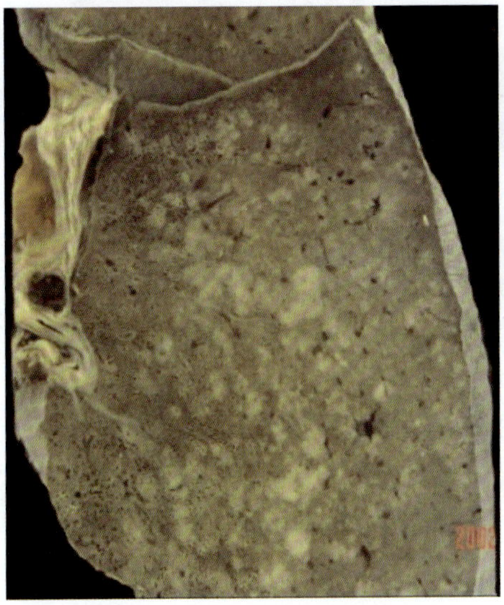

图 13-4　小叶性肺炎（肉眼观）
肺切面散布大小不一、形状不规则的灰黄色病灶，部分病灶中央可见细支气管横断面

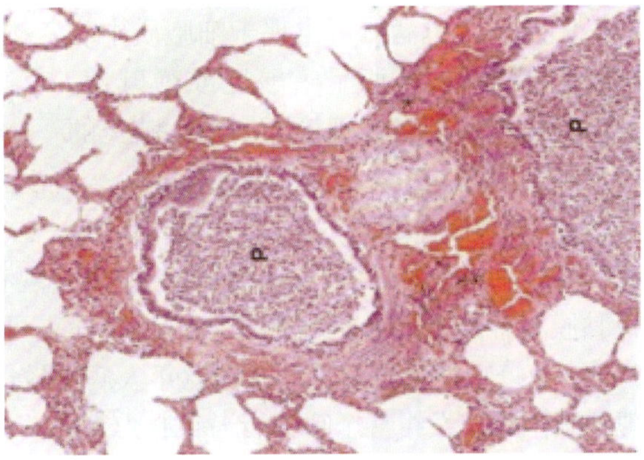

图 13-5　小叶性肺炎（镜下观）
肺组织病灶中央为病变的细支气管，管腔内及其周围肺泡腔内充满以中性粒细胞为主的炎性渗出物

3. 病理临床联系　小叶性肺炎多为其他疾病的并发症，其临床症状常被原发疾病所掩盖，但发热、咳嗽、咳黏液脓痰或脓痰仍为最主要的症状，病变严重者可出现呼吸困难和发绀等症状。因病灶较小且散在分布，肺实变体征一般不明显。X 线检查可见肺野内散在不规则小片状或斑点状模糊阴影。由于病变区细支气管和肺泡内含有渗出物，听诊可闻及湿啰音。

4. 结局及并发症　本病通过积极治疗大多数可治愈，婴幼儿、年老体弱者，特别是并发于其他严重疾病者，预后大多不良。

小叶性肺炎的并发症远比大叶性肺炎多，且严重，较常见的有呼吸衰竭、心力衰竭、脓毒血症、肺脓肿及脓胸和支气管扩张等。

二、病毒性肺炎

病毒性肺炎是多由上呼吸道病毒感染向下蔓延引起的肺间质的炎症性疾病。

（一）病因和发病机制

引起病毒性肺炎的病毒种类繁多，常见的有流感病毒，其次为呼吸道合胞病毒、腺病毒、副流感病毒、麻疹病毒、单纯疱疹病毒及巨细胞病毒等。发病可由一种病毒感染引起，也可由多种病毒混合感染或继发于细菌感染。除流感病毒、副流感病毒外，其余病毒性肺炎多见于儿童，症状轻重不等，但婴幼儿及老年患者病情较重，一般散发，偶尔会造成流行。

（二）病理变化

病毒性肺炎病理变化的特征是肺间质的炎症。肉眼观察：病变肺组织因充血水肿而轻度肿大，无明显实变。镜下观察：①支气管、细支气管壁及小叶间隔、肺泡壁的间隔明显增宽，间质充血水肿及淋巴细胞、单核细胞浸润；②肺泡腔一般无渗出物或仅有少量的浆液（图 13-6）；③有些病毒（如流感病毒、麻疹病毒、腺病毒）引起的肺炎肺泡腔内渗出较明显，渗出物由于浓缩和空气挤压可凝结成薄层红染的膜样物贴附于肺泡内表面，即透明膜形成；④部分细支气管上皮和肺泡上皮可增生形成多核巨细胞，在多核巨细胞和增生的上皮细胞内可见到病毒包涵体。病毒包涵体常呈圆形或椭圆形，约红细胞大小，周围常有一清晰的透明晕。由于感染的病毒种类不同，病毒包涵体可出现于细胞质中和（或）细胞核内，从而呈嗜酸性或嗜碱性。病毒包涵体的检出是病理诊断病毒性肺炎的重要组织学依据。

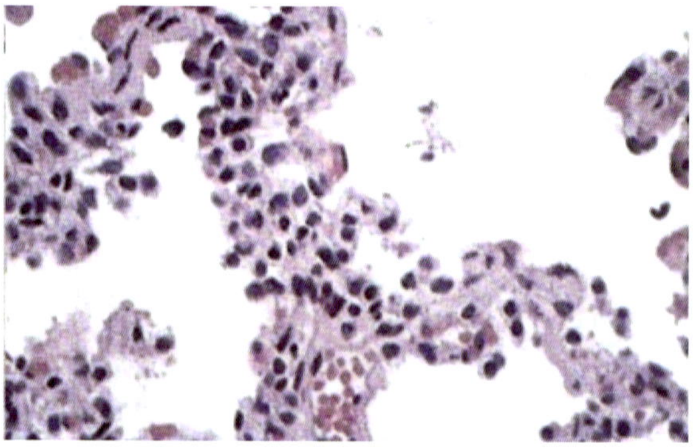

图 13-6　间质性肺炎

肺泡间隔明显增宽，血管扩张充血，间质水肿伴大量以单核细胞为主的炎症细胞浸润，肺泡腔内基本无渗出物

（三）病理临床联系

病毒性肺炎的临床症状差别较大，主要表现有：由毒血症引起的发热等全身中毒症状；支气管黏膜炎症刺激所致的剧烈干咳；X 线检查可见肺部斑点状或片状浅薄阴影。病程一般为 1~2 周。免疫功能低下的婴幼儿和老年人病情较严重，特别合并多种病毒或继发细菌感染时可出现呼吸困难、发绀甚至呼吸衰竭和心力衰竭。

（四）结局

大部分病毒性肺炎积极治疗预后较好，严重者或伴发细菌感染时，预后较差。

第二节　慢性阻塞性肺疾病

慢性阻塞性肺疾病（chronic obstructive pulmonary diseases，COPD）是一组慢性气道阻塞性疾病的统称，其共同特征为慢性肺实质和小气道受损，导致气道阻塞、呼吸阻力增加和肺功能不全。COPD 主要包括慢性支气管炎、支气管哮喘、支气管扩张和肺气肿等，本节主要介绍慢性支气管炎和肺气肿。

一、慢性支气管炎

慢性支气管炎（chronic bronchitis）是指发生于气管、支气管黏膜及其周围组织的慢性非特异性炎症，是一种常见病、多发病，多见于中老年人，冬、春季易发。临床上以反复咳嗽、咳痰或伴有喘息为特征，症状每年至少持续 3 个月，连续 2 年以上即可诊断为慢性支气管炎，常并发肺气肿及慢性肺源性心脏病，严重影响身体健康。

（一）病因与发病机制

慢性支气管炎是由多种因素长期综合作用所致，已经确定的致病因素有以下几种。

1. 感染　慢性支气管炎的发病与上呼吸道感染关系密切，凡能引起上呼吸道感染的病毒和细菌，均是引起慢性支气管炎发生、发展和复发的重要因素。

2. 吸烟　是慢性支气管炎发病的主要因素，吸烟时间越久、日吸烟量越大，患病率越高。研究表明，吸烟者比不吸烟者的患病率高 2~8 倍。

3. 空气污染　研究表明，工业烟雾、粉尘等造成的大气污染与慢性支气管炎有明显的因果关系。

4. 过敏性因素　过敏性因素与慢性支气管炎的发病也有一定的关系，尤其是喘息型慢性支气管炎患者，往往有过敏史。

5. 其他因素　机体抵抗力降低、呼吸道防御功能受到损伤及神经 - 内分泌功能失调等也与本病的发生、发展密切相关。

（二）病理变化

慢性支气管炎早期常限于较大的支气管，随病情发展逐渐累及较小的支气管和细支气管。其主要病变如下。

1. 黏膜上皮损伤与修复　呼吸道黏液 - 纤毛排送系统受损，纤毛粘连、倒伏、脱失；柱状上皮细胞变性、坏死及脱落，再修复时，杯状细胞增多，并发生鳞状上皮化生。

2. 腺体改变　黏膜下黏液腺体增生肥大，部分浆液腺体黏液化，导致黏液分泌亢进（图 13-7）。晚期，分泌亢进的腺体可萎缩、消失，黏液分泌减少。

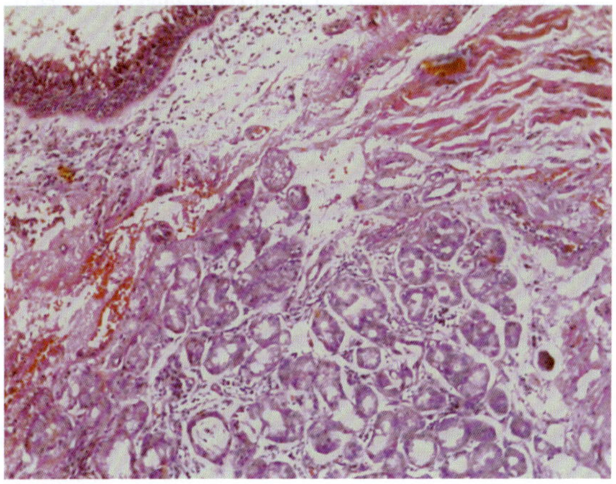

图 13-7　慢性支气管炎
支气管黏膜腺体增生肥大，黏液化

3. 支气管壁改变　支气管壁充血水肿，淋巴细胞、浆细胞浸润。病变反复发作导致管壁平滑肌束断裂、萎缩，软骨发生变性、萎缩、钙化甚至骨化。

慢性支气管炎反复发作，累及的细支气管不断增多，终将引起管壁纤维性增厚，管腔狭窄甚至闭锁，形成纤维闭塞性细支气管炎；同时，炎症易向管壁周围组织及肺泡扩展，形成细支气管周围炎。细支气管炎和细支气管周围炎是引起慢性阻塞性肺气肿的病变基础。

（三）病理临床联系

由于支气管黏膜的炎症刺激和分泌物增多，临床常表现为咳嗽、咳痰，痰液呈白色黏液泡沫状。急性发作并发细菌感染时，咳嗽加重，痰量增多，可呈黏液脓性痰或脓性痰。晚期患者可因支气管黏膜和腺体萎缩，分泌物减少而表现为痰少或无痰的干咳。

（四）结局及并发症

由于支气管壁破坏，支气管弹性下降、支撑力削弱，久之可形成支气管扩张。支气管病变和细支气管周围炎的程度逐渐加重，导致小气道狭窄和阻塞，终致阻塞性通气障碍，久之，远端肺组织残存气体增加形成慢性阻塞性肺气肿，进而并发为慢性肺源性心脏病。

知识链接

PM2.5

PM2.5（particulate matter 2.5）也称为可入肺颗粒物，指环境空气中空气动力学当量直径≤2.5 μm 的颗粒物。它能较长时间悬浮于空气中，其在空气中浓度越高，就代表空气污染越严重。虽然 PM2.5 只是地球大气成分中含量很少的组成部分，但它对空气质量和能见度等影响较大。与较粗的大气颗粒物相比，PM2.5 粒径小，面积大，活性强，易附带有毒、有害物质（重金属、微生物等），且在大气中的停留时间长、输送距离远，因而对人体健康和大气环境质量的影响更大。2013 年 10 月 17 日，世界卫生组织下属国际癌症研究机构发布报告，首次指认大气污染对人类致癌，主要是 PM2.5，并视其为普遍和主要的环境致癌物。

二、肺气肿

肺气肿是指末梢肺组织（呼吸性细支气管、肺泡管、肺泡囊和肺泡）过度充气并伴有肺泡间隔破坏，肺组织弹性减弱，导致肺体积膨大、通气功能降低的一种疾病状态。

（一）病因和发病机制

肺气肿常继发于其他肺阻塞性疾病，其中最常见的是慢性支气管炎。此外，吸烟、空气污染和肺尘埃沉着病等也是常见的发病原因。

肺气肿的发病机制是多种因素的综合作用，使细支气管和肺泡腔残气量不断增多，压力升高，导致细支气管扩张，肺泡最终破裂融合成大囊泡，形成肺气肿。

知识链接

肺气肿的主要发病机制

1. 阻塞性通气障碍 慢性支气管炎使小支气管和细支气管管壁增厚、管腔狭窄，同时黏液分泌亢进和黏液栓的形成，加剧了小气道的通气障碍，导致肺呼气不畅，残气量过多。

2. 呼吸性细支气管和肺泡壁弹性降低 长期的慢性炎症破坏了大量的弹性纤维，导致细支气管和肺泡的回缩力减弱；再加上阻塞性通气障碍使细支气管和肺泡长期处于高张力状态，弹性降低，致使残气量进一步增多。

3. α_1- 抗胰蛋白酶水平降低 α_1- 抗胰蛋白酶（α_1-antitrypsin，α_1-AT）对包括弹性蛋白酶在内的多种蛋白水解酶有抑制作用。炎症时，白细胞释放的氧自由基等可使 α_1-AT 失活，导致弹性蛋白酶数量增多、活性增强，加剧了细支气管和肺泡壁弹性蛋白、Ⅳ型胶原蛋白和糖蛋白的降解，使肺泡回缩力减弱，残气量增加。临床资料显示，遗传性 α_1-AT 缺乏的患者，因血清中的 α_1-AT 水平极低，故肺气肿的发病率比一般人高 15 倍。

（二）病理变化

肉眼观：肺体积显著膨大，色灰白，边缘变钝，柔软而缺乏弹性，指压后压痕不易消退。表面可见肋骨压痕，切面肺组织呈蜂窝状。镜下观：肺泡扩张，肺泡间隔变窄断裂，相邻肺泡融合形成较大的囊腔；肺泡壁的毛细血管受压、数量减少；间质内肺小动脉内膜纤维性增厚；小支气管和细支气管可见慢性炎症改变。

（三）病理临床联系

1. 缺氧症状 因阻塞性通气障碍，患者出现呼气性呼吸困难，气促、胸闷、发绀等缺氧症状。

2. 桶状胸 严重患者因长期过度吸气使肋骨上抬，肋间隙增宽，胸廓前后径增大，形成肺气肿患者特有的体征“桶状胸”。

3. X 线检查　肺野扩大，横膈下降，透光度增加。

（四）结局和并发症

长期严重的肺气肿可导致慢性肺源性心脏病、呼吸衰竭、自发性气胸等并发症。

第三节　慢性肺源性心脏病

慢性肺源性心脏病（chronic cor pulmonale），简称肺心病，是指由慢性肺疾病、肺血管及胸廓的病变引起的以肺动脉高压，右心室肥厚、扩张为特征的心脏病。本病在我国常见，发病率近 0.5%，北方地区更为常见，多见于 40 岁以上人群，冬、春季节气候骤变是肺心病急性发作的重要因素。

一、病因及发病机制

肺心病发病的关键环节是肺动脉高压，引起肺动脉高压的常见原因如下。

（一）肺疾病

最常引起肺心病的是慢性阻塞性肺疾病。其中以慢性支气管炎并发阻塞性肺气肿最常见，占 80%~90%。此类疾病时，一方面肺毛细血管床减少，小血管纤维化、闭塞，使肺循环阻力增加，另一方面因阻塞性通气障碍及肺气血屏障破坏，导致肺泡内氧分压降低和二氧化碳分压增高，引起肺小动脉痉挛和肺血管构型改建，如无肌细动脉肌化、肺小动脉中膜增厚，进一步增大肺循环阻力，导致肺动脉高压。

（二）胸廓病变

胸廓病变较少见，如严重的脊柱弯曲、类风湿、胸膜广泛粘连和胸廓畸形等，使胸廓活动受限。一方面引起限制性通气功能障碍，另一方面导致肺血管扭曲、肺萎陷等进一步加大肺循环阻力，引起肺动脉高压。

（三）肺血管疾病

肺血管疾病甚少见，如原发性肺动脉高压症、反复发生的肺小动脉栓塞等，可直接引起肺动脉高压，导致肺心病。

二、病理变化

（一）肺部病变

除肺部原有疾病外，主要病变是肺小动脉的改变。表现为无肌细动脉肌化、肌型小动脉中膜增厚。还可见肺小动脉炎、小动脉血栓形成与机化和肺泡壁毛细血管床数量减少等。

（二）心脏病变

肉眼可见心脏体积增大，右心室肥厚，心腔扩张，心尖钝圆。肺动脉圆锥显著膨隆。通常以肺动脉瓣下 2 cm 处右心室壁厚度超过 5 mm（正常 3~4 mm）作为肺心病的病理诊断标准。镜下可见右心室壁心肌细胞肥大，核增大深染，也可见缺氧所致的心肌纤维萎缩，肌浆溶解，横纹消失，间质水肿及胶原纤维增生等。

三、病理临床联系及结局

肺心病发展缓慢，除了原有肺、胸廓疾病的症状和体征外，逐渐出现呼吸功能不全（呼吸困难、气急、发绀）和右心衰竭（心悸、心率增快、全身淤血、肝大、脾大和下肢水肿）的临床表现。严重者，由于缺氧和二氧化碳潴留及呼吸性酸中毒等导致脑水肿而并发肺性脑病，出现头痛、烦躁、抽搐、嗜睡甚至昏迷等症状。

案例分析 13-2

患者，男，52 岁，干部。

主诉：反复咳嗽、咳痰 9 年，伴心悸、气短 2 年，下肢水肿半年，腹胀 1 个月入院。

现病史：9 年前受凉后出现发热、咳嗽、咳痰，以后每年冬、春季复发，且日渐加重。近 2 年来，在上楼或劳动时常感心悸、气短。半年前开始反复出现双下肢水肿。1 个月前因受凉、心悸、气短加重，并出现腹胀，近日病情加重，头痛，不能平卧，急诊入院。

体检：体温 37.3 ℃，脉搏 100 次 / 分，呼吸 30 次 / 分，血压 110/75 mmHg，慢性病容，神志清，端坐呼吸，口唇发绀，颈静脉怒张，桶状胸，呼吸运动减弱，双肺叩诊呈过清音，可闻及干、湿啰音。心率 100 次 / 分，律齐，心浊音界缩小。腹部膨隆，移动性浊音（+），肝大，较硬，双下肢凹陷性水肿。血常规：红细胞计数 5.2×10^{12}/L，白细胞计数 6.3×10^{9}/L，中性粒细胞占 87%，淋巴细胞占 13%。入院后患者突然抽搐，极度烦躁不安，继而神志不清，抢救无效死亡。

尸检：腹水 2000 ml，淡黄色，透明。双肺体积增大，明显膨隆，切面见散在灰白色实变病灶，镜下见双肺末梢肺组织过度充气、扩张，肺泡壁变薄、断裂，灶性实变区内见细支气管、肺泡腔内有大量中性粒细胞。部分上皮坏死、脱落，支气管上皮内杯状细胞增多，部分出现鳞状上皮化生，管壁腺体增多、肥大，软骨灶性钙化，纤维组织增生，炎症细胞浸润，肺细、小动脉管壁增厚。右心腔明显扩张，右心室壁厚 0.5 cm，肉柱、乳头肌增粗，肝体积增大、淤血。脑膜、脑组织充血，灶性出血，脑回变宽，脑沟变浅。

思考：

1. 结合病例做出病理诊断并说明诊断依据。
2. 分析患者的死亡原因。
3. 该患者的疾病是如何发生、发展的？试述其发生机制。

第四节　呼吸系统常见肿瘤

肺癌（carcinoma of the lung）是发生在肺泡上皮或支气管上皮的恶性肿瘤，是常见的恶性肿瘤之一，近 50 年来世界各国都有报道肺癌的发病率和死亡率呈明显上升趋势。我国肺癌的发病率和死亡率也居恶性肿瘤的第一位和（或）第二位。发病年龄多在 40 岁以上，男女患者比例已由原来的 4∶1 上升到 1.5∶1。肺癌的发病与吸烟、大气污染、职业因素、分子遗传学改变等有密切关系。

一、病理变化

根据肿瘤在肺内的分布部位，分为中央型、周边型和弥漫型三种类型。①中央型：最常见，占 60%~70%。此型发生于主支气管和叶支气管等大支气管，从支气管壁向周围肺组织浸润、扩展，形成结节或巨块（图 13-8）。②周围型：占 30%~40%。此型发生于段或其远端支气管，在近肺膜的肺周边部形成孤立的癌结节，直径为 2~8 cm，与支气管的关系不明显（图 13-9）。③弥漫型：较少见，仅占 2%~5%。癌组织起源于末梢肺组织，弥漫性浸润生长，形成多数粟粒大小灰白色结节，布满部分或全肺叶。组织学类型分为鳞状细胞癌、腺癌、大细胞癌、小细胞癌和腺鳞癌等。

图 13-8　中央型肺癌

图 13-9　周围型肺癌

知识链接

早期肺癌和隐性肺癌

中央型早期肺癌是指发生于段支气管以上者，癌组织仅限于管壁内生长，不突破外膜，且无局部淋巴结转移。周围型早期肺癌发生于小支气管，在肺组织内呈结节状，直径 <2 cm，也无局部淋巴结转移。隐性肺癌一般指痰细胞学检查癌细胞阳性，影像学检查为阴性，手术切除标本经病理学证实为支气管黏膜原位癌或早期浸润癌，而无淋巴结转移者。

二、扩散途径

1. 直接蔓延　中央型肺癌常直接侵及纵隔、心包及周围血管，或沿支气管向同侧甚至对侧肺组织蔓延。周围型肺癌可直接侵犯胸膜，长入胸壁。

2. 转移　淋巴道转移是肺癌最常见的转移途径。癌组织首先转移到支气管旁、肺门淋巴结，再扩散至纵隔、锁骨上、腋窝及颈部淋巴结。周围型肺癌的癌细胞可进入胸膜下淋巴丛，形成胸膜下转移灶。血道转移常见于脑、肾上腺、骨、肝等器官。

三、病理临床联系

肺癌患者早期症状不明显，以后常有咳嗽、痰中带血、胸痛等。患者的症状和体征与肿瘤的部位、大小及浸润转移有关。预后大多不良，根据早期临床症状、影像学检查、痰液细胞学检查及肺纤维支气管镜检查等确立诊断，提高治疗效果。

第五节 呼吸衰竭

一、概念

呼吸衰竭（respiratory insufficiency）是指由各种原因引起肺通气和（或）换气功能严重障碍，以致在静息呼吸状态，吸入空气时，出现低氧血症（PaO_2 降低），有或不伴有二氧化碳潴留（$PaCO_2$ 增高），从而引起机体一系列病理生理改变和临床表现的综合征。

根据血气变化特点可将呼吸衰竭分为Ⅰ型和Ⅱ型呼吸衰竭。Ⅰ型呼吸衰竭即低氧血症型呼吸衰竭，血气特点为 PaO_2<60 mmHg，PaO_2 降低或正常；Ⅱ型呼吸衰竭即高碳酸血症型呼吸衰竭，血气特点为 PaO_2<60 mmHg，同时伴有 PaO_2>50 mmHg。根据发病的缓急将呼吸衰竭分为急性和慢性呼吸衰竭；根据原发病的部位不同将其分为中枢性和外周性呼吸衰竭；根据主要发病机制将其分为通气性和换气性呼吸衰竭。

二、病因与发病机制

外呼吸包括肺通气和肺换气两个环节。呼吸衰竭则是肺通气或（和）肺换气功能严重障碍的结果。

（一）肺通气功能障碍

正常成人静息时，有效通气量约为 4 L/min。当肺通气功能障碍使肺泡通气不足时，可发生呼吸衰竭。

1. 肺泡通气不足

（1）限制性通气不足：是指吸气时肺泡扩张受限制所引起的肺泡通气不足。

1）呼吸肌活动障碍：中枢或周围神经的器质性病变如脑外伤、脑血管意外、脑炎、脊髓灰质炎、多发性脊神经炎等，使用过量的镇静药、催眠药、麻醉药所引起的呼吸中枢抑制，呼吸肌本身收缩功能障碍如重症肌无力、低钾血症、呼吸肌疲劳、营养不良引起的呼吸肌萎缩等，均可累及呼吸肌收缩功能而引起限制性通气不足。

2）胸廓顺应性降低：如严重的胸廓畸形、胸膜纤维化、胸膜粘连等。

3）肺顺应性降低：肺纤维化、肺实变或肺泡表面活性物质减少等可降低肺的顺应性，使肺泡扩张的弹性阻力增大导致限制性通气不足。

4）胸腔积液和气胸：胸腔大量积液或张力性气胸压迫肺，使肺泡扩张受限。

（2）阻塞性通气不足：指由于气道狭窄或阻塞，使气道阻力增加所致的通气障碍。气道阻力正常为 0.1~0.3 kPa· s/L，其中 80% 以上在直径大于 2 mm 的支气管，直径小于 2 mm 的外周小气道阻力仅占总阻力的 20% 以下。

影响气道阻力的最主要的因素是气道内径。管壁痉挛、管腔阻塞、气道塌陷等均可使气道内径变小或不规则，而使气道阻力增加，引起阻塞性通气不足。气道阻塞可分为以下两种。

1）中央气道阻塞：指气管分叉处以上的气道阻塞。若阻塞位于胸外（如喉头水肿、异物、声带麻痹等），吸气时气体流经病灶引起压力降低，可使气道内压明显低于大气压，导致气道狭窄加重，患者表现为吸气性呼吸困难。若阻塞位于中央气道的胸内部分，呼气时胸膜腔内压升高压迫气道，使气道狭窄加重，患者则表现为呼气性呼吸困难。

2）外周气道阻塞：外周气道是指直径小于 2 mm 的细小支气管。这种小支气管的软骨为不规则的块状，而细支气管完全无软骨支撑，管壁薄且与周围的肺泡紧密相连，因此吸气时肺泡扩张，细支气管受周围弹性组织牵拉口径变大、气道伸长，呼气时缩短变窄，呼气阻力大于吸气。临床上慢性阻塞性肺疾病主要侵犯小气道，使管壁增厚、痉挛；黏液分泌使管腔阻塞；肺泡壁萎缩断裂，对管壁牵引力减弱，使管道变窄。患者表现为呼气性呼吸困难。

2. 肺泡通气不足时的血气变化　肺通气功能障碍时，总肺泡通气量不足，致使肺泡气氧分压下降和二氧化碳分压升高，因此流经肺泡毛细血管的血液不能被充分动脉化，导致 PaO_2 下降和 $PaCO_2$ 升高，出现Ⅱ型呼吸衰竭。

（二）肺换气功能障碍

1. 弥散障碍　弥散障碍是指肺泡与毛细血管血液之间的气体交换障碍。常见原因：①肺泡膜面积减少。正常人肺泡总面积约 80 m^2，静息时参与换气的面积为 40 m^2 左右，运动时可增加至 60 m^2 左右。由于储备能力大，当弥散面积减少 1/2 以上时，才会引起换气功能障碍。多见于肺叶切除、肺实变、肺不张等。②肺泡膜厚度增加。肺泡膜是由肺泡上皮、毛细血管内皮及两者共有的基底膜所构成，厚约 1 μm，是气体交换的部位。气体弥散速率与肺泡膜厚度成反比，膜越厚，单位时间内交换的气体量越少。肺纤维化、肺水肿、肺泡表面透明膜形成等均可使气体弥散距离增宽，从而降低气体弥散速度，导致气体弥散量减少。③弥散时间缩短。正常静息时，血液流经肺泡毛细血管的时间约为 0.75 秒，而血液氧分压只需 0.25 秒就可升至肺泡气氧分压水平。当体力活动负荷增加等使心排血量增加和肺血流加快时，血液和肺泡接触时间过短，导致低氧血症的发生。

由于 CO_2 的弥散速度比 O_2 快，所以单纯弥散障碍只引起低氧血症的发生。

2. 肺泡通气与血流比例失调　有效的换气不仅取决于肺泡膜面积与厚度、肺泡总通气量与血流量，还要求肺泡的通气与血流配合协调。正常成人在静息状态下，每分钟肺泡通气量（V_A）约为 4 L/min，每分钟肺血流量（Q）约为 5 L/min，两者正常比值（V_A/Q）约为 0.8，即当 V_A/Q 比值约为 0.8 时，流经肺泡的静脉血能够被充分动脉化。肺疾患时，由于肺内病变轻重程度与分布不均匀，造成肺泡通气与血流比例严重失调，导致气体交换障碍（图 13-10）。这是肺部疾病引起呼吸衰竭最常见、最重要的机制。

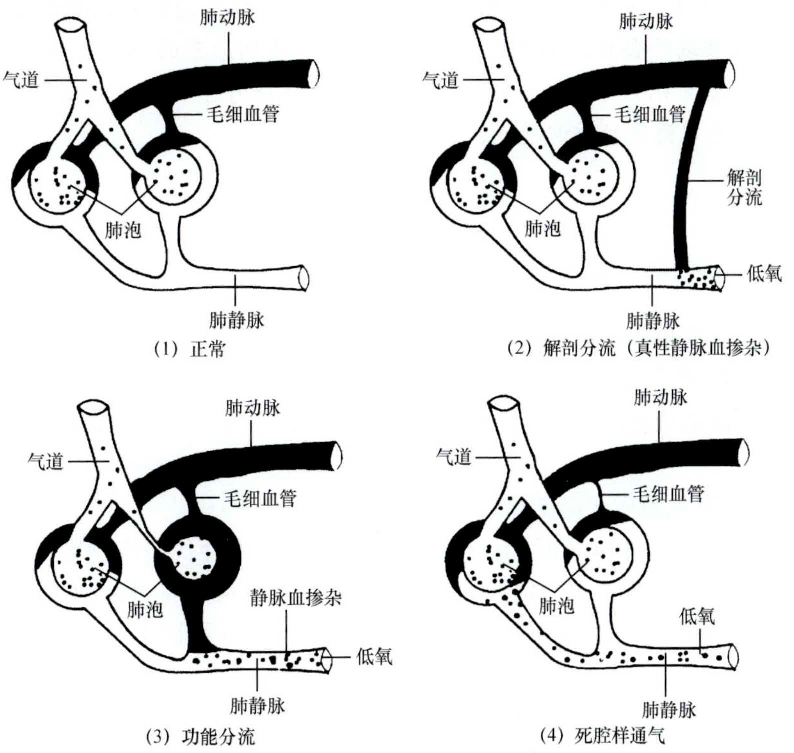

图 13-10　肺泡通气与血流比例失调模式图

（1）部分肺泡通气不足：慢性支气管炎、阻塞性肺气肿、支气管哮喘、肺纤维化和肺水肿等均可引起阻塞性通气障碍或限制性通气障碍，使病变部位的肺泡通气量不足，而血流未相应减少甚至因炎性充血使血流增加，V_A/Q 比值显著降低，导致流经这部分肺泡的静脉血未经充分动脉化便掺入动脉血中，这种情况类似动静脉短路，故称功能性分流，又称静脉血掺杂。正常成人由于肺内通气分布不均，因此有功能性分流存在，但仅占肺血流量的 3% 左右。慢性阻塞性肺疾病严重时，功能性分流明显增加，可相当于肺血流量的 30%~50%，严重影响换气功能而导致呼吸衰竭。

（2）部分肺泡血流不足：肺动脉栓塞、弥散性血管内凝血、肺血管受压扭曲等可使部分肺泡血流不足，V_A/Q 比值增大，患部肺泡通气不能被充分利用，称之为无效腔样通气。正常人生理无效腔量约占潮气量的 30% ，疾病时无效腔量增加，甚至可占潮气量的 60%~70%，从而导致呼吸衰竭。

总之，无论是部分肺泡通气不足还是部分肺泡血流不足，均可导致 PaO_2 降低，$PaCO_2$ 可正常或降低，当 V_A/Q 严重失调时 $PaCO_2$ 也可升高。

3. 解剖分流增加 解剖分流是指一部分静脉血经支气管静脉和极少的肺内动静脉交通支直接流入肺静脉。这些解剖分流的血流量正常应占心排血量的 2%~3%。支气管扩张症、肺栓塞等可促使肺内动静脉短路开放，使解剖分流增加。肺实变和肺不张时，病变肺泡完全失去通气功能，但仍有血流，流经的血液完全未进行气体交换就掺入动脉血，类似解剖分流。解剖分流的血液完全未经气体交换过程，故又称为真性分流。

临床上呼吸衰竭的发生往往是以上多个机制共同作用的结果。

知识链接

急性呼吸窘迫综合征（ARDS）

ARDS 是指肺严重疾病导致以肺毛细血管弥漫性损伤、通透性增强为基础，以肺水肿、透明膜形成和肺不张为主要病理变化，以进行性呼吸窘迫和难治性低氧血症为临床特征的急性呼吸衰竭综合征。ARDS 是急性肺损伤发展到后期的典型表现。该病起病急，发展快，预后极差，死亡率高达 50% 以上。其临床特征为呼吸频速和窘迫、进行性低氧血症。X 线检查呈现弥漫性肺泡浸润。

三、机体代谢和功能变化

呼吸衰竭时，引起机体各系统代谢与功能变化的最根本原因是低氧血症、高碳酸血症。在发病过程中，常先出现一系列代偿适应性反应，来增加组织供氧、调节酸碱平衡和改善组织、器官的功能、代谢以适应新的内环境。严重时，如失代偿，则可出现各系统器官的功能和代谢紊乱甚至衰竭。

（一）酸碱平衡及电解质代谢紊乱

1. 代谢性酸中毒 严重缺氧时无氧代谢加强，乳酸等酸性代谢产物增多，可引起代谢性酸中毒。此时电解质主要有如下变化：①血清钾浓度增高。酸中毒可使细胞内 K^+ 外移及肾小管排 K^+ 减少，导致高钾血症。②血清氯浓度增高。代谢性酸中毒时，由于 HCO_3^- 降低可使肾排出 Cl^- 减少，故血清氯浓度常增高。

2. 呼吸性酸中毒 Ⅱ型呼吸衰竭时，大量二氧化碳潴留可引起呼吸性酸中毒，此时可有高血钾和低血氯。当呼吸性酸中毒合并代谢性酸中毒时，血清氯浓度可正常。

3. 呼吸性碱中毒　Ⅰ型呼吸衰竭的患者因缺氧引起肺通气过度，使 $PaCO_2$ 明显降低，可发生呼吸性碱中毒。此时血清钾浓度降低，血清氯浓度升高。

（二）呼吸系统的变化

PaO_2 低于 60 mmHg，可刺激颈动脉体与主动脉体化学感受器，反射性增强呼吸运动，引起呼吸加深加快。PaO_2 为 30 mmHg 时肺通气量最大。缺氧对呼吸中枢有直接抑制作用，当 PaO_2 低于 30 mmHg 时，抑制呼吸中枢的作用大于反射性兴奋外周化学感受器的作用，而使呼吸抑制。$PaCO_2$ 升高主要作用于中枢化学感受器，反射性引起呼吸中枢兴奋。但当 $PaCO_2$ 超过 80 mmHg 时，反而抑制呼吸中枢。此情况时，氧疗只能吸入低于 30% 浓度的氧，以免缺氧完全纠正后反而出现呼吸抑制，加重高碳酸血症，使病情恶化。

引起呼吸衰竭的呼吸系统疾病本身，也会导致呼吸运动形式的变化。如中枢性呼吸衰竭时，可出现浅而慢甚至节律紊乱的呼吸；限制性通气障碍时，呼吸运动变浅变快；阻塞性通气障碍时，由于阻塞的部位不同，表现为吸气性或呼气性呼吸困难。

（三）循环系统的变化

PaO_2 降低和 $PaCO_2$ 升高可兴奋心血管运动中枢，使心率加快，心肌收缩力加强，外周血管收缩，加上呼吸运动增强使静脉回流增加，可使心排血量增多。严重的缺氧和二氧化碳潴留可直接抑制心血管中枢，导致血管扩张、血压下降、心肌收缩力减弱和心律失常等严重后果。

慢性呼吸衰竭可累及心脏，引起右心肥大与衰竭，即肺源性心脏病。呼吸衰竭引起心肌损害主要与缺氧、酸中毒和高血钾等因素有关。

（四）中枢神经系统的变化

中枢神经系统对缺氧最敏感。呼吸衰竭会引起中枢神经系统功能紊乱，出现一系列神经精神症状，如头痛、烦躁不安、定向与记忆障碍、精神错乱、嗜睡等，严重者出现惊厥和昏迷。由呼吸衰竭引起的脑功能障碍称为肺性脑病。其中由二氧化碳潴留引起的脑功能障碍又称为二氧化碳麻醉。

（五）泌尿系统的变化

呼吸衰竭时，缺氧与高碳酸血症可引起交感神经兴奋，肾血管收缩，导致肾血流量明显减少。轻者尿中出现蛋白、红细胞、白细胞及管型等，严重时可发生急性肾衰竭。此时肾结构往往无明显改变，为功能性肾衰竭。

（六）消化系统的变化

缺氧和二氧化碳潴留可降低胃黏膜的屏障作用，二氧化碳潴留使胃壁细胞碳酸酐酶活性增强，胃酸分泌增多，出现食欲缺乏、胃黏膜糜烂、溃疡及出血等。

四、防治的病理生理基础

（一）防治原发病和去除诱因

慢性阻塞性肺疾病的患者若发生上呼吸道感染、急性支气管炎等，可诱发呼吸衰竭，故应注意预防和控制感染。

（二）提高 PaO_2

提高 PaO_2 是紧急且必要的措施，Ⅰ型呼吸衰竭可吸入较高浓度的氧（一般不超过 50%）。而对有二氧化碳潴留的Ⅱ型呼吸衰竭患者，给氧应谨慎，宜采取持续低浓度给氧，氧浓度为 30%，低流速，使 PaO_2 维持在 60 mmHg（8 kPa）左右即可。这样既改善组织氧供，又可以避免二氧化碳麻醉。

（三）降低 $PaCO_2$

Ⅱ型呼吸衰竭 $PaCO_2$ 增高是肺总通气量不足所致，应通过增加肺泡通气量以降低 $PaCO_2$。

增加肺通气的方法包括：①畅通气道，包括清除气道内容物与分泌物，解除支气管痉挛，减轻黏膜肿胀，必要时行气管插管或气管切开术。②增强呼吸动力，如对呼吸中枢抑制者使用呼吸中枢兴奋药，对慢性呼吸衰竭伴营养不良者，注意补充营养以减少呼吸肌疲劳的发生。③人工辅助通气，用人工呼吸维持必需的通气量，可使呼吸肌得以休息，有利于呼吸肌功能的恢复，这也是治疗呼吸肌疲劳的有效方法。

（四）改善内环境及重要器官的功能

注意纠正酸碱失衡与电解质代谢紊乱，注意保护心、脑、肾等重要器官功能，防治严重并发症。

本章小结

大叶性肺炎是主要由肺炎链球菌引起的以肺泡内弥漫性纤维蛋白渗出为主的急性炎症，咳铁锈色痰是其特征性表现，典型的病变可分为充血水肿期、红色肝样变期、灰色肝样变期、溶解消散期四个阶段。小叶性肺炎是由化脓菌感染引起的以细支气管为中心、肺小叶为单位的急性化脓性炎，多为其他疾病的并发症，痰的特点是黏液脓性或脓性。病毒性肺炎是由病毒感染引起的间质性肺炎，查到病毒包涵体是诊断病毒性肺炎的重要组织学依据，临床上表现为无痰干咳。

慢性支气管炎是指发生于气管、支气管黏膜及其周围组织的慢性非特异性炎症。每年发作至少持续 3 个月且连续 2 年以上发病者，在排除其他疾病后即可诊断为慢性支气管炎。呼吸道上皮损伤、腺体增生肥大与化生、管壁炎性损害是其主要病变。临床表现为咳嗽、咳痰，喘息，晚期常并发慢性阻塞性肺气肿和慢性肺源性心脏病。肺气肿是指末梢肺组织过度充气并伴有肺泡间隔破坏，肺组织弹性减弱，导致肺体积膨大、通气功能降低的一种疾病状态。慢性支气管炎是其最常见的原因。临床表现除咳嗽、咳痰外，常出现进行性加重的呼气性呼吸困难。典型体征表现为“桶状胸”，最终导致慢性肺源性心脏病。

慢性肺源性心脏病源于各种原因引起的肺动脉高压，以慢性支气管炎并发阻塞性肺气肿所致最常见，病理特征是右心室壁肥厚和心室腔扩张，临床表现除原有肺疾病的症状、体征外，还主要有逐渐出现的呼吸功能不全和右心衰竭。

肺癌是常见的恶性肿瘤之一，现世界公认吸烟是肺癌致病的危险因素之一。根据在肺内分布部位，分为中央型、周围型和弥漫型。肺癌组织学表现复杂，分为鳞状细胞癌腺癌、腺鳞癌、大细胞癌、小细胞癌等类型。肺癌常直接蔓延至周围器官、组织，淋巴道转移发生较早。早期症状不明显，以后常有咳嗽、痰中带血、胸痛等。鼻咽癌的发病有明显的地域性。研究表明鼻咽癌的发生与 EB 病毒关系密切。鼻咽癌最常发生于鼻咽顶部，组织学类型包括鳞状细胞癌和腺癌。癌组织常侵袭至周围组织，淋巴道转移发生较早，晚期发生血道转移。早期症状不明显，确诊时已多是中、晚期，故治愈率低。

呼吸衰竭是指由于外呼吸功能障碍，导致 PaO_2 低于 60 mmHg，伴或不伴有 $PaCO_2$ 高于 50 mmHg 的病理过程。根据血气变化特点可分为Ⅰ型和Ⅱ型呼吸衰竭。通气功能障碍包括限制性通气不足和阻塞性通气不足。换气功能障碍包括弥散障碍、通气与血流比例失调和解剖分流增加。呼吸衰竭时，引起机体各系统代谢与功能变化的最根本原因是低氧血症、高碳酸血症，严重时则可出现各系统器官的功能和代谢紊乱甚至衰竭。

（李平）

第十四章　消化系统常见疾病

学习目标

1. 掌握溃疡病、病毒性肝炎、肝硬化、假小叶的概念，消化性溃疡的病理变化及常见并发症，门脉性肝硬化的病理变化及临床联系。

2. 熟悉病毒性肝炎的传播途径，门脉性肝硬化的病因，食管癌、胃癌、原发性肝癌的病理变化与病理临床联系，肝性脑病的发病机制。

3. 了解消化性溃疡的病因及发病机制，病毒性肝炎的病因及发病机制，门脉性肝硬化的结局，食管癌、胃癌、原发性肝癌的病因，肝性脑病的原因、分类、诱因及防治原则。

4. 学会应用消化性溃疡、病毒性肝炎、门脉性肝硬化、肝性脑病等疾病的病理知识分析、解释相关的临床表现问题。

5. 具有对消化系统常见疾病病理问题的预见意识和科学认知分析能力。

消化系统包括消化管和消化腺，具有消化、吸收、排泄、解毒和内分泌等功能。消化系统疾病临床发病率高，本章主要介绍一些常见的消化系统疾病。

第一节　消化性溃疡

消化性溃疡（peptic ulcer）是以胃或十二指肠黏膜形成慢性溃疡为特征的一种常见病。本病常反复发作，呈慢性经过，其发生与胃液的自我消化作用有关，多见于成人（20~50岁），男性多于女性。十二指肠溃疡较胃溃疡多见，前者约占70%，后者约占25%。另外，胃溃疡和十二指肠溃疡两者并存的复合性溃疡约占5%。

一、病因及发病机制

消化性溃疡的病因及发病机制目前尚未完全清楚，目前认为与下列因素有关。

1. 黏膜抗消化能力减弱　胃和十二指肠黏膜防御屏障的破坏是胃或十二指肠黏膜组织被胃液消化而形成溃疡的重要原因。正常情况下，胃和十二指肠黏膜是通过胃黏膜分泌的黏液（黏液屏障）和黏膜上皮细胞的脂蛋白（黏膜屏障）来保护黏膜不被胃液消化的。当胃黏液分泌不足或黏膜上皮受损时，黏膜防御屏障功能减弱。如吸烟、长期服用非甾体抗炎药阿司匹林等，可破坏上述黏膜防御屏障而导致消化性溃疡的发生。

2. 幽门螺杆菌感染　研究表明，幽门螺杆菌感染在消化性溃疡的发病机制中具有重要作用。幽门螺杆菌可释放细菌型血小板激活因子，促进黏膜表面毛细血管内血栓形成致血管阻塞、黏膜缺血等破坏黏膜防御屏障；幽门螺杆菌还可分泌尿素酶、裂解胃黏膜糖蛋白的蛋白酶、破坏黏膜表面上皮细胞脂质膜的磷酸酯酶及趋化中性粒细胞等，破坏黏膜上皮细胞，利于胃酸直接接触上皮并进入黏膜内，并促进胃酸分泌增加，破坏黏膜防御屏障而诱发溃疡。

3. 胃液消化作用　有研究证明，消化性溃疡的发生是胃和十二指肠局部黏膜被胃酸和胃蛋白酶消化的结果。空肠和回肠内为碱性环境，一般极少发生消化性溃疡。这说明胃液对黏膜组织的自我消化过程是消化性溃疡形成的原因之一。

4. 其他因素 精神过度紧张或忧虑可促使胃酸分泌增多，有利于溃疡形成。消化性溃疡常有家族多发病史，这提示消化性溃疡的发生有一定的家族遗传性。另外，O 型血的人发病率高于其他血型 1.5~2 倍。

二、病理变化

肉眼观：胃溃疡多位于胃小弯侧近幽门处，尤其多见于胃窦部；常为一个，呈圆形或椭圆形，直径多在 2 cm 以内；边缘整齐，状如刀切；底部平坦、洁净；常穿越黏膜下层，深达肌层甚至浆膜层，一般溃疡在贲门侧较深，呈潜掘状，于幽门侧较浅，呈阶梯状；溃疡周边的黏膜皱襞常呈放射状向溃疡处集中（图 14-1）。十二指肠溃疡多发生于十二指肠球部的前壁或后壁，溃疡一般较小而浅，直径多在 1cm 以内，形态特点与胃溃疡相似。

镜下观：溃疡底部由内向外分为四层结构（图 14-2）。①炎性渗出层：为炎性渗出物（中性粒细胞和纤维蛋白等）覆盖；②坏死组织层：主要由坏死的细胞碎片构成；③肉芽组织层：由成纤维细胞、新生的毛细血管等构成；④瘢痕组织层：由大量胶原纤维、少数纤维细胞等构成。

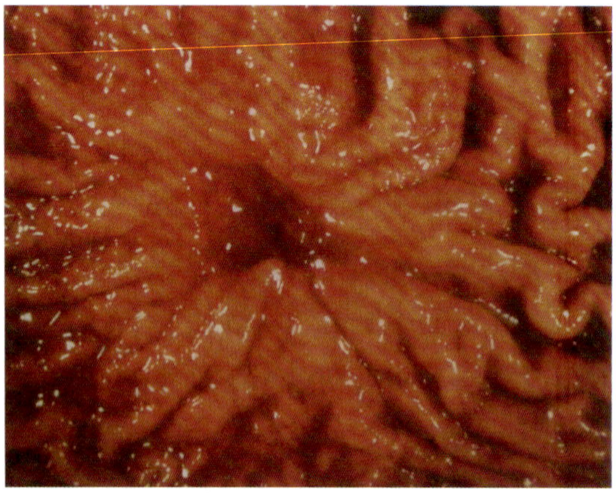

图 14-1 胃溃疡(肉眼观)

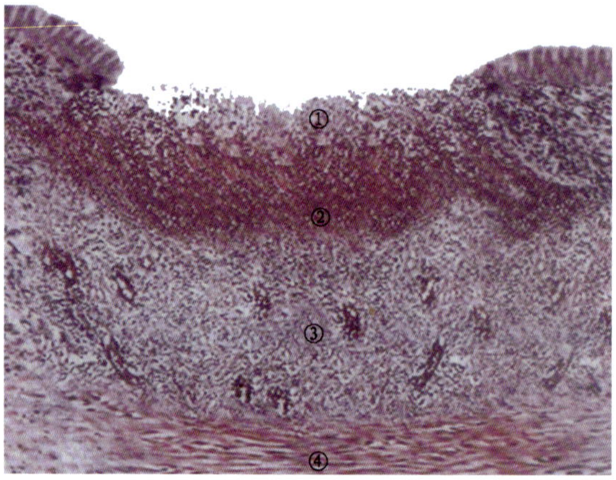

图 14-2 胃溃疡底部（镜下观）
①炎性渗出层；②坏死组织层；
③肉芽组织层；④瘢痕组织层

三、病理临床联系

1. 周期性上腹部疼痛 这是消化性溃疡患者的主要临床表现。十二指肠溃疡的疼痛多发生在餐后 3~4 小时（胃排空时）或夜间，进餐后减轻或消失。这可能与夜间和饥饿时迷走神经兴奋性增高，刺激胃酸分泌增多有关。胃溃疡患者疼痛多在餐后半小时至 1 小时内最明显，下次餐前减轻或消失。可能是进食促使促胃液素分泌亢进，使胃酸分泌增多，刺激溃疡周边神经末梢及胃壁平滑肌收缩或痉挛而引起。

2. 反酸、呕吐 胃酸刺激引起幽门括约肌痉挛或胃逆蠕动，酸性胃内容物反流，临床出现反酸或呕吐。

3. 嗳气 胃内容物排空困难，滞留于胃内发酵，导致嗳气及上腹部饱胀感。

案例分析 14-2

刘某，男，40 岁，职业司机。工作性质导致其时常不能按时用餐。最近几个月以来，经常感觉上腹部疼痛，饭后加重。疼痛时服用“止痛药”后不见好转，去医院就诊，医生建议胃镜检查后再做进一步治疗。

思考：

1. 请用病理生理学知识解释刘某上腹部疼痛可能的原因。
2. 为什么医生建议胃镜检查后再做进一步治疗？

四、结局及并发症

1. 愈合　溃疡底部的渗出物及坏死组织逐渐被吸收，由肉芽组织增生填补形成瘢痕，然后由周围的黏膜上皮再生覆盖，溃疡面愈合。

2. 并发症

（1）出血：是消化性溃疡最常见的并发症，占患者的 10%~35%。轻者为溃疡底部的毛细血管破裂所致，大便潜血试验阳性；少数患者也可因溃疡底部大血管破裂而致大出血，临床上出现呕血及柏油样黑粪，严重者可因失血性休克而危及生命。

（2）穿孔：约占患者的 5%。十二指肠溃疡因肠壁较薄更易穿孔，穿孔后胃肠内容物漏入腹腔引起急性弥漫性腹膜炎，是最严重的并发症。若穿孔发展较慢，穿孔前已与邻近器官如肝、胰等粘连，称为穿透性溃疡，可形成局限性腹膜炎。

（3）幽门狭窄：约占患者的 3%。经久不愈的溃疡易形成大量瘢痕，由于瘢痕组织收缩可造成幽门狭窄，严重者导致幽门梗阻，使胃内容物潴留，患者可出现反复呕吐，严重可导致脱水、电解质及酸碱平衡紊乱。

（4）癌变：经久不愈的胃溃疡可癌变，癌变率不超过 1%。癌变来自胃溃疡边缘的黏膜上皮或腺体，因不断受到破坏和反复再生，在某些致癌因素的作用下细胞发生癌变。十二指肠溃疡几乎不发生癌变。

第二节　病毒性肝炎

病毒性肝炎（viral hepatitis）是指由肝炎病毒感染引起的，以肝细胞变性坏死为主要病变的常见传染病。病毒性肝炎在世界各地都有发生和流行，我国病毒性肝炎发病率较高，其中乙型和丙型肝炎易转为慢性，又与肝硬化、肝细胞癌的关系密切，严重危害人类健康。

一、病因及发病机制

病毒性肝炎是由肝炎病毒引起的。目前已知的肝炎病毒有甲型肝炎病毒（HAV）、乙型肝炎病毒（HBV）、丙型肝炎病毒（HCV）、丁型肝炎病毒（HDV）、戊型肝炎病毒（HEV）、庚型肝炎病毒（HGV）等多种。我国乙型肝炎最为多见。各型肝炎病毒的传染途径各异，HAV 和 HEV 主要通过消化道传播；HBV、HDV 和 HGV 主要通过血液和密切接触感染；HCV 主要通过血液感染。

病毒性肝炎的发病机制尚不十分清楚。一般认为 HAV 和 HDV 是在肝细胞内繁殖直接损伤肝细胞。HBV 通过细胞免疫反应引起损伤。首先 HBV 侵入肝细胞，复制后释放入血，并在肝细胞表面留下病毒抗原成分，使肝细胞表面的抗原性发生变化。进入血液中的 HBV 刺激机体免疫系统，致敏的淋巴细胞释放淋巴毒素或经抗体依赖性细胞毒作用杀伤 HBV，同时亦损伤了含有病毒抗原信息的肝细胞。

肝细胞病变的程度与机体免疫反应强弱、入侵的病毒数量及毒力大小密切相关：①免疫功能正常，入侵病毒数量较少、毒力较弱时，发生急性（普通型）肝炎；②免疫功能过强，入侵病毒数量多、毒力强时，则发生重型肝炎；③免疫功能不足，部分病毒未被杀灭，在肝细胞内反复复制，则造成慢性肝炎；④免疫功能缺陷或耐受时，病毒与宿主共存，肝细胞不受损害，宿主成为无症状病毒携带者。

二、基本病理变化

各型病毒性肝炎均是以肝细胞变性、坏死为主的变质性炎，伴有不同程度的炎症细胞浸润、肝细胞再生和纤维组织增生。

（一）肝细胞变性、坏死与凋亡

1. 肝细胞变性

（1）细胞水肿：是最常见的病变，镜下可见肝细胞增大，胞质疏松化或气球样变（图 14-3）。

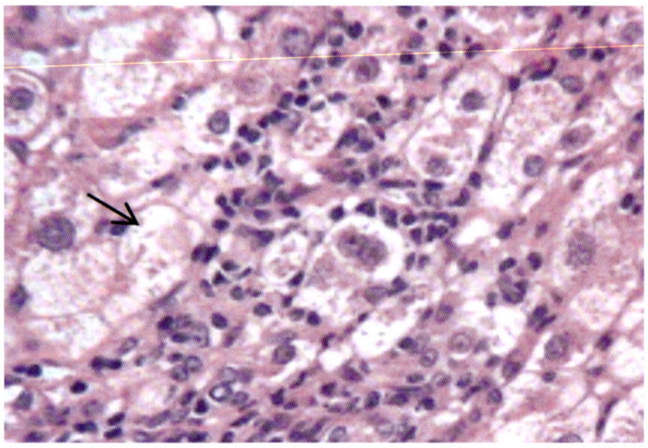

图 14-3　肝细胞气球样变

（2）嗜酸性变：往往累及单个或几个肝细胞，散在于肝小叶内。镜下可见肝细胞体积缩小，嗜酸性染色增强，均质红染。

2. 肝细胞坏死与凋亡

（1）溶解坏死（lytic necrosis）：由严重细胞变性发展而来，可分为以下几种。

1）点状坏死（spotty necrosis）：为散在于肝小叶内单个或数个相邻肝细胞的坏死，同时伴有炎症细胞浸润。

2）碎片状坏死（piecemeal necrosis）：为起始于肝小叶周边界板的肝细胞灶性坏死和崩解，伴有炎症细胞浸润。

3）桥接坏死（bridging necrosis）：指在中央静脉与汇管区之间或两个中央静脉之间或两个汇管区之间出现的融合性肝细胞坏死带。

4）大片状坏死（massive necrosis）：为波及肝小叶较大范围或几乎整个肝小叶的坏死。

（2）嗜酸性小体（acidophilic body）：又称凋亡小体，由嗜酸性变发展而来，胞质浓缩，核也浓缩消失，形成深红色浓染圆形小体。

（二）炎症细胞浸润

在肝小叶坏死灶和汇管区有炎症细胞浸润，主要为淋巴细胞和单核细胞，坏死灶内可有中性粒细胞。

（三）肝细胞再生

肝细胞有较强的再生能力，在坏死的肝细胞周围常出现分裂再生。再生的肝细胞体积较大，核染色加深，可有双核。如坏死严重，肝索的纤维支架塌陷，再生的多数肝细胞不能排列成索状，便堆积成团，称为结节状再生。

（四）增生

1. 间质反应性增生　①库普弗（kupffer）细胞增生，可脱入窦内成为游走的吞噬细胞，

参与炎症反应。②间叶细胞及成纤维细胞增生

2. 细小胆管增生　汇管区和增生的纤维组织内可出现细小胆管增生。

3. 纤维组织增生　慢性病毒性肝炎患者，原有肝小叶结构被破坏，间质大量纤维组织增生修复，形成假小叶，发生肝硬化。

三、临床病理类型

临床上，通常将病毒性肝炎分为普通型和重型两大类。

（一）普通型肝炎

1. 急性（普通型）肝炎　是病毒性肝炎中最常见的类型，各种肝炎病毒均可引起。临床上可分为黄疸型和无黄疸型。

（1）病理变化：肉眼观，肝大，质较软，表面光滑。镜下观，广泛的肝细胞水肿，可见气球样变，因肝细胞肿大、排列拥挤，肝血窦受压变窄，可见淤胆现象；肝细胞坏死较轻微，可见点状坏死及嗜酸性小体形成；肝小叶及门管区少量炎症细胞浸润。黄疸型坏死较重，可见毛细胆管胆栓、细胞内胆色素颗粒等。

（2）病理临床联系：肝细胞弥漫性肿胀，导致肝体积增大，肝被膜紧张，牵拉神经末梢引起肝区疼痛。坏死肝细胞内酶释放入血，血清谷丙转氨酶（SGPT）升高，同时还可引起多种肝功能异常。病变严重者，胆红素代谢障碍，可出现黄疸。

（3）结局：多数患者可治愈，尤其甲型肝炎预后最好，但乙型、丙型肝炎常恢复较慢，其中乙型肝炎 5%~10%、丙型肝炎约 70% 可迁延为慢性肝炎。

2. 慢性（普通型）肝炎　病毒性肝炎病程持续半年以上者即为慢性肝炎。

（1）病理变化：慢性肝炎病变除不同程度的变性、坏死及炎症反应外，在汇管区均有不同程度的纤维组织增生及纤维化，健存肝细胞结节状再生，如此病变反复、持续进行，肝小叶结构逐渐被破坏。目前临床医生按 Scheuer 方案（表 14-1）对慢性肝炎进行诊断。

表 14-1　慢性肝炎分级和分期标准

炎症活动度			纤维化程度	
分级（G）	汇管区及周围	小叶内	分期（S）	意义
0	无炎症	无炎症	0	无
1	汇管区炎症	变性及少数坏死灶	1	汇管区扩大，纤维化
2	轻度碎片状坏死	变性，点、灶状坏死或凋亡小体	2	汇管区周围纤维化，纤维隔形成，肝小叶结构存在
3	中度碎片状坏死	变性、坏死重度或桥接坏死	3	纤维隔形成伴肝小叶结构紊乱，无肝硬化
4	重度碎片状坏死	桥接坏死范围广，累及多个肝小叶，小叶结构失常	4	早期肝硬化或肯定的肝硬化

（2）病理临床联系：慢性肝炎患者除有肝大及肝区疼痛等临床表现外，还可伴有脾大。实验室检查结果是诊断的重要依据，如血清谷丙转氨酶或谷草转氨酶升高，白蛋白明显减少，而球蛋白常增高，血清白蛋白与球蛋白比值（A/G）倒置，胆红素不同程度升高，凝血酶原活动度下降等。

（3）结局：轻度的慢性肝炎可以痊愈或病变相对静止。如病变不断加重或反复发作，在肝实质坏死基础上大量的纤维组织增生，逐渐破坏肝小叶的正常结构，最终演变为肝硬化。

（二）重型肝炎

本型肝炎病情严重，死亡率高。根据临床经过和病理变化分为急性重型肝炎、亚急性重型肝炎。

1. 急性重型肝炎 少见，起病急骤，进展迅速，多数患者在10日内死亡，故又有“暴发型”或“电击型”肝炎之称。

（1）病理变化：肉眼观，肝体积显著缩小，尤以左叶为重，重量可减轻至600~800 g（正常成人1300~1500 g），质地柔软，被膜皱缩，切面呈黄色或红褐色，有的区域呈红黄相间的斑纹状，故又称急性黄色肝萎缩或急性红色肝萎缩（图14-4）。镜下观，以肝细胞大片坏死为特征。肝细胞坏死严重而广泛，坏死面积超过肝实质的2/3，仅小叶周边部残留少数变性的肝细胞。肝窦明显扩张充血并出血，库普弗细胞增生肥大，并吞噬细胞碎屑及色素。小叶内及汇管区有淋巴细胞和巨噬细胞为主的炎症细胞浸润，残留的肝细胞再生现象不明显。

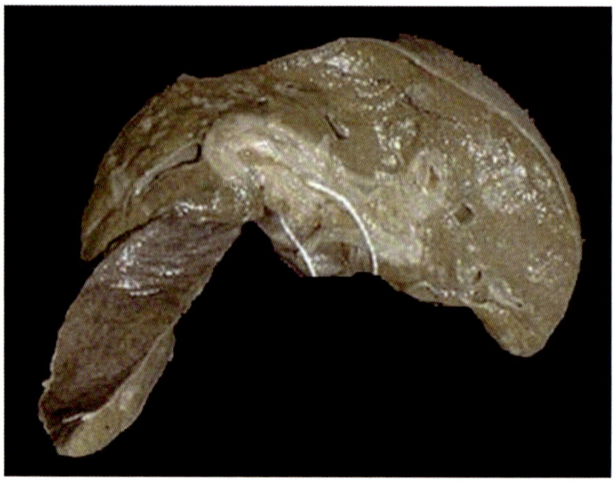

图14-4　急性重型肝炎

（2）病理临床联系：大量肝细胞迅速溶解坏死，可导致以下临床表现。①胆红素大量入血引起重度黄疸；②凝血因子合成骤减及发生弥散性血管内凝血而致出血表现，如皮肤或黏膜瘀点、瘀斑、呕血、便血等；③肝衰竭，解毒功能障碍进而导致肝性脑病；④由于胆红素代谢及血液循环障碍等，可诱发肾衰竭，称肝肾综合征，患者可出现少尿或无尿、管型尿等表现。

（3）结局：急性重型肝炎预后极差，死亡率高。死亡原因有肝衰竭（肝性脑病）、肾衰竭、DIC、消化道大出血等。少数幸存者可演变为亚急性重型肝炎。

2. 亚急性重型肝炎 多数由急性重型肝炎转变而来，少数病例由急性普通型肝炎恶化而致，病程一般可达一至数月，根据其形态特征又被称为亚急性黄色肝萎缩。

（1）病理变化：肉眼观，肝体积缩小，被膜皱缩，质地软硬程度不一，病程较长者可见大小不一的结节，切面见土黄色或褐红色交错的坏死区，再生结节因胆汁淤积呈黄绿色。镜下观，肝细胞大片坏死和肝细胞再生并存，因坏死区网状纤维塌陷，再生肝细胞不能沿原支架排列，呈结节状；肝小叶内外有大量炎症细胞浸润；在肝小叶周边部小胆管增生，陈旧病变区有结缔组织增生。

（2）病理临床联系及结局：因肝实质有较大范围的坏死，故亚急性重型肝炎有较重的肝功能不全表现。如能及时恰当地治疗，病变可停止进展或有治愈的可能。多数继续发展而转变为坏死后性肝硬化。病情严重者可死于肝衰竭。

第三节　肝　硬　化

肝硬化（liver cirrhosis）是指多种原因引起的肝细胞弥漫性变性、坏死，继而出现纤维组织增生和肝细胞结节状再生，这三种病变反复交替进行，使肝小叶结构破坏及血液循环途径改建，最终导致肝变形、变硬的慢性肝疾病。肝硬化分类方法尚不统一，国际上根据大体形态学特点将其分为大结节型、小结节型、混合结节型三型；我国目前采用的是病因及病变的综合分类法，将其分为门脉性肝硬化、坏死后性肝硬化、胆汁性肝硬化、寄生虫性肝硬化和淤血性肝硬化等。本节主要介绍最常见的一种即门脉性肝硬化，其相当于国际分类的小结节型肝硬化。

门脉性肝硬化（portal cirrhosis）是指以门静脉压升高为主要表现的肝硬化。发病年龄多在20~50岁。早期可无明显症状，后期出现门脉高压症和肝功能障碍。

一、病因及发病机制

1. 病毒性肝炎　是我国肝硬化的主要原因，尤其是乙型和丙型肝炎与肝硬化有密切关系。

2. 慢性酒精中毒　长期酗酒是引起肝硬化的另外一重要因素，在欧美国家酒精性肝病引起的肝硬化可占总数的60%~70%。

3. 营养缺乏　动物实验表明，饲喂缺乏胆碱或蛋氨酸食物的动物，可经过脂肪肝而发展为肝硬化。

4. 毒物损伤作用　某些化学毒物如砷、四氯化碳、黄磷等对肝长期作用可引起肝硬化。

在上述各种病因的作用下，肝细胞反复发生坏死，网状支架塌陷，残留的肝细胞结节状再生，纤维组织增生。长期病变过程中，肝的正常组织结构被破坏，肝变形、变硬，最终导致肝血液循环改建和肝功能障碍而形成肝硬化。

二、病理变化

肉眼观：早、中期肝体积正常或略增大，质地正常或稍硬。后期肝体积明显缩小，重量减轻，由正常的1500 g减至1000 g以下，质地变硬，表面及切面见弥漫全肝的小结节，其大小相仿，直径多为0.15~0.5 cm，一般不超过1 cm；切面见圆形或类圆形岛屿状结构，周围被较窄且均匀的灰白色纤维组织包绕（图14-5）。

镜下观：正常肝小叶结构被破坏，被假小叶取代。假小叶是由广泛增生的纤维组织将残存的与再生的肝细胞重新分割包绕而形成的大小不等、圆形或椭圆形的肝细胞团（图14-6）。假小叶内肝细胞索排列紊乱，肝细胞可有变性、坏死及再生现象，再生的肝细胞体积较大，核大、深染，常出现双核；中央静脉缺如、偏位或有2个以上；包绕假小叶的纤维间隔宽窄较一致，其中有多少不等的慢性炎症细胞浸润，可见新生的细小胆管。

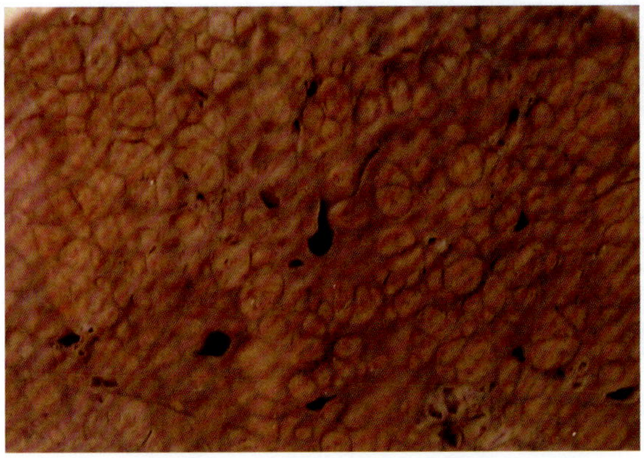

图14-5　门脉性肝硬化(肉眼观)

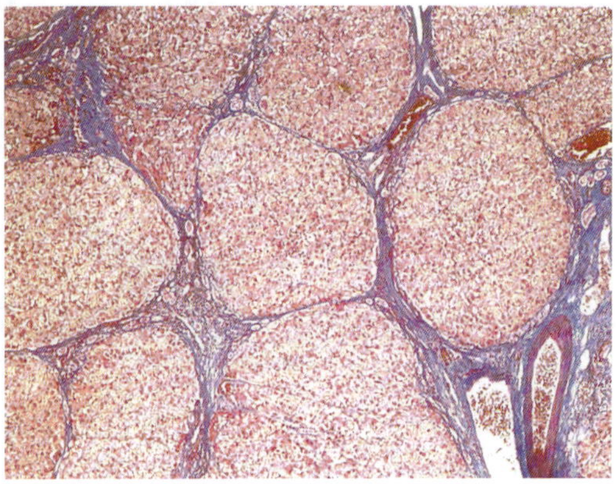

图14-6　门脉性肝硬化(镜下观)

三、病理临床联系

肝硬化时，临床上主要出现一系列门脉高压症和肝功能障碍的表现。

(一) 门脉高压症

门静脉压力增高的原因：①广泛增生的纤维组织压迫肝血窦、小叶下静脉，导致门静脉血液回流受阻；②肝内肝动脉小分支和门静脉小分支之间形成异常吻合，高压力的动脉血流入门静脉内。门脉高压症时，患者常出现以下临床症状与体征。

1. 脾大 70%~85% 的肝硬化患者可出现脾大。脾重量多在 500 g 以下（正常 140~180 g），少数可达 800~1000 g。脾大后可引起脾功能亢进，常伴有血小板、白细胞减少和贫血等。

2. 胃肠淤血、水肿 门静脉压力升高，胃肠静脉血液回流受阻，引起胃肠壁淤血、水肿，使胃肠消化、吸收功能降低，患者可出现腹胀，食欲缺乏等症状。

3. 腹水 多在肝硬化晚期出现，为淡黄色透明的漏出液，量较大，以致腹部明显膨隆。腹水形成原因主要有：①门静脉高压使门静脉系统的毛细血管流体静压升高，液体自窦壁漏出，部分经肝表面漏入腹腔；②肝细胞合成白蛋白功能降低，导致低蛋白血症，使血浆胶体渗透压降低；③血中醛固酮、抗利尿激素等在肝内灭活减少，水平升高，引起钠、水潴留。

4. 侧支循环形成 门静脉压升高使部分门静脉血经门体静脉吻合支绕过肝直接通过上、下腔静脉回到右心（图 14-7）。侧支循环形成引起的并发症有：①门静脉血经胃冠状静脉、食管下段静脉丛、奇静脉进入上腔静脉，导致食管下段静脉丛曲张，如破裂可引起大出血，是肝硬化患者常见的死亡原因之一；②门静脉血经肠系膜下静脉、直肠静脉丛、髂内静脉进入下腔静脉，导致直肠静脉丛曲张，形成痔核，破裂可发生便血；③门静脉血经附脐静脉、脐周静脉网，分别流向上、下腔静脉，导致脐周静脉丛曲张，形成“海蛇头”现象。

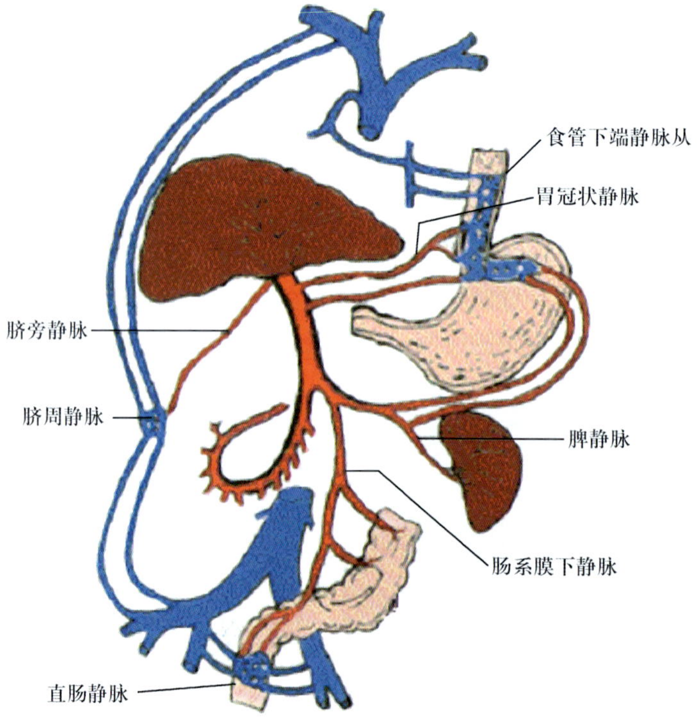

图 14-7 门脉高压侧支循环模式图

（二）肝功能障碍

肝功能障碍主要是肝细胞长期反复受破坏的结果，由此而引起的临床表现如下。

1. 蛋白质合成障碍 因肝细胞受损，肝合成白蛋白减少；同时由于从胃肠吸收的一些抗原性物质不经肝细胞处理，直接进入体循环，刺激免疫系统合成球蛋白增多，故出现 A/G 比值降低甚至倒置现象。

2. 出血倾向 主要是肝合成凝血因子减少所致，另外也与脾功能亢进使血小板破坏增多有关，患者常出现牙龈、鼻或皮下出血。

3. 胆色素代谢障碍　主要与肝细胞损伤和胆汁淤积有关，患者可出现肝细胞性黄疸。

4. 雌激素灭活减少　肝对雌激素的灭活作用减弱，雌激素水平升高，男性可出现乳腺发育和睾丸萎缩；女性可表现为月经紊乱。雌激素还使小动脉末梢扩张，常在面、颈、胸和前臂出现“蜘蛛痣”，有的患者手掌大、小鱼际和指尖呈鲜红色，即“肝掌”。

5. 肝性脑病　主要是由于肠内有害物质未经肝解毒进入体循环到达脑部，是肝硬化最严重的后果，也是肝硬化患者死亡的又一重要原因。

案例分析 14-2

患者，男，47 岁，因水肿、腹胀 3 个月，加重 1 周入院。患者于 6 年前罹患肝炎，屡经治疗，反复多次发病，近 2 年全身疲乏，不能参加劳动，并有下肢水肿，近 3 个月腹部逐渐膨胀。食欲缺乏，大便溏泻，每日 3~4 次，小便量少而黄。

体格检查：面色萎黄，巩膜及皮肤轻度黄染，颈部两处有蜘蛛痣，心、肺未见异常，腹部胀满，腹围 103 cm，有中等腹水，腹壁静脉曲张，肝于肋缘下未触及，脾大，在左肋缘下 2.5 cm，下肢有轻度水肿。

辅助检查：血液红细胞计数 3.27×10^{12}/L；血红蛋白 70 g/L；血清总蛋白 52 g/L，白蛋白 24 g/L，球蛋白 28 g/L，血清总胆红素 170 μmol/L，谷丙转氨酶 102 U。X 线食管吞钡检查：提示食管下段静脉曲张。

临床诊断：肝硬化（失代偿期）。

思考：

1. 患者为什么出现腹壁静脉、食管下段静脉曲张？请用病理知识解释。
2. 本例患者的黄疸、腹水、水肿、脾大是怎么产生的？

四、结局

肝硬化早期，如能及时消除病因，接受积极治疗，病变可相对静止甚至减轻，肝功能有所改善。肝硬化晚期则预后不良，造成死亡的主要原因有肝性脑病、食管胃底静脉丛曲张破裂大出血、严重感染及并发肝癌。

第四节　消化系统常见肿瘤

一、食管癌

食管癌（carcinoma of esophagus）是由食管黏膜上皮或腺体发生的恶性肿瘤，发病年龄多在 40 岁以上，男性多于女性，在我国华北及河南地区多发，尤以太行山区为集中高发区。临床主要表现为不同程度的吞咽困难和哽噎。

（一）病因

1. 生活习惯　过量饮酒、吸烟与食管癌发病有关；长期食用过热、过硬及粗糙的饮食，刺激和损伤食管黏膜，可能与食管癌发生有关；另外，高发地区食品（如自制的酸菜）亚硝酸盐的检出率明显高于非高发区，此类物质可诱发食管癌。

2. 微量元素缺乏　研究发现，本病高发区土壤中钼、锌、铜等微量元素明显低于非高发区，因此，微量元素缺乏可能为本病的促发因素。

3. 其他 食管癌呈家族聚集现象，其发病可能具有遗传易感性；各种长期不愈的炎症可能是食管癌的癌前病变。

（二）病理变化

食管癌主要发生在食管的三个生理狭窄处，以中段最多见（约 50%），其次为下段，上段最少。食管癌可分为早期癌和中晚期癌。

1. 早期癌 病变局限，多为原位癌或黏膜内癌，未侵犯肌层，无淋巴结转移。临床上无明显症状。

肉眼观：癌变处黏膜轻度糜烂或表面呈颗粒状、微小乳头状。镜下观：绝大部分为鳞状细胞癌，其次是腺癌。

2. 中晚期癌 又称进展期癌。患者多有吞咽困难等典型的临床症状。

（1）肉眼观：肉眼形态分为四型。

1）髓质型：最多见，癌组织沿食管壁浸润性生长，可累及食管全周或大部分，食管壁增厚、管腔变小，表面常有深浅不一的溃疡形成。切面上癌组织质地较软，呈灰白色，似脑髓。

2）蕈伞型：癌组织为卵圆形扁平肿块，如蘑菇状突入食管腔。

3）溃疡型：肿瘤表面形成较深的溃疡，深达肌层，底部凹凸不平。

4）缩窄型：癌组织内有明显的结缔组织增生并浸润食管全周，局部食管壁形成明显的环形狭窄，狭窄上端食管腔则明显扩张。

（2）镜下观：约 90% 以上为鳞状细胞癌，腺癌次之。偶见腺鳞癌及小细胞癌等组织学类型。

（三）扩散

1. 直接蔓延 癌组织穿透食管壁后向周围组织及器官浸润，如可侵入到喉部、气管、支气管、肺或心包等处。

2. 转移

（1）淋巴道转移：转移部位与食管淋巴引流途径一致。上段癌可转移到上纵隔淋巴结；中段癌常转移到食管旁或肺门淋巴结；下段癌常转移至食管旁、贲门及腹腔淋巴结。

（2）血道转移：主要见于晚期患者，常转移至肝、肺等器官。

（四）病理临床联系

食管癌早期症状不明显，随着病变的进展，出现胸骨后疼痛、灼烧感、哽噎感、进行性吞咽困难等。晚期由于食管严重梗阻，进食困难，加上肿瘤消耗，逐渐出现恶病质。

二、胃癌

胃癌（gastric carcinoma）是由胃黏膜上皮和腺上皮发生的恶性肿瘤，是消化道最常见的恶性肿瘤。好发年龄为 40~60 岁，男性多于女性。

（一）病因

胃癌的病因目前尚未完全阐明，可能与以下因素有关。

1. 环境因素 胃癌发生存在一定的地理分布特点，在日本、智利、匈牙利等国家及我国的某些地区胃癌的发病率明显高于美国和西欧。流行病学发现，从高发区移民到低发区，其下一代胃癌发病率相应降低；反之则相应升高。

2. 亚硝基类化合物 动物实验证明，亚硝基类化合物与胃癌的发生可能有关。

3. 幽门螺杆菌 幽门螺杆菌感染与胃癌的关系备受关注，可能是幽门螺杆菌感染可导致胃黏膜上皮细胞肿瘤相关基因的 CpG 岛甲基化、诱导细胞凋亡等。

此外，某些慢性胃疾病如慢性萎缩性胃炎、胃溃疡等，可致胃腺颈部和胃小凹底部的干细胞反复增生和化生，是胃癌发生的病理基础。

（二）病理变化

根据癌组织浸润范围可将胃癌分为早期胃癌和进展期期胃癌。

1. 早期胃癌　是指癌组织浸润仅限于黏膜层或黏膜下层，未侵及肌层。

早期胃癌按大体形态可分隆起型（Ⅰ型）、表浅型（Ⅱ型）、凹陷型（Ⅲ型）三种类型，其中表浅型又分表浅隆起型（Ⅱa）、表浅平坦型（Ⅱb）和表浅凹陷型（Ⅱc）三个亚型（图 14-8）。

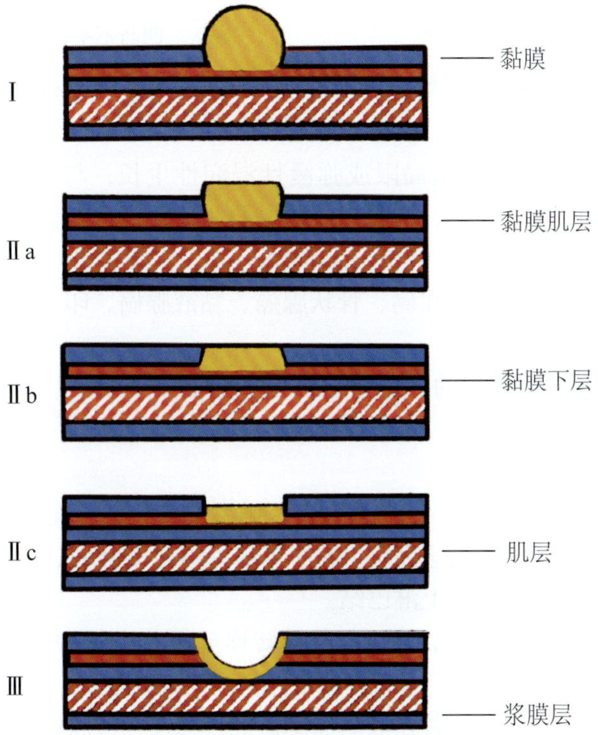

图 14-8　早期胃癌肉眼分型示意图

2. 进展期胃癌　又称为中晚期胃癌，是指癌组织浸润超出黏膜下层的胃癌。浸润越深，预后越差。进展期胃癌按大体形态可分为三型。

（1）息肉型或蕈伞型：癌组织向胃黏膜表面生长，呈息肉状或蕈伞状，突向胃腔（图 14-9）。

（2）溃疡型：胃癌组织部分坏死脱落，形成溃疡。溃疡一般呈器皿状，边缘隆起，似火山口状（图 14-10）。此型胃癌需与胃溃疡相鉴别（表 14-2）。

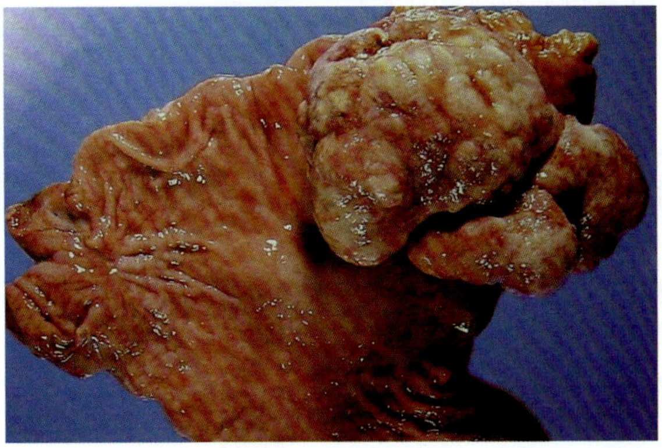

图 14-9　息肉型胃癌

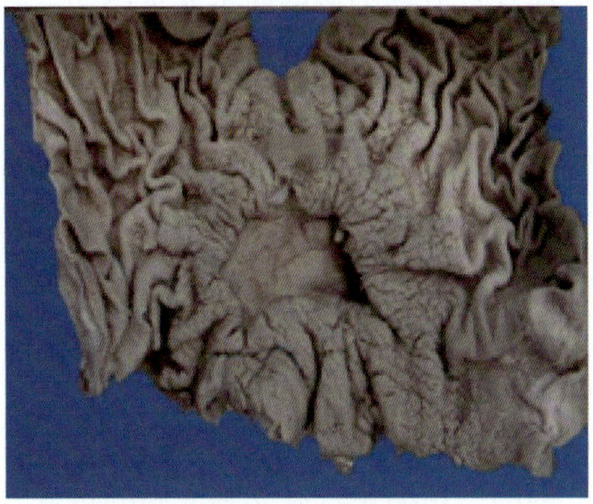

图 14-10　溃疡型胃癌

表 14-2 胃溃疡与溃疡型胃癌的肉眼鉴别

特征	胃溃疡（良性溃疡）	溃疡型胃癌（恶性溃疡）
形状	圆形或椭圆形	不规则或火山口状
大小	直径一般 <2.0 cm	直径 >2.0 cm
深度	较深（底部低于正常黏膜）	较浅（底部有时高出胃黏膜）
边缘	平整，不隆起	不规则，隆起
底部	平坦，干净	凹凸不平，出血、坏死明显
周围黏膜	皱襞向溃疡集中	皱襞中断或增粗，呈结节状

（3）浸润型：癌组织沿着胃壁局限或弥漫性浸润性生长，与周围正常组织无明显界限。如弥漫浸润时导致胃壁增厚、变硬、胃腔缩小，黏膜皱襞大部分消失，胃的形状似皮革制成的囊袋，称为革囊胃。

胃癌的组织学类型包括乳头状腺癌、管状腺癌、黏液腺癌、印戒细胞癌和未分化癌等。

（三）扩散途径

1. 直接蔓延 浸润至浆膜层的胃癌组织，可直接扩散到如肝、胰腺及大网膜等邻近器官或组织。

2. 转移

（1）淋巴道转移：是胃癌的主要转移途径。癌组织首先转移至局部淋巴结（以小弯侧的胃冠状静脉旁及幽门下淋巴结最为多见），进而转移到腹主动脉旁、肝门或肠系膜根部的淋巴结，晚期可经胸导管转移到左锁骨上淋巴结。

（3）血道转移：多发生于晚期，常经门静脉转移至肝，其次为肺、骨及脑等。

（4）种植性转移：胃癌特别是黏液腺癌细胞浸润至浆膜层后，常脱落到腹腔，种植于大网膜、腹壁及盆腔器官的腹膜上。若在双侧卵巢形成转移性黏液腺癌，称 Krukenberg 瘤。

三、原发性肝癌

原发性肝癌（primary carcinoma of the liver）是指由肝细胞或肝内胆管上皮细胞发生的恶性肿瘤，简称肝癌。我国发病率较高，东南沿海一带为高发区。发病年龄多在 50 岁以上，男性多于女性。

（一）病因

原发性肝癌的病因尚未完全阐明，目前认为与下列因素有关。

1. 病毒性肝炎 已有研究表明 HBV 与肝癌关系密切，其次为 HCV。有报道肝癌高发地区高达 60%~90% 的肝癌患者有 HBV 感染。目前发现，肝癌患者常见有 HBV 基因整合到肝癌细胞基因组内。HBV 基因组编码的 HBx 蛋白能够抑制 p53 蛋白功能，还能激活有丝分裂原活化的蛋白激酶（MAPK）和 Janus 家族酪氨酸激酶（JAK）信号转导和转录激活因子通路（STATA），活化原癌基因，诱导肝癌发生。

2. 肝硬化 与肝癌的关系密切，在我国尤为明显，有 70%~90% 的肝癌患者合并有肝硬化，大多数为坏死后性肝硬化。

3. 真菌及其毒素 黄曲霉菌、青霉菌等都可引起实验性肝癌，尤其是黄曲霉素与肝细胞性肝癌的密切关系日益受到人们的重视。

4. 亚硝胺类化合物 研究发现我国肝癌高发区土壤中硝酸盐、亚硝酸盐的含量明显高于低发区，从当地居民食品中提取亚硝胺饲养大鼠，有较高的肝癌诱发率。

（二）病理变化

1. 早期肝癌　是指单个癌结节最大直径 <3 cm 或结节数目不超过 2 个且直径总和 <3 cm 的肝癌。癌结节多呈球形，灰白色，质较软，边界清楚，切面无出血及坏死，又称小肝癌。

2. 中晚期肝癌

（1）肉眼观：肝明显增大，重量增加，黄绿色或棕褐色。根据大体形态可分为三型。

1）巨块型：肿瘤体积巨大，直径常大于 10 cm，圆形，质软，右叶多见。切面呈灰白色或黄褐色，常有出血及坏死，周边常有散在、大小不等的卫星状癌结节，此型一般不合并肝硬化（图 14-11）。

2）多结节型：此型最多见，常合并肝硬化。癌结节多个散在，圆形或椭圆形，大小不等，一般直径 <5 cm，如融合可形成较大的结节。

3）弥漫型：此型较少见，常发生在肝硬化的基础上。癌组织在肝内弥漫分布，结节不明显。

（2）镜下观：按组织起源肝癌可分为三型，镜下观分别如下。

1）肝细胞癌：最多见，是由肝细胞发生的肝癌。分化较好者癌细胞类似于肝细胞，常有胆汁分泌，癌细胞排列呈巢状或条索状（似肝索），血管丰富（似肝血窦），间质少（图 14-12）。分化差者癌细胞异型性明显，大小不一，形态各异，常有巨核和多核瘤巨细胞。

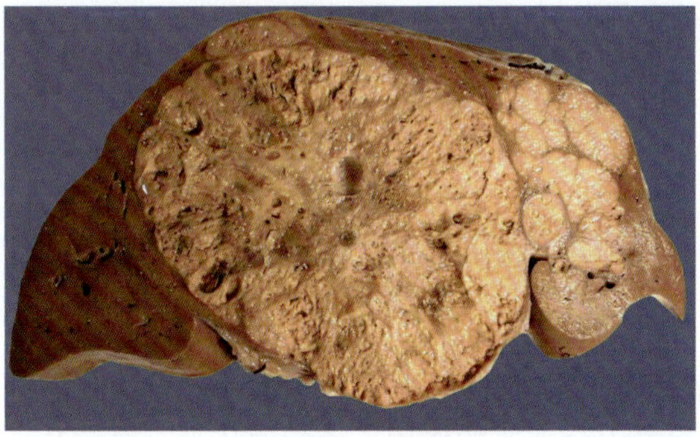

图 14-11　巨块型肝癌

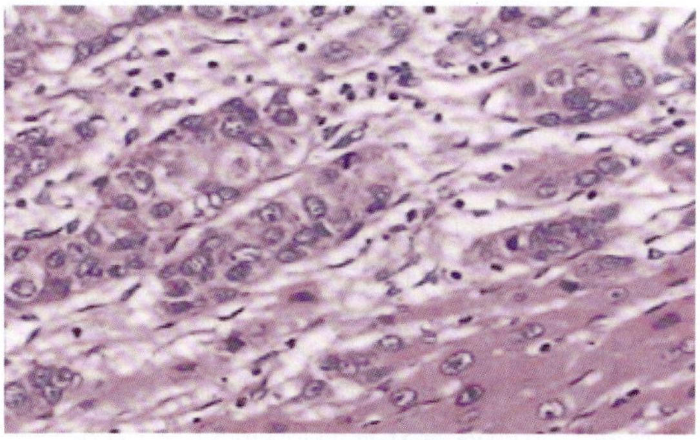

图 14-12　肝细胞癌

2）胆管细胞癌：较少见，是发生于肝内胆管上皮的恶性肿瘤，多为腺癌，癌细胞呈腺管状排列，有丰富的纤维性间质。

3）混合细胞型肝癌：极少见。癌组织中含有肝细胞癌及胆管细胞癌两种成分。

（三）扩散途径

肝癌首先在肝内直接蔓延，也可在肝内沿门静脉分支播散，在肝内出现多处转移性癌结节。肝外转移主要通过淋巴道转移至肝门淋巴结、上腹部淋巴结和腹膜后淋巴结。晚期可通过肝静脉转移至肺、肾上腺、脑及骨等处。

第五节　肝 性 脑 病

肝性脑病（hepatic encephalopathy，HE）是指继发于严重肝功能障碍的一系列神经精神综合征，早期可表现为人格改变、智力下降、意识障碍等。晚期可发生不可逆性昏迷，甚至死亡。

一、分类与分期

（一）根据病因和机制分类

1. 内源性肝性脑病 常由急性严重肝细胞坏死发展而来，如重症病毒性肝炎或严重急性肝中毒等。毒性物质通过肝时未经解毒即进入体循环，从而引起肝性脑病。患者往往在数小时或数天内由精神异常发展为昏迷，死亡率较高。

2. 外源性肝性脑病 多由慢性肝疾患如门脉性肝硬化发展而来，患者因门脉高压，有门体静脉分流，由肠道吸收的毒性物质绕过肝，未经解毒处理直接进入体循环而引起肝性脑病。

（二）分期

临床上根据神经精神症状的轻重可将肝性脑病分为四期。

1. 一期（前驱期） 轻微的性格改变和行为异常，例如，欣快激动或淡漠少言，衣冠不整或随地便溺，可有轻微扑翼样震颤。此期历时数日或数周，有时症状不明显，易被忽视。

2. 二期（昏迷前期） 较一期症状加重，表现为嗜睡、淡漠、言语不清、明显的人格障碍和行为异常，具有明显的扑翼样震颤。

3. 三期（昏睡期） 表现明显的精神错乱、空间定向障碍和时间感知障碍，患者大部分时间呈昏睡状态，但可以被唤醒。

4. 四期（昏迷期） 患者昏迷不能被唤醒，对痛刺激无反应，扑翼样震颤消失。

二、肝性脑病的发生机制

肝性脑病的发生机制尚不完全清楚。目前有以下几种学说能够从一定角度解释肝性脑病的发生、发展，并为临床提供治疗依据。

（一）氨中毒学说

临床上 60%~80% 的肝性脑病患者有血氨升高，经降血氨治疗后，其肝性脑病症状明显得到缓解，表明血氨升高对肝性脑病的发生、发展起着十分重要的作用。该学说认为，血氨升高时，过多的氨通过血脑屏障进入脑组织，干扰脑的能量代谢和功能，导致肝性脑病。

1. 血氨升高的原因

（1）氨清除不足：正常机体内生成的氨绝大部分要在肝内经鸟氨酸循环合成尿素，并经肾排出体外。肝衰竭时，由于肝内酶系统受损，ATP 供给不足，鸟氨酸循环发生障碍，尿素合成减少，使氨清除不足。此外，已建立门体侧支循环或门体静脉分流术的肝硬化患者，由于来自肠道的氨部分未经肝清除而直接进入体循环，引起血氨升高。

（2）氨生成过多：血氨主要来源于肠道含氮物质的分解，小部分来自肾、肌肉及脑。正常人体肠道内产生的氨，经门静脉入肝，通过鸟氨酸循环合成尿素而被解毒。肝功能障碍时，由于消化、吸收功能障碍，肠道内未经消化的蛋白质等食物成分增多或消化道出血致大量血液蛋白增多，在肠道内细菌作用下可产生大量氨。另外，肝硬化晚期常并发功能性肾衰竭而引起氮质血症，大量尿素弥散至胃肠道，在肠道内细菌尿素酶作用下可产生大量氨。临床上肝性脑病患者常有躁动不安等神经精神症状而致肌肉活动增强，使肌肉中腺苷酸分解增强致产氨增多。

2. 氨对脑的毒性作用 主要体现在以下几方面。

（1）干扰脑组织的能量代谢：血氨升高可导致葡萄糖生物氧化发生障碍。当脑组织氨增多时，氨能与三羧酸循环中的 α- 酮戊二酸结合生成谷氨酸，后者再与氨结合生成谷氨酰胺。由于 α- 酮戊二酸被大量消耗，三羧酸循环速度减慢，同时，消耗了大量还原型辅酶 I（NADH），妨碍了呼吸链中的递氢过程，以致 ATP 生成不足。氨还抑制丙酮酸脱羧酶的活性，使乙酰辅酶 A 生成减少，影响三羧酸循环的正常进行，也可使 ATP 生成减少。同时谷氨酰胺的形成也消耗 ATP。脑组织因 ATP 生成减少而发生功能紊乱

（2）脑内神经递质发生改变：正常机体脑内兴奋性神经递质与抑制性神经递质保持平衡。血氨升高引起脑内乙酰胆碱、谷氨酸等兴奋性神经递质减少，而谷氨酰胺、γ- 氨基丁酸等抑制性神经递质增多，从而使神经递质间的平衡失调，导致中枢神经系统功能紊乱。

（3）对神经细胞膜有抑制作用：血氨升高可干扰神经细胞膜上的钠钾 ATP 酶的活性，影响复极后膜的离子转运，使脑细胞的膜电位变化和兴奋性异常；氨与 K^+ 有竞争作用，以致影响 Na^+、K^+ 在神经细胞膜内外的正常分布，从而干扰神经传导活动。

（二）假性神经递质学说

1. 假性神经递质的生成　正常情况下，蛋白质在肠中分解成氨基酸，再经肠道细菌的脱羧酶作用形成苯乙胺和酪胺，这些胺类在肝内被分解清除。当肝功能严重障碍或有门体侧支循环时，这些胺类即可通过体循环进入中枢神经系统，在脑细胞内被羟化，形成苯乙醇胺和羟苯乙醇胺。二者的化学结构与正常神经递质去甲肾上腺素和多巴胺极为相似，但生理效应极弱，故称为假性神经递质。

2. 假性神经递质的作用机制　脑干网状结构中存在着具有唤醒功能的系统，称为脑干网状上行激活系统。其唤醒功能有赖于去甲肾上腺素和多巴胺等兴奋性神经递质的作用。脑内假性神经递质增多时，可竞争性地占据去甲肾上腺素和多巴胺的受体，从而阻断了正常神经递质的功能，致使网状上行激活系统功能失常，大脑功能发生抑制而出现意识障碍乃至昏迷。

（三）血浆氨基酸失衡学说

肝性脑病患者常表现血浆氨基酸失衡，即芳香族氨基酸（AAA）增多，支链氨基酸（BCAA）减少，两者比值（BCAA/AAA）可由正常的 3~3.5 下降至 1.2~0.6。

1. 血浆氨基酸失衡的原因　严重肝功能障碍时，肝对芳香族氨基酸的降解能力降低，同时，肝的糖异生作用障碍，使芳香族氨基酸转化为糖的能力下降，导致芳香族氨基酸在血中的浓度增高。肝对激素的灭活功能障碍，致使胰岛素和胰高血糖素水平升高，胰高血糖素使蛋白质分解代谢增强，产生大量的芳香族氨基酸；而胰岛素可增强骨骼肌和脂肪组织对支链氨基酸的摄取和利用，从而使血浆中支链氨基酸浓度降低。

2. 血浆氨基酸失衡与肝性脑病　生理情况下，支链氨基酸与芳香族氨基酸竞争同一转运载体通过血脑屏障。当血浆芳香族氨基酸增多时，必然使其大量进入脑细胞，进入脑细胞的芳香族氨基酸可使脑内产生大量假性神经递质，同时抑制正常神经递质的合成而引起肝性脑病。

此外，肝功能不全时抑制性神经递质 γ- 氨基丁酸入脑增多及其他神经毒素如硫醇、脂肪酸等，也参与了肝性脑病的形成。

三、肝性脑病的诱因

（一）氮负荷增加

氮负荷增加是肝性脑病最常见诱因。外源性氮负荷增加见于肝硬化患者上消化道出血、过量蛋白饮食、输血等，可通过促进血氨增高而诱发肝性脑病；内源性氮负荷增加见于碱中毒、感染、便秘等。

（二）脑敏感度增高

严重肝病患者脑对药物和毒物的敏感性增强。使用镇痛药（如吗啡）、镇静药（如巴比妥

类)、麻醉药、利尿药等可诱发肝性脑病。感染、缺氧和电解质紊乱(如大量放腹水)则增加了脑对毒性物质的敏感性而易诱发肝性脑病。

(三)血脑屏障通透性增高

一些神经毒素正常时不能通过血脑屏障。而脑内能量代谢障碍、酗酒等可使血脑屏障通透性增高，有利于神经毒素进入脑内参与肝性脑病的发生。

四、防治的病理生理基础

1. 积极治疗原发病。

2. 消除诱因。积极消除诱因可有效防止肝性脑病的发生：①严重肝性脑病应严格限制蛋白质摄入；同时避免进食粗糙食物，预防上消化道出血。②预防便秘，减少肠道吸收有毒物质。③慎用镇痛药、镇静药和麻醉药。④纠正水、电解质和酸碱平衡，特别注意纠正碱中毒。⑤避免使用大量排钾利尿药和大量放腹水。

3. 降低血氨。有以下几种措施：①应用降氨制剂，如门冬氨酸鸟氨酸制剂。②口服乳果糖制剂，降低肠道 pH，减少肠道产氨和利于氨排出。③口服新霉素、甲硝唑等抑制菌群，减少产氨。

4. 其他治疗。口服或静脉滴注以支链氨基酸为主的复方氨基酸溶液，纠正氨基酸失衡；另外，临床也采取保护脑细胞功能、保持呼吸道通畅、防治脑水肿等措施。

5. 肝移植。

本章小结

消化性溃疡是以胃或十二指肠黏膜形成慢性溃疡为特征的一种常见病，胃溃疡多位于胃小弯近幽门部，十二指肠溃疡多发生于十二指肠球部，二者病理变化大致相同，溃疡底部都可分为炎性渗出层、坏死组织层、肉芽组织层和瘢痕组织层四层，但是胃溃疡较十二指肠溃疡深且大。十二指肠溃疡主要为餐前痛和夜间痛，而胃溃疡常餐后疼痛。出血、穿孔、幽门狭窄和癌变是消化性溃疡可能的并发症，但十二指肠溃疡几乎不发生癌变。

目前已知的肝炎病毒有甲型肝炎病毒(HAV)、乙型肝炎病毒(HBV)、丙型肝炎病毒(HCV)、丁型肝炎病毒(HDV)、戊型肝炎病毒(HEV)、庚型肝炎病毒(HGV)等多种，我国乙型肝炎最为多见。各型病毒性肝炎均是以肝细胞变性、坏死为主的变质性炎，伴有不同程度的炎症细胞浸润、肝细胞再生和纤维组织增生。临床上病毒性肝炎分为普通型和重型两大类。慢性及亚急性重型病毒性肝炎最终可导致肝细胞反复变性、坏死，肝细胞结节状再生和纤维组织增生，致肝变形、变硬而形成肝硬化，甚至发生癌变。

门脉性肝硬化是最常见的一类肝硬化，我国肝硬化主要的原因是病毒性肝炎，病变主要特征是假小叶形成。病理临床联系表现为门脉高压症和肝功能障碍两个方面：因门静脉压升高，出现脾淤血性增大、腹水、侧支循环形成和胃肠道淤血、水肿；因肝功能障碍，出现蛋白质合成障碍、雌激素灭活减少、出血倾向、黄疸和肝性脑病。其中，食管下段静脉丛曲张破裂导致的大出血、肝性脑病是常见死亡原因。

消化系统常见肿瘤有食管癌、胃癌、原发性肝癌等。食管癌是由食管黏膜上皮细胞和腺体发生的恶性肿瘤。常发生在食管中段，可分为早期癌和中晚期癌，90% 为鳞状细胞癌，其次是腺癌。临床表现为不同程度的吞咽困难和哽噎。胃癌是胃黏膜上皮和腺上皮发生的恶性肿瘤。癌组织浸润仅限于黏膜层或黏膜下层者属早期胃癌。癌组织浸润到黏膜下层以下者属进展期胃癌，或称之为中晚期胃癌。淋巴道转移是胃癌的主要转移途径。原发性肝癌是由肝细胞或肝内胆管上皮细胞发生的恶性肿瘤，临床上多有肝硬化病史，组织学类型有肝细胞癌、胆管细胞癌和混合细胞型肝癌。

肝性脑病是继发于严重肝功能障碍的一系列神经精神综合征。有关肝性脑病的发病机制目前主要有氨中毒学说、假性神经递质学说、血浆氨基酸失衡学说和γ-氨基丁酸学说等。肝性脑病的常见诱因有氮负荷增加、血脑屏障通透性增高、脑敏感度增加等。

（任艳艳　史金胜）

第十五章　泌尿系统常见疾病

学习目标

1. 掌握急性和慢性肾小球肾炎、急性和慢性肾盂肾炎的病理变化及病理临床联系，肾衰竭的概念，急性肾衰竭的发展过程和功能、代谢变化。

2. 熟悉其他类型肾小球肾炎的病理特点。

3. 了解肾小球肾炎、急性肾衰竭的病因与发病机制，泌尿系统常见肿瘤的病因、病理变化及病理临床联系。

4. 学会应用肾小球肾炎、肾盂肾炎等疾病的病理知识分析、解释相关的临床表现问题。

5. 具有对泌尿系统常见疾病病理问题的预见意识和科学认知分析能力。

泌尿系统由肾、输尿管、膀胱和尿道组成，其主要功能是通过泌尿排出体内的代谢产物，从而调节水、电解质及酸碱平衡，并能分泌促红细胞生成素、肾素、前列腺素等生物活性物质。

肾单位（nephron）是肾的基本结构和功能单位，由肾小球（renal glomerulus）和肾小管（renal tubule）组成。肾小球由血管球和肾小囊构成。血管球始于入球动脉，进入肾小球后形成盘曲的毛细血管袢。毛细血管壁有三层结构：内层为内皮细胞、中间为基底膜、外层为肾小囊脏层上皮细胞，构成肾小球的滤过膜（filter membrane）。肾小囊（renal capsule）是由内层的脏层上皮细胞和外层的壁层上皮细胞构成的双层球状囊，肾小囊尿极与近曲小管相连。

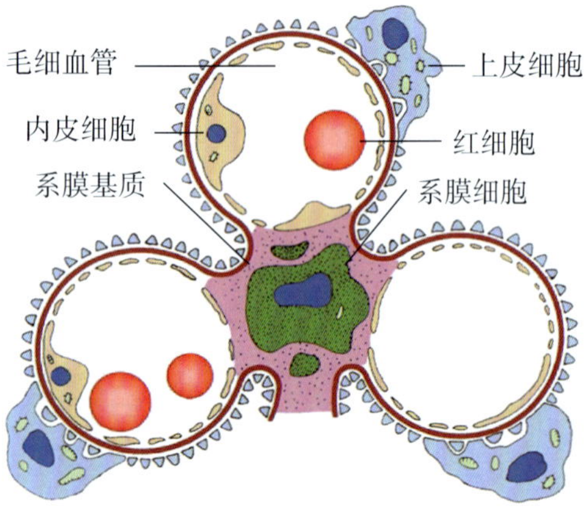

图 15-1　肾小球结构示意图

肾小球毛细血管间由系膜细胞和基膜样的系膜基质连接，称为肾小球系膜（mesangium）。系膜细胞具有收缩、吞噬、增殖、合成系膜基质和胶原等功能，并能分泌多种生物活性介质（图 15-1）。

泌尿系统疾病种类甚多，包括炎症、肿瘤、代谢性疾病、尿路梗阻、血管性疾病和先天性畸形等。本章主要叙述肾小球肾炎、肾盂肾炎和泌尿系统常见肿瘤及肾功能不全等内容。

第一节　肾小球肾炎

肾小球疾病是一组以肾小球损伤和改变为主的疾病，分为原发性肾小球肾炎、继发性肾小球肾炎和遗传性肾炎。原发性肾小球肾炎（primary glomerulonephritis）简称肾炎，是原发于肾的独立性疾病，肾为唯一或主要受累的脏器。继发性肾小球肾炎是指继发于其他全身性疾病的肾小球病变，如糖尿病、系统性红斑狼疮等。遗传性肾炎是一组以肾小球病变为主的遗传性家族性肾疾病。本节只介绍原发性肾小球肾炎。

一、概述

（一）病因与发病机制

肾小球肾炎的确切病因和发病机制尚未完全明了。临床和实验研究表明，大部分肾小球肾炎是由抗原抗体反应引起的。

与肾小球肾炎发病有关的抗原包括：①内源性抗原，包括肾小球性抗原（如肾小球基底膜抗原、足细胞、内皮细胞和系膜细胞的细胞膜抗原等）和非肾小球性抗原（如 DNA、核抗原、免疫球蛋白、甲状腺球蛋白和肿瘤抗原等）；②外源性抗原，主要是生物性病原体（细菌、病毒、真菌、螺旋体、寄生虫等）的成分及其产物、异种血清、药物等。

抗原抗体复合物沉积是引起肾小球损伤的主要原因，主要有以下两种机制。

1. 循环免疫复合物沉积　本型肾炎由非肾小球性可溶性抗原刺激机体产生抗体，两者结合形成抗原抗体复合物，随血液流经肾小球时沉积于肾小球，继而产生免疫损伤（属Ⅲ型变态反应）。免疫荧光检查显示沿基底膜或在系膜内出现不连续的颗粒状荧光。

2. 原位免疫复合物形成　抗体直接与肾小球本身的或植入的抗原成分结合形成原位免疫复合物，进而引起肾小球损伤。

（1）抗肾小球基底膜肾炎：属于自身免疫性疾病，抗基底膜的抗体直接与肾小球基底膜本身的抗原成分结合，引起肾炎。基底膜抗原的形成是由于感染或其他因素使基底膜结构发生改变或某些病原体与基底膜具有共同抗原性，从而可发生交叉反应。免疫荧光检查显示抗体沿基底膜沉积，形成连续的线性荧光。

（2）Heymann 肾炎：由抗体与脏层上皮细胞基底侧小凹细胞膜外表面的抗原复合物结合形成免疫复合物，并激活补体造成损伤。抗体在基底膜外足突膜处与抗原结合形成典型的上皮下沉积物。免疫荧光检查显示不连续的颗粒状荧光。

（3）抗体与植入抗原的反应：植入抗原随血液流经肾小球时，与肾小球成分发生反应，沉积于局部。免疫荧光检查显示不连续的颗粒状荧光。

许多研究表明，除以上两种方式外，有些肾小球肾炎的发生、发展与激活的巨噬细胞、致敏 T 淋巴细胞有关，需要多种炎症介质的参与。

（二）基本病理变化

肾穿刺活检在肾小球疾病的诊断、治疗和判断预后方面有重要的作用。肾穿刺活检的常规病理学检查方法包括光学显微镜观察法、电子显微镜观察法和免疫荧光法。

肾小球肾炎有以下基本病理改变。

1. 肾小球细胞增多　肾小球系膜细胞、内皮细胞和上皮细胞（以壁层上皮细胞为主）增生，以及中性粒细胞、单核巨噬细胞及淋巴细胞的浸润，使肾小球细胞数目增多。

2. 基底膜增厚　基底膜本身增厚或基底膜内免疫复合物沉积所致。

3. 炎性渗出和坏死　急性炎症时，肾小球内可见中性粒细胞和纤维蛋白渗出，血管壁可发生纤维蛋白样坏死。

4. 玻璃样变性和硬化　光学显微镜下见肾小球内出现均质红染的嗜酸性物质堆积，其成分为沉积的血浆蛋白与增厚的基底膜。严重时可致毛细血管管腔闭塞、肾小球硬化，为各种肾小球病变的最终结局。

5. 肾小管和间质的改变　肾小管上皮细胞可出现变性，管腔可出现各种管型。肾间质可出现水肿、充血和炎症细胞浸润。

（三）临床表现

肾小球肾炎患者临床常表现为具有结构和功能联系的症状组合，即综合征。肾小球肾炎的临床表现主要分为以下几个综合征。

1. 急性肾炎综合征 常见于急性弥漫性增生性肾小球肾炎。起病急，表现为明显血尿，轻、中度蛋白尿及水肿，高血压，严重者出现氮质血症。

2. 快速进行性肾炎综合征 常见于快速进行性肾小球肾炎。起病急，进展快。先有水肿、血尿和蛋白尿，随之迅速发生少尿、无尿、氮质血症，甚至急性肾衰竭。

3. 肾病综合征 主要表现：①高度蛋白尿（每天尿蛋白≥3.5 g）；②明显水肿；③低蛋白血症（白蛋白含量 <30 g/L）；④高脂血症等。造成这些改变的关键因素是肾小球毛细血管壁损伤，通透性增高，血浆蛋白滤过增多，引起严重蛋白尿。多种类型的肾小球肾炎可表现为肾病综合征。

4. 慢性肾炎综合征 主要表现为多尿、夜尿、低比重尿、高血压、贫血、氮质血症和尿毒症，见于各型肾炎终末阶段。

二、肾小球肾炎的病理类型

本节主要介绍三种常见的原发性肾小球肾炎。

（一）急性弥漫性增生性肾小球肾炎

急性弥漫性增生性肾小球肾炎（acute diffuse proliferative glomerulonephritis）为临床最常见的肾炎类型，以肾小球毛细血管丛的系膜细胞和内皮细胞增生为病理特征。临床主要表现为急性肾炎综合征。本型多发生于 5~14 岁儿童，成人亦可发生。

急性弥漫性增生性肾小球肾炎的发病与链球菌感染（以 A 组乙型溶血性链球菌最常见）有一定的关系，故又称感染后性肾小球肾炎。肾炎通常发生于咽部或皮肤链球菌感染 1~4 周后，因肾小球内有免疫复合物沉积而造成炎症反应。

1. 病理变化 肉眼观：双侧肾轻、中度增大，被膜紧张，表面充血，颜色鲜红，称为大红肾。有的肾表面可见散在分布的粟粒大小出血点，又称蚤咬肾。镜下观：病变累及双肾绝大多数肾小球，受损的肾小球体积大，内皮细胞和系膜细胞明显增生，并有中性粒细胞、单核巨噬细胞浸润。由于细胞增多及内皮细胞肿胀导致毛细血管腔狭窄、闭塞，严重时毛细血管壁发生节段性纤维蛋白样坏死、出血。近曲小管上皮细胞变性，肾小管管腔出现多种管型（如蛋白管型、颗粒管型等）。肾间质充血、水肿，有少量炎症细胞浸润（图 15-2）。

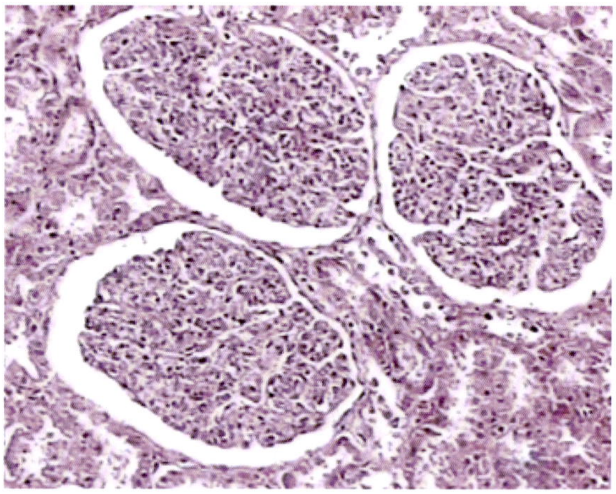

图 15-2 急性弥漫性增生性肾小球肾炎
肾小球体积大，肾小球内细胞数量增多，炎症细胞浸润，毛细血管腔狭窄

免疫荧光检查可在沿基底膜和系膜区见散在的 IgG、补体 C3 沉积，呈颗粒状荧光。

电子显微镜下显示在脏层上皮细胞和基底膜之间、内皮细胞下或基底膜内，有电子密度高的驼峰状沉积物散在分布。

2. 病理临床联系 表现为急性肾炎综合征。

（1）尿的改变：血尿是最常见的临床症状，多数是镜下血尿，是肾小球毛细血管受损，通透性增强所致；血管壁通透性增强也可导致蛋白尿和管型尿（含多种管型）。肾小球内内皮细胞和系膜细胞增生，毛细血管管腔狭窄、闭塞，肾血流减少，滤过率下降，可有少尿或无尿。

（2）水肿：肾小球滤过率下降，变态反应引起毛细血管壁通透性增高导致轻、中度水肿，以眼睑、颜面较为明显，严重时表现为全身性水肿。

（3）高血压：因水、钠潴留，血容量增多，大部分患者有高血压。

3. 转归　多数儿童患者预后好，病变逐渐消退而痊愈。不到 1% 的患儿转化为快速进行性肾小球肾炎。少数患儿逐渐发展为慢性肾炎。成人患者预后差，有 15%~50% 的患者转为慢性肾炎。

（二）急进性肾小球肾炎

急进性肾小球肾炎（rapidly progressive glomerulonephritis，RPGN）又称快速进行性肾小球肾炎，为一组起病急、进展快的肾小球肾炎，以大多数肾小球壁层上皮细胞增生形成新月体为病理特征，故又称新月体性肾小球肾炎。

大多数急进性肾小球肾炎的肾损伤是由免疫因素导致的。

1. 病理变化　肉眼观：双肾肿大，苍白，表面可见散在出血点，切面皮质增厚。镜下观：组织学特征是多数（>50%）肾小囊内有新月体形成，主要是增生的壁层上皮细胞和渗出的单核细胞堆积构成，在肾小囊壁层呈新月状或环状分布（图 15-3）。其间可见较多纤维蛋白和中性粒细胞、淋巴细胞浸润。纤维蛋白的渗出是刺激新月体形成的重要原因。新月体早期以细胞成分为主，称为细胞性新月体。之后因纤维成分增多，形成纤维 - 细胞性新月体，最终全部纤维化而成为纤维性新月体。新月体形成导致肾小囊腔闭塞，毛细血管丛受压萎缩、纤维化。肾小管上皮细胞变性、玻璃样变性甚至萎缩、消失。肾间质水肿，炎症细胞浸润，后期出现纤维化。

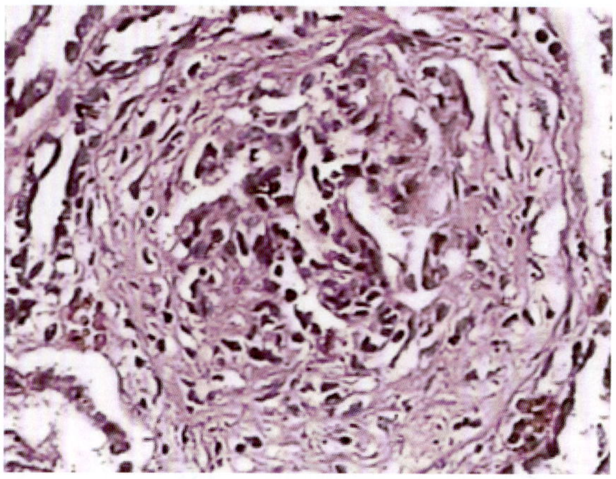

图 15-3　急进性肾小球肾炎
肾小囊上皮细胞增生形成新月体，肾小囊腔闭塞

电子显微镜下，除新月体外，病变处可见电子致密物沉积，基底膜缺损和断裂。

2. 病理临床联系　临床上表现为急进性肾炎综合征，由蛋白尿、血尿等改变迅速发展为少尿、无尿、高血压及进行性肾功能障碍。本病预后差，若不及时治疗，常于数周或数月内出现肾衰竭而死亡。

（三）慢性肾小球肾炎

慢性肾小球肾炎（chronic glomerulonephritis）为各种不同类型肾炎发展的最后阶段，病变特点是大量肾小球发生玻璃样变性和硬化，又称慢性硬化性肾小球肾炎（chronic sclerosing glomerulonephritis）。

慢性肾小球肾炎可由不同类型的肾炎发展而来，如急进性肾小球肾炎在急性阶段后，往往转化为慢性肾小球肾炎；少数链球菌感染后的成人肾小球肾炎患者也可发展为慢性肾小球肾炎；也有较多患者无其他类型肾炎病史，一经发现，已属慢性病变。

1. 病理变化　肉眼观：双侧肾体积对称性缩小，颜色苍白，质地变硬，表面呈弥漫性细颗粒状，称为继发性颗粒性固缩肾。切面皮质变薄，与髓质分界不清，肾盂周围脂肪增多。镜下观：大量肾小球纤维化和玻璃样变性。肾小管萎缩、消失，间质明显纤维化伴有淋巴细胞浸润。同时，病变轻的肾单位常发生代偿性肥大，肾小球体积增大，肾小管扩张，其内可见各种管型。

2. 病理临床联系 本病以成人多见，主要表现为慢性肾炎综合征，出现多尿、夜尿、低比重尿、高血压、贫血、氮质血症和尿毒症等。

（1）多尿、夜尿、低比重尿：与肾单位大量破坏，残存肾单位内血流速度加快，肾小球滤过率增加，尿浓缩功能降低有关。

（2）高血压：由肾单位纤维化，使肾组织严重缺血，肾素分泌增加所致。

（3）贫血：由肾单位破坏，促红细胞生成素分泌减少和体内代谢产物堆积，抑制骨髓造血功能引起。

（4）氮质血症和尿毒症：因丧失功能的肾单位逐渐增多，肾功能障碍不断加重，以致代谢产物潴留，水、电解质和酸碱平衡紊乱。

慢性肾炎预后极差，如不能及时进行血液透析或肾移植，患者常因尿毒症或高血压引起的心力衰竭和脑出血死亡。

现将以上三型肾小球肾炎临床和病理特点总结如下（表 15-1）。

表 15-1 各型肾小球肾炎临床和病理特点

类型	临床特点	病理特点		
		光镜下	电镜下	免疫荧光检查
急性弥漫性增生性肾炎	急性肾炎综合征	弥漫性系膜细胞和内皮细胞增生	上皮下驼峰状沉积物	基底膜和系膜区 IgG、C3 沉积
急进性肾小球肾炎	快速进行性肾炎综合征	新月体形成	部分病例可见电子致密物沉积	线性荧光、颗粒状荧光或阴性
慢性肾小球肾炎	慢性肾炎综合征	肾小球纤维化、玻璃样变性、硬化	因肾炎起始类型而异	因肾炎起始类型而异

第二节 肾盂肾炎

肾盂肾炎（pyelonephritis）是累及肾盂、肾间质及肾小管的炎性疾病，分为急性和慢性两类。女性多见，主要临床表现有发热、血尿、脓尿、腰部酸痛、膀胱刺激征等。晚期可出现肾功能不全和高血压，甚至尿毒症。

一、急性肾盂肾炎

急性肾盂肾炎是由细菌感染引起的肾盂、肾间质及肾小管的化脓性炎，与下尿路感染（膀胱炎、前列腺炎和尿道炎）有密切关系。

（一）病因与发病机制

引起急性肾盂肾炎的细菌主要为革兰氏阴性菌，最常见的是大肠埃希菌。细菌感染途径有两种。

1. 上行性（逆行性）感染 是本病最常见的感染途径。病原菌主要是大肠埃希菌，患者先有下尿路感染，细菌沿输尿管或输尿管周围的淋巴管上行到肾盂，引起肾盂和肾组织的化脓性炎，病变可为单侧或双侧。因女性的尿道短而直，尿道口与阴道、肛门靠近，故女性上行性感染的机会多。

2. 下行性（血源性）感染 较少见，最常见的致病菌是金黄色葡萄球菌。细菌从体内病灶（如扁桃体炎、皮肤感染等）侵入血液，随血流到达肾，首先在肾小球毛细血管或肾小管周围的毛细血管处形成病灶，继而穿破肾小管进入间质，侵及肾盏、肾盂，病变常累及双侧肾。

（二）病理变化

上行性感染可累及单侧或双侧肾，下行性感染则多为双侧性。

肉眼观：肾体积增大，表面可见散在分布、大小不一的黄白色脓肿，稍隆起，周围有紫红色充血带。严重时，多个病灶可相互融合成大的脓肿。切面髓质内有黄色条纹向皮质延伸。肾盂黏膜充血、水肿，可有散在出血点。黏膜表面可有脓性渗出物，严重时可出现肾盂积脓。

镜下观：以肾组织化脓性改变和脓肿形成为特征。上行性感染的病变先累及肾盂，黏膜充血、水肿，大量中性粒细胞浸润和脓肿形成，随后累及肾小管。下行性感染引起的肾盂肾炎常先累及肾皮质，尤其是肾小球及其周围的间质，形成散在多发的小脓肿并逐渐扩大而破坏邻近组织，然后蔓延至肾盂。

（三）并发症

1. 坏死性乳头炎　病变处肾锥体乳头侧出现分界清楚的灰白或灰黄色坏死灶，可发生于单个、多个或全部乳头。镜下见肾乳头病变为凝固性坏死，病灶周围有大量中性粒细胞浸润。常发生在糖尿病或有严重尿路阻塞的患者。

2. 肾盂积脓　有严重尿路阻塞者，因脓性渗出物不能排出而积聚在肾盂内。

3. 肾周围脓肿　见于严重病例，肾内化脓性病灶可穿破肾被膜，在肾周围组织形成脓肿。

（四）病理临床联系

急性肾盂肾炎起病急，患者出现发热、寒战、白细胞增多等毒血症表现。由于肾体积增大，被膜紧张，特别是伴有肾周围炎时，患者常有腰部疼痛、肾区叩痛。由于肾盂的脓性渗出物随尿排出，患者常有脓尿、管型尿（白细胞管型最有诊断价值）、菌尿，也可出现血尿等症状。病灶内的细菌随尿液进入膀胱，患者可出现尿急、尿频、尿痛等膀胱刺激症状。由于病变在肾内呈灶性分布，肾小球较少受累，故患者多无肾功不全的表现。

多数患者经过治疗后在短期内可痊愈。如治疗不彻底或诱因持续存在，可反复发作转为慢性。

二、慢性肾盂肾炎

慢性肾盂肾炎（chronic pyelonephritis）可由急性肾盂肾炎未及时治疗转变而来，或发现时即呈慢性经过。慢性肾盂肾炎与下列因素有关：尿路长期阻塞；严重的膀胱输尿管尿液反流；病灶中细菌抗原持续存在，使炎症继续发展。

（一）病理变化

肉眼观：一侧或双侧肾体积缩小，质地变硬，表面可见粗大、不规则的凹陷性瘢痕。肾切面皮、髓质界限不清，肾乳头萎缩，肾盏、肾盂因瘢痕收缩而变形，肾盂黏膜粗糙、增厚。如病变为双侧，则两侧病变不对称。

镜下观：肾病变呈不规则的灶状或片状分布，间质有淋巴细胞、浆细胞和单核细胞浸润。在皮、髓质均可出现纤维组织增生。部分区域肾小管萎缩、坏死，部分肾小管扩张，管腔内有均质红染的胶样管型，形似甲状腺滤泡（由变性的白细胞和蛋白质凝集而成）。肾小球改变早期不明显，晚期逐渐发生纤维化，玻璃样变性，健存的肾小球代偿性肥大和肾小管代偿性扩张。当炎症急性发作时，病灶内有小脓肿形成，大量中性粒细胞浸润。

（二）病理临床联系

慢性肾盂肾炎患者发病隐匿，就诊时尿常规检查可发现脓尿或菌尿。由于肾小管损害严重，可产生多尿、夜尿、低钠、低钾及代谢性酸中毒。肾组织纤维化及小血管硬化造成肾缺血，使肾素分泌增多，导致高血压，严重而持久的高血压可引起心力衰竭。晚期肾组织损伤严重，最终出现氮质血症和尿毒症。

第三节　泌尿系统常见肿瘤

一、肾细胞癌

肾细胞癌（renal cell carcinoma），简称肾癌，是肾最常见的恶性肿瘤，起源于肾小管上皮细胞。好发于60~70岁的老年人，男性多见。

（一）病因

病因尚未阐明。流行病学调查显示，除化学致癌物质外，吸烟是引起肾癌的重要危险因素，其他危险因素包括肥胖（特别是女性），高血压，接触石油产品、石棉和重金属等。

（二）病理变化

肾细胞癌的组织学类型主要有三种。

1. 透明细胞癌　是最常见的类型，占肾癌的70%~80%。镜下可见肿瘤细胞体积较大，呈圆形或多角形，胞质透明或颗粒状、片状、梁状或管状排列，间质血管丰富。

2. 乳头状癌　占肾癌的10%~15%。镜下可见癌细胞为立方或矮柱状，形成乳头状结构。

3. 嫌色细胞癌　约占肾癌的5%。镜下观：癌细胞呈片状排列，胞膜明显，胞质淡染或嗜碱性，核周常有空晕。癌组织血管四周常围绕较大瘤细胞，预后较好。

肉眼观：肾细胞癌多发于肾的上下两极（尤其上极）。透明细胞癌常为单侧圆形肿块，直径多数为3~15 cm。切面淡黄色或灰白色，可见灶状出血、坏死、软化或钙化等病变，故常呈红、黄、灰、白等交错的多彩的特征性表现。肿瘤压迫周围组织，形成假包膜。乳头状癌可为双侧和多灶状，瘤体较大时可见出血和囊性变，并可蔓延到肾盏、肾盂和输尿管。侵入肾静脉的瘤细胞，可形成柱状瘤栓，有的可延伸至下腔静脉和右心。

（三）病理临床联系

肾细胞癌早期症状不明显，常到肿瘤体积较大时才被发现。间歇性无痛血尿是肾癌的主要症状，早期可仅表现为镜下血尿。肾区疼痛、腰痛和血尿为具有诊断意义的三个典型症状。同时患者也可伴有发热、乏力、体重减轻等全身症状。肿瘤可产生多种激素和激素样物质，导致患者出现副肿瘤综合征，如红细胞增多症、高钙血症、Cushing综合征和高血压等。肾细胞癌的扩散方式包括直接蔓延、血道转移和淋巴道转移。

肾癌预后较差，治疗的关键是早期诊断与及时手术切除。

二、膀胱癌

膀胱癌多发生于50岁之后，男性发病率为女性的2~3倍。发病与接触苯胺染料、吸烟、病毒感染和膀胱黏膜的慢性炎症密切相关。

（一）病理变化

膀胱癌好发于膀胱三角区和膀胱侧壁近输尿管开口处。肉眼观：肿瘤大小不等，单发或多发。分化较好者多呈乳头状或息肉状，有蒂与膀胱黏膜相连；分化较差者常呈扁平突起，无蒂。

镜下观：部分癌细胞排列极性紊乱，异型性明显，核分裂象多见，可见乳头状结构。

（二）病理临床联系

膀胱癌最常见的症状为无痛性血尿，是癌性乳头断裂，肿瘤表面坏死和溃疡出血所致；肿瘤侵犯膀胱壁，刺激黏膜或并发感染，可出现尿急、尿频、尿痛等膀胱刺激症状；肿瘤阻塞输尿管开口可导致肾盂积水、肾盂肾炎、肾盂积脓。

患者预后与肿瘤的组织学分级、肿瘤浸润深度和有无转移关系密切。膀胱镜检查与组织活检是诊断的主要方法，有血尿者，脱落细胞学检查有助于诊断。

第四节　肾　衰　竭

肾是人体重要的生命器官，具有多种生理功能。①排泄功能：通过生成尿液，排出体内代谢产物、药物和毒物；②调节功能：调节体内水、电解质和酸碱平衡及维持血压；③内分泌功能：分泌多种生物活性物质，如肾素、促红细胞生成素和前列腺素，并灭活甲状旁腺激素和胃泌素等。

各种原因引起肾的泌尿功能严重障碍，导致机体内环境发生紊乱，出现各种代谢产物、药物和毒物在体内潴留，水、电解质和酸碱平衡紊乱，并伴有肾内分泌功能障碍的病理过程称为肾功能不全（renal insufficiency）。肾衰竭（renal failure）是肾功能不全的晚期阶段，临床主要表现为氮质血症、高钾血症、代谢性酸中毒及水中毒等。根据发病的急缓，可分为急性肾衰竭和慢性肾衰竭，发展到严重阶段均表现为尿毒症。

本节主要介绍急性肾衰竭。

一、概念

急性肾衰竭（acute renal failure，ARF）是指各种原因引起双肾泌尿功能在短时间内急剧下降，导致代谢产物在体内迅速积聚，水、电解质和酸碱平衡紊乱及全身各系统并发症的病理过程。多数 ARF 患者临床表现为少尿或无尿，当每日尿量在 400 ml 以下时，称为少尿型急性肾衰竭。也有少数患者尿量不减少（>400 ml/d），称为非少尿型急性肾衰竭，非少尿型急性肾衰竭的发病率和死亡率相对较低。

（一）病因与分类

根据引起急性肾衰竭原因的不同将其分为肾前性急性肾衰竭、肾性急性肾衰竭和肾后性急性肾衰竭三大类。

1. 肾前性急性肾衰竭　是指由肾血液灌流量急剧减少所致的急性肾衰竭。此时，肾无器质性病变，一旦肾灌流量恢复，肾功能也迅速恢复，所以这种肾衰竭又称功能性肾衰竭。临床上以少尿为特征，伴尿钠浓度低（<20 mmol/L）、尿比重较高（>1.020）和氮质血症。

常见病因：①血容量降低，见于大出血、外科手术、创伤、烧伤、严重的呕吐、腹泻等引起的低血容量性休克。②心力衰竭，见于急性心肌梗死等心源性休克和心包填塞等心排血量急剧下降时。③血管床容量扩大，使有效循环血量减少，见于过敏性休克及败血症休克时血管床容量扩大，血液淤滞。④肝肾综合征，见于肝硬化、门脉淤血、应用肾血管收缩药物及前列腺素抑制剂等，可引起肾小动脉强烈收缩，肾灌流量降低。

2. 肾性急性肾衰竭　是因肾实质病变而引发的急性肾衰竭，又称器质性肾衰竭。

常见病因：①持续性肾缺血，是最常见也是最重要的原因，常常是肾前性肾衰竭的各种病因未能得到及时去除而引发的结果。持续性肾缺血可引起肾小管缺血性坏死。②急性肾小管中毒；如某些药物（氨基糖苷类抗生素、四环素类抗生素和两性霉素）、X 线造影剂、有机化合物（四氯化碳、乙二醇和甲醇等）、重金属和生物毒素等可引起肾中毒。③肾本身的疾患，包括急性肾小球肾炎、急性肾盂肾炎等。

3. 肾后性急性肾衰竭　由肾盏到尿道口任何部位梗阻所引起的肾功能急剧下降，称肾后性急性肾衰竭。此类型常见于老年男性。

常见的梗阻原因是结石、肿瘤、肥大的前列腺等。尿路梗阻引起肾盂积水，肾间质压力升高，肾小囊内压升高，导致肾小球有效滤过压下降，引起肾小球滤过率降低。

（二）发病机制

不同原因引起的急性肾衰竭，其发病机制各不相同。以少尿型急性肾衰竭为例，主要的发病机制如下。

1. 肾缺血 各种原因通过造成肾血管收缩和肾血液流变学改变引发急性肾衰竭。

（1）肾血管收缩

1）交感 - 肾上腺髓质系统兴奋：休克、创伤等引起有效循环血量减少或毒物的作用，使交感 - 肾上腺髓质系统兴奋，血中儿茶酚胺水平升高，通过刺激 α 受体使肾血管收缩，肾血流量减少，肾小球滤过率降低，尿量减少。

2）肾素 - 血管紧张素系统激活：有效循环血量减少使肾血管灌注压降低，以及交感神经兴奋，均可刺激入球小动脉球旁细胞分泌肾素。肾素产生增多，引起入球小动脉收缩和肾小球滤过率降低。

3）前列腺素产生减少：前列腺素与急性肾衰竭有密切关系。使用前列腺素合成抑制剂（吲哚美辛），引起血管收缩，可加重急性肾衰竭。

（2）血液流变学的变化

1）血液黏度升高：急性肾衰竭时，纤维蛋白原增多、血浆黏度升高、红细胞聚集及其变形能力下降，均可引起全血黏度升高，影响肾小球毛细血管床的微循环状态，使肾小球滤过率降低。

2）微血管改变：当血管内皮细胞受损时，一方面肿胀的血管内皮细胞使血管管腔变窄，血流阻力增加，肾血流量减少；另一方面内皮细胞受损激发血小板聚集与微血栓形成及肾毛细血管内凝血，使肾缺血进一步加剧。

2. 肾小管损害

（1）肾小管阻塞：肾小管管腔被管型和坏死脱落的上皮细胞碎片阻塞，引起管内压升高，从而使肾小球有效滤过压降低而发生少尿。目前认为，肾小管阻塞可能是急性肾衰竭持续少尿的重要因素。

（2）肾小管原尿回漏：在缺血和中毒所致的急性肾衰竭中，肾小管上皮细胞广泛坏死，甚至基底膜断裂，原尿经受损的部位进入间质，经管周血管系统回漏入血。原尿回漏除直接造成尿量减少外，还可导致间质水肿和间质压升高，从而压迫肾小管和管周毛细血管，使肾小球滤过率进一步减少，出现少尿。

3. 肾缺血 - 再灌注损伤 肾组织在急性缺血、缺氧后恢复血供，可产生大量氧自由基。自由基在组织细胞内增高可引起各种细胞成分受损，使细胞膜通透性改变，各种酶活性降低，毛细血管通透性增加。

（三）发病过程及功能、代谢变化

少尿型急性肾衰竭，一般可分为少尿期、多尿期和恢复期三个阶段。

1. 少尿期 在肾缺血或毒物损害后 1~2 天 内出现少尿，一般持续 1~2 周。持续时间越长，病情越重。本期是病情最危重的时期，死亡率较高。

（1）尿的变化：① 少尿或无尿。患者迅速出现少尿或无尿。少尿是肾血流减少、肾小管损害等因素综合作用所致。② 尿成分改变。尿比重低（常小于 1.015），尿渗透压低（常小于 350 mmol/L），尿钠含量高（常大于 40 mmol/L），尿肌酐 / 血肌酐比值降低。尿常规检查可见血尿、蛋白尿和管型尿，多为肾小管上皮细胞坏死，尿浓缩功能障碍所致。

功能性急性肾衰竭，其少尿主要是肾小球滤过率降低所致，肾小管功能正常，器质性急性肾衰竭同时有肾小球和肾小管功能障碍。两者不仅在少尿的发生机制上不同，而且尿液的成分也有所区别。两种急性肾衰竭的主要区别见表 15-2。

表 15-2 两种急性肾衰竭的主要区别

尿指标	功能性肾衰竭	器质性肾衰竭
尿比重	>1.020	<1.015
尿渗透压（mmol/L）	>500	<350
尿钠（mmol/L ）	<20	>40
尿肌酐 / 血肌酐	>40	<20
尿常规	正常	上皮细胞、红细胞、白细胞管型，蛋白尿
甘露醇试验	尿量增多	尿量不增

（2）水中毒：发生原因如下。①肾小球滤过率降低，肾排水减少；②体内分解代谢增强以致内生水增多；③饮水过多或输入葡萄糖溶液过多等，可使体内水潴留并引起稀释性低钠血症。严重时可发生脑水肿、肺水肿和心力衰竭，常常危及生命。

（3）电解质代谢紊乱

1）高钾血症：是急性肾衰竭最危险的并发症，常为少尿期致死的主要原因之一。引起高钾血症的主要原因有：①尿量减少和肾小管损害使肾排钾减少；②组织破坏，释放大量钾至细胞外液；③酸中毒时，K^+ 从细胞内逸出至细胞外液。④摄入含钾量高的饮食、服用含钾或保钾药物、输入库存血液。高钾血症可引起心脏传导阻滞和心律失常，严重时可导致心室颤动或心脏停搏。

2）高镁血症：与高钾血症的原因相似，主要也是因为镁随尿排出减少，以及组织破坏时细胞内镁释出至细胞外液中。高镁血症可抑制心血管和神经系统的功能。

3）高磷血症和低钙血症：由于肾排磷功能受损，常有高磷血症。由于高磷血症，肾生成 $1,25\text{-}(OH)_2D_3$ 及骨骼对甲状旁腺激素的钙动员作用减弱，因此低钙血症也较常见。

（4）代谢性酸中毒：发生代谢性酸中毒的原因如下。①肾小球滤过率降低，固定酸排出减少；②体内分解代谢增强，使酸性代谢产物在体内蓄积；③肾小管受损，排酸保碱能力下降。患者出现恶心、呕吐、疲乏、嗜睡和呼吸深大的症状和体征。酸中毒又能促进高钾血症的发生，使病情更为严重。

（5）氮质血症：血中尿素、肌酐、尿酸、肌酸等非蛋白含氮物质的含量显著增高，称为氮质血症。主要是肾不能充分排出体内蛋白质代谢产物所致。其中以尿素增多为主，故常用尿素氮（BUN）作为反映氮质血症严重程度的指标。感染、中毒、组织破坏会迅速增加血尿素氮和肌酐水平。

2. 多尿期 尿量逐日增加，经 5~7 天达到高峰，每日尿量可达 2000 ml 或更多。多尿期平均持续 1 个月左右，标志着病情趋向好转。

多尿的发生机制有：①肾血流量和肾小球滤过功能逐渐恢复，而损伤的肾小管上皮细胞虽已开始再生修复，但其浓缩功能仍然低下，故发生多尿；②原潴留在血中的尿素等物质从肾小球大量滤出，从而引起渗透性利尿；③肾小管阻塞被解除，肾间质水肿消退。

多尿期早期，氮质血症、高钾血症和代谢性酸中毒等还不能立即得到改善。至多尿期后期，才能逐渐恢复正常，但可因多尿而引起脱水、低钾血症、低钠血症，故应注意补充水和电解质。

3. 恢复期 多尿期后，尿量逐渐恢复正常，血尿素氮和血肌酐基本恢复到正常水平。肾功能恢复正常需 3 个月至 1 年。

非少尿型急性肾衰竭患者在进行性氮质血症期内每日尿量持续 400 ml 以上，甚至可达

1000~2000 ml。非少尿型急性肾衰竭时，肾小球滤过率下降程度比肾小管损伤相对较轻，肾小管部分功能还存在，但尿浓缩功能障碍，所以尿量较多，尿钠含量较低，尿比重也较低，尿沉渣检查细胞和管型较少。

少尿型急性肾衰竭与非少尿型急性肾衰竭可以相互转化，少尿型急性肾衰竭经利尿或脱水治疗有可能转化为非少尿型；而非少尿型急性肾衰竭如果漏诊或治疗不当，可转变为少尿型，表示预后不良。

（四）防治原则

1. 积极治疗原发病 尽可能早地明确引起急性肾衰竭的病因，采取措施消除病因。如解除尿路阻塞，解除肾血管的阻塞，尽快清除肾的毒物，纠正容量不足，抗休克等；合理用药，避免使用对肾有损害作用的药物。

2. 对症治疗

（1）纠正水和电解质紊乱：在少尿期应严格控制液体输入量，防止水中毒。多尿期注意补充水和钠、钾等电解质，防止脱水、低钠和低钾血症。

（2）处理高钾血症：限制含钾丰富的食物及药物；给予钾离子拮抗剂；注射高渗葡萄糖和胰岛素，促进钾离子自细胞外进入细胞内；采用透析治疗。

（3）纠正代谢性酸中毒。

（4）控制氮质血症：可静脉滴注葡萄糖以减轻体内蛋白质的分解代谢；静脉内缓慢滴注必需氨基酸，以促进蛋白质合成，降低尿素氮产生的速度，并加快肾小管上皮细胞的再生；以透析疗法排除非蛋白氮物质。

（5）抗感染治疗：感染是急性肾衰竭常见的原因之一，急性肾衰竭又极易合并感染，因而抗感染治疗极为重要。

案例分析 15-1

患者，女，40 岁。自服生鲤鱼鱼胆 1 个，出现恶心、呕吐、腹痛、腹泻，伴腰痛 6 日，黄疸 3 日入院。查体：皮肤、巩膜黄染。心、肺无异常，腹软，肝于右肋下 3 cm 可触及，有压、触痛。实验室检查：血钾 5.0 mmol/L，血糖 6.7 mmol/L，血尿素氮（BUN）18.4 mmol/L，血肌酐（Cr）158.6 μmol/L。

思考：

本例患者出现了什么问题？诊断依据是什么？

本章小结

肾小球肾炎是一组以肾小球损伤和改变为主的变态反应性疾病。临床上常以蛋白尿、血尿、水肿和高血压为特征，早期症状不明显，发展到晚期可引起肾衰竭。

急性弥漫性增生性肾小球肾炎为临床最常见的肾小球肾炎类型，以肾小球毛细血管丛的系膜细胞和内皮细胞增生为病理特征。病理变化肉眼观为大红肾。镜下观：病变累及双肾绝大多数肾小球，受损的肾小球体积大，内皮细胞肿胀，并有系膜细胞明显增生，中性粒细胞、单核细胞浸润。其临床表现为血尿、蛋白尿、管型尿、少尿，严重者可出现氮质血症、水肿、高血压等。

急进性肾小球肾炎又称快速进行性肾小球肾炎，以大多数肾小囊壁层上皮细胞增生形成新月体为病理特征。临床上常见由蛋白尿、血尿等改变迅速发展为严重少尿、无尿、高血压及进行性肾功能障碍。

慢性肾小球肾炎是各种不同类型肾炎发展的最后阶段，以大量肾小球纤维化、硬化和玻璃样变性为特征。主要表现为慢性肾炎综合征，出现多尿、夜尿、低比重尿、高血压、贫血、氮质血症和尿毒症等。

急性肾盂肾炎最常见的致病菌是大肠埃希菌。细菌感染途径有两种：①上行性感染；②下行性感染。

急性肾盂肾炎以肾组织化脓性改变和脓肿形成为特征，可出现发热、白细胞增多等全身毒血症表现，腰部疼痛、肾区叩痛，脓尿、管型尿、菌尿，还可引起尿急、尿频、尿痛等膀胱刺激症状。

慢性肾盂肾炎肾体积缩小，质地变硬，表面可见粗大、不规则的凹陷性瘢痕并可与肾被膜粘连。肾盏、肾盂因瘢痕收缩而变形。晚期肾小球逐渐发生纤维化，玻璃样变性。慢性肾盂肾炎以肾功能不全和高血压为常见表现，随着肾组织进行性破坏，最终出现氮质血症和尿毒症。

肾细胞癌是起源于肾小管上皮细胞的恶性肿瘤。肾细胞癌的组织学类型主要有三种：①透明细胞癌；②乳头状癌；③嫌色细胞癌。肾区疼痛、腰痛和血尿为肾细胞癌的三个典型症状。肾细胞癌的扩散方式包括直接蔓延、血道转移和淋巴道转移。

膀胱癌好发于膀胱三角区和膀胱侧壁近输尿管开口处。最常见的症状为无痛性血尿。肿瘤侵犯膀胱壁，刺激黏膜或并发感染，可出现尿急、尿频、尿痛等膀胱刺激症状。

急性肾衰竭是指各种原因引起双肾泌尿功能在短时间内急剧下降，导致代谢产物在体内迅速积聚，水、电解质和酸碱平衡紊乱及全身各系统并发症的病理过程。多数患者的主要临床表现是少尿或无尿。也有一部分病人尿量不减少，称为非少尿型急性肾衰竭。少尿型急性肾衰竭按病程分为少尿期、多尿期和恢复期三个阶段。少尿期可出现：①尿量减少和尿成分改变；②水中毒；③电解质改变（高钾血症、高镁血症、高磷血症和低钙血症）；④代谢性酸中毒；⑤氮质血症。多尿期标志着病情趋向好转。恢复期尿量逐渐恢复正常，血尿素氮和血肌酐基本恢复到正常水平。防治原则是积极去除病因和对症治疗等。

（赵著梅）

第十六章　生殖系统及乳腺常见疾病

学习目标

1. 掌握慢性子宫颈炎、子宫颈癌、滋养层细胞肿瘤、乳腺癌的病理变化。
2. 理解卵巢肿瘤、前列腺癌的病理变化及生殖系统常见肿瘤的病理临床联系。
3. 了解慢性子宫颈炎及生殖系统常见肿瘤的病因与发病机制。

生殖系统与乳腺疾病常见的有炎症、肿瘤和内分泌失调等。由于女性解剖、生理特点不同，其生殖系统与乳腺疾病较男性多见。积极防治生殖系统与乳腺疾病，特别是加强生殖系统与乳腺恶性肿瘤的早期诊断和治疗，对提高人类健康水平具有重要意义。

第一节　子宫颈疾病

一、慢性子宫颈炎

慢性子宫颈炎（chronic cervicitis）是育龄期妇女中常见的妇科疾病之一。可由多种病原微生物感染引起，常见的有链球菌、肠球菌、淋病奈瑟菌和葡萄球菌等。此外，其发病与分娩或流产导致子宫颈损伤，阴道酸性环境改变，经期卫生不良和不洁性生活等因素也有关系。临床主要表现为白带增多或伴有腹坠、腰酸等。镜下观：子宫颈黏膜充血水肿、糜烂，间质内有淋巴细胞、浆细胞和单核细胞等慢性炎症细胞浸润。慢性子宫颈炎时覆盖在子宫颈阴道部表面的鳞状上皮细胞坏死脱落，形成浅表的缺损称为子宫颈真性糜烂，较少见。临床上见到的子宫颈糜烂多为假性糜烂，实际上是子宫颈损伤的鳞状上皮被子宫颈管黏膜柱状上皮增生下移取代。由于柱状上皮较薄，上皮下充血的小血管易显露而呈红色，临床检查时，宫颈外口病变黏膜呈边界清楚的红色糜烂样区，并非真正的糜烂。子宫颈腺上皮可伴有增生及鳞状上皮化生。如果结缔组织和鳞状上皮的增生压迫或阻塞子宫颈腺体的开口，致使腺体分泌物潴留于腺腔内致腺体扩大成囊状，称子宫颈腺囊肿，又称纳博特囊肿（Nabothian cyst）。如果致炎因子长期刺激，子宫颈管黏膜上皮、腺体及间质结缔组织局限性增生，形成突出黏膜表面带蒂的小肿物，常下垂于子宫颈外口，称为子宫颈息肉（图 16-1）。

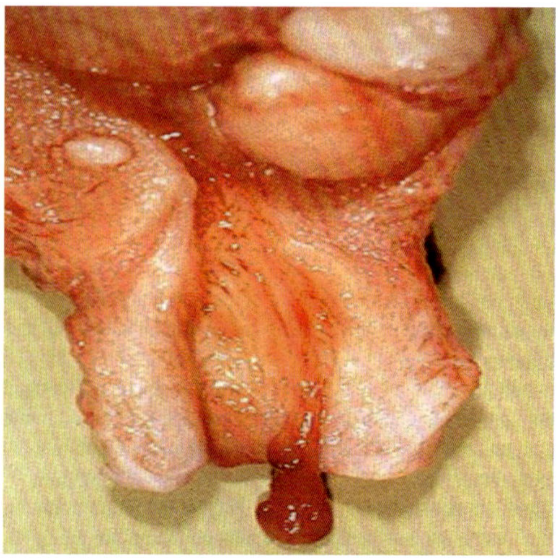

图 16-1　子宫颈息肉（肉眼观）

二、子宫颈上皮内瘤变

子宫颈上皮内瘤变（cervical intraepithelial neoplasia，CIN）是指子宫颈上皮被不同程度的异型性细胞所取代。表现为细胞大小、形态不一，核增大深染、核大小不一、核分裂象增多，细胞排列紊乱，病变从基底层开始逐渐向表层发展。根据其病变程度分为三级。

CIN Ⅰ级：异型细胞局限于上皮层的下 1/3。

CIN Ⅱ级：异型细胞累及上皮层的下 1/3 至 2/3，细胞异型性明显，核质比例增加，极性紊乱。

CIN Ⅲ级：增生的异型细胞超过上皮层的 2/3，核异型性明显，深染，上皮细胞层次消失。若全层均被异常增生的细胞占据，但病变局限于上皮层内，未突破基底膜，称为原位癌。

子宫颈上皮 CIN Ⅰ级和 CIN Ⅱ级不一定都发展为 CIN Ⅲ级乃至浸润癌，如经适当治疗，大多数 CIN Ⅰ级可逆转或治愈。目前认为，发展为 CIN Ⅲ级和浸润癌的概率和所需时间与上皮内瘤变的程度有关。病变级别越高，其转化为癌的概率就越高，所需时间越短。大约有一半的 CIN Ⅰ级可自然消退，约 10% CIN Ⅰ级需经 10 年以上经由 CIN Ⅱ级转变为 CIN Ⅲ级，只有不到 2% 的 CIN Ⅰ级最终发展为浸润癌；而 CIN Ⅲ级在 10 年内发展为浸润癌的概率高达 20%。CIN Ⅰ级可见低危型 HPV 的感染，而 CIN Ⅱ级和 CIN Ⅲ级多数可见高危型 HPV 的感染。

CIN 多无自觉症状，肉眼观亦无特殊改变，子宫颈鳞状上皮和柱状上皮交界处是发病的高危部位。正常子宫颈鳞状上皮富含糖原，故对碘着色；若患处对碘不着色，提示有病变。此外，醋酸可使子宫颈有 CIN 改变的区域呈白色斑片状。如要确诊，需进一步行脱落细胞学或组织病理学检查。

三、子宫颈癌

子宫颈癌（carcinoma of the cervix）是女性生殖系统中最常见的恶性肿瘤，发病年龄以 40~60 岁居多。其病因和发病机制至今尚未完全明了。HPV 感染与子宫颈癌发生有关。此外，早婚、早育、多产、宫颈裂伤、性生活过早、性生活紊乱和包皮垢刺激等多种因素也与子宫颈癌的发生有关。

（一）病理变化

子宫颈癌一般发生于子宫颈外口的鳞状上皮和子宫颈管的黏膜柱状上皮交界处。

1. 肉眼观

（1）糜烂型：病变处黏膜潮红，呈颗粒状、质脆、接触易出血，在组织学上多属原位癌和早期浸润癌。

（2）外生菜花型：癌组织向子宫颈表面生长，在子宫颈口外形成乳头或菜花状突起，表面常有坏死及浅表溃疡形成（图 16-2）。

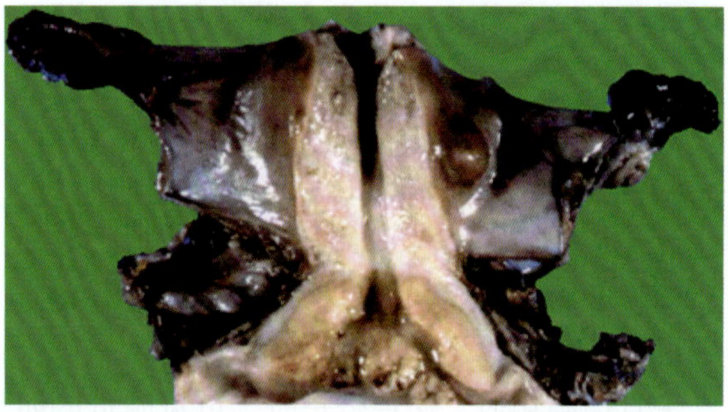

图 16-2 子宫颈癌(外生菜花型)

（3）内生浸润型：癌组织主要向子宫颈深部浸润生长，表面常较光滑，故早期临床检查容易漏诊。晚期，子宫颈前后唇明显增厚变硬或呈结节状突起，质脆，接触性出血明显。

（4）溃疡型：癌组织除向深部浸润外，表面同时有大块坏死脱落，形成溃疡，似火山口状。

2. 镜下观 子宫颈癌的组织学类型以鳞状细胞癌居多，约占 90%，其次为腺癌。

（1）子宫颈鳞状细胞癌：子宫颈上皮的 CIN 和鳞状细胞癌大多累及子宫颈鳞状上皮和柱状上皮的交界处，或来源于宫颈内膜化生的鳞状上皮。

（2）子宫颈腺癌：起源于子宫颈管黏膜上皮和腺体。肉眼观：大部分呈息肉状或乳头状；小部分位于子宫颈管内，在子宫颈外口往往看不见。根据腺癌组织结构和细胞分化程度可分为高分化、中分化和低分化三型。若在子宫颈癌中含有腺癌和鳞状细胞癌两种成分即称腺鳞癌。腺癌对化疗、放疗敏感度较低，预后较差。

（二）扩散

1. 直接蔓延 癌组织向上浸润破坏整段子宫颈，但极少侵犯子宫体；向下可累及阴道穹及阴道壁；向两侧可侵及输尿管、阔韧带、宫旁及盆腔壁组织；向前可侵及膀胱；向后可累及直肠。

2. 淋巴道转移 是子宫颈癌最常见的转移途径。癌组织首先转移至子宫旁淋巴结，然后依次转移至闭孔、髂内、髂外、髂总等盆腔淋巴结，晚期可转移至锁骨上淋巴结。

3. 血道转移 血道转移较少见，晚期经血道转移至肝、肺及全身其他器官。

（三）病理临床联系

早期常无自觉症状，随着病变进展，因癌组织破坏血管，患者可出现接触性出血及不规则阴道流血。因癌组织坏死继发感染，同时刺激宫颈使腺体分泌亢进，可致白带增多且有特殊腥臭味。晚期因癌组织浸润盆腔神经，可出现下腹部及腰骶部疼痛。当癌组织侵及膀胱及直肠时，可引起子宫膀胱瘘或子宫直肠瘘。子宫颈癌的预后取决于临床分期和组织学分级。对于已婚妇女，定期做子宫颈细胞学检查，是发现早期子宫颈癌的有效措施。

第二节 子宫体疾病

一、子宫内膜异位症

子宫内膜异位症（endometriosis）是指子宫内膜腺体和间质出现在正常子宫内膜以外的部位，80% 发生于卵巢，其次是子宫阔韧带、子宫直肠窝、腹部手术瘢痕、输卵管及阴道等。如子宫内膜腺体及间质异位于子宫肌层中（距子宫内膜基底层 2 mm 以上），称为子宫腺肌病（adenomyosis）（图 16-3）。子宫内膜异位症的临床症状常表现为痛经、月经不调。

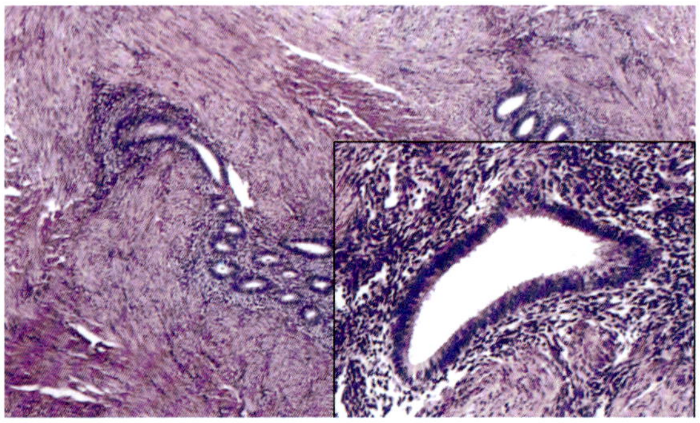

图 16-3 子宫腺肌病

病理变化：肉眼观，子宫内膜异位处可见暗红色或紫红色结节，质软，因出血后机化可与周围器官发生纤维性粘连。如发生在卵巢，反复周期性出血可致卵巢体积增大，形成囊腔，内含黏稠的咖啡色液体，称巧克力囊肿。镜下观，异位的子宫内膜腺体及间质与正常子宫内膜相似，病程较长时，可见附近的肌纤维增生，并伴有出血及吞噬含铁血黄素的巨噬细胞。

二、子宫内膜增生症

子宫内膜增生症（endometrial hyperplasia）是由于雌激素增高引起的子宫内膜腺体或间质增生，临床上称功能性子宫出血症。主要临床表现为不规则阴道出血、经期延长或绝经后出血。育龄期和更年期妇女均可发病。

病理变化：根据细胞形态和腺体结构增生及分化程度的不同，可分为以下几种类型。

1. 单纯性增生　表现为腺体数量增加，大小较一致，部分腺体扩张成小囊状。腺上皮为单层或假复层，细胞呈柱状，无异型性，细胞形态和排列与增生期子宫内膜相似（图 16-4）。1% 单纯性子宫内膜增生可进展为子宫内膜腺癌。

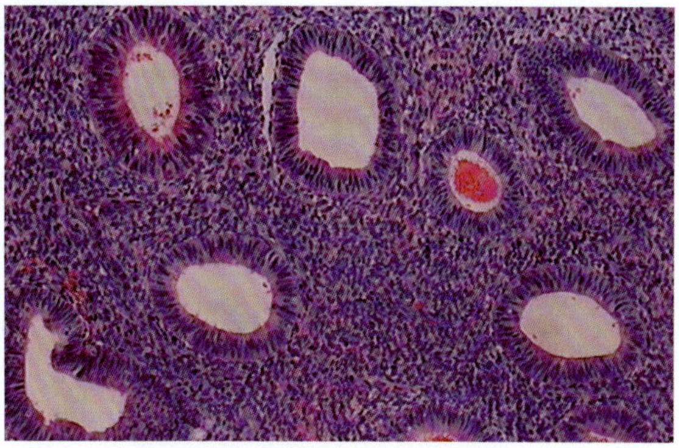

图 16-4　子宫内膜单纯性增生

2. 复杂性增生　以往统称为腺瘤型增生，表现为腺体明显增生，腺体结构不规则，但无细胞异型性。3% 可发展为腺癌。

3. 非典型增生　为癌前病变，表现为腺体显著相互拥挤，出现“背靠背”现象。复杂型增生伴有上皮细胞异型性，细胞极性紊乱，体积增大，核深染，核仁明显，核质比例增大，可见核分裂象。约有 1/3 的患者在 5 年内可发展为腺癌。

三、子宫肿瘤

（一）子宫内膜癌

子宫内膜癌（endometrial carcinoma）又称子宫体癌，是发生于子宫内膜上皮细胞的恶性肿瘤，发病率仅次于子宫颈癌，在女性生殖系统恶性肿瘤中占第二位，多见于 50 岁以上绝经期和绝经期后妇女，50~59 岁为高峰期。主要症状是白带增多和不规则阴道出血。

子宫内膜癌的病因不明，一般认为与子宫内膜增生和雌激素长期持续作用有关，患者常有内分泌失调的表现。

病理变化：子宫内膜癌分为弥漫型和局限型两种。弥漫型表现为子宫内膜弥漫性增厚，表面粗糙不平，灰白色，质脆，常有出血坏死或溃疡形成，并不同程度地浸润子宫肌层。局限型多位于子宫底或子宫角，常呈息肉状或结节状突向宫腔。镜下观：子宫内膜癌可呈高、中、低分化，其中多数为高分化腺癌。①高分化腺癌：结构似增生期的子宫内膜腺体，腺体排列拥挤，紊乱，细胞轻度异型性。②中分化腺癌：腺体不规则，排列紊乱，细胞向腔内生长形成乳头或筛状结构，部分形成实性细胞团。癌细胞异型性明显，核分裂象易见。③低分化腺癌：癌细胞分化差，很少形成腺样结构，多为实性片状或条索状。核异型性明显，核分裂象多见。子宫内膜腺癌如伴有鳞状上皮化生时称为棘皮癌，腺癌组织中混杂有鳞状细胞癌成分时称为腺鳞癌。

子宫内膜癌的扩散途径以直接蔓延和淋巴道转移多见，晚期可有血道转移。

（1）直接蔓延：向上可达子宫角，相继至输卵管、卵巢和其他盆腔器官；向下浸润至子宫颈和阴道，向外侧可侵透肌层蔓延至输卵管、卵巢和腹膜。

（2）淋巴道转移：最常见的是转移到腹主动脉旁淋巴结，其次为闭孔及髂总、髂外和子宫旁淋巴结。宫底部的癌多转移至腹主动脉旁淋巴结；子宫角部的癌可经圆韧带的淋巴管转移至腹股沟淋巴结。

（3）血道转移：晚期可经血道转移至肺、肝及骨骼。

在临床上，早期患者可无任何症状，最常见的临床表现是阴道不规则流血，部分患者可有阴道分泌物增多，呈淡红色。如继发感染则呈脓性，有腥臭味。晚期，癌组织侵犯盆腔神经，可引起下腹部及腰骶部疼痛等症状。

（二）子宫平滑肌瘤

子宫平滑肌瘤（leiomyoma of uterus）是来源于子宫平滑肌组织的良性肿瘤，是女性生殖系统最常见的肿瘤。发病有一定的遗传倾向，雌激素可促进其生长。

病理变化：肉眼可见多数肿瘤发生于子宫肌层，一部分可位于黏膜下或浆膜下。肌瘤小者仅镜下可见，大者可超过 30 cm。单发或多发。肿瘤表面光滑，界限清楚，无包膜。切面灰白，质韧，编织状或旋涡状。镜下可见肿瘤细胞与正常子宫平滑肌细胞相似，梭形，束状或旋涡状排列，胞质红染，核呈长杆状，两端钝圆，核分裂象少见，缺乏异型性。肿瘤与周围正常平滑肌界限清楚。

临床常见的症状是由黏膜下平滑肌瘤引起的出血，或压迫膀胱引起的尿频。血流阻断可引起突发性疼痛。

第三节　滋养层细胞疾病

滋养层细胞疾病主要包括葡萄胎、侵袭性葡萄胎及绒毛膜癌，是一组以胎盘绒毛滋养层细胞增生和成熟异常为特征的疾病。患者血清及尿液中人绒毛膜促性腺激素（HCG）的水平高于正常妊娠，可作为这组疾病临床辅助诊断的重要依据。

一、葡萄胎

葡萄胎（hydatidiform mole）又称为水泡状胎块，是胎盘绒毛的一种良性病变。可发生于育龄期的任何年龄，以 20 岁以下和 40 岁以上女性多见，这可能与卵巢功能不足或衰退有关。

（一）病因及发病机制

葡萄胎的病因尚未明确，目前学者有两种看法：一是认为葡萄胎是一种良性滋养层细胞肿瘤；二是认为葡萄胎是一种病理妊娠，胎儿早期死亡，绒毛内血液循环停止，母体进入绒毛的液体不能运送而积蓄在绒毛间质内，使绒毛水肿。

（二）病理变化

肉眼观：病变局限于宫腔内，不侵入肌层。胎盘绒毛高度水肿，呈半透明的水泡，大小不等，水泡之间有结缔组织相连成串，状似葡萄（图 16-5）。若所有绒毛均呈葡萄状，称为完全性葡萄胎；部分绒毛呈葡萄状，仍保留部分正常绒毛，伴有或不伴有胎儿及其附属器官者，称为不完全性或部分性葡萄胎。

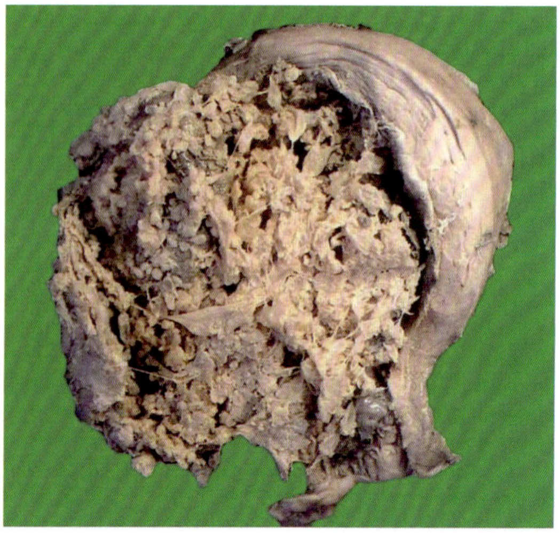
图 16-5　葡萄胎

镜下观：葡萄胎有以下三个特征。①绒毛因间质高度水肿而增大；②绒毛间质内血管消失；③绒毛滋养层细胞有不同程度的增生，增生的细胞为合体细胞滋养层细胞和细胞滋养层细胞，两者混合存在，并有轻度异型性。滋养层细胞（朗格汉斯细胞）位于正常绒毛内层，呈立方或多边形，界限清楚，胞质丰富、淡染，核圆、居中，染色质较稀疏。合体细胞位于正常绒毛的外层，细胞体积大而形状不规则，胞质嗜酸性、呈深红色，多核、核深染。滋养层细胞增生为葡萄胎的最重要特征（图 16-6）。

（三）病理临床联系

患者多半在妊娠的第四或第五个月出现症状，子宫明显增大，超过同月份正常妊娠子宫的大小。临床检查听不到胎心音，摸不到胎体，患者也不觉胎动。由于葡萄胎滋养层上皮细胞侵袭破坏血管能力强，故常有反复子宫出血，偶有葡萄状物流出，多见于妊娠 2~4 个月时。增生的滋养层细胞分泌绒毛膜促性腺激素（HCG），故患者血和尿中 HCG 水平明显增高，尿妊娠试验呈强阳性，其妊娠反应也较正常妊娠重。

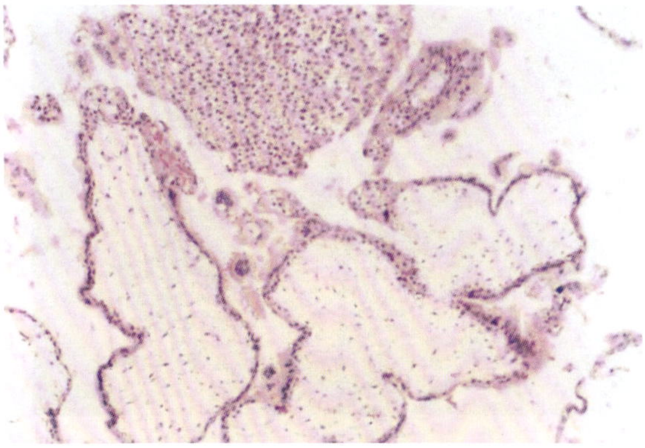

图 16-6　完全性葡萄胎

葡萄胎经彻底刮宫手术后，大多数可完全治愈，部分可自行排出而痊愈，约 10% 的患者可转变为侵袭性葡萄胎，2%~3% 的患者可发展为绒毛膜癌。

二、侵蚀性葡萄胎

侵蚀性葡萄胎（invasive mole）为介于葡萄胎和绒毛膜癌之间的交界性肿瘤。本病大多数继发于葡萄胎，但也有开始即为侵蚀性葡萄胎者。

（一）病理变化

肉眼观：水泡状绒毛侵入子宫肌层内，为本病特征性病变，并破坏肌层静脉，形成暗红色出血坏死结节。镜下观：滋养层细胞的增生程度和异型性较良性葡萄胎明显，并见出血坏死。侵蚀性葡萄胎的病理诊断要点是在子宫壁肌层内找到水泡状绒毛结构，此点是与葡萄胎的鉴别点，也是与绒毛膜癌的主要区别。

（二）病理临床联系

临床主要表现是患者血、尿 HCG 持续阳性，如侵袭并破坏血管，可使阴道持续性或间断性不规则出血。因肿瘤侵入肌层，多次刮宫仍不见好转。若逆行性转移到阴道壁或外阴，可出现转移的紫蓝色结节，破溃时可发生大出血。侵蚀性葡萄胎以血道转移为主，肺是最常见的栓塞部位，患者可伴有咯血。该病对化疗敏感，治愈率高。

三、绒毛膜癌

绒毛膜癌（choriocarcinoma）简称绒癌，是来源于滋养层细胞的高度恶性肿瘤。大多数与妊娠相关，约 50% 发生于葡萄胎后，25% 发生于流产后，20% 发生于正常分娩后，5% 发生于早产和异位妊娠等。发病年龄以 20~30 岁多见，发病机制不明。

（一）病理变化

肉眼观：癌结节呈单个或多个，由于出血坏死明显，呈紫蓝色或暗红色，质较软，多发生于子宫的顶部，常突向宫腔内，大小不一（图 16-7）。

镜下观：子宫肌层内可见高度增生、异型性明显的似细胞滋养层细胞和似合体滋养层细胞的两种细胞混杂在一起，排列紊乱，成片状或条索状；不形成绒毛和水泡状结构，与侵袭性葡萄胎明显不同（图 16-8）。肿瘤无间质、血管，依靠侵袭宿主血管获取营养，故常有明显的出血和坏死。

（二）扩散与转移

绒癌侵袭破坏血管的能力很强，除在局部破坏蔓延外，早期就可经血道转移，主要转移到

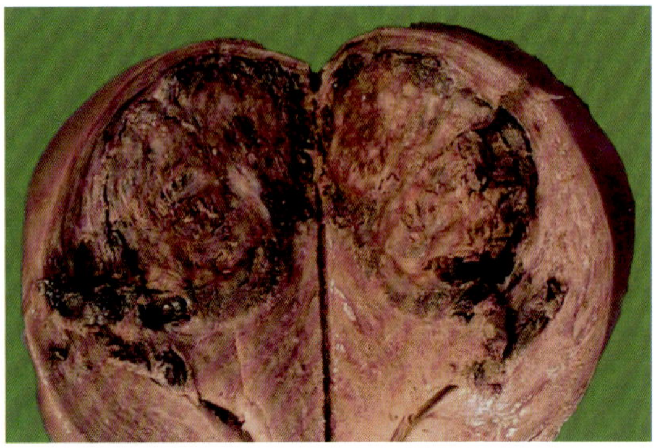

图 16-7　绒毛膜癌（肉眼观）

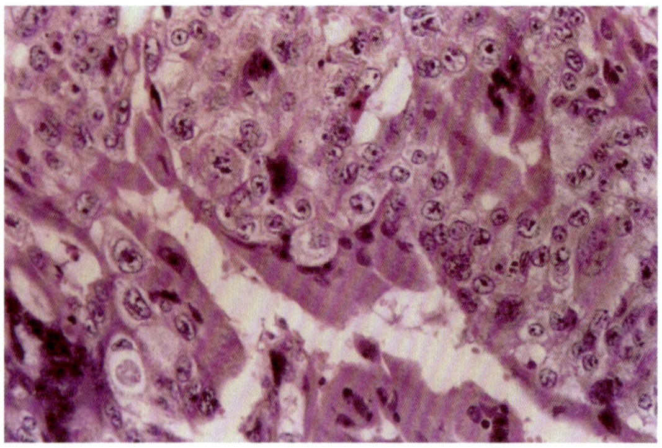

图 16-8　绒毛膜癌（镜下观）

肺，其次为脑、肝、脾、肾等。癌组织逆血流可到阴道壁，形成血肿样的“阴道结节”。

（三）病理临床联系

临床主要表现为阴道出现持续不规则流血，常在葡萄胎流产和妊娠数月甚至数年后出现，系癌组织侵袭血管所致。子宫增大且软，血或尿中 HCG 持续升高。血道转移是绒癌的显著特点，出现在不同部位的转移灶可引起相应症状，如转移到肺可有咯血，转移到肾出现血尿等症状。

绒癌的恶性程度高，以往的治疗以手术为主，多在 1 年内死亡。自应用化疗后，大多数患者可治愈，即便已发生转移的病例治愈率也可达 70%，甚至治愈后可正常妊娠。

第四节　卵 巢 肿 瘤

卵巢肿瘤是女性常见的生殖系统肿瘤之一，按其组织发生分为三大类：上皮性肿瘤、性腺间质肿瘤、生殖细胞肿瘤。卵巢上皮性肿瘤来源于卵巢的表面上皮，占卵巢肿瘤的 65%~70%，常见的是浆液性肿瘤与黏液性肿瘤。

一、卵巢浆液性肿瘤

卵巢浆液性肿瘤是最常见的卵巢肿瘤，常见于 30~40 岁的妇女，约 60% 为良性，15% 为交界性，25% 为恶性。卵巢浆液性肿瘤可分为浆液性囊腺瘤、交界性浆液性囊腺瘤（低度恶性）和浆液性囊腺癌三种。

肉眼观：浆液性囊腺瘤呈囊性，单个或多个，表面光滑，囊壁较薄。囊壁内面光滑，可有乳头形成，囊内为清亮透明液体。交界性浆液性囊腺瘤可见较多的乳头。浆液性囊腺癌肿瘤表面光滑或有乳头，多为囊性，囊腔呈实性。

镜下观：良性瘤囊壁内衬单层立方或矮柱状上皮，上皮细胞排列整齐，具有纤毛，与输卵管上皮相似，细胞形态较一致，无异型性，部分瘤细胞增生形成乳头，向腔内突起，乳头间质由纤维脉管束构成（图 16-9）。交界瘤乳头上皮细胞层次增加，达 2~3 层，

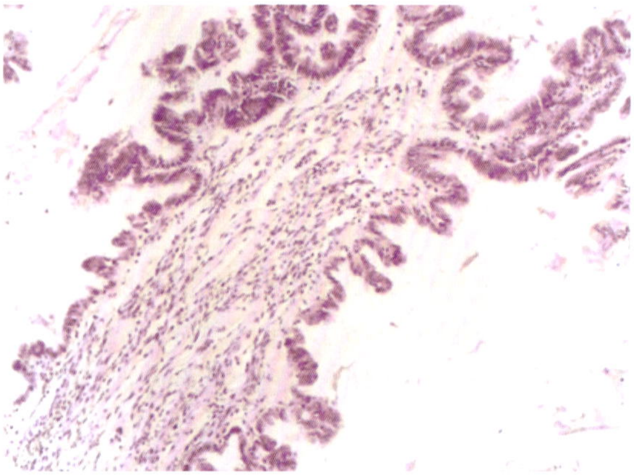

图 16-9　卵巢浆液性乳头状囊腺瘤

乳头增多，细胞稍异型，但无间质破坏和浸润。浆液性囊腺癌细胞层次增加超过 3 层，伴有间质浸润，表现为癌细胞密集，排列紊乱，失去极性，形成短分支乳头，筛状或片块状，癌细胞异型性明显，核分裂象多见，可见病理性核分裂，常见沙砾体。

二、卵巢黏液性肿瘤

卵巢黏液性肿瘤较浆液性肿瘤少见，占所有卵巢肿瘤的 25%。其中 85% 是良性和交界性，其余为恶性。本病好发年龄与浆液性肿瘤相同，包括黏液性囊腺瘤、交界性黏液性囊腺瘤和黏液性囊腺癌。

肉眼观：黏液性囊腺瘤肿瘤表面光滑，呈圆形或卵圆形，由多个大小不一的囊腔组成，囊腔内充以灰白色半透明黏稠液体，少见乳头形成。交界性黏液性囊腺瘤约半数病例囊内壁可见乳头状突起。黏液性囊腺癌肿瘤体积较大，呈结节状或分叶状，表面光滑，包膜薄、呈灰白色，切面呈囊性或实性，囊性部分呈蜂巢状，囊内含有黏液，实性区为大小不等灰白色的乳头状物突入囊腔，常伴出血、坏死。

镜下观：黏液性囊腺瘤的囊壁被覆单层高柱状上皮，胞质含清亮黏液，核位于基底部，无纤毛（图 16-10）。交界性黏液性囊腺瘤的囊内壁和乳头上皮层次增加达 2~3 层，但不超过 3 层，极向紊乱，细胞异型性较明显，偶见核分裂象，但不浸润间质。黏液性囊腺癌肿瘤细胞层次明显增加，超过 3 层。腺体及乳头结构排列不规则，可呈生芽状或搭桥样。癌细胞异型性明显，并见多数核分裂象及病理性核分裂象，有明显间质及包膜浸润（图 16-11）。

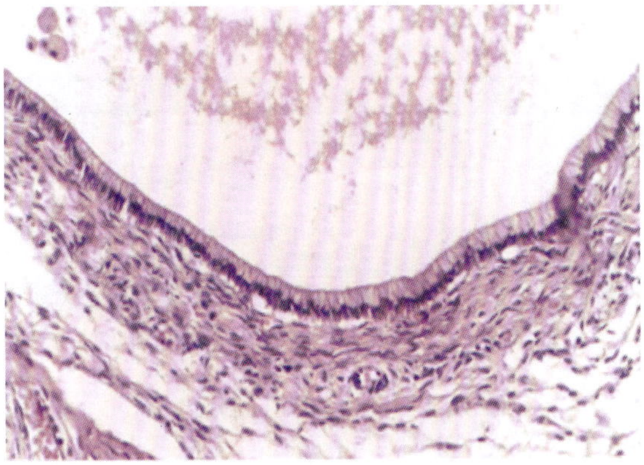

图 16-10　卵巢黏液性囊腺瘤

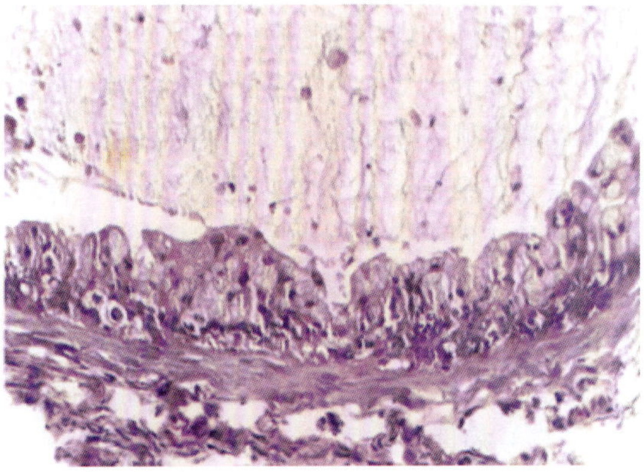

图 16-11　卵巢黏液性囊腺癌

第五节　男性生殖系统疾病

一、前列腺增生症

前列腺增生症（hyperplasia of prostate）是指以前列腺上皮和间质增生为特征的病变，又称结节状前列腺增生或前列腺肥大，是老年人常见的一种疾病，40 岁以后其发病率随年龄增加而升高，主要表现为尿道周围前列腺组织结节状增大和不同程度的排尿困难。

（一）病理变化

肉眼观：前列腺呈结节状增大，质硬韧如橡皮，切面灰白，可见大小不一的蜂窝状腔隙（图 16-12），挤压可见乳白色分泌物流出。镜下观：前列腺增生的成分主要由腺体、纤维组织和平滑肌组成，其中以腺体增生为主。增生的腺体可呈囊状扩张，腺上皮由两层细胞构成，内层细胞呈柱状，外层细胞呈立方或扁平状，周围有完整的基底膜包绕。

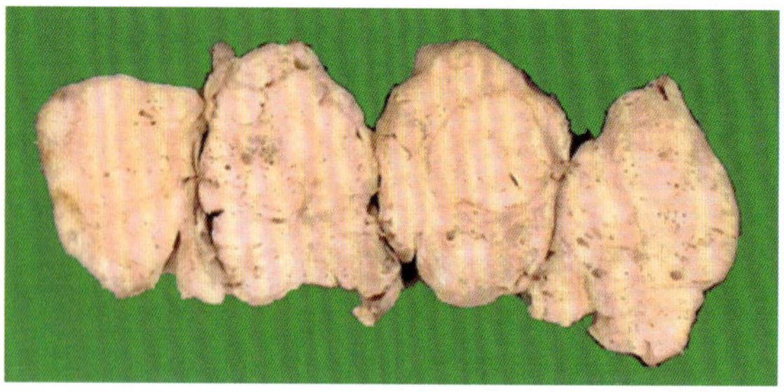

图 16-12　前列腺增生

（二）病理临床联系

前列腺增生症临床上主要有尿道受压、排尿困难等症状，表现为尿频、夜尿、尿痛和排尿淋漓不尽。后期发展为尿潴留，膀胱扩张、肥厚，引起膀胱炎、肾盂肾炎等。增生的前列腺还可使尿道括约肌受到牵拉，过度紧张，排尿时不易放松，以致发生滴尿现象。一般认为前列腺增生极少发生恶变。

二、前列腺癌

前列腺癌（carcinoma of prostate）是来自于前列腺上皮的恶性肿瘤，多发于 50 岁以后的老年人。其发病率随年龄增加而升高，我国目前有逐年增多的趋势。

（一）病理变化

肉眼观：约 70% 的肿瘤位于前列腺的周围区，以后叶多见，其次是两侧前叶的包膜下。肿瘤呈灰白结节状，质韧硬，与周围组织界限不清。镜下观：97% 的前列腺癌为腺癌，少数为移行细胞癌和鳞状细胞癌。根据分化程度将腺癌分为高分化、中分化与低分化三型。高分化腺癌最多见，癌细胞排列呈腺样结构，腺泡由单层上皮细胞构成，排列拥挤，可见“背靠背”现象（图 16-13）。中分化腺癌的腺体小，不规则，部分腺体结构消失，细胞异型性明显，有的形成筛状结构。低分化腺癌的癌细胞形成索状、实性团，而很少形成腺腔结构。

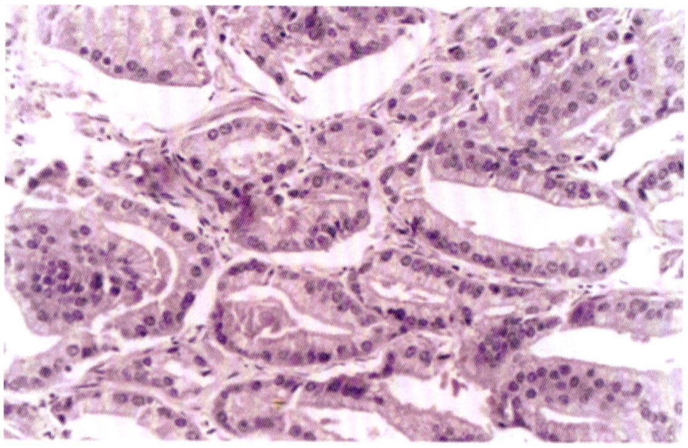

图 16-13　前列腺癌(高分化)

（二）病理临床联系

前列腺癌可发生局部浸润和远方转移，常直接向精囊和膀胱底部浸润，后者引起尿道梗阻。血道转移主要转移到骨，以脊椎骨最常见，其次为股骨近端、骨盆和肋骨。男性肿瘤骨转移应首先考虑到前列腺癌转移的可能。淋巴道转移可侵犯髂内、髂外、腹主动脉旁淋巴结，也可侵入腹股沟淋巴结。

早期前列腺癌一般无症状，常在前列腺增生的切除标本中，或在尸体解剖中偶然发现。当肿瘤增大到相当体积时，可引起尿频、尿急、尿流缓慢、排尿困难等压迫症状；发生骨转移时可引起腰背疼痛。

第六节　乳 腺 疾 病

一、乳腺增生性疾病

（一）乳腺纤维囊性变

乳腺纤维囊性变（fibrocystic changes of breast）是最常见的乳腺良性病变，好发于 25~45

岁的女性，绝经期前达到高峰，绝经期后一般不再进展，发病多与卵巢内分泌失调有关。其主要特征为腺泡和末梢导管扩张，上皮和纤维组织增生。少数可发展为恶性肿瘤。

肉眼观：为多灶分布的小结节，边界不清，大小不一。较大的囊肿因含有半透明的浑浊液体，表面呈蓝色，故称作蓝顶囊肿（blue-domed cyst）。

镜下观：囊肿内衬的上皮为单层或多层，常可见大汗腺化生。化生的细胞体积较大，胞质嗜酸性，细胞的顶部可见典型的顶浆分泌小突起，形态和大汗腺的上皮相似。

（二）硬化性腺病

硬化性腺病（sclerosing adenosis）是增生性纤维囊性变中少见的一种类型。肉眼观：病变区质地较硬，灰白色，与周围组织界限不清。镜下观：病灶中间纤维组织及小叶末梢导管上皮增生，腺泡外层肌上皮增生明显。

二、乳腺纤维腺瘤

乳腺纤维腺瘤（fibroadenoma of the breast）是由乳腺小叶的间质纤维组织和腺上皮细胞共同增生形成的纤维上皮性肿瘤，是乳腺最常见的良性肿瘤。多见于20~30岁的青年女性。通常可累及一侧或双侧乳腺，肿瘤与周围组织界限清楚。一般为单发，也可多发。

肉眼观：肿瘤呈圆形或卵圆形结节状，质较硬，有完整包膜，切面灰白色，略呈分叶状，可见纤维条纹及大小不等的裂隙。

镜下观：肿瘤由增生的纤维组织和腺体混杂组成（图16-14），腺体呈圆形或椭圆形，或被周围的纤维结缔组织挤压呈裂隙状。

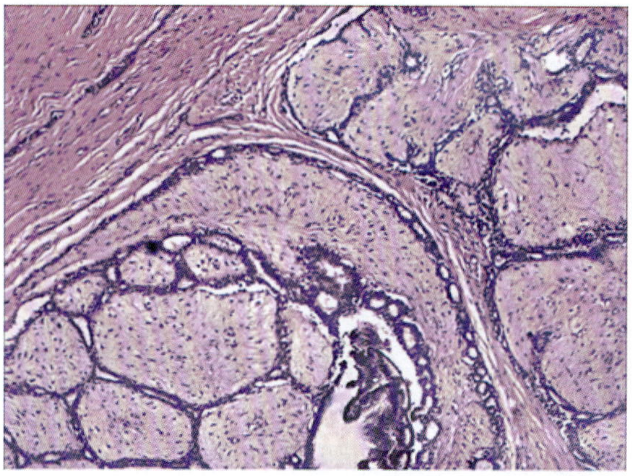

图16-14　乳腺纤维腺瘤

三、乳腺癌

乳腺癌（breast carcinoma）是来自乳腺终末导管上皮及腺上皮的恶性肿瘤。发病率在过去的50年中缓慢上升，已跃居女性恶性肿瘤的第一位。好发年龄为40~60岁，小于35岁妇女较少发病。男性乳腺癌少见，仅占全部乳腺癌的1%左右。癌肿主要发生于乳腺外上象限，其次为中央区和其他象限。临床上，乳腺癌早期除有乳房内硬结外，无其他不适症状，常在洗澡、自我检查或体检时发现。

乳腺癌的发病机制尚未完全阐明，雌激素过高、家族遗传倾向、环境因素和长时间大剂量接触放射线等和乳腺癌发病有关。

（一）病理变化

乳腺癌的组织形态十分复杂，类型较多，根据组织发生及形态结构分为导管癌及小叶癌，根据是否浸润又分为非浸润性癌及浸润性癌。

1. 非浸润性癌　分为导管内原位癌及小叶原位癌。

（1）导管内原位癌（intraductal carcinoma *in situ*）：约占乳腺癌总数的5%。癌多发生于乳腺小叶的终末导管，导管明显扩张，癌细胞局限于扩张的导管内，导管基底膜完整。根据组织学改变分为粉刺癌和非粉刺型导管内癌。

1）粉刺癌（comedocarcinoma）：多位于乳腺中央部位。肉眼观：肿块呈条索状或小结节状，灰白色，有时呈黄色，切面可见扩张的导管内含灰黄色软膏样坏死物质，挤压时可由导管内溢出，状如皮肤粉刺，故称为粉刺癌。由于粉刺癌间质纤维化和坏死区钙化，质地较硬，肿块明显，容易被临床和乳腺 X 线检查发现。

镜下观：癌细胞位于扩张的导管腔内，基底膜完整。癌细胞在导管内可排列成实体团块，乳头状或筛孔状等。癌细胞体积较大，胞质嗜酸性，大小不一，核仁明显，有核分裂象。有的癌细胞团中央发生坏死，坏死区可见钙化。导管周围见间质纤维组织增生和慢性炎症细胞浸润。本癌预后较其他类型要好。

2）非粉刺型导管内癌（noncomedo intraductal carcinoma）：导管内增生的上皮细胞呈单一型，无肌上皮细胞存在。细胞呈不同程度的异型性，但不如粉刺癌明显。细胞体积较小，形态比较规则，可见轻微坏死。癌细胞在导管内排列成实性、乳头状、筛状等多种形式。导管周围间质纤维组织增生亦不如粉刺癌明显。

（2）小叶原位癌（lobular carcinoma *in situ*）：小叶原位癌发生于小叶终末导管上皮及腺泡上皮，约 30% 的小叶原位癌累及双侧乳腺，常为多中心性。因肿块小，临床上一般扪不到明显肿块。镜下观：扩张的腺泡或终末导管内充满呈实性排列的肿瘤细胞。细胞体积较导管内癌的细胞小，大小、形状较为一致，核圆形或卵圆形，核分裂象罕见。基底膜完整，乳腺小叶结构尚存。一般无坏死，亦无间质的反应性增生。小叶原位癌如能及时治疗，预后好。

2. 浸润性癌 乳腺浸润性癌是指癌细胞穿破乳腺导管或腺泡的基底膜而侵入间质者，包括浸润性导管癌、浸润性小叶癌和特殊类型癌。

（1）浸润性导管癌（invasive ductal carcinoma）：由导管内癌发展而来，癌细胞突破导管基底膜向间质浸润，是最常见的乳腺癌类型，约占乳腺癌的 70%。发生年龄以 40~60 岁多见。

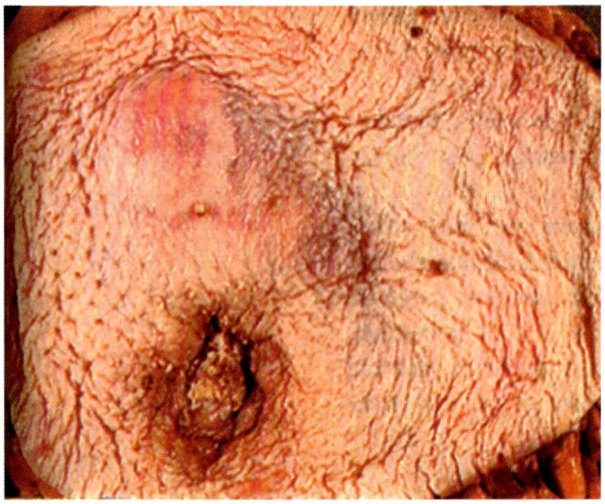

图 16-15 乳腺癌

肉眼观：肿瘤多为单个结节状，质硬，与周围组织分界不清，活动度差。常可见癌组织呈树根状侵入邻近组织内。晚期，由于癌组织阻塞真皮内淋巴管而发生皮肤水肿，毛囊、汗腺处的皮肤因受皮肤附件牵引而相对下陷，使乳房表面皮肤呈橘皮样外观（图 16-15）。如癌肿侵及乳头又伴有大量纤维组织增生时，由于癌周增生的纤维组织收缩，可导致乳头下陷。若乳腺癌形成巨大肿块，在周围浸润蔓延，可形成多个卫星结节。如癌组织穿破皮肤，可形成溃疡。

镜下观：导管内的癌细胞突破导管基底膜向间质浸润，形成巢状、条索状，或伴有少量腺样结构。癌细胞大小、形态各异，核分裂象多见，常有灶状坏死，肿瘤间质有致密的纤维组织增生。癌细胞在纤维间质内浸润生长，二者比例各不相同，根据癌实质和纤维组织的不同比例可将其分为三种：单纯癌（癌实质与间质比例大致相等）、硬癌（间质多于癌实质）和不典型髓样癌（癌实质多于间质），现统称为浸润性导管癌。

（2）浸润性小叶癌（invasive lobular carcinoma）：由小叶原位癌穿透基底膜向间质浸润所致，占乳腺癌的 5%~10%。肉眼观：肿块与周围组织界限不清，质地坚硬，灰白色。镜下观：癌细胞呈单行串珠状或细条索状浸润于纤维间质之间，或环行排列在正常导管周围。癌细胞小，大小一致，核分裂象少见。细胞形态与小叶原位癌相似。

大约 20% 的浸润性小叶癌累及双侧乳腺，在同一乳腺中呈弥漫性多灶性分布，因此不容易被临床和影像学检查发现。该肿瘤的扩散和转移亦有其特殊性，常转移到脑脊液、浆膜表面、卵巢、子宫和骨髓。

案例分析 16-1

患者，女，40 岁，已婚。右侧乳房无痛性肿块 3 年。3 年前洗澡时无意中发现右侧乳房有一肿块，逐渐增大，近日增长迅速并破溃，来院就诊。

查体：右侧乳房较左侧大，右侧乳房的外上象限触摸到一鹅蛋大小肿块，突出皮肤，表面已溃破，质硬，较固定，与周围组织粘连，分界不清。同侧腋窝淋巴结肿大，约 3.0 cm×3.0 cm×3.0 cm 大小。尚可活动。乳头凹陷，皮肤呈橘皮样外观。

病理活检：细胞有明显异型性，呈不规则条索状排列，核分裂象多见，间质为大量纤维组织。

思考：

1. 该患者诊断为什么病？其诊断依据是什么？
2. 患者为什么出现乳头下陷、皮肤呈橘皮样外观？腋窝淋巴结为什么会肿大？

（3）特殊类型癌：包括髓样癌、小管癌、黏液癌及佩吉特病。

1）髓样癌：较少见，约占浸润性乳腺癌的 8%。肉眼观：肿块较大，球形或结节状，界限清楚，其表面皮肤紧张，易溃破形成溃疡，切面灰白，质软，易伴有出血、坏死。镜下观：癌实质多，间质少。癌细胞体积大，呈条索、块状排列，间质中伴有淋巴细胞、浆细胞浸润。此型生长缓慢，局部淋巴结转移率低，预后较好。

2）小管癌：主要由腺管样结构组成，预后极佳。

3）黏液癌：少见，约占浸润性乳腺癌的 7%。肉眼观：肿块常较大，界限清楚，无包膜，质软，切面半透明胶冻样。镜下观：癌细胞产生大量黏液，形成大片淡蓝染色的黏液湖，癌细胞聚集成小岛状，漂浮在黏液中，也可呈腺管样结构，腺腔内含有黏液，甚至有印戒细胞癌结构。

4）佩吉特病（Paget disease）：多发生于乳头，原因是伴有或不伴有间质浸润的导管内癌的癌细胞沿乳腺导管向上扩散，累及乳头和乳晕的表皮，使乳头和乳晕皮肤出现皲裂、溃疡和渗出，周围炎性充血和水肿，呈湿疹样改变，又称湿疹样癌。

（二）扩散和转移

1. 直接蔓延　癌细胞沿乳腺导管直接蔓延，可累及相应的乳腺小叶腺泡，或沿导管周围组织间隙向周围扩散到脂肪组织，甚至可侵及胸大肌和胸壁。

2. 淋巴道转移　是乳腺癌最常见的转移途径。首先转移至同侧腋窝淋巴结，晚期可转移至锁骨上、下淋巴结。位于乳腺内上象限的乳腺癌常转移至乳内动脉旁淋巴结，进一步到纵隔淋巴结，偶尔可转移到对侧腋窝淋巴结。

3. 血道转移　晚期乳腺癌可经血道转移至肺、肝、骨、脑、肾上腺等组织或器官。

本章小结

女性由于解剖、生理特点的不同，其生殖系统与乳腺疾病较多见。

变性子宫颈炎是育龄期妇女常见的妇科疾病之一，镜下可见子宫颈黏膜充血水肿、糜烂，间质有慢性炎症细胞浸润。子宫颈糜烂包括真性糜烂和假性糜烂。临床上见到的子宫颈糜烂实际上多为假性糜烂，即宫颈损伤的鳞状上皮被增生的子宫颈管黏膜柱状上皮覆盖。由于柱状上皮较薄，易显露上皮下充血的小血管，临床检查时，宫颈外口病变区边缘呈现边界清楚的鲜红色糜烂状，但并非真正的糜烂。

子宫颈上皮内瘤变是指子宫颈上皮被不同程度的异型性细胞所取代，根据其病变程度可分为三级。

子宫颈癌以鳞状细胞癌多见，腺癌次之。子宫颈癌一般发生于子宫颈外口的鳞状上皮和子宫颈管的黏膜柱状上皮交界处。

滋养层细胞肿瘤包括葡萄胎、侵蚀性葡萄胎及绒毛膜癌。葡萄胎是胎盘绒毛的一种良性病变，其主要特征是绒毛间质高度水肿和滋养层细胞不同程度的增生。侵入子宫肌层内为侵蚀性葡萄胎。绒毛膜癌其病变特点为滋养层细胞异常增生，成片状或条索状排列，无绒毛结构，无血管和间质，弥漫浸润于子宫壁内，出血、坏死明显，此是与侵蚀性葡萄胎鉴别的重要依据。血道转移是绒癌的显著特点，出现在不同部位的转移灶可引起相应临床症状。

卵巢肿瘤按其组织发生分为三大类：上皮性肿瘤、性腺间质肿瘤、生殖细胞肿瘤。其中上皮性肿瘤最常见的是浆液性肿瘤与黏液性肿瘤。

子宫内膜增生症、子宫内膜癌与雌激素水平过高有关。前列腺增生症、前列腺癌与雄激素水平过高有关。

乳腺增生性病变有乳腺纤维囊性变、硬化性腺病等。乳腺纤维囊性变主要特征为腺泡和末梢导管扩张，上皮和纤维组织增生，少数可发展为恶性肿瘤。

乳腺纤维腺瘤是由乳腺小叶的间质纤维组织和腺上皮细胞共同增生形成的纤维上皮性肿瘤。

乳腺癌是常见的女性恶性肿瘤，常好发于乳腺外上象限，以无痛性肿块为主要症状。乳腺内肿块为灰白色，边界不清、质硬，向周围组织浸润，可引起乳头下陷，乳房表面皮肤呈橘皮样外观，组织学形态多种多样，以浸润性导管癌最多见。

（于　冉　杨淑臻）

第十七章　常见传染病

学习目标

1. 掌握原发性肺结核的病理变化、发展与结局，各类继发性肺结核的病理变化，伤寒和细菌性痢疾的病理变化与病理临床联系，淋病、尖锐湿疣和梅毒的概念及病理变化。

2. 熟悉结核病的基本病变和结局，伤寒的结局与并发症，淋病、尖锐湿疣的病理临床联系。

3. 了解肺外结核的病理变化，结核病的病因和发病机制，伤寒和细菌性痢疾的病因和发病机制，淋病、尖锐湿疣、梅毒的传播途径、病因和发病机制。

4. 能够应用所学的传染病的相关知识预防传染病，宣传普及传染病的预防知识。

传染病是由致病微生物侵入机体导致的具有传染性和流行性的一类疾病。这类疾病的病原体很多，包括细菌、病毒、立克次体、衣原体、螺旋体、真菌等。

传染病在人群中发生或流行必须同时具备传染源、传播途径和易感人群三个基本环节。传染源是指受感染的人和动物。传播途径是指从传染源来的病原体再侵入其他个体的途径。传染病的主要传播途径有呼吸道传播、消化道传播、血液传播、虫媒传播、接触传播、母婴传播。传染病有特定的传播途径，如细菌性痢疾经消化道传播。易感人群是指对某种传染病没有免疫和防御能力，容易被传染上该疾病的病原微生物的人群。病原微生物感染机体后能否致病，主要取决于病原体的数量、毒力或是否在体内生长、繁殖和机体的反应性。

随着社会发展和科学进步，特别是基因诊断技术和抗生素的应用，传染病的发病率和死亡率均已明显下降。但近几年，一些原已被控制的传染病发生率又上升，如结核病、梅毒、淋病等，严重威胁着人类生命健康。

本章主要介绍结核病、伤寒、细菌性痢疾及性传播疾病等。

第一节　结　核　病

结核病（tuberculosis）是由结核分枝杆菌引起的一种常见慢性传染病。其典型病变常表现为结核结节形成并伴有不同程度的干酪样坏死。全身各器官均可累及，但以肺结核最为多见。

一、概述

（一）病因及发病机制

结核病的病原菌是结核分枝杆菌，对人致病的主要类型为人型和牛型。结核分枝杆菌无侵袭性酶，不产生内、外毒素。其发病机制主要由菌体细胞壁的成分引起细胞免疫和Ⅳ型变态反应（超敏反应），一方面吞噬和杀伤细菌，一方面引起组织破坏。

结核病主要经呼吸道传染，肺结核患者（主要是开放性肺结核）在谈话、咳嗽和打喷嚏时，从呼吸道排出大量含有结核分枝杆菌的微滴，可被吸入呼吸道而造成感染。本病也可因食用带菌的食物（如含菌牛奶）经消化道感染，少数经皮肤伤口感染。

结核病的发生和发展取决于很多因素，其中最重要的是感染细菌数量的多少、毒力的大小和机体的反应性（免疫力或变态反应）。正常免疫反应与变态反应贯穿在结核病始终，当菌量少、毒力弱、机体抵抗力强时，正常免疫反应占优势，病变局限，疾病向好转方向发展；反之，则以变态反应为主，局部病变向恶化的方向进展。

（二）基本病理变化

结核病以形成具有特征性的结核结节为其病理变化特点。由于机体的反应性、细菌数量、毒力大小和组织的特性不同，可形成三种病变类型。

1. 以渗出为主的病变 当细菌数量多、毒力强，机体的免疫力低和变态反应强时，表现为浆液或浆液纤维蛋白性炎，多发生在疾病早期或病变恶化时，好发于肺、浆膜、滑膜、脑膜等处。渗出性病变可完全吸收，或转变为增生性病变。当变态反应剧烈时，可转为以坏死为主的病变。

2. 以增生为主的病变 当细菌量少、毒力低或机体免疫力强时，则发生以增生为主的病变，形成典型的结核结节。病变最初是局部出现巨噬细胞，在杀灭细菌的过程中，由于结核分枝杆菌的作用，巨噬细胞转变为多角形、胞质丰富、境界不清的上皮样细胞，其核呈圆或卵圆形，染色质甚少，核内有1~2个核仁。多个上皮样细胞还能互相融合形成朗汉斯巨细胞（Langhans giant cell），后者为多核巨细胞，体积大，胞质丰富，核的形态与上皮样细胞核相似，由十几个到几十个不等，常排列在细胞质周围呈花环状、马蹄形，或密集在胞体一端。在结核病时，这种上皮样细胞、朗汉斯巨细胞及外周的T淋巴细胞等常聚集成结节状，构成结核性肉芽肿，又称结核结节（tubercle）（图17-1），为结核病的特征性病变，具有诊断价值。单个结核结节不易看到，几个结节融合成较大结节时，才能见到，为灰白色、粟粒大小、境界清楚的病灶。

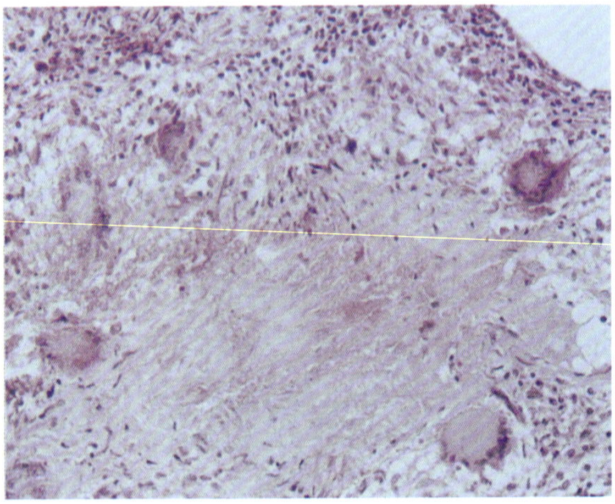

图 17-1 结核结节

中央为干酪样坏死，周围有上皮样细胞、朗汉斯巨细胞及少量淋巴细胞

3. 以坏死为主的病变 当细菌量多、毒力强、机体免疫力低下或变态反应强烈时，上述增生、渗出病变均可发生干酪样坏死（caseous necrosis）。由于坏死灶含脂质较多而呈淡黄色，均匀细腻，质地较实，状似奶酪，故称干酪样坏死，镜下为红染无结构的颗粒状物。新鲜的干酪样坏死灶内含有结核分枝杆菌，是细菌播散的来源，也是造成病灶恶化的原因。

上述三种病变往往同时存在，以其中某一种病变为主，还可以互相转化。在同一器官组织的病变或不同的器官组织中，结核病的病变是复杂多变的。

（三）结核病的转归

结核病的发展和结局取决于机体抵抗力和结核分枝杆菌致病力之间的矛盾关系。当机体抵抗力增强时，结核分枝杆菌逐渐被消灭，病变转向愈合；反之则转向恶化。

1. 转向愈合

（1）吸收消散：为渗出性病变的主要愈合方式。渗出物可通过淋巴管被吸收而使病灶缩小或消散。X线检查可见边缘模糊的云絮状阴影，随着渗出物被吸收，阴影缩小甚至消失。临床称此期为吸收好转期。较小的干酪样坏死或增生性病变积极治疗后也可被吸收。

（2）纤维化、纤维包裹及钙化：增生性病变、未被完全吸收的渗出性病变及较小的干酪样坏死灶等均可通过机化、纤维化而愈合；较大的干酪样坏死灶难以全部纤维化，则在病灶周围形成纤维性包裹，继而中央的坏死物逐渐干燥，并有钙盐沉积而发生钙化。钙化的干酪样坏死灶中，尚可有少量细菌存活，当机体免疫力下降时，病变可复发。纤维化的病灶，X线检查为边缘清楚、密度增大的条索状阴影；钙化灶为密度极大、境界清晰的阴影。

2. 转向恶化

（1）浸润进展：病情恶化时，病灶周围出现渗出性病变，范围不断扩大，干酪样坏死加剧，坏死区进一步扩大。X线检查可见在原病灶周围有云絮状阴影，边缘模糊。临床称此期为浸润进展期。

（2）溶解播散：干酪样坏死物可液化，通过自然管道（如支气管、输尿管等）排出，而在局部留下空洞。坏死物中含有大量结核分枝杆菌，通过自然管道播散到其他部位，形成新的结核病灶。X线检查可见空洞部位呈现透亮区，空洞以外部位有深浅不一的阴影，为播散病灶。此外结核分枝杆菌也可通过淋巴管和血道播散到全身各脏器。临床上称此期为溶解播散期。

二、肺结核

结核病中最常见的是肺结核（pulmonary tuberculosis）。由于机体对初次感染和再次感染结核分枝杆菌的反应性不同，将肺结核分为原发性肺结核和继发性肺结核两大类。

（一）原发性肺结核

机体第一次感染结核分枝杆菌引起的肺结核称原发性肺结核（primary pulmonary tuberculosis），多见于儿童，故又称为儿童型肺结核。

1. 病变特点　结核分枝杆菌随空气吸入而到达通气良好的肺上叶下部或下叶上部靠近胸膜处，形成一个直径1 cm左右、灰黄色的圆形病灶，称为原发病灶。病灶中央可发生干酪样坏死。结核分枝杆菌从原发病灶侵入淋巴管，随淋巴液流到所属肺门淋巴结，引起结核性淋巴管炎和淋巴结炎，表现为淋巴结肿大和干酪样坏死。肺的原发病灶、淋巴管炎和肺门淋巴结结核三者合称为原发复合征（primary complex）（图17-2），是原发性肺结核的特征性病变。X线检查可见哑铃状阴影。

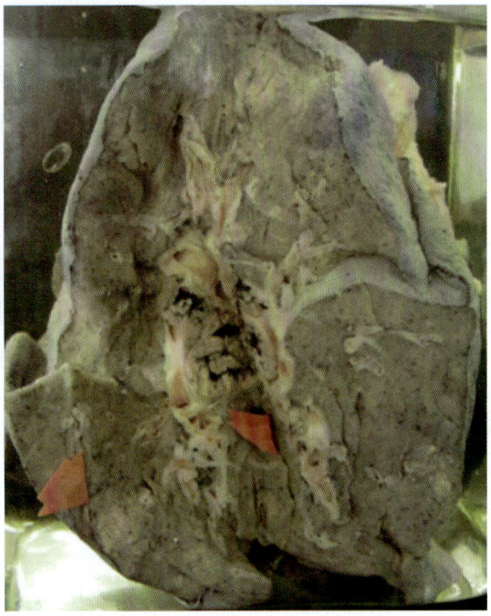

图17-2　原发复合征

2. 病变的转归　绝大多数原发性肺结核因患者免疫力逐渐增强，病灶可被吸收、纤维化或钙化。少数患儿在机体抵抗力下降时病变可恶化并通过淋巴道、血道或支气管播散。

（二）继发性肺结核

继发性肺结核是指人体再次感染结核分枝杆菌而发生的肺结核，多见于成人，故又称成人型肺结核。

继发性肺结核根据其病理变化特点及临床表现，分为以下几个类型。

1. 局灶型肺结核　是继发性肺结核的早期病变，临床上常无明显自觉症状，多在体检中发现。病灶多位于右肺尖部，1个或数个，一般为直径0.5~1 cm、边界清楚的结节状。病变多以增生性改变为主，中央可发生干酪样坏死。多数患者常发生纤维化、钙化而痊愈。当患者免疫力降低时，可发展为浸润型肺结核。

2. 浸润型肺结核 是临床最常见的类型，属活动型肺结核，多见于青年，大多数由局灶型肺结核发展而来。病变多位于肺尖或锁骨下区，以渗出为主，病灶中央有干酪样坏死。X线检查可见边缘模糊的云絮状阴影。患者常有低热、盗汗、疲乏、咳嗽等中毒症状，痰中可查出结核分枝杆菌。如合理治疗，病变可完全或部分吸收（吸收好转期），或通过纤维化、包裹、钙化而痊愈（硬结钙化期）。如患者抵抗力低，或未及时治疗，病灶可不断扩大（浸润进展期）。坏死物液化后经支气管排出，局部形成急性空洞，洞壁坏死层中有大量结核分枝杆菌，经支气管播散，可引起干酪样肺炎（溶解播散期）。急性空洞一般易愈合，也可通过空洞塌陷，形成索状瘢痕而愈合。若急性空洞经久不愈则可发展为慢性纤维空洞型肺结核。

3. 慢性纤维空洞型肺结核 为成人慢性肺结核的常见类型，多由浸润型肺结核形成急性空洞的基础上发展而来。病变特点：①厚壁空洞形成，壁厚约 1 cm（图 17-3）。②空洞内的干酪样坏死液化物不断通过支气管在肺内播散，形成新旧不一、大小不等的病灶，广泛破坏肺组织。③镜下显示洞壁分三层。内层为干酪样坏死物，其中有大量结核分枝杆菌；中层为结核性肉芽组织；外层为纤维结缔组织。

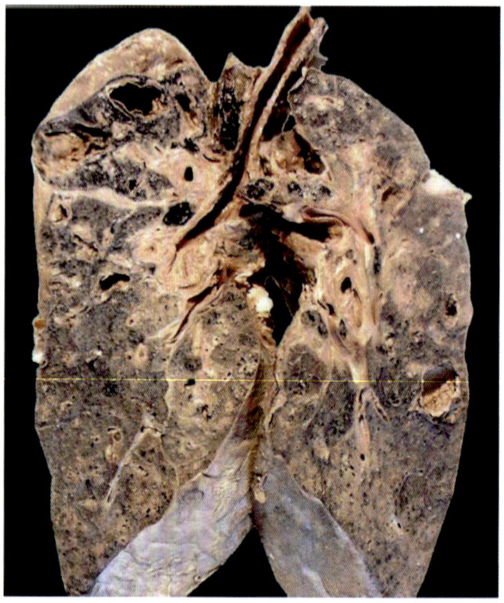

图 17-3 慢性纤维空洞型肺结核
肺叶上部有厚壁空洞形成，
肺门淋巴结无结核病变

当病变恶化时，空洞壁的干酪样坏死侵蚀较大血管，可引起大咯血，严重者可因吸入大量血液而窒息死亡。空洞穿破胸膜可引起气胸或脓气胸。当病变静止时，如果空洞大，洞壁结核性肉芽组织变成纤维瘢痕组织，称开放性愈合。但较小的厚壁空洞经适当治疗后也可通过纤维组织增生、瘢痕形成而愈合。严重的慢性纤维空洞型肺结核由于纤维组织广泛增生，可使肺缩小、变硬，胸膜增厚，形成结核性肺硬化。由于慢性空洞长期与支气管相通，不断排菌，又称开放性肺结核。开放性肺结核患者是重要的传染源。含菌的痰液咳出时可引起喉结核，咽下则引起肠结核。

4. 干酪样肺炎 可由浸润型肺结核或急、慢性空洞内干酪样坏死物液化，通过支气管播散导致。镜下显示广泛的干酪样坏死灶。此型起病急，常出现严重的全身中毒症状，预后差，病死率高，目前此型已罕见。

5. 结核球 又称结核瘤，是指孤立的、纤维包裹的、境界清楚的球形干酪样坏死灶，直径为 2~5 cm。结核球多位于肺的上叶，一般为单个。结核球是相对稳定的病灶，临床上多无症状。但由于纤维包膜妨碍药物进入，有恶化发展的可能，故临床上多采取手术切除。影像学上应注意与周围型肺癌相鉴别。

6. 结核性胸膜炎 按病变性质可分为干性和湿性两种，湿性较常见。

湿性结核性胸膜炎又称渗出性结核性胸膜炎，多见于年轻人，病变主要为浆液纤维蛋白性炎。临床上有胸痛、胸膜摩擦音和胸腔积液的体征。经过适当治疗，渗出液可被吸收而痊愈，如渗出物中纤维蛋白较多，则可发生机化、粘连。

干性结核性胸膜炎又称增生性结核性胸膜炎，较少见，多为胸膜下结核病灶直接蔓延至胸膜所致。病变多为局限性，主要以增生性改变为主，一般可通过纤维化而痊愈，并常使局部胸膜增厚、粘连。

原发性和继发性肺结核的比较见表 17-1。

表 17-1　原发性和继发性肺结核的比较

项目	原发性肺结核	继发性肺结核
感染	第一次感染（外源性）	再感染（主要为内源性）
好发年龄	儿童	成人
特异性免疫力	低	一般较高
早期病变	肺原发复合征	肺尖或锁骨下局限性病变
病变特点	早期出现渗出性病变和干酪样坏死，病变不易局限	病变复杂，常新旧交替，但趋向增生
病程	较短（急性经过）、大多自愈	长（慢性经过）、多需治疗
播散方式	淋巴道、血道播散至肺外为主	支气管播散至肺内为主
常见类型	支气管淋巴结结核 粟粒性结核	浸润型肺结核 慢性纤维空洞型肺结核 肺结核球 结核性胸膜炎

第二节　细菌性痢疾

细菌性痢疾（bacillary dysentery），简称菌痢，是由志贺菌引起的一种肠道传染病。本病夏、秋季多见，多为散发性，也可引起流行。儿童发病率较高。病变主要位于结肠，以大量纤维蛋白渗出形成假膜为特征。临床症状有发热、腹痛、腹泻、里急后重和黏液脓血便。

一、病因和发病机制

志贺菌为革兰氏阴性杆菌，依据其抗原结构不同可分为四种，即福氏志贺菌、鲍氏志贺菌、宋氏志贺菌和痢疾志贺菌。

细菌性痢疾患者和带菌者是本病的传染源。病原菌随粪便排出，直接或间接（苍蝇为媒介）污染水源、食物、日常生活用品和手等，经口传染给健康人。食物和饮水的污染可引起大流行。

志贺菌经口进入胃，大部分被胃酸杀灭，仅少部分进入肠道。当受凉、过度疲劳等诱因使机体抵抗力降低时，即使感染少量志贺菌也会致病。志贺菌侵入肠黏膜上皮后，首先在上皮细胞内大量繁殖，再经基底膜进入固有膜层，并在该处进一步繁殖，菌体裂解后释放出毒素，毒素被吸收入血引起全身中毒症状和肠黏膜炎症。

二、病理变化及病理临床联系

细菌性痢疾的病变主要发生在直肠和乙状结肠。根据肠道炎症的特征和临床经过，可分为三种类型。

（一）急性细菌性痢疾

1. 病理变化　病变初期为肠黏膜的急性卡他性炎，表现为黏液分泌亢进。随病变发展，肠黏膜坏死脱落，并有大量纤维蛋白渗出。坏死组织与渗出的纤维蛋白、红细胞、中性粒细胞和细菌形成假膜。假膜位于肠黏膜皱襞的顶端，最先呈糠皮状，随后病灶相互融合成片状。如出血严重或被胆色素浸染时，假膜可呈暗红色或灰绿色。发病 1 周左右，假膜溶解、呈片状脱落，形成大小不等、形状不规则的地图状溃疡，溃疡仅局限于黏膜层，很少累及黏膜肌层（图 17-4）。

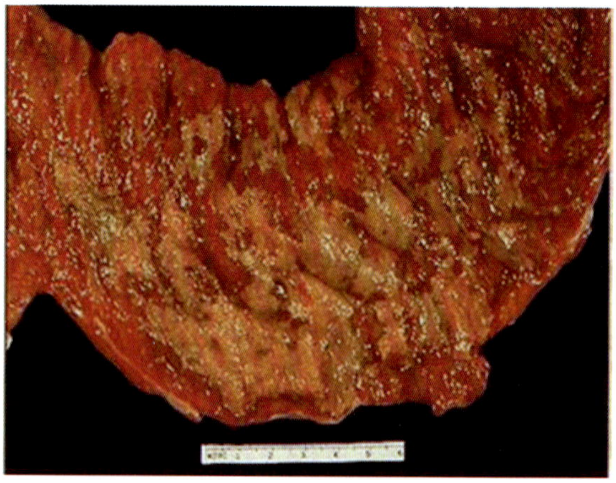

图 17-4 急性细菌性痢疾
肠黏膜表面见大小不等、形状不规则的浅表性地图状溃疡

2. 病理临床联系

（1）里急后重和排便次数增多：由炎症刺激直肠壁内的神经末梢及肛门括约肌引起。细菌性痢疾初期由于肠黏膜的急性卡他性炎症，排水样便和黏液便；后因假膜脱落及小血管损伤引起出血，则转为黏液脓血便。

（2）阵发性腹痛：病变肠管蠕动亢进和痉挛引起。

（3）全身中毒症状：由于细菌毒素被吸收，患者出现头痛、发热、乏力、食欲减退及白细胞增多等全身中毒症状。严重病例可伴有呕吐，出现脱水、酸中毒和水、电解质紊乱，血压下降，甚至发生休克。

急性菌痢的病程为 1~2 周，经适当治疗，大多数可痊愈，少数可转为慢性菌痢。

（二）慢性细菌性痢疾

细菌性痢疾病程持续超过 2 个月以上者称为慢性细菌性痢疾，多由急性细菌性痢疾转变而来，多数是福氏志贺菌感染。

肠道病变此起彼伏，原有溃疡尚未愈合，又有新溃疡形成，新旧病变常交替发生。慢性溃疡较急性溃疡深，可深达肌层，其边缘的肠黏膜常过度增生并形成息肉。

临床上可出现腹痛、腹胀、腹泻等，大便常带有黏液或少量脓血。在急性发作期间，则可出现急性细菌性痢疾的症状。有少数患者仅为志贺菌的携带者，无明显的临床症状和体征，成为细菌性痢疾的传染源。

（三）中毒性细菌性痢疾

中毒性细菌性痢疾为细菌性痢疾中最严重的一型，多见于 2~7 岁儿童。此型细菌性痢疾起病急，常由毒力较低的福氏或宋氏志贺菌引起，全身中毒症状重，而肠道病变和症状轻，仅有轻度卡他性炎或滤泡性结肠炎，故无明显消化道症状。发病后数小时内可出现中毒性休克或呼吸衰竭而死亡。

第三节 伤 寒

伤寒（typhoid fever）是由伤寒沙门菌引起的一种急性传染病。病变特点为全身单核巨噬细胞系统增生，尤以回肠末段淋巴组织最为明显。临床上主要表现为持续高热、相对缓脉、脾大、中性粒细胞减少和皮肤玫瑰疹。

一、病因与发病机制

伤寒沙门菌为革兰氏阴性杆菌，其内毒素是致病的重要因素。伤寒沙门菌含有菌体抗原（O 抗原）、鞭毛抗原（H 抗原）和表面抗原（Vi 抗原），其中以 O 抗原和 H 抗原的抗原性较强，能刺激机体产生相应的抗体，故可用于血清凝集试验（肥达反应）来测定血清中抗体，以辅助临床诊断。有 90% 的带菌者抗 Vi 抗体阳性，可用于发现伤寒带菌者。

伤寒患者和带菌者为本病的传染源。病菌随粪便和尿排出体外，污染食物、水源，或以苍蝇为媒介经口入消化道感染。患者多为青壮年，近年来儿童的发病率呈逐渐增加的趋势。

伤寒沙门菌进入消化道后，一般可被胃酸杀灭。在机体抵抗力低下或消化功能失调时，未被杀灭的细菌进入肠腔，通过小肠黏膜上皮细胞侵入肠壁淋巴组织（尤其是回肠末端的集合淋巴小结和孤立淋巴小结），然后沿淋巴管到达肠系膜淋巴结，并在其中生长繁殖。部分伤寒沙门菌经胸导管进入血液，引起菌血症，很快被单核巨噬细胞系统吞噬，并在其中大量繁殖，引起肝、脾、骨髓和淋巴结增大。此时临床上无明显症状，称为潜伏期，约 10 天。之后进入单核巨噬细胞系统的病菌及其释放的内毒素再次进入血液，引起败血症、毒血症和各器官的病理性改变。

二、病理变化与病理临床联系

伤寒是全身单核巨噬细胞系统的急性增生性炎。增生的巨噬细胞吞噬功能十分活跃，胞质内可见被吞噬的伤寒沙门菌、红细胞、淋巴细胞和坏死的细胞碎片，这种细胞称为伤寒细胞。伤寒细胞常聚集成团，形成小结，称为伤寒小结或伤寒肉芽肿，在病理学上具有重要的诊断价值（图 17-5）。

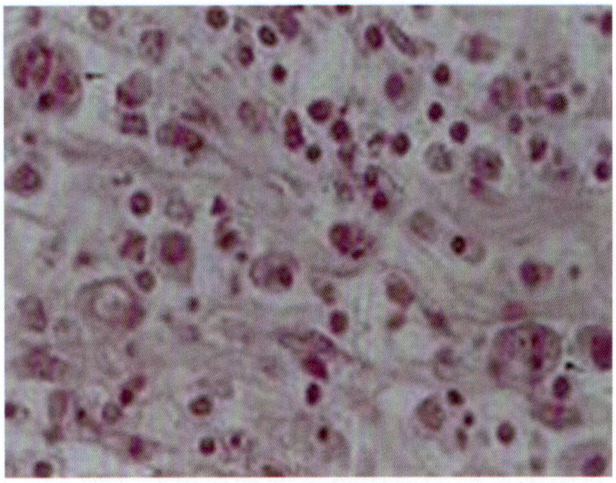

图 17-5　伤寒肉芽肿

大量增生的伤寒细胞，胞质内含有红细胞及组织碎屑

（一）肠道病变

肠壁淋巴组织以回肠末段集合淋巴小结和孤立淋巴小结的病变最明显。按其发展过程可分为四期，每期约 1 周。

1. 髓样肿胀期　第一周。肉眼观：肠壁充血水肿，淋巴组织肿胀，突出于黏膜表面，呈圆形或椭圆形，质软，表面凹凸不平，状似脑回，故称为“髓样肿胀”。镜下观：肠壁淋巴组织内伤寒细胞增生，形成伤寒肉芽肿。病变周围肠壁组织充血、水肿，有淋巴细胞、浆细胞浸润。

2. 坏死期　第二周。肠黏膜灶状坏死，镜下见坏死组织呈一片红染无结构组织，而周边及底部仍可见典型的伤寒肉芽肿。此期因内毒素不断吸收入血和组织坏死，故中毒症状更加明显，出现发热，皮肤玫瑰疹，压之退色，一般在数日内消失。此期血中抗体滴度升高，肥达反应呈阳性。

3. 溃疡期　第三周。此期由于小的坏死灶融合、坏死组织脱落形成溃疡，溃疡呈圆形或椭圆形，长径与肠管纵轴平行，此为肠伤寒溃疡的特点。溃疡深浅不一，常穿透黏膜肌层达黏膜下层，严重者可穿透肌层和浆膜层，引起肠穿孔。如累及血管，则可引起肠出血。此期的临床表现与坏死期大致相同。

4. 愈合期　第四周。坏死组织完全脱落，肉芽组织逐渐将溃疡填平，最后由周围的肠黏膜上皮再生进行覆盖而愈合。此期，患者体温下降，并伴有出汗，其他症状及体征逐渐消失。

在伤寒发病的第一周，由于败血症，血液细菌培养呈阳性。第二、三周伤寒沙门菌和脱落的坏死组织经粪便排出体外，此时粪便细菌培养呈阳性。随着机体免疫力的逐渐增强，血中抗体滴度随之升高，一般在发病第二周以后肥达反应呈现阳性。

（二）其他病变

肠系膜淋巴结、肝、脾和骨髓由于巨噬细胞的增生明显增大、充血。镜下见大量伤寒细胞，并有伤寒肉芽肿形成，严重者可有灶状坏死。

胆囊病变不明显，但伤寒沙门菌经血液到达胆囊，并在其中大量繁殖，再通过胆汁不断向肠道内排放，成为带菌者，是伤寒的主要传染源。皮肤可出现玫瑰疹。因膈肌、腹直肌及腹内收肌发生凝固性坏死（亦称蜡样变性），可出现肌痛和皮肤知觉过敏。

三、结局

在无并发症的情况下，一般经过 4~5 周可痊愈，并可获得较强的免疫力。少数患者可出现败血症、肠穿孔和肠出血等并发症，是本病的主要死亡原因。

第四节 性传播疾病

性传播疾病（sexually transmitted diseases，STD）是指主要通过性接触而传播的一类传染病。

本节主要叙述淋病、尖锐湿疣和梅毒等一些常见的性病。

一、淋病

淋病（gonorrhea）是由淋病奈瑟菌引起的急性化脓性炎，是最常见的性传播疾病。该病多发生于 15~30 岁，以 20~24 岁最常见，几乎全部通过性交而传染，儿童可通过接触患者用过的衣服、物品等传染。

淋病奈瑟菌主要侵犯泌尿生殖系统，对柱状上皮和移行上皮有特别的亲和力。感染一般开始于男性的前尿道、女性尿道与子宫颈，以后上行扩散，导致泌尿、生殖系统各器官的病变。

1. 急性淋病 感染后 2~7 天，生殖道、尿道和尿道附属腺体出现急性卡他性化脓性炎。镜下观：黏膜充血、水肿，伴溃疡形成，黏膜下有大量中性粒细胞浸润。患者有尿频、尿急、尿痛等急性尿道炎的症状，局部有疼痛及烧灼感。

2. 慢性淋病 感染后未经治疗或治疗不彻底，可逐渐转为慢性淋病。临床表现为慢性尿道炎、前列腺炎和精囊或尿道旁腺炎、前庭大腺炎、慢性宫颈炎、慢性输卵管炎及输卵管积水等。

二、尖锐湿疣

尖锐湿疣（condyloma acuminatum）是由人乳头状瘤病毒感染引起的良性疣状物，主要由性接触传染，发病率居性病的第二位，好发于中、青年人，25 岁为高峰。临床上主要表现为粉红色或淡白色表面粗糙的丘疹或菜花状赘生物，局部可伴有瘙痒、烧灼痛。

尖锐湿疣的潜伏期平均约 3 个月，好发于潮湿温暖的黏膜和皮肤交界的部位。男性常见于阴茎冠状沟、龟头、系带、尿道口或肛门附近；女性多见于阴蒂、阴唇、会阴部及肛周；亦可发生于身体的其他部位如口腔、腋窝等。

人乳头状瘤病毒侵入外生殖器破损的皮肤和黏膜后，便在入侵部位引起增生性病变。肉眼观：初起为散在小而尖的突起，逐渐增多，表面凹凸不平，呈疣状，可互相融合形成鸡冠状或菜花状团块，质较软，湿润，呈粉红色、暗红色或污灰色，顶端可因感染而溃烂，触之易出血。镜下观：上皮增生呈乳头状结构，典型者为细长的尖乳头，表面覆盖鳞状上皮，呈不全角化。棘细胞明显增生，伴上皮钉突增厚延长。在棘细胞层或上部可见多少不等的挖空细胞（koilocytosis）。挖空细胞较正常细胞大，胞质空泡状，细胞边缘常残存带状胞质。核大居中，圆形或椭圆形，染色深。真皮层可见毛细血管及淋巴管扩张，大量慢性炎症细胞浸润。

本病可在几个月内自然消退，也可持续多年不消退。

三、梅毒

梅毒（syphilis）是由梅毒螺旋体引起的慢性传染病。早期病变主要累及皮肤和黏膜，晚期则累及全身各脏器，特别是心血管和中枢神经系统。临床上症状复杂，病程漫长，其危害仅次于获得性免疫缺陷综合征（艾滋病）。

（一）病因与发病机制

梅毒的病原体是梅毒螺旋体，其体外活力低，不易生存，对理化因素的抵抗力极弱，对青霉素、四环素、汞、砷、铋剂敏感。梅毒患者中 95% 以上通过性交传播，少数可因输血、医务人员操作不慎等直接接触传播，也可经胎盘感染胎儿（先天性梅毒）。梅毒患者为唯一传染源。

患者感染梅毒螺旋体后可产生细胞免疫和体液免疫。感染后第 6 周血清出现特异性抗体，具有诊断意义，表现为体液免疫。在本病的较晚阶段，患者对该病原体的抗原发生细胞介导的迟发性变态反应，使病原体所在部位形成慢性肉芽肿，对患者重要器官的破坏起主要作用。

（二）病理变化与病理临床联系

梅毒根据传播方式不同，可分为后天性和先天性两种。

1. 后天性梅毒　按病程经过及病理变化特点，可分三期：一、二期梅毒称早期梅毒，有传染性。三期梅毒称晚期梅毒，因常累及内脏，故又称内脏梅毒。

（1）第一期梅毒：又称下疳（chancre），为梅毒螺旋体在入侵处发生的最初病变，从感染到出现下疳潜伏期约为 3 周。病变常见于阴茎冠状沟、龟头、阴唇、子宫颈和阴道穹后部等处，也可发生于生殖器以外，如唇、舌、肛周等。病变初起时，患处出现边缘整齐的圆形溃疡，直径为 1~2 cm，质硬，故又称硬性下疳。镜下观：病变部位见闭塞性动脉内膜炎及血管周围炎。下疳发生 1 周后局部淋巴结肿大，呈增生性反应。

下疳即使不加治疗，也可于 1 个月左右自行愈合，肿大的局部淋巴结消退，但有部分患者可发展为第二期梅毒。

（2）第二期梅毒：下疳发生 3~4 周后，以形成梅毒疹为特征。体内的螺旋体继续繁殖，进入血液循环，引起全身皮肤、黏膜斑疹及丘疹，称梅毒疹。镜下观：为淋巴细胞、浆细胞浸润形成的非特异性炎和血管周围炎。梅毒疹内有梅毒螺旋体，极富传染性。梅毒疹可不经治疗而自然消退，进入潜伏状态。

（3）第三期梅毒：常发生于感染后 4~5 年，以形成树胶样肿为特征。树胶样肿后期可被吸收、纤维化，最后使器官变形、硬化。病变可侵犯全身任何器官，尤其是心血管和中枢神经系统。病变侵及主动脉，可引起梅毒性主动脉炎、主动脉瘤、主动脉瓣关闭不全等，最终导致心力衰竭。中枢神经系统主要累及脑脊髓膜、中枢神经血管，引起麻痹性痴呆。此外，还可造成肝、骨和关节损伤。

2. 先天性梅毒（congenital syphilis）　是因孕妇患有梅毒，梅毒螺旋体经血液通过胎盘进入胎儿体内所致。先天性梅毒常引起晚期流产、死产或产后不久死亡，轻度感染可待发育到儿童期或青年期发病，表现为发育不良、智力低下。

本章小结

传染病是由致病微生物侵入机体导致的具有传染性和流行性的一类疾病。

结核病中最常见的是肺结核，分为原发性肺结核和继发性肺结核。肺的原发病灶、淋巴管炎和肺门淋巴结结核三者合称为原发复合征，是原发性肺结核的特征性病变。继发性肺结核类型有：①局灶型肺结核；②浸润型肺结核；③慢性纤维空洞型肺结核；④干酪样肺炎；⑤结核球；⑥结核性胸膜炎。

细菌性痢疾是由志贺菌引起的一种肠道传染病，主要病变为结肠黏膜的纤维蛋白性炎，临床症状有发热、腹痛、里急后重和黏液脓性便或脓血便，分为三种类型：①急性细菌性痢疾；②慢性细菌性痢疾；③中毒性细菌性痢疾。

伤寒是由伤寒沙门菌引起的一种急性传染病。临床上以持续高热、相对缓脉、脾大、中性粒细胞减少和皮肤玫瑰疹为主要表现。病变主要特点为全身单核巨噬细胞系统增生，尤以回肠末段集合淋巴小结和孤立淋巴小结、肠系膜淋巴结处最为明显，增生的巨噬细胞称为伤寒细胞。伤寒细胞常聚集成团，称为伤寒肉芽肿。伤寒的肠道病变分为四期：①髓样肿胀期；②坏死期；③溃疡期；④愈合期。

淋病是由淋病奈瑟菌引起的急性化脓性炎，主要侵犯泌尿生殖系统。急性淋病表现为急性卡他性化脓性炎。慢性淋病表现为慢性尿道炎、前列腺炎和精囊或尿道旁腺炎、前庭大腺炎、慢性宫颈炎、慢性输卵管炎及输卵管积水等。

尖锐湿疣是由人乳头状瘤病毒感染引起的良性疣状物。临床上主要表现为粉红色或淡白色表面粗糙的丘疹或菜花状赘生物。尖锐湿疣好发于潮湿温暖的黏膜和皮肤交界的部位。

梅毒是由梅毒螺旋体引起的慢性传染病。梅毒分后天性和先天性两种：①后天性梅毒，可分三个阶段。第一期梅毒又称下疳；第二期梅毒以形成梅毒疹为特征；第三期梅毒又称晚期梅毒，以形成树胶样肿为特征。第三期梅毒最常侵犯心血管系统。②先天性梅毒，是因孕妇患有梅毒，梅毒螺旋体经血液通过胎盘进入胎儿体内所致。

（刘　玮　赵著梅）

中英文专业词汇索引

X

Y

Z

主要参考文献

1. 张军荣，李夏．病理学与病理生理学．北京：人民卫生出版社，2016.
2. 赵其辉，魏昕．病理学与病理生理学．北京：北京大学医学出版社，2019.
3. 吴和平，王化修．病理学与病理生理学．3 版．北京：北京大学医学出版社，2015.
4. 李玉林．病理学．8 版．北京：人民卫生出版社，2013.
5. 王建枝，殷莲华．病理生理学．8 版．北京：人民卫生出版社，2013.